나눔과 사랑으로 세상을 치유하다
장계향 張桂香
조선의 큰어머니

나눔과 사랑으로 세상을 치유하다
장계향 張桂香
조선의 큰어머니

정동주 지음

한길사

장계향 張桂香
조선의 큰어머니

지은이 · 정동주
펴낸이 · 김언호
펴낸곳 · (주)도서출판 한길사

등록 · 1976년 12월 24일 제74호
주소 · 413-756 경기도 파주시 광인사길 37
www.hangilsa.co.kr
E-mail: hangilsa@hangilsa.co.kr
전화 · 031-955-2000~3   팩스 · 031-955-2005

부사장 · 박관순 | 총괄이사 · 김서영
영업이사 · 이경호 | 관리이사 · 곽명호 | 경영이사 · 김관영
편집 · 백은숙 노유연 김지연 김대일 김지수 김영길
마케팅 · 서승아 | 관리 · 이주환 문주상 김선희 이희문 원선아

CTP 출력 및 인쇄 · 예림 | 제본 · 경일제책사

제1판 제1쇄 2013년 6월 30일
제1판 제3쇄 2019년 9월 5일

값 23,000원
ISBN 978-89-356-6895-3 03990

• 잘못 만들어진 책은 구입하신 서점에서 바꿔드립니다.

이 도서의 국립중앙도서관 출판시도서목록(CIP)은 서지정보유통지원시스템
홈페이지(http://seoji.nl.go.kr)와 국가자료공동목록시스템(http://www.nl.go.kr/kolisnet)에서
이용하실 수 있습니다. (CIP제어번호: CIP2013008911)

박대성 화백이 그린 장계향 표준 영정

안동에서 태어난 장계향은 석계 이시명과 혼인해 10남매를 훌륭히 키워냈으며, 아들 7형제는 학문이 뛰어나 칠현자(七賢者)라는 칭송을 받았다. 흉년과 병자호란으로 나라가 어지러운 상황에서는 도토리 죽을 쑤어 이웃을 구휼하는 나눔의 정신을 실천했다. 시서화 수십 점, 요리서인 『음식디미방』 등을 남겼다.

경당고택(위)**과 석천서당**(아래)
경당고택은 경당 장흥효의 종택으로 경북 안동시 서후면 성곡리에 있으며,
석천서당은 경북 영양군 석보면 원리리 두들마을에 있다.
석천서당은 이시명이 석보로 이주해 유생과 아들들을 가르치던 곳으로,
『정부인안동장씨실기』『석계선생문집』등의 목판이 보관되어 있다.

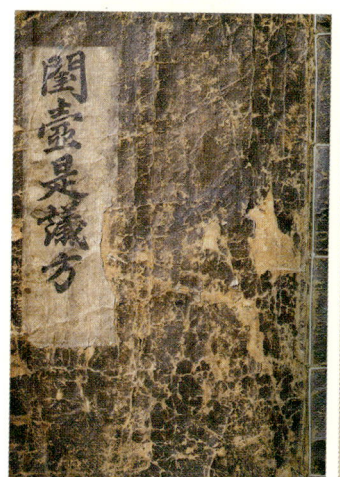 

장계향이 쓰고 그린 「규곤시의방」(閨壼是議方), 「인두화」, 「맹호도」(위 왼쪽부터)
「규곤시의방」은 부군 이시명이 써 붙여준 이름으로 『음식디미방』의 표제이다.
『음식디미방』은 『중용』 '인막불욕음식야 선능지미야'(人莫不欲飮食也 鮮能知味也.
사람이 마시고 먹지 않는 이 없으나, 맛을 아는 이는 드물구나)의
'음식지미'를 '음식디미'로 옮겨 쓴 것이며, '방'은 방법을 뜻한다.

장계향 묘소(위)**와 유적비**(아래)
묘소는 경북 안동시 풍산읍 수곡 2리에 있으며, 유적비는 경북 영양군 석보면 원리리에 있다.
유적비의 뒷면에는 열 살 전후에 쓴 시「소소음」(蕭蕭吟)이 새겨져 있다. 빗소리에서 자연의 움직임과
변화하는 기운을 느끼면서 자신의 모습을 발견해낸 시이다.

"함께 사는 것이 우주의 질서다.
함께 사는 최고의 도덕률은 나누고 돌봐주는 것이다."

• 장계향

프롤로그

오랜 망설임 끝에 이 글을 썼다.

조상이 상당한 재산을 내려주었다는 기록, 즉 「분재기」分財記가 있고, 이를 토대로 한 연구논문과 문헌이 있음에도, 청빈 속에서 선비의 자세를 흐트리지 않았던 이시명李時明 · 장계향張桂香 내외분이 시대를 초월해 존경받고 있는 점에 대해 그 이유를 설명하기가 어려웠다. 특히 「분재기」를 작성한 책임자인 이시명의 어머니 진성이씨와 충효당에서 함께 살았던 1634년 이후, 1637년 어머니를 모시고 분가하여 진성이씨가 타계한 1644년까지 한밭골 · 석보촌에서 보낸 가난한 생활이 이시명의 문집 『석계집』石溪集에 잘 나타나 있다.

상속재산이 있었는데도 왜 그토록 가난하게 살았을까. 이유는 분명했다. 이시명 · 장계향 내외분은 그 재산을 충효당에 고스란히 두고 분가했기 때문이며, 후한後漢의 신도반申屠蟠과 전자춘田子春의 의義를 사모하고 허유許由의 생애를 존경하여 따랐기 때문이다.

어떤 말보다 장계향의 셋째 아들 이현일李玄逸이 지은 「정부인 안동장씨실기」貞夫人安東張氏實紀 말미의 글을 인용하는 것이 옳은 일일 것 같다.

아, 부인의 아름다운 덕행은 마땅히 사책史冊에 갖춰 실어서 후세에 전해야겠지만, 자식들 중 선친의 덕업을 계승한 중씨仲氏 같은 이는 부인의 성년 때의 일을 익히 알고 있을 뿐만 아니라 덕행을 잘 말할 수 있는데 불행히 미처 하지 못하였으니, 더욱 슬프다. 현일은 불초한 후생으로 덕이 적고 식견이 얕으니 어떻게 실상을 잘 표현하여 후세 사람이 믿도록 할 수 있겠는가. 이 때문에 망설이면서 감히 경솔하게 붓을 들지 못하고, 슬픔을 머금고 생각을 다하여 쓰려다가 다시 그친 것이 여러 차례였다.

그러나 지난날을 가만히 생각해보건대, 세월은 살같이 빠르고 사람의 일이란 알 수 없으니, 만약 세월이 더 흘러 세대가 멀어져 징험할 수 없게 된다면 불효의 죄를 실로 면할 수 없을 것이다. 가만히 있으면서 세월만 보내다가 끝내 전해질 수 없게 하는 것보다는 평소에 보고 들어서 아는 것들을 대강 기록하여 뒷날 입언立言할 사람이 채택할 수 있도록 해두는 것이 낫지 않겠는가. 이에 마침내 피눈물을 흘리며 이상과 같이 그 대강을 쓴다.

망극한 슬픔을 견딜 수 없으니, 아, 애통하도다.

금상 18년 임신1692 3월 무오일에 아들 가선대부 이조참판 겸 세자 시강원 찬선 성균관 좨주 현일은 피눈물을 흘리며 삼가 쓴다.

나는 두렵고, 부끄럽다. 다만 여중군자 장계향의 귀하고도 귀한 나눔의 철학을 더 명료하고 절실하게 깨달아 세상의 등불로 삼고자 하는 분들에게, 길 찾는 작은 이정표라도 되었으면 할 따름이다.

2013년 5월
동다헌東茶軒에서 정동주

장계향 조선의 큰어머니
나눔과 사랑으로 세상을 치유하다

프롤로그 ·· 11
나눔과 맛味의 철학자 ··· 19

제1장 요동치는 16세기 조선
울부짖는 백성들 ·· 27
임진왜란이라는 재앙 ·· 31
누구를 위한 전쟁인가 ··· 38
존명을 부르짖는 대신들 ·· 44
역사의 이순신 ··· 51

제2장 성인聖人을 기다리다
파당을 지어 논쟁하는 무리들 ····································· 59
조선의 경敬의 철학 ·· 66
경당 장흥효와 심학 ·· 76
깊어지는 학문 ··· 78
계향이 태어나다 ·· 85

제3장 계향의 영혼에 새긴 세상 풍경
퇴계의 심학 ·· 95
옥연정사로 유성룡을 찾아가다 ·································· 103

질문이 많은 아이	111
『소학』에 담긴 뜻	119
노비도 백성이다	127
제도의 모순을 잡아야 나라가 바로 선다	142

제4장 어떻게 행할 수 있는가

「적벽부」를 노래하다	155
아홉 살에 첫 시를 짓다	159
초서의 세계	168
서애 유성룡이 스러지다	176
국경수비대로 끌려간 아들	178
초서로 쓴 「학발시」	183
「학발시」의 세계	187
두보와 이상사회	199

제5장 천지와 만물이 나와 한몸이니

경광서당의 시대가 열리다	207
남녀가 유별한가	213
딸을 제자로 삼다	222
청년 이시명의 방문	228
홀로 있음의 뜻을 알다	236
어머니가 앓아눕다	240
음식에는 하늘의 이치가 들어 있다	247
어머니가 주신 선물	253
운명의 소용돌이	257

제6장 나랏골의 꿈

나랏골에 터전을 잡다	269
사위가 되어주기를 청하다	277

조선의 혼례 ····· 284
혼례를 올리다 ····· 290
충효당 시대를 열다 ····· 293
참으로 갈망하는 일이 무엇입니까 ····· 302
전처 자식을 업고 다니다 ····· 308
사람도 재물도 흐르는 물과 같구나 ····· 311
나눔을 실천하다 ····· 318
몰려드는 빈민들 ····· 324

제7장 베를 짜 가난을 구제하다

여자에서 어머니까지 ····· 331
돕는 데도 예의가 필요하다 ····· 335
첫 아이를 낳다 ····· 345
살기 위해 인仁을 해치지 않는다 ····· 355
노복의 처소에 간 안주인 ····· 362
친정어머니가 돌아가시다 ····· 365
번창하는 집안 ····· 371
스스로에게 부끄럽지 않아야 ····· 380
세상 근심 지금도 못 다 사라졌거늘 ····· 386
운악과 경당이 세상을 떠나다 ····· 392

제8장 재물이 고르지 못함을 부끄러워하라

못다한 효를 참회하다 ····· 397
애민의 참모습 ····· 401
글로써 지식을 모으다 ····· 411
재물은 구차하게 얻으려 말라 ····· 417
세상의 시기를 받다 ····· 420
소유란 과연 무엇인가 ····· 428
온 마을에 역질이 돌다 ····· 436

두 딸을 잃다 ················· 444
다른 이에게 필요한 사람이 되라 ················· 450

제9장 선구자의 기쁨과 슬픔을 넘어서

또 하나의 세상을 만들다 ················· 455
황무지를 개간하다 ················· 462
하늘이 낸 백성 가운데 먼저 깨달은 이 누구인가 ················· 467
나는 세상의 부귀를 바라지 않네 ················· 475
하늘의 일과 땅의 일 ················· 480
아내에게 바치는 제문 ················· 484
「갈암기」를 짓다 ················· 491
시에 수를 놓다 ················· 497
금일이 태평하기를 비나니 ················· 503
아버지와 아들, 시를 주고 받다 ················· 506
네가 맛을 아느냐 ················· 515
『음식디미방』을 저술하다 ················· 523
나눔의 기적 ················· 529
도토리를 활용하다 ················· 534
노비들을 놓아주다 ················· 538
길고 긴 삶을 정리하다 ················· 544
정부인 장계향 ················· 552

주註 ················· 559
참고문헌 ················· 575
장계향 연보 ················· 581

나눔과 맛^味의 철학자

• 들어가면서

    장계향1598~1680*은 퇴계^{退溪} 이황^{李滉}의 심학^{心學} 학통을 이어받은 경당^{敬堂} 장흥효^{張興孝}의 외동딸이다. 경당은 학봉 김성일의 제자로 퇴계의 '심설'^{心說}을 배웠고, 서애 유성룡한테서 『심경』^{心經}을 배웠으며, 한강 정구로부터 『심경발휘』^{心經發揮}를 배워 퇴계의 심학적 도통^{道統}의 합일점을 이룬 인물이다.

    경당의 심학은 지경^{持敬}, 즉 경^敬을 생활 속에서 실천하고, 만물의 관계를 정밀하게 살펴 자신의 삶이 무엇에도 부끄럽지 않아야 하며, 그런 연후에 마침내 성인^{聖人}이 되어 세상을 편안하게 만들기를 염원하는 수신^{修身}을 큰 덕목으로 삼았다.

    장계향은 어릴 적부터 아버지 경당한테서 지경과 수신을 배웠다. 타고난 재능과 더불어 성리학자인 아버지의 공부 방법을 본받

---

* 배영동이 재령이씨 사당에 보관 중인 신주를 조사하면서 '정부인 안동 장씨'라는 신주 뒷면 함중(陷中)에 새겨져 있는 '장계향'이라는 본명을 발견함.
배영동, 「종가의 사당을 통해본 조상관」, 『한국 민속학』, 제39집, 한국민속학회, 2004, 117~154쪽.

아서 많은 책을 읽고, 아버지와 격의 없는 문답을 나누어 일찍이 철학자로서의 면모를 보였다. 장계향이 읽은 책은 퇴계의 시집들, 『시경』詩經·『예기』禮記·『논어』論語·『중용』中庸·『대학』大學·『소학』小學 등인데, 이들을 거의 완벽하게 외울 수 있을 정도로 깊이 읽었던 것으로 보인다. 아버지는 계향이 책을 많이 읽고 다양한 재능을 키우는 것이 당시 남존여비의 윤리체계와 갈등을 일으킬 수도 있음을 알았지만 막지는 않았다.

장계향은 아버지의 그런 뜻이 이미 『예기』, 「내칙편」에 거듭 강조되어 있음을 알고 철이 들자 스스로 책을 덮고, 재능을 가슴 속에 묻어버렸다. 오직 그 시대가 정한 윤리관에 따라 여성의 길을 걸어갔다. 그러나 이미 위기지학구인성성爲己之學求仁成聖, 즉 자기의 무지를 깨닫는 학문으로 인을 추구하여 성인의 경지에 도달하는 것이 학문의 본질이며, 또한 여기에는 남녀의 구분도, 신분의 차이도 필요하지 않다는 것을 알고 있었다. 다만 삶의 과정을 통하여 하나씩 실천해가겠다고 결심했다.

누구와도 논쟁하지 않고, 드러내 입으로 다투지 않으며 체득한 지식들을 생활 속에서 철저하게 실천·검증하여, 이론으로서가 아닌 살아 있는 진리가 되도록 하는 특별한 삶을 이상으로 설정해놓고 삶에 몸을 맡겼다. 이시명과의 결혼 또한 그 이상의 한 범주였고, 자신이 몸으로 겪어낸 다양하고 심오한 생활들도 그것을 실현하는 방법이었다.

그는 성인의 경지에 이르겠다는 이상을 설정하고, 구체적인 실현 방법으로 수신과 애민愛民을 택한, 조선시대의 모범적인 여성

성리철학자였다. 이론적 형식은 이미 『대학』 전7장傳七章 '정심수신'正心修身과 주자朱子와 그의 후계자들에 의하여 완벽하게 정립되어 있었지만, 이를 생활 속에서 구체적으로 실천한 사람은 많지 않았다. 있다 하더라도 대부분 이론적인 설명이나 강론에 머물렀으며, 소수만이 자기 자신을 닦고 관리하는 데 그쳤을 뿐, 그 시대의 평민이나 하층민의 삶 속으로 걸어 들어가서 애민을 실천한 사람은 적었다. 장계향의 삶이 그래서 중요한 것이다.

'애민'이란 그 시대의 주된 이념에 의하여 제도화된 신분, 토지, 생활문화 영역에서 차별받아 고통스럽고 굶주리는 삶을 살거나, 자기를 실현할 수 있는 꿈을 꾸지 못하거나, 인신매매의 대상이 되거나, 배우고 가진 자로부터 착취당하고 유린되어도 구제방법이 없으며, 제도와 체제 안에 갇혀 살다 죽어야 하는 사람들과의 소통을 뜻한다.

장계향이 아는 성리철학이란 인간 고유의 가치와 인간다움의 본질에 대한 성찰과 추구가 목적이었다. 여기서 인간이란 성별이나 신분, 물적 소유의 많고 적음, 지식의 높고 낮음에 따라 차별을 받지 않음을 뜻한다고 보았다.

그런데 장계향이 살았던 17세기 조선은 이 같은 성리철학의 목적이 변질되어, 양반 사대부의 출세를 위한 수단 또는 그들이 소유한 물적 토대를 더욱 견고하게 지키고 양적 팽창을 지속시키는 데 이용되었다.

이 거대한 모순을 지적하면서 개선시켜보려고 했던 사람이 유성룡이었다. 장계향은 아버지 경당으로부터 전해 들은 김성일과 유성룡의 용기 있고 헌신적인 삶을 흠모하면서 성장했다. 그것은 아마도 장계향이 여성으로서 차별과 소외의 대상이었기 때문에 그러했는지도 모른다.

장계향은 공존의 필요성을 깨달아 삶으로 실천해 보였다. 사람은 누구나 혼자 살아갈 수 없고, 잠시도 자연과의 관계없이는 존재할 수 없다는 '만물관계론'을 자신의 근본철학으로 삼는 자식교육을 강조했다. 또한 아는 지식과 실천 사이의 모순을 극복하기 위해서 행동해야만 삶이 진정으로 편안해지는 것을 깨달았다.

실제 생활에서 나타나는 지식의 모순을 고치려 하지 않고, 그 모순과 더불어 살려는 것은 스스로 모순의 노예가 되는 것이며, 그런 삶은 삶이 아니라 불순한 거래로서 오직 욕심의 시장에서 거래되는 하나의 물건으로 추락하는 것이라고 여겼다. 그런 삶을 편안하다고 느끼는 것이 다른 사람에게는 불쾌하고 불편함을 주는 삶이라고 여겼다. 그리하여 그가 생각해낸 것이 만물의 관계를 깨뜨리지 않고 유지시킬 수 있는 방법이었다. 그것이 나눔과 물적 소유의 떳떳함이다.

나눔과 물적 소유의 떳떳함은 참 좋은 말이기는 하지만 그 실천이 매우 어려운데, 그 원인은 인간의 욕심 때문이다.

나눔을 실천하는 것은 인간의 욕심을 극복하는 수신과 수기修己인데, 나눔을 실천할 수만 있다면 그 과정을 통하여 새로운 자기 모습을 발견하고, 그 모습이 참된 자신이라는 것을 깨닫게 된다고 믿은 여성이 장계향이다. 이러한 것들은 어려서 보고 배워 몸에 익혀야 하는데, 가정에서 부모로부터 배우는 것이 가장 좋고, 집 바깥 사회에서 배우는 것이 그 다음이라 했다.

장계향의 자녀교육관은 심학을 토대로 하였는데 자녀 열 명의 생애를 통하여 선명하게 드러난다. 재산의 소유에서 적은 것을 걱정하지 않고 균등하지 못한 것을 더 중요하게 여기는 것, 참된 지식인은 가정과 국가를 지키는 데서 필요할 경우 병법兵法을 실천해야 한다는 점, 슬픔이나 분노, 걱정에 함몰되지 않고 냉철한 이성으로 극복하여 자신을 유지시키는 일, 물질과 의리의 갈등을 해결하는 문제, 재능과 힘을 자랑하지 않는 일, 음식의 맛이란 조화가 이뤄낸다는 철학을 가르친 것들이었다.

물적 소유의 떳떳함은 소유의 사회적 가치판단 문제인데, 우선 물적 소유는 사회적인 정당성을 가져야 한다. 특히 자신의 노력으로 획득한 것이 아닌, 상속받은 재산은 철저하게 그 소유의 떳떳함이라는 잣대로 검증하여 부끄럽지 않아야 한다고 믿었다. 그는 남편과 함께 조상이 남긴 큰 재산에서 그들 몫으로 정해진 상속분이 있었음에도 가난한 삶을 택했다. 이때 그가 말하는 사회적 가치판단으로서의 물적 소유와 그 떳떳함이란, 세상 사람 대부분이 토지를 소유하지 못하여 가난에 고통받고 있으며, 그런 고통과 질곡을 전제로 한 양반 사대부의 풍요와 권위는 부끄러운 것이라는 사실이다. 그것은 인간 사이의 소통이 제도적으로 차단된 것이며 그 차단을 사회유지의 기능으로 삼아서 선善으로 위장하고 있다고 보았다.

이제 남은 문제는 가난을 선택했다고 하여 그것을 완성된 삶이라고는 할 수 없다는 점이다. 그래서 그가 다시 택한 것은 황무지를 개척하는 일이었다. 양반 사대부이면서 노동으로 토지를 개척하고, 그 토지에 농사를 지어 스스로 식량을 마련하고, 남는 식량을 다시 빈민들과 나누는 것을 편안한 삶이라 믿었다. 이렇듯 나눔과 물적 소유의 떳떳함으로 구성된 장계향의 성리철학은 그 자체로 유교이념의 진화라 볼 수 있을 것이다.

장계향이 『중용』과 『춘추좌전』春秋左傳을 응용하여 쓴 책 『음식디미방』은 '맛'의 철학을 음식으로 풀어낸 매우 특별한 문화유산이다. '맛'은 '오미'五味의 근본인데, 저마다 다른 특성을 지닌 다섯 가지가 모여서 '화'和를 이룬 것이 '맛'이다. 이는 인간사회에서 가장 중요한 조화의 철학적 원류이기도 한데, 음식인류학, 음식사회학, 나아가 정치의 궁극 목표인 인간 모두의 편안함을 실현시킬 수 있는 방법인 '화'를 음식을 응용하여 우리에게 보여준 철학 강의이기도 하다.

제1장

요동치는 16세기 조선

울부짖는 백성들

16세기 역사의 굴곡은 장계향의 사상 형성에 직·간접으로 영향을 끼쳤다. 1598년에 태어나 1610년에 이르는 유년기 동안 그가 보고, 듣고, 배우고, 느낀 일들은 거의 대부분이 16세기의 질곡과 참혹한 생존 조건을 온몸으로 겪어내야 했던 조선 민중들의 삶과 관계되어 있었기 때문이다. 참으로 우연하게도 장계향이 출생한 시점은 서애 유성룡이 실각하고 이순신이 전사한 1598년 11월 19일에서 며칠 지난 11월 24일이었다.

서애는 파직되자 고향 안동 하회河回로 돌아와 1607년 죽을 때까지 제자들에게 절절한 가르침을 베풀었다. 당시 장계향의 아버지 장흥효도 서애를 찾아가 가르침을 받았다. 장계향의 유년 시절은 서애로부터 가르침을 얻은 아버지의 말씀과 실천으로 드러난 학행과 교훈으로 채워졌다. 특히 서애가 제안하여 실현시킨 속오군束伍軍제도와 납속책納粟策이 지닌 정치적 개혁정신과 인간평등사상은 장계향의 전 생애에 걸쳐 영향을 끼친 것으로 보인다. 16세기 조선사회와 역사에 깊고 선명한 고통의 상처로 남은 사회·경제적 시련과 혼돈의 사회상 또한 장계향의 유년시절을 짙게 물들인 잊을 수 없는 환경이었다.

당시 조선사회의 가장 근원적인 재앙은 기후변화로 발생한 자연재해였다. 이른바 소빙기小氷期, little ice age라 불리는 전 세계적인

이상 기후변화 때문에 혹심한 기근이 반복되면서 조선사회를 위기로 몰아넣었다.[1]

이태진의 논문에 따르면 유성流星의 출현, 대낮에 금성의 출현, 혜성의 출현, 일식과 월식, 유색천기有色天氣, 기이한 해와 달무리, 지진, 벼락, 태풍, 해일, 우박, 때 아닌 눈과 서리, 색깔이 있는 눈과 비, 짙은 안개, 얼음 섞인 폭우, 홍수, 가뭄, 곤충 떼 출현, 전염병이 백 년 동안 모두 10,322회나 나타났다. 그 중에서 우박이 798회, 서리는 406회, 때 아닌 눈이 65회나 쏟아졌다는 기록은 기온이 급격하게 떨어진 사실을 밝히고 있다. 곧 곡식이 한창 성장하는 여름철에 냉해나 가뭄, 홍수가 나서 흉년의 원인이 되었다.

농업이 나라의 주된 산업이었던 이 시기에 이상기후의 영향은 곧 농업의 파탄으로 직결되었다. 몇 차례에 그치지 않고 인간생활에 심각한 피해를 주는 재앙의 수준이 되자 지속적으로 흉년이 반복되었다. 그것은 기근을 낳아 백성들이 혹독한 굶주림으로 고통받았다.

국가로서도 뾰족한 구제방법이 없었다. 굶어 죽는 사람 숫자가 증가하고, 살아남은 사람들도 식량을 구하기 위해 전국을 떠돌게 되었다. 그러자 인구의 변동이 발생하고, 마침내 인구감소로까지 악화되었다. 특히 농민의 농토 이탈과 유민화는 노동력 상실로 이어져 국가 재정의 격감과 사회불안 요인이 되었다. 이것은 국방의 위기로도 연결되었는데, 병졸 숫자가 감소했기 때문이다. 재앙은 여기서 그치지 않았다. 기후변화는 질병을 만연시켰다. 전염성 질환이 빠른 속도로 확산되어 엄청난 인명피해를 낳았다.

그 같은 분위기를 더욱 흉흉하게 만든 것이 바로 유성의 출현이었다. 이태진의 논문에서 정리해놓은 유성의 기록은 다음과 같다.

모양에 대해서는 신발모양, 병 모양, 큰 물동이 모양, 배 모양, 주먹 모양 등, 그리고 색깔은 희다던가, 붉다던가로 표현하고, 꼬리가 몇 자나 된다고 한 경우가 많다. (…) 당시 사람들에게 공포의 대상이 된 것은 이보다 훨씬 더 큰 대유성大流星들이었다. 광음과 빛을 발하면서 날아가는 유성들이 수없이 떨어져 공포의 대상이 되고 있었다. 신기전神機箭 같은 소리가 났다던가, 출현 시 하늘 가운데와 시방에 번개불이 크게 일어나고 우레가 치면서 비와 우박이 섞여 내렸다던가, 약한 우레소리를 내면서 적광赤光이 땅을 한참 동안 비추었다던가, 실내를 환히 비추고 잠시 하늘이 흔들리고 은은한 소리가 났다던가, 색깔이 불 같고 소리는 천둥 같았다. (…)

대유성은 항성계恒星系에 속하고 태양계 외의 혹성惑星계에 속하여 소혹성小惑星으로 구분할 필요가 있다. 현대 과학자들이 소혹성의 낙하 폭발로 판단하는 이 현상은 약 30메가톤급의 폭발력을 가졌으며, 중심부에서 60km 떨어진 곳의 수목들까지 모두 타서 무너져 있는 상태가 보고되었다.[2]

16세기는 이 같은 기후변화가 매우 심하게 나타났던 시기였고 조선시대 중 태평성대로 알려진 세종~성종 대에는 상대적으로 기후변화가 지극히 적게 나타났던 것으로 이 논문은 밝히고 있다.

특히 1550년~90년에는 자연재앙 중 냉해를 유발시키는 요인들이 가장 집중적으로 나타났다. 명종~선조 대가 이 시기에 해당된다.

그러나 당시 정치상황은 자연재해의 심각한 피해와 요동치는 사회변화에 대해 적절한 대비책을 마련하는 것과는 너무나 거리가 멀었다. 전쟁, 빈번한 흉년, 불교탄압정책으로 인한 민심의 이탈, 굶주리는 백성의 폭발적인 증가, 권문세도가의 탐욕과 사치생활, 지방 토호들의 부패와 지방 관리들의 토색질, 빈번한 왜구의 침략, 도둑떼의 횡행, 군사제도의 문란, 당쟁, 임진왜란으로 조선왕조는 위기 상황을 맞고 있었다.

이에 대해 『국사』는 이렇게 적고 있다.

16세기 중엽부터 이미 농촌 사회가 피폐하고 국가 재정이 고갈하여 노쇠현상을 보이던 조선왕조는 왜란과 혼란을 겪으면서 빈사의 지경에 이르렀다. 국민들 사이에서는 말세의식이 감돌고 말세를 예언하는 (…) 비기秘記, 도참설이 유행하였다.[3]

율곡栗谷은 『만언봉사』萬言封事에서 16세기 후반의 조선사회상을 이렇게 그리고 있다.

오늘날 나라형세는 마치 오랫동안 고치지 않고 방치해둔 만간대하萬間大廈에 비유할 수 있습니다. 크게는 대들보에서 작게는 서까래에 이르기까지 썩지 않은 것이 없어 근근이 날만 넘기며 지탱하고 있는 형국입니다. 동쪽을 수리하면 서쪽이 따라 기울고, 남쪽을 뜯어 고치면 북쪽이 휘어 넘어져서, 어떤 장인도 손을 댈 수가 없습니다. 오직 날로 더 썩어 붕괴할 날만 기다리는 그 집과 오늘의 나라꼴이 무엇이 다르다 하겠습니까. 지금 직분을 맡고 있는 자가 적당하지 않다 하여 갈아치우면 그 다음에 들어오는 인물 역시 그보다 나을 바가 없습니다. 보다 나은 현명한 인재를 별안간 어디서 찾아옵니까. 또 법이 엄하지 않다 해서 형벌을 무겁게 하면 간사한 무리들만 더 불어나게 할 뿐, 엄한 법 또한 폐단을 구제하는 계책이 못 됩니다. 이러지도 저러지도 할 수 없다 해서 방치하면 백 가지 폐단이 날로 더하고 이룩하는 일은 날로 실패해서 백성들의 생활은 날로 힘들어 마침내 뒤따라 나라는 어지럽고 망하게 될 것입니다.4

임진왜란이라는 재앙

조선이라는 나라꼴이 마치 썩어 내려앉은 집과 같이 허술하여 도둑을 막을 수 없는 것은 물론 건들바람 한 자락이나 세찬 소낙비 한두 줄기에도 폭삭 무너져 내릴 형세였다. 흉년이 거듭되어 오래 굶주린 백성들은 피골이 상접하고, 중앙정부와 지방관청의 관리들은 토색질과 당쟁으로 부패와 무능에 길들여졌다. 군대와 군인은 무기와 훈련이 없었고 법으로 규정해둔 군인의 숫자는 모두 허위였다. 그런 가운데 임진왜란이 터졌다.

1592~98년까지 7년간의 전쟁기록인 유성룡의 『징비록』懲毖錄은 임진왜란을 사실 그대로 기록하고 있다. 그때 조선은 어떤 모습

으로 왜군을 만났으며, 어떻게 조선의 운명이 진행되고, 어떻게 전쟁이 그쳤는지를 가장 정직하게 기록하고 있다. 『징비록』의 요체는 모든 것은 '내 탓'이고, '적은 내 안에 있다'이다. 하늘과 인간이 함께 분노하는 왜군의 그 만행도, 그에 버금하는 명군明軍의 그 행패도 모두 '내 탓'이다. 내 안에 나를 먼저 무너뜨리는 적이 있었기 때문이다.

임진왜란은 왜倭와 명明의 숨겨진 전쟁이었다. 그럼 조선이라는 나라는 무엇이었는가. 그들의 전쟁터, 또는 전쟁마당이었을 뿐이다. 독자적으로 침략군에 맞설 힘이 없는 나라, 그래서 피동적으로 전쟁터가 되어버린 나라, 그것이 조선이었다. 전쟁의 주체는 일본과 명나라였다. 그들이 남의 나라에서 남의 백성을 죽인 전쟁이 임진왜란이었다.[5]

1592년 4월 14일 왜군 제1진이 부산에 상륙한 뒤 불과 두 달 만에 조선의 대표적인 세 지역 서울·개성·평양이 모두 함락되었다. 왜군이 서울에 들어온 것이 5월 3일이었으니 조선의 심장부가 적군에게 점령당하는 데 걸린 기간은 20일 남짓이었다. 부산에서 평양까지 진군한 왜군은 전투다운 전투는 어디서고 할 필요가 없었다. 조선군은 왜군과 전투할 의지도 능력도 없이 도망치는 데 급급했다.

부산이 함락되고 난 사흘 뒤인 4월 17일에야 겨우 선조가 왜군의 침략사실을 알았을 정도로 군대의 정보체계는 엉망이었다.

선조가 보고를 받고 서울에서 궁궐을 지킬 군대를 급히 소집했으나 3백 명을 모을 수 없었다는 사실은 무엇을 말하는가. 미리 도망쳐버렸다는 것이다. 왜군은 피 한 방울 흘리지 않고 서울을 점령하고, 이어 개성과 평양까지 너무나 싱겁게 점령했다.

선조는 두려움에 떨면서 서울을 버리고 북쪽으로 피신했다. 평양에서 다시 의주까지 피신했다. 4월 30일 도성을 떠나 5월 1일 임진강 나루에서 배를 탄 선조는 "나는 어디로 가야 하겠는가"予何往乎라며 절규했다.

그날 개성 조금 못 미친 동파東坡에서 선조는 이산해李山海·유성룡柳成龍·윤두수尹斗壽·이항복李恒福 등 중신들을 불러놓고 가슴을 치면서 물었다. 그때 일을 이항복은 그의 수기手記에 이렇게 적고 있다.

> 임금의 어가가 동파에 닿아 대신들을 불렀는데, 나는 이때 도승지로서 임금을 곁에서 모시고 있었다. 상안이 가슴을 치면서 나에게 묻기를 "나는 어디로 가야 하겠는가" 하셨다. 나는 대답해 아뢰기를 "의주로 가서 머물고 계시다가 만약 팔로八路가 다 함락이 되면 명나라로 가서 명조明朝에 내부內附를 회고하는 것이 가할 줄 아옵니다."6

선조는 다시 유성룡에게 도승지 이항복의 의견을 어떻게 생각하느냐고 물었다. 유성룡은 뒷날 조선의 운명이 좌우되는 대답을 내놓았다.

> 불가합니다. 임금께서 우리 땅에서 한 발자국이라도 떠나신다

면 그때부터 조선은 우리의 소유가 아닙니다.7

선조는 다시 "명나라에 내부하는 것이 내 본래의 뜻이다"라고 하자 유성룡은 대안을 내놓았다.

> 지금 동북의 여러 도道는 예전과 같이 건재합니다. 그리고 호남도 건재합니다. 이 지방의 충의지사들이 며칠 안으로 벌떼처럼 크게 일어날 것입니다. 어찌 경솔히 나라를 버리고 압록강을 건넌다고 말을 하십니까.8

대부분의 조선 신료들이 어가가 압록강 쪽의 의주가 아닌 두만강이 있는 함경도로 가기를 권했고 선조도 그들의 의견을 따르려고 했다. 왜냐하면 두 왕자인 임해군臨海君과 순화군順和君이 함경도 방향으로 피신하여 장차 회령까지 갔다가, 필요할 경우 두만강을 건너 명나라로 가서 구원을 요청하기로 한 사실을 매우 중요하게 여겼기 때문이다.

한편 일본군 제1진은 고니시 유키나가小西行長의 지휘 아래 서울을 점령한 다음 곧바로 개성을 장악했고, 이렇다 할 저항도 받지 않은 채 평양까지 유린했다. 일본군 제2진은 가토 기요마사加藤淸正의 지휘로 함경도를 향해 진군했다. 함경도에 들어온 일본군은 조선의 두 왕자가 회령으로 피신 중이라는 정보에 따라 빠르게 진군했다. 마침내 회령에서 두 왕자를 포로로 붙잡았다.

선조는 어떻게 해야 할지 망설였다.

전국 곳곳에서 의병이 일어났지만 무기와 식량을 제대로 갖추지도 못한 상태였기 때문에 왜군에 정면으로 맞서 대항할 능력이 없었다. 그런데도 왕이라는 구심점이 존재하고 있었으므로 충忠의 이념을 실천하려는 유생들은 안타까운 몸부림을 쳤다. 기적 같은 일도 있었다. 서산대사西山大師 휴정休靜과 사명당四溟堂 유정惟政 두 승려가 의승병義僧兵을 조직하여 왜군과 전투를 벌여 승전기록을 세우기 시작한 것이다.

 전쟁이 시작된 이후 일반 백성들은 조선 조정으로부터 버림받고 잊혀졌으며, 귀찮고 성가신 존재처럼 외면당했다. 특히 선조가 서울 도성을 버리고 황급히 떠나버리자 백성들의 박탈감과 소외감은 극도에 달했다. 백성을 지켜주지 않고 버렸다는 상실감은 분노로 돌변했다. 경복궁을 비롯한 세 곳의 궁궐에 불을 지르고, 노비문서를 보관하고 있던 장례원掌隷院 등 정부기관을 불태우면서 조정으로부터 배신당한 아픔을 폭발시켰다. 그 과정에서 토지대장과 호적대장도 함께 불타버림으로써 전쟁 뒤 사회의 혼란이 심화되었다.

 전쟁이 일어나면서 보여준 조정의 무책임과 배신 때문에 그나마 얼마 남지 않은 애국심과 충성심은 모두 사라졌다. 뒤틀리고 자포자기한 백성들은 왜군이 서울 도성에서 여러 달을 주둔하는 동안 마찰이나 갈등은커녕 오히려 왜군들에게 협력하는 태도를 보였다.[9]

 이렇듯 절망적인 상황 속에서 피난을 계속하던 선조는 "명나라에 내부하는 것이 내 본래의 뜻이다"라는 속뜻을 입 밖으로 토하

고 말았다.[10]

　그렇다면 선조가 말한 그 '내부'란 구체적으로 어떤 뜻을 지닌 말인가. 선조가 평양에 피신했다가 평양이 6월 13일 왜군에게 함락되면서 '왜군의 형세가 마치 높은 꼭대기에서 물을 쏟아 붓는 것 같아서, 아침이 아니면 저녁에 압록강까지 왜군이 쳐들어올 것으로 모두 여겼고'유성룡, 『징비록』 권15 위기상황에서 사신을 연거푸 명에 보내 구원병을 청하면서 동시에 내부하기를 간청했다.[11]

　왜 선조는 명나라로 '피난을 한다' 말하지 않고 '내부'하겠다고 했을까. '피난'은 위급상황이 끝날 때까지만 몸을 피했다가 다시 조선으로 돌아오는 것이지만 '내부'는 명나라에 모든 것을 맡기고 귀속하는 것이다. 따라서 '피난'은 조선이 비록 왜군에게 유린당하고는 있으나 여전히 나라로서 존재하는 것이지만, '내부'는 선조와 신하들이 조선이라는 나라를 버리고 명나라에 귀속함으로써 조선을 버리는 것이다.[12]

　당시의 이런 상황은 이항복의 수기에 상세하게 적혀 있다.[13]

　이 일유성룡이 선조에게 조선 땅을 한 발자국이라도 떠나서는 안 된다고 주장한 것으로 하여 나는 수십차 공公 유성룡과 격론을 벌였으나 기꺼이 의견일치를 보지 못하였다. 공은 임금에게 아뢴 그대로 격렬한 음성으로 호남 등 각 지역이 아직 예전같이 살아 있고 충의지사들이 벌떼처럼 일어나는 마당에 어찌 이런 중대사를 졸지에 결정할 수 있느냐고 했다. 그리고 판서 이공저李公著, 호조판서 李誠中의 字에게 내가 한 말내부자을 들어 "어찌 경솔하게 나라를 버리자고 말을 하는가, 만일 명으로 간다는 말이 한 번 알려지는 날에는 민심은 완전히 무너져버릴 것이다. 누가 그것을 수습할 수 있을 것인가"라고 했다. 그때 나는 공의 말을 자세히 알아듣지 못했다. 어가가 영변에 이르자 왕이 명으로 간다는 그 말이 잘못 퍼져 서관의 민심이 수습할 길이 없는 상태에 이르렀다. 그때 나는 비로소 공의 앞을 내다보는 슬기에 감복하였다. 뒤에 나는 사석에서 공을 찾아보고 "창졸지간에 잘못 생각해서 대세를 그르칠 뻔하여 부끄럼에 한량없습니다"라고 사과하자 공이 웃으며 말하기를 "나도 당시 밝게 설명하지 못하고 다만 불가하다고만 했으니 내게도 잘못됨이 없지 않았습니다"라고 했다.

왕이 조선 땅을 한 발자국이라도 떠나면 그 순간 "조선은 우리 땅 우리 소유가 아니다"라는 유성룡의 말에 멀리 남쪽 바다를 지키며 외롭게 버티고 있던 이순신 한 사람만이 맞장구쳤다.

이순신의 조카 분芬이 찬술한 『충무공행록』忠武公行錄은 『이충무공전서』에 실려 있는데 다음과 같은 내용이다.[14]

공이 정미精米 5백 섬을 한곳에 따로 지정하여 이를 봉해두고서 쓰지 않았으므로, 어떤 사람이 그 용처를 물으니, 공이 대답하기를 '지금 주상께서 멀리 의주에 가서 계시는데, 평양을 점거한 왜적이 만약 더 서쪽으로 침범한다면 임금님은 장차 바다를 건너서 피난갈 형편이다. 나의 직책으로서는 마땅히 용주龍舟, 임금이

타는 배를 가지고 바다에 떠서 임금님을 맞이해야 할 것이다.

하늘이 조선 땅을 멸망시키지 않는다면 그대로 국가를 회복시킬 수 있을 것이고, 비록 불행한 처지에 이르게 되더라도 임금과 신하들이 우리나라 땅에서 함께 죽어야 할 것이다. 단 내가 죽지 않는다면 왜적이 감히 와서 반드시 침범하지 못할 것이다.

이렇듯 이순신은 유성룡의 전략과 정치적 목적을 간파하면서 왜적과의 전투에 목숨을 걸고 있었다.

누구를 위한 전쟁인가

명나라 원군이 온 것은 반가운 일이었으나 정작 문제는 그들이 먹을 식량을 어떻게 구하느냐였다. 조선 백성과 군사들의 식량조차도 구하기 어려운 형편인데 명나라 1만 군사의 군량미까지 마련해야 한다니 조선 정부는 망연자실할 수밖에 없었다. 조선의 식량 사정이 최악인데다 거듭되는 흉년과 전쟁으로 인해 젊은 노동력이 모조리 전쟁터로 징발되어 농사를 제대로 짓기가 불가능했다.

전쟁은 군량에서 판가름난다. 군량보다 더 화급한 것은 위기에 빠진 조선을 구출할 만한 인물이 너무 부족한 점이었다. 조선의 치명적 취약점은 인재난이었다.

조선은 왜 이 지경이 되었을까. 그 까닭은 절대빈곤에 있었다. 경제적 빈곤은 정치인물과 정책의 빈곤을 낳고 이 빈곤으로 사회 모든 기능은 활력을 잃었으며, 활력상실은 곧 사회정체社會停滯, staticism로 이어져 무능한 권력의 독재 또는 장기집권을 가능하게 한다. 사회가

활력을 잃으면 정권을 바꿀 에너지가 생성되지 못한다.[15]

그나마 남은 인재들도 정치적 이해관계에 휘말렸다. 유성룡이 난국의 중심인물이 될 수밖에 없었던 이유는 타고난 애국심 말고도 관식 경험, 경륜과 식견, 당시 50세라는 나이 때문이기도 했다. 그러나 다른 중신들은 그런 유성룡을 견제하고 배척하는 데 목숨을 걸고 있었다. 나이 41세, 등극한 지도 25년이나 지난 선조는 일관성이 부족하고 변덕이 심해 주변인물도 끝까지 신뢰하지 못했다.

임금의 의지력과 결단력 부족은 조선의 절망을 부추기는 데 유효했다. 조선 정부가 안고 있는 이 같은 실상 위에서 군량 부족이 새로운 사태로 나타났다. 명나라 군대의 1년치 군량만 48만 6천 석 정도였다. 하지만 빈곤에 빠져 있는 조선으로서는 뾰족한 대책이 나올 수가 없었다. 거기에다 명나라 군사들의 군마軍馬 1만 마리가 먹을 사료도 군량만큼 문제였다.

그 사정을 유성룡은 선조에게 이렇게 보고하고 있다.

마초馬草가 완전히 없어져서 공급이 될 수 없고, 길 옆 들판에는 왜병들이 모두 불을 질러서 사방의 산이 깡그리 불타 한 치의 풀도 남기지 않았습니다. 파주坡州 경내가 더욱 심하여 백리 안에는 마을이 없습니다. 그 참혹함을 눈을 뜨고 차마 볼 수가 없습니다. 명나라 대군이 행군 중인데 군량과 마초는 모두 떨어졌습니다. 말은 죽어 길에 널려 있고 살아남은 말들도 너무 야위어서 전쟁터로 나갈 수가 없습니다. 신은 가슴을 치고 답답해 울부짖어도 달리 어떻게 해볼 수 없는 형편입니다.[16]

위기가 계속되자 선조는 유성룡을 영의정으로 앉히고 임진 7년 전쟁이 끝날 때까지 놓지 않았다. 유성룡의 첫 임무는 군량을 확보하여 명나라 군대를 일본과의 전투에 끌어들이고 조선의 군사와 백성들이 굶어 죽지 않도록 정책을 마련하는 것이었다.

전통적으로 조선 정부가 백성들로부터 세금을 거둬들이는 방법은 세 가지였다.

토지 면적에 따른 전세田稅, 물품공물과 사람공물을 쌀로 바꾸어 내는 작미作米가 있고, 세 번째는 관官에 속한 토지를 군졸·서리·관노비 등이 농사를 지어 군량으로 조달하는 둔전屯田이 있다. 그러나 유성룡이 국가행정을 맡았을 때는 이미 세금징수제도 그 자체가 실현불가능한 상태가 된 지 오래였다.

군량 확보는 국가 존립을 좌우하는 문제였다. 유성룡의 고뇌는 컸다. 그는 모속募粟·공명첩空名帖·무속책貿粟策으로 백성을 덜 쥐어짜는 길을 택하여 아슬아슬하게 전쟁을 치러 나갔다. 이 같은 노력에도 군량 결핍과 고통은 임진왜란이 끝날 때까지 조금도 나아지지 않았다.

이 시기의 상황을 유성룡은 선조에게 다음과 같이 보고하고 있다.

우리 군사는 평소 늘 훈련해서 길러낸 병사가 아닙니다. 자기 양식도 매양 스스로 장만해서 싸가지고 다니게 합니다. 병기 또한 스스로 마련해서 지니도록 합니다. 그러나 그 병기는 모두가 무디어서 쓸 수가 없습니다. 아무리 용감하게 싸우는 군사도 양식을 싸가지고 다니는 그만큼 굶주리고, 피곤하고, 근심에 차 있

고, 무딘 병기를 지니고 다니는 만큼 재주도, 능력도 힘껏 발휘해 싸울 수가 없습니다.[17]

부유한 자는 재물을 바쳐 징집면제를 도모하고, 건장한 자는 놀란 듯이 흩어져서 다른 곳으로 가버립니다. 결국은 전장에 나가서 조금이라도 싸울 만한 능력이 있는 자는 모두 빠져나가고, 면제받지 못한 가난한 백성들이 구차스러이 그 모자라는 수효를 채우게 됩니다. 그러나 그들도 징집한 경내를 빠져나가기 무섭게 도망치는 자가 서로 잇달아서, 군영의 문전에 이르게 될 때는 모두 도망쳐서 한 사람도 남는 자가 없습니다. 이것이 바로 오늘의 일입니다.[18]

예부터 다른 나라 군대를 청하여 제 나라를 회복한 사람들은 자기 쪽에서 전적으로 일을 주재하고 주장하고, 다른 나라 군대는 그냥 따르며 원조만 하고 있을 따름이었습니다. 이를 병을 고치는 것에 비유하면, 치료를 받는 우리는 사람의 원기이고 다른 나라 군대는 병을 치료하는 약이나 침과 같습니다. 약과 침으로 치료할 때는 반드시 사람의 원기를 바탕으로 삼습니다. 만약 원기가 약하고 흐리다면 만금의 약을 쓴들 무슨 소용이 있겠습니까.

(…) 나라가 적병의 침범을 당한 지 2년이 되었고, 적병이 서울에서 물러간 지 벌써 9개월이 되었습니다. 그 사이 적병을 토벌하는 일은 오직 명군에게만 책임을 지우고, 비록 시행할 만한

계책이 있어도 조치할 의사가 조금도 없습니다. 그러는 동안 세월은 모두 헛되이 지나가버렸습니다. 나라는 날로 거세게, 마치 말이 질주하듯 빠른 속도로 멸망의 구렁텅이로 떨어져 내리는데 아무도 그것을 깨닫지 못하고 있습니다. 어찌 마음의 아픔이 이보다 더 클 수가 있겠습니까.[19]

임진왜란이 계속되는 동안 유성룡은 군사업무까지 관장하게 되어 군사제도 개혁에 착수했다. 정병제精兵制를 목표로 시작된 군제개혁은 훈련도감 설치가 시작이었다. 도성수비를 위한 군제였다. 그 다음이 속오군의 설치였다. 당시 조선에서는 양민良民만 병역의무가 있었다. 양반·과거급제자·공사천公私賤·천민은 병역의무가 없었다. 유성룡은 이 제도를 혁파하여 속오군을 만든 것이다. 이는 비록 전쟁 중이라 할지라도 신분사회의 거대한 장벽을 깨뜨린 개혁으로서 지배계층의 반발이 예상되는 문제였다.

전쟁이 길어지면서 조선 땅에 출병하고 있던 명나라와 일본군의 숨겨진 목적이 조금씩 드러났다. 1590년대의 명나라는 이미 국가 재정이 파산상태로 기울고 있었다. 1430년대 이후부터 만리장성 안과 밖에서 계속된 몽골군과의 지루한 전쟁을 치르느라 기진맥진한 상태였다. 그런데도 조선에 군대를 출병시킨 것은 군사적·재정적으로 크나큰 출혈을 불러오는 것임을 잘 알면서 대규모 군사를 파견한 데는 그럴 만한 사정이 있었다. 일본으로부터 자국을 방어하기 위한 것이었다.

명은 조선보다 먼저 일본에 파견한 정보원으로부터 일본이 대규모 군사를 일으켜서 조선을 정복한 뒤 자국도 침략할 것이라는 첩보를 여러 차례 확보하고 있었다.

일본의 속셈을 모른 것은 조선뿐이었다. 명나라는 일본군과 싸우되 명나라 영토가 아닌 조선 땅에서 싸우는 것이 자국 영토와 백성의 생명, 재산에 직접적 피해를 주지 않는다는 점을 숨긴 채 조선을 돕는다는 명분을 내세웠다. 또한 병력의 보충, 군수물자의 사용 또한 조선 땅에서 처리하는 것이 유리하다고 보았다. 조선을 지키는 것이 바로 자국을 지키는 것이며 전투영역이 광활한 요동 땅보다는 지세가 험준하고 좁은 조선에서 방어전을 펴는 것이 전술적으로도 유리했기 때문이다. 이런 사실은 명나라 외교관 설번薛藩이 자국 황제에게 보낸 보고서에 잘 나타나 있다.[20]

> 신이 깊이 걱정하는 바는 조선이 아니라 우리나라의 국경입니다. 더 두려운 것은 국경에 그치지 않고 우리나라의 내지가 진동하는 것입니다. 이에 신은 장차 피할 수 없는 사태의 형세를 헤아려 황제께 진술합니다. 무릇 요동은 북경의 팔과 같은 곳이고, 조선은 요동의 울타리와 같은 곳입니다. 영평永平은 국토를 보호하는 중요한 땅이고, 천진天津은 또 북경의 문이며 뜰입니다. 200년 동안 남쪽의 복건성과 절강성이 끊이지 않고 왜의 화를 입어왔으나 오직 요양과 천진에 왜구가 없었던 것은 조선이 울타리가 되어 막았기 때문입니다.

그리하여 조선에 출병한 명나라는 되도록 일본군과 싸우지 않고 적절한 명분을 만들어서 일본군과 강화를 맺어 일본의 이익도 챙겨주고 자국의 이익도 챙기기 위해 전략을 폈다.

우리가 왜와 원수질 까닭이 없다. 속국 조선이 베어지고 넘어지는 것을 진실로 차마 두고 볼 수 없어 특별히 몇 개 도道의 군사를 일으켜서 서울과 평양을 수복시켜 주었다. 이미 그 의義와 위세는 만천하에 빛을 발하였다. 조선도 그것으로 만족해야 한다. 더 이상 고된 싸움을 벌여서 이미 왜와 강화하기로 한 것을 흩뜨리고 무너뜨리는 것은 올바른 계책이 못 된다.[21]

명나라 군대는 지치고 피폐해 있었다. 전쟁을 혐오하는 의식이 만연되고 팽배해질수록 일본과의 강화회담은 간절한 열망이었다.

그런 명나라를 하늘이 내신 나라, 그 나라 황제를 천자天子, 즉 하늘의 아들로 받들면서 사대하는, 조선 유학자들의 모습이 조선 지배계층의 역사요, 짓밟힌 인민의 역사였다.

존명을 부르짖는 대신들

전쟁이 막바지로 치달을 즈음 일본 국내의 정치상황은 급변했다. 도요토미 히데요시의 권력이 급격히 기우는 반면, 조직적이며 이성적인 지배철학을 구사하는 도쿠가와 이에야스德川家康의 권력 확대가 두드러졌다. 특히 히데요시의 조선 출병과 관련된 국제적 정치상황을 과연 도쿠가와가 인정하고 받아들일지가 중요한 관심거리였다. 조선에서의 철병이 비밀리에 거론되었다. 그러나 철병

하되 빈손으로 물러날 수는 없다는 게 그들의 결론이었다.

일본은 1593년 여름 평양을 점거했을 때 명나라와 강화협정을 맺었다. 명나라 장군 심유경沈惟敬이 고니시 유키나가와 벌인 강복산회담降福山會談에서 고니시 유키나가가 먼저 '강화 7조'를 내놓은 적이 있었다. 이를 심유경이 흔쾌히 허락했는데 조선 정부는 까맣게 모르고 있었다.

회담내용은 중국 측 임진왜란 전문 역사학자인 이광도李光濤의 논문 「일명강화파열지전말」日明講和破裂之顚末에 실려 있다.

제1조 : 화친
제2조 : 할지割地
제3조 : 조선 4도를 나눠 일본 영토에 속하게 하고, 대동강을 경계로 삼는다.
제4조 : 무역은 종전의 공선貢船으로 한다.
제5조 : 이하는 비밀이라서 전해지지 않는다.[22]

'할지'는 조선 영토를 명과 일본이 나누어서 갖는다는 것이다. 대동강 남쪽은 일본이, 그 북쪽은 명나라가 영유한다는 뜻이다. 이 회담을 토대로 이른바 '분할역치'分割易置, 조선 영토를 쪼개고 임금을 바꾼다 주장이 최초로 나왔다. 명나라 급사중給事中 위학증魏學曾이 자국 황제에게 올린 글에서 비롯되었다.

조선이 왜적을 막지 못해서 벌써부터 중국에 근심을 미치고 있습니다. 그러니 마땅히 조선을 나누어서 2~3개 지역으로 만들고, 왜적을 능히 막아낼 수 있는 사람에게 이를 맡겨야 합니다. 그리고 그들의 조치에 따라서 조선을 중국의 울타리가 되게 해야 합니다.[23]

조선 조정은 깊은 충격에 휩싸였다. 그토록 충성을 맹세했고 흠모해온 명나라였기에 충격은 더 컸다.

명나라의 조선에 대한 정치적 압박은 점점 더 노골화되었는데 조선 국왕의 무능과 불신이 가장 큰 원인이었다. '분할역치'가 아니라 이제는 아예 '조선직할통치론'을 내세웠다. 명나라가 조선에서 일본과 싸운 이래 부담한 전쟁 경비와 그 부담을 줄이지 못한 책임을 조선 국왕의 통치능력 부족에 따른 것으로 규정하고, 조선을 직접 통치하여 그 부담금을 회복하겠다는 취지였다. 1594년 6월에 제기된 조선직할통치론은 명나라에서 파견된 순무巡撫가 개성과 평양에 정동행성征東行省을 설치하고, 조선 국왕과 신료들을 행성에 소속시켜 관리하면서 조세징수권을 갖는다는 내용이었다.

명나라 사신 사헌으로부터 칙서를 받아든 선조는 그날 저녁 유성룡을 불렀다.

이런 일이 있을 것을 이미 알고 있었다. 일찍 자리를 물러나지 못한 것이 한스럽다. 내일 사신을 보고 선위禪位하려고 한다. 경을 만나는 것도 오늘이 마지막이다. 비록 밤이 깊었으나 경과 대면하고 나서 결별하고 싶었다. 그래서 이렇게 불렀다. 이 술로써 경과 영별한다. 내일 나는 곧바로 사신 앞에서 왕위를 내놓는다. 오직 그것만이 내가 할 일이다. 나는 오래전부터 이런 일이 있을 것을 알고 있었다. 그래서 임금 자리에서 물러나려고 했는데 지금 과연 그렇게 되었다.[24]

유성룡은 왕위를 내놓겠다며 두려움에 떨고 있는 선조를 진정시키고 생각을 바꾸도록 했다.

이것은 이치에 맞지 않는 망령된 소리입니다. 명나라 조정이 어찌 그런 망령된 사설에 흔들리겠습니까. 원컨대 의혹되지 마시고 우리가 당연히 해야 할 일에만 힘을 쏟아야 합니다. 원컨대 성상께서는 결코 뜻을 굽히지 마십시오. 내일 사신 앞에서 절대로 양위한다는 말을 해서는 안 됩니다. 신이 감히 죽기를 각오하고 청하옵니다.[25]

유성룡의 간곡한 만류에도 선조는 마침내 명나라 사신 사헌에게 양위서를 내놓으며 말했다.

병으로 도저히 국사를 감당할 수 없으므로 세자에게 왕위를 전하려고 하니 사신께서 이를 주장하여 나의 소원을 이루게 하여달라.[26]

유성룡은 사헌의 처소를 관장하는 척금을 만나 양위할 수 없는 조선 신료들의 뜻을 전하고 담판을 벌였다. 그날 밤, 척금은 유성룡에게 사헌의 뜻이 바뀌었음을 알렸다.

1597년 8월, 이순신은 모함을 받아 감옥에 갇혔다. 조선 수군은 한산도에서 크게 패했고, 명의 양원楊元이 지휘하던 남원전투에서도 일본군에게 패하여 전라도가 위기에 빠졌다.

그런데 뜻밖의 일이 터졌다. 명의 조선직할통치론에 대해 선조는 당연한 일이 아니겠느냐며 명을 두둔하는 태도를 보인 것이었다. 선조는 나라를 버리면서 명에 의존하려고 했다.[27] 선조의 태도는 곧 유성룡의 명에 대한 독립·자강自彊과 계속 충돌했다. 유성룡은 명에 대한 의존을 줄이면서 조선 군대를 훈련시켜야 한다고 했지만 선조는 그때마다 반대했다. 유성룡이 말했다.

> 명군을 계속 청원해서 부르면 지금 우리 힘으로는 지공支供, 군량 및 전쟁물자를 조달하는 것할 길이 없습니다. 우리 군대를 기르고 조련하는 것만이 오직 가할 따름입니다.

선조는 즉각 이 말을 받았다.

> 명군이 있어야만 민심이 의지할 수 있고, 명군이 있어야만 불측한 자들이 못된 죄를 꾸미고 간사한 음모를 꾀해도 필시 두려워하는 바가 있어 하지 못하게 된다. 특히 전라도 일도의 민심이 극히 나쁜 상태에 있다고 했다.[28]

선조는 조선의 군대를 불신했다. 백성도 믿지 않았다. 오직 명나라와 명군을 철저하게 믿은 나머지 명의 직할통치도 기꺼이 받아들이겠다는 것이었다. 국가의 존속보다는 왕위의 존속을 우선했고, 왕위만 지켜진다면 나라의 주권도 포기할 수 있고, 한강 이남의 땅은 지역을 가리지 않고 일본군에게 내줄 수 있다고 했다.[29]

선조의 뜻대로 명의 조선 총책 양호는 조선군의 병권을 장악했다. 그리고 조선의 국왕과 대등한 위치에서 조선 신료들을 만났다. 직할통치가 시작된 것이다. 선조는 한 나라의 힘을 모두 쏟아서 명군 장수들을 섬기고, 심지어는 그 휘하의 편비장에게까지 온몸을 굽혀 정성을 다하지 않음이 없었다.[30]

조선군은 이제 독자적인 작전권이 없었다. 모든 일에 명군의 허락과 지휘를 받아야 했다. 병사들은 말이 안 통하는 상황에서 명령을 따라야 했기 때문에 명군에게 차별과 학대를 받았다. 모든 전투에서 패했다. 패전의 허물은 당연히 조선군이 덮어 썼다.

가장 치명적인 것은 양호의 병권이 이순신을 꽁꽁 묶어버린 것이었다. 이순신의 수군은 명과 왜보다 강하고 우수했다. 그런데도 이순신은 철저하게 봉쇄되었다. 양호의 전횡은 조선의 국정 장악으로 이어져 국왕까지 호령했다.

선조가 자기 군대와 백성은 불신하면서, 양호를 비호하려고만 드는 모습을 유성룡은 옳지 않다고 여기고 있었다.

선조와 선조의 명나라 의존정책을 지지해온 신료들이 유성룡 탄핵의 막을 올렸다. 1598년 9월 24일 이이첨으로 시작된 유성룡에 대한 탄핵 상소는 11월 19일 유성룡이 파직되는 두 달여 동안

하루도 그치지 않고 계속되었다.

유성룡은 물러나겠다는 사직서를 쉴 새 없이 내고, 임금은 이를 허락하지 않았다. 유성룡을 탄핵하는 상소문은 칼날같이 날카롭고 험악했다. 영의정 5년 동안의 치적을 폐해와 악으로 가득 찬 폐정이라 질타했다. 유성룡이 추천하고 발탁하여 임진왜란의 위기를 막고 지켜낸 이순신·권율·고언백을 '치질이나 빠는 무리들'로 능멸했고, 군량보급에 매진하다 지쳐서 죽은 이성중도 같은 무리라고 단죄했다. 또한 친족을 등용하는 족벌주의자, 토지를 긁어모은 부정부패의 원흉이라 지목했다. 권력을 쥐는 데 눈이 멀어버린 자들은 유성룡을 권좌에서 끌어내리는 데 광분했다. 온 조정의 신료로도 모자라 전국 곳곳의 유생들을 끌어들였고, 마침내는 성균관 유생들까지 동참하도록 강요했다.

유성룡은 더 이상 영의정 자리에 앉아 있을 이유가 없다고 판단했다. 분연히 자리를 박차고 일어섰다. 이원익李元翼이 선조에게 간곡하게 권했다.

> 오늘날 누구도 유성룡을 대신할 수 없습니다. 유성룡이야말로 오로지 '청개자수혈성'淸介自守血誠으로 나라를 위하고 근심해왔습니다. 그가 퇴임한 마당에 신도 이제 물러가겠습니다.[31]

그때 이순신은 고금도에 있었다. 유성룡의 탄핵과 관련된 소식을 거기서 들었다. 이순신은 애가 끊기고 넋이 나가 "나라 일이 이 지경에 이르다니"[32] 하며 탄식했다.

역사의 이순신

이순신을 '역사의 이순신'으로 만들고 존재케 한 사람은 유성룡이었다.33 유성룡과 이순신의 만남은 조선으로서는 숙명적이었다. 유성룡 없는 이순신이 있을 수 없고, 이순신 없는 유성룡이 있을 수 없었다. 조선은 바로 이 두 사람의 만남이 있음으로 해서 조선이었다. 두 사람의 만남이야말로 조선으로서는 행운이고 천운이었다.34

조정에서 그를 추천해주는 사람이 없어 무과에 오른 지 10여 년이 되도록 벼슬이 오르지 않았다. 그러다 비로소 정읍현감이 되었다. 내가 장수가 될 만한 인재로 이순신을 천거했더니, 정읍현감에서 차례를 몇 개나 뛰어넘어 전라좌수사全羅左水使로 임명되었다. 사람들은 그가 갑작스레 승진된 것을 의심하기도 했다.35

적군은 본디 수군과 육군이 합세하여 북으로 쳐들어오려고 했던 것인데, 마침내 적군의 한쪽 기세가 완전히 꺾였다1592년 7월 8일의 한산도대첩. 고니시 유키나가가 비록 평양을 점령해 있었으나 형세가 외로워져서 감히 더 나아갈 수 없었다. 우리도 전라·충청·황해와 평안도 연해지역 일대를 보전함으로써 군량을 보급하고 조정의 명령이 전달되어 나라의 중흥을 기할 수 있었다. 요동의 금주·복주·해주·개주·천진 등의 지역 또한 왜의 수군에 의해 소란을 당하지 않음으로써 명나라 군사가 육로로 나와 우리를 도울 수 있었다. 이 모두 이순신의 한 번 싸움에서 이긴 공이었으니 아아, 이것이 어찌 하늘의 도움이 아니겠는가!36

이순신을 정확하게 알아본 사람은 유성룡 외에 또 한 사람이 있었는데, 일본의 장수이자 전략가인 고니시 유키나가였다. 고니시는 이순신의 경이로운 전술과 애국심 때문에 손쉽게 조선을 거쳐 명나라를 정복할 수 있었던 일본군이 치명적 좌절을 입었다고 판단했다. 지루한 전쟁, 명나라와의 지루한 협상에도 불구하고 일본군에게 승리는 계속 멀어졌는데 그 유일한 이유도 이순신의 조선 수군 때문이라 여겼다.

고니시는 최후의 전술을 썼다. 이순신을 제거하기 위한 계획이었다. 이순신을 증오하고 있는 선조의 심리와 그를 에워싸고 있는 조선 신료들의 이순신과 유성룡에 대한 시기와 증오심을 역이용하려는 전략이었다. 1596년 9월 오사카 성의 도요토미 히데요시 앞에서 열린 명나라와 일본의 강화협정은 결렬되었다. 그때 회담에 참가했던 조선과 명나라 사신들은 일본이 새로운 전쟁을 위해 대규모 군사력을 동원하고 있음을 알았다. 새로운 전쟁이 터질 것임을 짐작하고도 남는 상황이었다.

고니시는 정보를 흘렸다. 일본군 장군 중에서도 가장 잔혹하고, 강력한 군사력을 지닌 것으로 널리 알려진 가토 기요마사가 일본에서 조선으로 다시 나가는데 경상우도의 남해안으로 갈 것이라는 내용이었다. 가토와 고니시는 사이가 매우 나빠서 거의 원수처럼 지낸다는 사실은 이미 조선과 명나라 장수들도 알고 있었다.

고니시는 한 걸음 더 나아가 경상우병사 김응서金應瑞를 통해 조선 조정에 이 사실이 알려지도록 했다. 조선 조정은 이 군사기밀을 이순신에게 말해주면서 가토를 반드시 체포하거나 살해토록 지시했다.[37]

조선 조정에서는 윤근수尹根壽, 영의정 윤두수의 아우이자 이조·예조 판서 역임가 이 기회를 놓치면 안 된다며 여러 차례 선조에게 알렸고 이순신을 재촉했다. 그러나 이순신은 그것이 거짓정보임을 알아채고는 움직이지 않았다. 고니시는 상황을 살피다가 가토가 무사히 조선에 도착하여 새로운 공격을 준비하고 있으며, 조선은 가토를 제거할 수 있는 절호의 기회를 놓쳤다는 말을 김응서에게 전했다.

가토는 그때 일본에 있었다. 조선 조정이 발칵 뒤집혔다. 이순신은 군사기밀을 그르쳤다는 죄목으로 체포되어 감옥에 들어가 참형 직전에 놓였다. 선조는 이순신의 죄목을 백단白端으로 얽어 죽이려고 했다. 그때 유성룡이 선조를 설득했는데 선조는 오히려 격노했다. 이순신을 구해낼 사람은 아무도 없었다.

72세의 정탁鄭琢이 나섰다. 퇴계 문인으로 우의정을 지낸 인물이었다.

순신은 명장입니다. 죽여서는 아니 됩니다. 군사상 기밀의 이롭고 해로움은 조정 먼 곳에서는 헤아릴 수 없습니다. 순신이 나가지 않은 것도 반드시 무슨 뜻이 있어서일 것입니다. 바라옵건

대, 너그럽게 용서하시어 뒷날의 공을 이루도록 하십시오.38

조선 조정이 이순신을 체포하여 감옥에 가둔 것이 1597년 1월 27일이고, 정유재란이 시작된 것은 1597년 2월 21일이었다. 가토 기요마사는 이순신이 감옥에서 처형 날짜를 기다리고 있을 때 정유재란 제1진 군대를 이끌고 조선을 침공했다. 이순신 없는 조선 수군은 그저 장난감 배에 지나지 않았다.

정유재란이 시작되고 나자 조선 조정은 그제야 속았다는 것을 알았지만 선조는 이순신을 살려주고 싶지 않았다. 이순신의 원통함을 호소하는 사람들이 헤아릴 수 없이 많다는 보고를 들은 선조는 질투심에 그저 죽여버려야겠다는 생각뿐이었다.

40대에 접어든 선조는 노재상의 간곡한 권유를 거절하지 못하고 한 차례 고문을 가한 후에 사형을 면해주고 관직을 삭탈한 채 그대로 군대에 편입하도록 했다.39

이순신은 그런 임금을 원망하거나 조정을 탓하지 않고, 죽는 날까지 백의종군했다.

순신은 말과 웃음이 적고 용모가 단아했다. 사람된 품이 몸을 닦고 언행을 삼가는 선비와 같았으나 몸속에는 담기膽氣가 서려 있었다. 자기 한몸을 잊고 국난을 맞아 목숨을 바친 것은 평소 그 같은 수양이 있었기 때문이다. (…) 순신은 뛰어난 재주와 능력을 가지고 있었다. 그러나 명운이 없어 가지고 있던 재간의 백분의 일도 다 살지 못하고 죽었으니, 아아, 참으로 아깝

고, 아깝다.[40]

『징비록』에 따르면 1598년 11월 19일, 이순신이 노량 앞바다에서 최후를 맞던 날, 유성룡은 영의정에서 파직되었다. 지난달에 영의정 직위가 체임되어 한 달 넘게 대기발령 상태에 있다가 이순신이 죽던 날 마침내 유성룡도 파직되었다.

선조는 북인北人 정인홍·이이첨 등이 패거리를 지어 만들어낸 '주화오국론'主和誤國論, 즉 유성룡이 왜와의 강화를 주도해서 나라를 그르치게 했다는 책임론을 수용하여 유성룡을 파직시켰고, 다음 달에는 역시 그들의 공격에 굴복하여 삭탈관직까지 당했다. 벼슬아치 명부에서 벼슬한 공식 기록까지 삭제해버린 것이다. 광분한 권력의 광기요, 속 좁고 비열한 국왕의 변덕과 치졸이 얽혀서 빚은 비극이었다. 유성룡은 파직된 다음날 행장을 꾸려 서울을 떠났다. 그러고는 1607년 5월 6일, 죽는 날까지 다시는 서울로 돌아가지 않았다. 양평 용진을 건너 도미천에서 남산을 바라보며 시 한 편을 썼다.

> 전원으로 돌아가는 길 삼천 리
> 벼슬살이 나라 깊은 은혜 사십 년
> 도미천에 말 멈추고 남산을 바라본다
> 그 남산 빛 옛 모습 그대로인데
> 田園歸路三千里　帷幄深恩四十年
> 立馬渡迷回首望　終南山色故依然

유성룡이 영의정에서 파직되고, 같은 날 이순신이 죽음을 맞았던 1598년 11월 19일로부터 일주일쯤 뒤, 유성룡이 돌아올 고향 안동에서 한 아기가 태어났다. 유성룡의 제자 장흥효의 딸 계향이다.

제 2 장

성인^{聖人}을 기다리다

파당을 지어 논쟁하는 무리들

1598년 11월이었다. 정유재란의 잔혹한 역사가 막바지로 치닫던 그해 11월은 참으로 큰일들이 일어났다. 울산의 학성, 사천의 선진성, 순천의 순천성에서 명나라 군대와 일본군이 임진왜란 이후 최대 규모로 혈전을 벌였다.

울산 학성전투는 가토 기요마사 지휘로 1만의 병사가 성을 방어하고 있었고, 명나라에서는 마귀麻貴와 오유충吳惟忠이 조선 군대를 배속시켜 포위전을 펼쳤다. 순천성에는 고니시 유키나가가 1만 4천 명으로 방어에 나서고, 명군은 유정劉綎이 공격을 지휘했다. 사천 선진성으로 시마즈 요시히로가 1만의 병사로 방어에 나서고, 명군에서는 동일원董一元이 조선군까지 동원하여 공격에 나섰다. 그러나 세 곳 모두 처참하게 패배했다. 승전한 일본군도 도요토미 히데요시가 유언으로 남긴 명령에 따라 철군을 서둘렀다.

바다에서는 이순신이 백의종군한 노량해전이 있었다. 그러나 일본군의 퇴로를 막고 그들을 전멸시켜야 한다는 작전을 펼치는 과정에서 이순신은 의문의 죽음을 맞았다.

결국 11월 중에 일본군은 모두 돌아가고 7년전쟁은 끝이 난 듯 보였다. 하지만 명나라 군대는 계속 머물면서 조선을 통치하려 들었다. 선조는 백성들의 조롱을 받는데 이순신은 백성들의 추앙을 받았다. 그래서 선조는 이순신을 제거하는 것이 추락한 국왕의 권위 회복에 필수적이라 여겼고, 유성룡도 같은 조건에 포함시킨 선조의 판단과 이를 두둔한 온 조정 신료들의 생각이 명나라 군대의 폭거를 불러들인 셈이었다.[1]

이렇듯 나라가 어지러운 가운데 그해 11월 24일, 경상북도 안동 금계리의 청빈함으로써 의로운 선비 장흥효의 집에서는 오래도록 기다리던 아기의 출생으로 온 동네가 술렁였다.

장흥효는 1581년 18세 때 안동권씨 사온士溫의 딸과 혼인하여 자식을 보지 못하고 있다가 무려 18년 만에 만금 같은 자식을 얻은 것이다.[2]

장흥효의 장씨 세계世系는 중국 절강성 소흥부 용흥龍興 사람 백익伯翼으로부터 출발했다. 그 뒤로 보고保皋 · 우羽 · 첨籤 · 원源 · 정필貞弼로 이어졌다. 정필의 벼슬이 대상아부태사大相亞父太師였는데 흔히 태사공太師公으로 불렸다.

장씨 문중에서는 태사공 이상의 5세五世 소목昭穆, 종묘나 사당에 조상의 신주를 모시는 차례를 말한다. 시조를 중앙에 두고, 2, 4, 6세를 시조의 왼쪽에 두는데 이를 소(昭)라고 하고 3, 5, 7세를 시조의 오른쪽에 두는데 이를 목(穆)이라고 한다은 각가各家의 보계譜系가 일치하지 않아서 태사공을 1세로 하였다.[3]

안동 북부지방은 한때 고구려에 속했고 신라에 들어서는 경덕왕 때 고창군으로 불렸다. 처음으로 안동으로 불린 때는 고려 태조 3년이던 921년이었다.

후삼국 통일을 놓고 왕건과 견훤이 격전을 벌였던 곳인데, 그때 이 지방의 세도가였던 세 집이 있었다. 안동김씨 시조 김선평金宣平,

장계향이 태어난 안동 금계마을.
지금의 경북 안동시 서후면 성곡리 264번지이다.

안동권씨 시조 권행權幸, 안동장씨 1세 장길張吉이 집안의 대표였다. 세 가문은 왕건을 도와 견훤을 물리치는 데 공적을 세워 태사太師라는 벼슬을 얻었다. 고려의 개국 공신인 세 태사를 기리는 사당이 고려 초에 세워졌고 지금도 안동시 중심가에 남아 있다.[4]

부족국가시대의 안동지방은 진한 열두 나라의 하나로 고타야군으로 불렸고, 그보다 더 옛날에는 북방 아시아 유목민의 영향을 강하게 받았던 곳으로 알려져 있기도 하다. 당쟁이 치열했던 조선 중기 이후 잠깐 동안 정권을 잡았던 남인 세력이 조선이 멸망할 때까지 3백 년 가까이 묻혀 지낸 이른바 '야당지역'이었다.

정권에서 소외되고 박해받으면서도 학문과 도리를 추구해온 선비기질로 지켜 내린 권위와 체모는, "대추 한 개 먹고 요기한다"거나 "열 끼 굶어도 내색을 안 한다"는 말들로 잘 알 수 있다.

안동지방의 독특한 역사와 함께 매우 불리했던 자연환경 또한 안동문화를 형성시킨 중요한 원천이었다. 영양 일월산에서 비롯된 반변천을 합쳐 이 지방의 허리에 걸쳐 흐르는 낙동강은 농사의 젖줄이었다. 그리 깊지는 않아도 폭이 넓고 물살이 완만한 낙동강은 여름철에 비가 좀 왔다 하면 넘치기 일쑤여서, 이 지역은 대체로 한 해 걸러 홍수를 겪는다는 말이 생겼을 정도였다. 또 가뭄이 들 때면 다른 지역보다 피해가 컸다. 7할이 넘는 땅이 산이고 농사를 지을 수 있는 땅은 2할 남짓이어서 척박한 곳으로 분류되기도 했다.

이렇듯 만만찮은 자연환경 속에서 살아온 안동 사람들은 딸을 길러 쌀 서 말 먹이고 시집보내면 잘 해준 편이라는 말이 남아 있을 만큼 넉넉지 않은 지역이었다. 임야가 많은 덕에 밭농사가 큰 몫을 했고, 밭작물 중에서 콩은 소중한 역할을 했다. 안동지방 음식 중에서 콩가루를 주재료로 한 음식이 유달리 많은 것도 이 지역의 자연환경과 깊은 관련을 지녔다.[5]

안동이 '한국 정신의 수도'로 자리매김하게 된 것은 퇴계 이황의 탄생과 그의 학문이 낳고 기르고 가르치고 펼친 유산이다.

정자중鄭子中의 『언행통술』言行通述은 이렇게 적고 있다.

> 선생은 우리나라에 성현의 도가 두절된 뒤에 탄생하여, 스승 없이 초연히 도학을 회득會得, 깊이 있게 앎하였다. 그 순수한 자질, 정치精緻한 견해, 홍의弘毅한 마음, 고명한 학學은 성현의 도를 일신一身에 계승하였고, 그 언설言說은 백대의 후에까지 영향을 끼칠 것이며, 그 공적은 선성先聖에게 빛을 던져 선성의 학을 후학의 사람들에게 베풀었다. 이러한 분은 우리 동방의 나라에서 오직 한 분뿐이다.

우리는 그가 제자들에게 성현聖賢의 예우를 받는 한국 유림에서 찬연히 빛나는 일인자임을 엿볼 수 있다.[6] 정자중의 글에서 말하는 '우리나라에 성현의 도가 두절된 뒤에 탄생'하였다는 것은 곧 영남사림파의 비극적 역사를 뜻한다.

사림파士林派라는 용어는 이병도의 『국사대관』國史大觀에 조선 전기의 문인·학자의 유파를 나누어 훈구파·절의파·사림파·청담파 등으로 구분한 데서 비롯되었다. 사림파는 이성계의 조선왕조

창업을 도운 훈구파勳舊派와 대비되는데 조선 성종 때의 시대적 상황이 지닌 특성과 밀접한 관련을 지니고 등장했다. 성종 대에는 문장과 경술經術로 영남 일대에서 사종師宗의 위치였던 김종직金宗直을 중심으로 한 성리학 유생들을 사림파라고 했다.

김종직의 성리학적 뿌리는 고려 말 이제현월성 안강 → 이색영덕 → 정몽주영천 · 이숭인성주 · 권근안동 → 길재선산 → 김숙자선산 → 김종직밀양 · 선산 → 김일손청도 · 김굉필현풍로 이어지는 유장하고 심원한 도학적 학통관을 지니고 있다. 또한 사림파 정신은 사육신과 생육신의 절의정신과 고려적 절의의 토양에서 연면히 이어져 온 것이다.

김종직의 문하 김굉필에서 뻗어나간 또 하나의 사림파는 중종 대의 조광조를 대표적 인물로 꼽는다. 그는 영남 출신이 아닌 기호지방 출신으로서 도학적 비중이 절대적으로 높아지면서 이른바 사림파의 시대를 열었고, 그런 시대에 대한 정치적 반작용으로 사화士禍의 재앙을 가져왔다.

사림은 현직의 관인官人보다 재야 지식인들을 앞세우는 표현으로 대과大科에 합격하여 벼슬에 나아갔다가 퇴직한 이들도 포함되지만 소과 합격자인 생원 · 진사가 수적으로 대부분을 차지했다. 이들의 교육은 관학인 4부학당이나 향교보다는 사학인 서재 · 서원을 통한 경우가 절대적으로 우세하였다. 또한 사림파는 향촌지주의 사회적 역할을 중시하는 정주성리학을 선호하였다.

이러한 사림파의 입장은 조선왕조 개창을 계기로 중앙집권주의 관료제도를 장악한 훈구파에 열세였다. 이런 상태로 약 1세기를 지나자 집권 관료제가 숱한 모순을 일으켰는데, 이에 대한 대안으로서 사림파가 형성되었다.

16세기 사림은 훈구파 계열과 대립하는 가운데 하나의 정치세력으로 자라났다. 사림파는 불공평한 제도의 개혁을 요구했고, 이는 훈구파에게 결정적 위기가 되어 두 세력 사이에 투쟁과 처형이 발생했다. 이것을 사화라 불렀다.7 1498년연산 4의 무오사화, 1504년연산 10의 갑자사화, 1519년중종 14의 기묘사화, 1545년명종 즉위의 을사사화이다.

사화는 파당을 지은 다수인의 공공연한 논쟁에 따르는 대립과 투쟁에서 패자는 반역자로 몰려 지위를 뺏기거나 처형되었고, 한 파가 승리하면 이에 대한 새로운 반대파가 다시 생겨나 사화의 끈을 이어갔다. 이 과정에서 정치기강은 점점 문란해지고, 뜻있는 선비들은 관직을 버리거나 아예 관직을 단념하고 서원書院을 세워 유생들의 집합장소로 삼고 그들 자녀를 교육시키면서 당파 결속을 굳혀 나갔다. 이것이 당파 또는 당쟁의 근원지가 되기도 했다.

무오사화와 갑자사화 및 기묘사화를 통하여 영남 출신의 많은 선비들이 참화를 입었다. 중앙 관직에 진출했던 사람은 물론 서원을 중심으로 도학을 공부하던 지방 선비들도 복잡한 연결고리에 얽혀서 처형되었다. 내로라 하는 웬만한 유학자는 거의 예외 없이 처형되거나 중벌을 받았기 때문에 퇴계가 태어난 1501년부터 스무 살이 되던 해까지 가르쳐줄 만한 스승이 거의 죽음을 당하고 없었다.

정자중의 『언행통술』은 이 같은 영남지방 지성사가 지닌 비극을 적은 것이다.

조선의 경敬의 철학

퇴계 이황李滉, 1501~70은 경敬의 철학자이다.

퇴계는 인간과 세계에 관하여 근원적으로 사유했던 철학자일 뿐만 아니라 순간 속에서 영원을 엿보고 느낄 수 있는 감각 혹은 감수성, 보이는 것에 의하여 보이지 않는 것을 드러낼 수 있는 놀라운 테크닉을 지닌 시인이었다.

퇴계는 사화라는 시대적 비극과 사회적 혼란 속에서 괴로워하고 절망하였으며 원칙과 기준이 무너지고 방향조차 상실된 상황에서 사회와 역사의 주체로서의 인간 본성과 선악의 문제를 깊이 반성해보지 않을 수 없었다. 그는 원칙과 기준 혹은 방향의 문제는 이치理와 관계되며, 인간 본성과 선악의 문제는 사회와 역사의 주체로서의 인간이 어떻게 현실 속에서 원칙과 기준理을 세우고 이상을 실현할 수 있는가, 그리고 이성으로써 어떻게 욕구와 감정을 잘 조절할 수 있는가 하는 문제를 주로 다루었다.

이 두 가지 문제는 곧 경敬-지경持敬에 의한 마음心의 주체성 확립과 도덕적 실천을 강조하는 심학心學의 중요성으로 귀결되는 것으로 보았다.[8] 퇴계의 경은 일심一心의 주재主宰이며, 만사의 근본이요, 성학의 처음과 끝을 이루는 요법이라 할 수 있다.

본래 경은 외경畏敬, 주일무적主一無適, 정제엄숙整齊嚴肅을 뜻한다. '주일무적'이란 정신을 집중하여 마음이 다른 곳으로 달아나지 않도록 항상 깨어 있는 것을 말한다. '정제엄숙'은 몸가짐을 단정하게 하고 마음가짐을 엄숙하게 하는 것이다. '외경'은 '두려워해야 할 대상이 있는 것처럼 무서워하는 것'이라고 한 주희의 설명을 보면, 외경은 종교적 경건성을 뜻하는 것으로서 인격적 주재자의 존재를 전제로 성립된 것이다.[9] 결국 일신一身을 주재하는 것은 마음인데, 경이란 마음을 다스리는 요법이라 할 수 있겠다. 퇴계의 경, 즉 마음 다스리기 철학은 그의 학문경향을 가장 특징적으로 보여준다.

퇴계 성리학은 구인성성求仁成聖의 위기지학爲己之學이다. 그가 추구한 인간 본연의 실상과 인간다움의 본질이란 과연 무엇인가를 규명하는 길잡이로서의 경사상을 통하여 그의 성리학을 이해하는 것도 한 방법이다. 따라서 그의 학문적 본령은 진리에 대한 개념적 인식이나 우주론적 탐색이라기보다는 인간 자신의 주체적 성찰과 실천을 기본으로 한다. 인간됨과 최고선을 추구하는 가치 체계의 문제로서 어떻게 알 수 있느냐 하는 것보다 어떻게 행할 수 있는가 하는 것이 문제가 된다.[10]

군자는 인仁의 완성을 지향하여 힘껏 노력하는 사람이며, 인을 완전히 실현한 인간의 극치를 성인이라 한다. 군자나 성인은 모두 자기 완성을 목적으로 삼기 때문에 학문에서 위인지학爲人之學이 아니라 위기지학을 추구했다.

퇴계는 이렇게 말했다.

> 위기지학은 도리를 우리가 마땅히 알아야 할 것으로 삼고, 덕행을 우리가 마땅히 행하여야 할 것으로 삼아 가까운 데서 공부

를 시작하여 심득궁행心得躬行을 기약하는 것이다. 위인지학이란 심득궁행에 힘쓰지 않고 허식에 힘쓰며, 외물外物을 따라가서 명성과 명예를 구하는 것이다.[11]

위기지학이란 '도리를 알아서' 덕행을 '실천'하는 심득궁행의 학문이라는 말인데 이때 도리를 안다知는 것은 무엇이며, 덕행을 행行한다는 것은 무엇인가.

다만 이치를 알기 어려운 것이 아니라 행하기 어려운 것이며, 또 행하기 어려운 것이 아니라 오래오래 쌓아 숙습熟習하기가 어려운 것이다.

단지 아는 것이나 일시적인 선행이 문제가 아니라 지와 행과 습의 진적역구眞積力久를 통해 도달하게 되는 자기 완성의 경지를 말한다. 앎이란 일시에 이루어질 수 없는 것이므로 '진적'이 필요하고, 실행도 한두 번에 이루어지는 것이 아니기 때문에 '역구'가 필요하다.[12]

마음이 주재를 잘하느냐 못하느냐에 따라서 천리天理와 인욕人欲, 중절中節과 부중절不中節이 결정되는 것으로 보았다. 인욕을 막고 천리를 보존하기 위해서는 마음을 다스리는 것이 관건이다.

대저 학문을 함에 있어서는 일이 있고 없음과 뜻이 있고 없음을 막론하고 오직 경敬으로써 주主를 삼아야 한다. 움직일 때든 고요할 때든 경을 잃지 않으면 사려가 아직 싹트지 않았을 때는 심체心體가 허명虛明하여 본령이 깊이 순수해지고, 사려가 이미 발했을 때는 의리가 밝게 드러나고 물욕이 물러가게 된다.[13]

퇴계의 마음공부 또는 마음을 지키고 다스리기는 인간살이의 근본이자 궁극이라고 보았다. 인간이 구하는 것은 한갓 대상에 지나지 않는 지식이 아니라 자신의 성장과 관계되며, 자신의 점진적인 성장과 더불어 알게 되는 것이므로 진리를 일시에 깨달아버리겠다는 생각은 잘못이라고 보았다. 그런 점에서 도가道家의 수행법인 '좌망'坐忘이나 불교의 '돈오'頓悟, '초월법'과는 차별화된다. 처음 공부하는 사람들은 조급히 서두르고 당장 성리를 보려고 하는데 그런 학문 경향은 마음의 병心氣之患을 낳는다고 경계하였다.

학문이란 빨리 나아가면 물러서기도 빠른 것이다. 사사로운 생각으로 억지 탐색하고 모색하며 안배하는 습관을 버리고 인지仁智에 맞춰 마음을 평탄히 가진 다음 숙독하고 정사精思하며 반복 체험해야 한다. 이러한 노력을 그치지 않고 오래도록 거듭하여, 기질이 변하고 인仁이 무르익으면 일생일대의 기쁨을 보게 될 것이다.

그의 학문 방법은 단계적이며 점진적인 하학상달下學上達을 강조하고 지경持敬, 즉 마음 지니기와 다스리기를 통한 자신의 성장과 성숙을 중요하게 여겼다.[14]

퇴계사상의 궁극은 성리학이 갖기 쉬운 사변적·주지적 성격과 양명학이 빠지기 쉬운 주관주의와 내면주의를 모두 극복하는 지혜로서 형성된 것이며, 인간은 자신에 대한 희망과 우려를 함께 지니되 성장과 성숙의 관계적 향상을 결코 포기하지 말라는 데서 그 진면목을 찾을 수 있다.

퇴계가 제자들에게 가르친 학문의 근본은 이론보다는 진리를 일상생활 속에서 찾으라는 지知와 행行의 일치에 대한 신념이었다. 지와 행의 기본이 성誠이라면, 성을 이루는 노력이 경敬이라고 결론지을 수 있을 것이다.

퇴계는 태어난 지 일곱 달 만에 아버지를 잃었고, 가정형편이 어려운 어머니와 숙부에게 양육되었으며, 27세에 부인 허씨와 사별한 뒤에 만난 후처와도 사별했고, 48세 때는 둘째 아들이 죽고, 50세 때는 친형이 사화에 연루되어 장살杖殺당하는 등 불행을 겪었다. 사화로 얼룩진 시대 상황과 그의 개인사는 퇴계의 학문 방향과 깊은 관련이 있었다. 그의 학문적 특성은 곧 심학에 있었으며 심학의 요체는 경이라고 보았다.

퇴계의 심학은 경사상의 실천적 성향이 삶을 긍정적이고 희망적으로 받아들이게 하는 힘을 지니고 있어서 영남학파의 철학으로 뿌리내렸다.

> 군유群儒를 집대성하여 위로는 끊어진 줄기를 잇고 아래로는 내학來學을 열어주어, 공맹정주孔孟程朱의 도가 다시 세상에 환하게 밝혀지게 한 점에 있어서는 우리 동방에서 기자箕子 후로 오직 이 한 사람뿐이다.[15]

이는 퇴계의 제자 학봉 김성일의 글이다. 김성일은 1538년 안동 내앞川前 의성김씨 마을에서 태어났고, 금제金提로 이사하여 살았다. 18세 때 아우 복일復一과 함께 70리쯤 떨어진 도산陶山의 이황을 찾아가 『서경』書經·『역학계몽』易學啓蒙·『심경』心經·『대학의의』大學疑義를 배웠다. 공부를 시작한 지 8년 만에 진사가 되어 성균관에서 수학했다. 예천禮泉용문 맛질경북 예천군 용문면 제곡리의 안동권씨 덕황德凰의 맏딸과 혼인하였다. 덕황은 위로 덕봉德鳳·덕린德麟·덕기德麒 세 형이 있어 4형제 중 막내였다. 덕황의 맏형 덕기의 딸은 춘파에 사는 안동장씨 25세인 장팽수張彭壽의 아내가 되었으니 김성일 아내와는 사촌지간이었다.

장팽수의 아내가 된 권씨부인은 두 아들을 두었는데, 홍효興孝 1564~1633, 홍제興悌였다. 뒷날 홍효는 김성일의 제자가 되어 퇴계 심학의 계승자가 되었는데 인연이 중첩된 매우 돈후한 스승과 제자였다.[16]

김성일이 1593년 4월 29일 경상우도 순찰사를 겸하여 도내 각 고을을 순화하며 왜병과의 항전을 독려하다가 진주공관에서 병으로 죽던 날, 홍효의 부친 팽수도 세상을 떠났다. 홍효는 아우 홍제에게 아버지의 상사喪事를 맡겨놓고 진주로 달려가서 스승의 장례부터 치름으로써 스승에 대한 지극한 예를 다하였다.

1584년 김성일은 대곡서원大谷書院을 세우고, 지난날 사화의 피해를 당한 김굉필·정여창·조광조·이언적을 재향케 함으로써 영남사림파의 도학정신이 퇴계로부터 이어 내렸음을 밝혔고, 이황의 문인들이 영남학파임은 곧 사림파 도학정신 계승자라는 역사를 확립시켰다. 1590년 통신부사通信副使로 일본에 파견되었다. 이듬해 돌아와 일본 국정을 복명할 때 '왜가 반드시 침입할 것'이라는 정사 황윤길과 달리 만약 왜의 침입계획이 세상에 알려지면 흉년과 질병의 폐해로 처참한 나날을 견디고 있는 민심이 흉흉해질 것을 우려하여 상반된 견해를 밝혔다.

1592년 형조참의를 거쳐 경상우도 병마절도사로 재직 중에 임진왜란이 일어나자 지난날 틀리게 복명한 문책을 받아 파직되어 서울로 송환 중이었다. 훌륭한 인재를 나라의 위기 극복에 쓰는 것이 옳다는 유성룡의 간청에 따라 다시 경상우도 초유사로 임명되었다. 죽기 전까지 1년여 동안 충절을 다할 기회를 맞았다. 관군 부족을 메우기 위해 의병 모집에 나섰다. 그리고 진주성이 지켜져야만 호남평야가 안전하고, 호남에서 생산되는 양식을 지켜야만 남해와 서해를 지키는 이순신의 해군을 위한 군량이 되며, 이순신의 해군이 있어야만 조선의 멸망을 막을 수 있다는 이른바 '진주성수호론'을 외쳐 큰 호응을 얻었다. 또한 관군과 의병의 갈등을 해소해 전투력을 강화하는 데 애썼다. 마침내 과로로 쓰러져 죽음을 맞았다.[17]

김성일의 제자 장흥효는 김성일의 학문과 삶을 누구보다 직접적이고 강하게 받았다. 또한 장흥효는 정구鄭逑, 1543~1620의 가르침도 받았다.

정구는 성주 사람이며 김굉필의 외증손이다. 이황과 조식을 스승으로 삼았으며 과거 공부보다 구도일념으로 학문에 정진했다. 인품과 학덕을 칭송하는 소리가 높았으나 귀 주지 않고 학문에만 몰두하는 등 스승 이황을 닮은 데가 많았다. 그의 학문세계는 우주

공간 모든 것을 연구대상으로 삼아 모든 분야에 통달했다. 지성인 추천제도에 따라 계속 관직에 제수되었으나 그때마다 사임하고 오로지 학문에만 전념했다.

인재를 등용해야 하는 시대적 필요성을 끝까지 사양하지 못하고 1580년 창녕현감을 시작으로 1608년 대사헌에 이르기까지 관직을 맡았다. 그러나 정구는 한사코 중앙관직의 내직이 아닌 외직을 맡았는데, 당쟁에 얽힌 권모술수가 난무하는 중앙 정치권보다 지방의 외직을 맡음으로써 자신의 덕치주의 이상인 지방학문 융성과 민중 교화를 위해서였다. 비록 관직에 오르기는 했으나 권력 획득이 아닌 자신의 학문이 지향했던 이상을 펼쳐 보이는 실천궁행이었다.

그의 저술을 대표하는 『심경발휘』는 자신의 경사상敬思想을 토대로 하여, 이황의 『심경후론』心經後論을 수정 보완한 것인데, 이는 곧 그의 학문 요체가 심학에 있음을 보여주는 것이다. 그는 지방 수령직을 맡을 때마다 그 고장의 산천·물산·풍속 등을 조사 수집하여 정리한 읍지를 펴냈다.[18]

장흥효는 정구가 안동대도호부사로 있던 1607년에 안동 관아로 찾아가 만난 뒤로 배울 기회가 있었다. 정구는 전국에 걸쳐 많은 제자를 길러냈고, 특히 당시의 영남 인사들 대부분이 그의 문도였다. 유달리 스승에게 배우기를 좋아했던 장흥효는 때와 장소에 구애됨 없이 배움을 청했다. 정구의 만년이던 1619년 정구 나이 77세 때 김성일의 큰아들 김집金潗이 정구를 찾아간 기회에 안부 편지를 올렸고, 정구는 정감 어린 답장을 보냈다.[19] 그때 장흥효는 김성일의 문집을 편찬하는 책임을 맡았는데 정구에게 학봉의 행장을 부탁해둔 상태였다.

그 뒤로도 학문하는 과정에서 의문이 나면 편지로 자주 물었는데, 그때마다 정구는 정밀하면서도 핵심을 강조하는 답신을 보내주었다.[20]

장흥효가 정구로부터 가르침을 받게 된 시기를 두고 약간의 오해가 생겼다. 1619년 정구에게 보낸 장흥효의 인사편지에 대해 정구가 답을 보낸 것과 관련된다. 이 편지를 받은 장흥효는 다시 스승에게 편지를 썼다. 그 내용 중에 '석어사수지상궁집소문지역훈도점염지익'昔於泗水之上躬執掃門之役薰陶漸染之益이라는 구절이 있다. '이전에 사수에서 몸소 문간 청소하는 일을 맡았을 때는 훈도에 의해 점차 감화되는 유익함이 많았는데' 중에서 '사수'泗水라는 말의 뜻을 매기는 과정에서 약간의 오해가 생겼기 때문이다.『국역 경당 선생 문집(상)』, 60~62쪽에 걸쳐 있는 「한강 정 선생에게 답함」答寒岡鄭先生書에 '사수'를 번역하기를 '경상남도 사천군 지역에 있는 고을 이름'이라 한 데서 오해가 비롯된 것으로 보인다. 그리하여 앞의 편지 내용이 마치 정구가 사천현감으로 있을 때 장흥효가 관아로 찾아가 배움을 받았던 것처럼 읽힌 것이다.

하지만 정구의 연보에는 그가 사천현감이나 또 다른 어떤 행보에 대한 증거가 없다. 무엇보다 정구의 첫 관직이 창녕현감이었으며, 그 무렵의 장흥효는 김성일 문하에서 공부하는 20세가 채 안 된 나이였는데 장흥효의 연보에도 그 흔적을 찾을 수 없다. 그리고 『국역 한강집 2』의 165쪽, 축문편에 「사수泗水 주산主山의 신령께 올린 제문, 칠곡漆谷」이라는 제문이 있다.

삼가 고합니다. 구述는 일찍이 노곡 남산촌에 살 적에 겨우 두 해를 넘기고 뜻밖의 화재를 입어 서적이며 가재도구들이 모조리 잿더미가 되어버렸습니다. 너무나 비참한 나머지 차마 그 자리에 계속 머물 수 없기에 지금 본 산의 기슭에 와서 새로 터를 잡아 사당을 세우고 살림집을 지어 노년을 마칠 계획을 하였습니다. 신령께서는 보호하고 도우시어 저로 하여금 편안하게 생업을 영위하게 해주신다면 아마도 큰 허물 없이 평생의 뜻을 온전히 이룰 것이라 생각합니다. 이에 술이며 과일로 신령께 호소하니 굽어 살피시고 흠향하소서. 삼가 고합니다.

'사수'란 공자와 맹자의 학문을 '수사학'洙泗學이라 부르는 데서 비롯되었는데, 수사는 '수수'洙水와 '사수'로 나뉜다. 둘 다 강 이름인데, 공자가 이 두 강 사이에 학당을 열고 제자를 가르쳤기 때문에, 수수와 사수는 공자의 문하라는 뜻으로 쓰인다.[21]

장흥효가 정구에게 보낸 편지에서 '사수'는 공자와 맹자의 학문적 후예임을 큰 긍지로 삼고 있으며, 장흥효가 작고한 두 스승 학봉과 서애의 가르침을 받았던 때를 생각하면서 그들을 드높여 칭송하는 뜻이 함축되어 있는 말로 보는 것이 옳을 것이다. 따라서 정구가 사천현감으로 있을 때 장흥효가 사천 관아로 와서 배웠다고 해석할 수 있게끔 한 앞의 풀이는 잘못이라 하겠다.

장흥효가 하회마을 유성룡을 찾아가 가르침을 청한 것은 임진왜란이 한참이던 1596년 3월이었다. 유성룡은 55세였고, 장흥효는 33세였다. 유성룡은 이순신에게 죄를 주자는 의견에 반대하여 사직상소를 올린 뒤 잠시 고향에 와 있었다. 또한 왜군들의 군량으로 사용되는 산과 들의 곡식들은 모두 거두어 깊은 산중으로 몰래 감추고 거두지 못한 것들은 불을 질러서 왜군들을 굶기자는 청야책淸野策도 내놓고 있었다.

유성룡은 장흥효의 인사를 받고 격려해주었다. 장흥효가 다시 옥연정사로 유성룡을 찾아가 머물면서 본격적인 가르침을 받게 된 것은 유성룡이 파직되어 고향으로 완전하게 돌아온 1600년 3월부터였다. 1607년 유성룡이 생을 마칠 때까지 옥연정사를 드나들면서 배우고 깨달은 것들은 뒷날 장계향의 생애에 큰 영향을 끼쳤다. 특히 유년 및 소녀시절의 글이나 글씨, 행동에 미친 영향력은 매우 컸다.[22]

경당 장흥효와 심학

장흥효가 태어난 춘파는 금제라 부르는 큰 마을 안에 보듬겨 있는 여남은 동네 가운데 하나이다. 6세조인 의儀가 한양에서 옮겨와 살면서 춘파에 장씨 성이 생겼다. 그의 아버지 장팽수는 같은 마을에 사는 김성일과 종동서 사이였다. 장팽수 아내 안동권씨의 친정은 예천 용문 맛질인데 친정 아버지 권덕기는 맏이였다. 권덕기 아래로 덕린·덕봉·덕황이 있었는데 막내 덕황은 안동 금제로 분가하여 딸 넷을 두었다. 그 중 큰딸이 안동 내앞마을 김성일과 혼인하였는데 혼인한 뒤로 김성일이 금제로 옮겨와 살게 되었다.

장흥효는 일곱 살 때부터 배우기를 시작했는데 이웃의 또래들과 어울려 노는 것보다는 예법 배우기를 더 좋아하여 나아가고 물러서며, 앉고 일어서며, 어른께 인사하는 예법 익히기를 쉬지 않았다. 아홉 살 때 『대학』을 읽었다. 언제나 단정하고 의젓한 몸가짐이었다.

어느 날 이웃에 사는 여인이 홍효의 행동을 시험해보려고 일을 꾸몄다. 귤을 따가지고 길옆에 서서 지나가기를 기다리고 있다가 홍효가 오자 귤을 주면서 받아먹으라고 권했다. 홍효는 정중하게 사양했다. 여인이 따라가면서 받아도 괜찮다며 귤을 내밀었으나 사양했다. 사람이나 물건을 대할 때 법도에 어긋나지 않고 신중해야 한다는 평소 생각대로였다.

열두 살 때 아버지를 따라 처음으로 김성일의 문하에 들어가 공부를 시작했다. 뒷날 김성일은 주위 사람들에게 홍효를 두고 "이 사람은 학문하는 데에 안정된 공력이 있으니, 후일에 크게 성취하는 바가 있을 것이다. 나는 후배 가운데에 이 사람을 얻었도다" 하였다. 열세 살 때 『논어』를 읽다가 '공자께서 이르시기를 도에 뜻을 두었다'라고 한 구절에 이르러서 나름으로 크게 깨달은 바가 있어 함께 공부하는 사람들에게 자신의 생각을 피력하기도 했다.

도를 아는 데 뜻을 두고, 도를 깨닫는 데 의거하고, 도를 온전히 하는 데 스스로를 맡기며, 도를 활용하는 데 마음이 노닐게 되어야만 비로소 바른 것이라고 할 수 있겠다. 그렇지 않으면 날아다니는 새나 기어다니는 짐승들과 차별될 것이 무엇이 있겠는가.

그 무렵부터 정밀하게 생각하고 힘써 실천해서 곧장 앞으로 나아가는 몸가짐으로 도를 구하는 것을 평생의 일로 삼게 된 틀이 만들어졌다.

도를 구하는 구체적 방법은 자신의 성급한 기질을 고치는 것이었다. 김성일 문하에서 학문하는 방법을 얻어 듣고는 더욱 자신의 성급한 기질을 고칠 수 있다는 믿음이 생겨났다. 김성일이 가르쳐 준 학문방법은 곧 퇴계로부터 내려받은 퇴계학문의 아름다운 실천, 궁행하는 기쁨이었다.

장흥효는 김성일이 가르쳐준 학문방법을 혼신을 다해 익히려 했다. 타고난 어떤 기질도 학문하는 목적과 태도로 변화시킬 수 있다는 가르침은 분명 위대한 것이었다.

성급한 기질로는 좋은 학문을 꾸준하게 계속하기 어려웠다. 퇴계는 학문이 높은 데 오르려고 하면 반드시 아래로부터 시작하고 멀리 가려면 가까운 데서 출발해야 한다고 했다. 어느 것도 건너뛰거나 대충 넘어가서는 안 되고 정밀하고 치밀하게 하여 쉬지 말아야 한다고 했다. 김성일이 가르친 학문의 목적과 방법이란 이황이 김성일에게 가르쳐준 그대로였다. 김성일로부터 얻어 들은 대로 한결같이 이치를 밝히고 몸을 닦는 것을 공부의 요체로 삼아 장흥효 자신이 깨우쳐야 한다는 위기지학의 틀이 만들어지기 시작했다.

깊어지는 학문

장흥효는 1581년 18세 때 안동권씨와 혼인했다. 봉화 명호 맛질의 첨지僉知인 동강東江 권사온權士溫의 3남 4녀 중 막내딸이다.[23]

장홍효는 성급한 기질 때문에 부모의 걱정이 끊이지 않았다. 이런 기질을 고쳐볼 마음으로 『근사록』近思錄을 읽었다. 『근사록』은 송나라 유학자 주희와 여조겸이 주돈이의 『태극도설』과 장재의 『서명』西銘·『정몽』正蒙 등 일상생활에 긴요한 장구章句만을 골라 편찬한 성리학 해설서였다. 진덕수의 『심경』과 쌍벽을 이루기도 했다.

또한 『근사록』은 '마음을 전하는 긴요한 방법'傳心要說을 보여주며, 사서오경으로 들어가는 입문적 성격을 띤 책이다. 장홍효의 『근사록』에 대한 열의와 집중력은 놀라울 정도였다. 『근사록』을 읽고 외우고 생각에 생각을 거듭하는 과정에서 이황의 심학이 장홍효 학문의 핵심적 토대로 자리 잡는 계기가 되었다. 그 위에 김성일로부터 '심설'心說을 배웠고, 유성룡한테서 『심학』을 배웠으며, 정구에게서 『심경발휘』를 배워서 나름대로 심학이라 부를 만한 경지를 열어갔다.

한결같이 자신을 감추고 겸양으로 스스로를 지키며 임천林泉에 은거하여 세상일을 사절하였다. '경'敬 자를 자리 오른쪽에 크게 써놓고 스스로 경당敬堂이라 하였다. 매일 닭이 울면 일어나 세수하고 머리를 빗고 의관을 갖추고는 가묘家廟에 절한 다음 물러나서 서재에서 책을 읽거나 명상했다. 종일토록 단정하게 무릎을 꿇고 앉아서 좌우에 있는 책들을 머리 숙여 읽고 골똘하게 명상하였다. 생각으로 터득하지 못하면 밤새도록 잠을 자지 않았으며, 와 닿는 것이 있으면 비록 한밤중이라도 불을 켜고 그것을 써두었다. 또 일찍이 책자를 만들어 자리 곁에다 두고는 자신의 말과 행동을 일일

이 적어두었는데, 날마다 점검하여 공부의 정도를 가늠하였다.[24]

1585년 여름, 장흥효는 학봉으로부터 『주자서절요』朱子書節要를 배운 뒤, 1588년 석문정사石門精舍에서 스승을 모시고 심학사상을 배워 익힘으로써 깊이와 폭이 날로 더해졌다. 그의 공부를 엿볼 수 있는 「사람됨과 짐승됨을 분별함」人獸辨이란 글이다.

> 하늘은 아버지 땅은 어머니인 바, 여기서 사람과 만물이 나왔다.
> 사람의 형상은 곧고 짐승의 형상은 방자하며
> 사람의 성性은 선하고 짐승의 성은 악하며
> 인심人心은 순하고 수심獸心은 순하지 아니하며
> 사람의 기는 통하고 짐승의 기는 막혔으며
> 사람의 바탕은 바르고 짐승의 바탕은 편벽된 것인 바,
> 사람이 되어 불선不善한다면 짐승의 성性이 아니겠으며
> 사람이 되어 순하지 아니하다면 수심이 아니겠으며
> 사람이 되어 기가 통하지 않는다면 짐승의 기가 아니겠으며
> 사람이 되어 바르지 않다면 짐승의 바탕이 아니겠는가.
> 사람이란 이름을 얻은 것은 형상이 곧기 때문이 아니며
> 짐승이란 이름을 얻은 것은 형상이 방자하기 때문이 아니다.
> 선하고 순하고 통하고 곧은 바가 사람이란 이름을 얻은 까닭이며,
> 악하고 순하지 아니하고 편벽되고 막힌 바가 짐승이란 이름을 얻은 까닭이다.
> 이러하기 때문에 가장 영명한 존재인 사람은 선을 좋아하고 악을 미워하는 것이며,

가장 완악한 것인 짐승은 선을 미워하고 악을 좋아하는 것이다.
사람이 되어 인성人性을 따라야 사람되는 것이요
사람이 되어 수성獸性을 따른다면 짐승되는 것이다.
그러한즉 그대들은 인성을 따르려고 해야 하겠는가
아니면 수성을 따르려고 해야 하겠는가.
사람에게 귀가 있으면 짐승에게도 귀가 있으며
사람에게 눈이 있으면 짐승에게도 눈이 있으며
사람에게 입이 있으면 짐승에게도 입이 있으며
사람에게 코가 있으면 짐승에게도 코가 있으며
사람에게 팔 다리가 있으면 짐승에게도 팔 다리가 있는 바,
예가 아닌데도 듣는다면 짐승의 귀이지 사람의 귀는 아니며
예가 아닌데도 본다면 짐승의 눈이지 사람의 눈은 아닌 것이며
예가 아닌데도 먹는다면 짐승의 입이지 사람의 입은 아닌 것이며
예가 아닌데도 냄새를 맡는다면 짐승의 코이지 사람의 코는 아닌 것이며
예가 아닌데도 행동을 한다면 짐승의 몸이지 사람의 몸은 아니다.
그 소체小體, 정욕에 이끌리는 이목 따위를 따르는 것이 짐승이며,
그 대체大體, 본성의 착한 마음를 따르는 것이 사람이다.
그러한즉 그대들은 소체를 따라 짐승되려고 해야 하겠는가,
아니면 대체를 따라 사람이 되려고 해야 하겠는가.
사람됨의 지극함은 성인이 아니고 무엇이겠으며, 또한 짐승됨

의 지극함은 돼지가 아니고 무엇이겠는가.

사람되려는 데 뜻을 두면 비록 성인되려 하지 않더라도 성인의 무리가 됨인즉 부끄러워할 것이며,

짐승되려는 데 뜻을 둔다면 비록 돼지되려 하지 않더라도 돼지의 무리가 됨인즉

사람되려 하기를 힘써 성인되려 함에 뜻을 둘 것이며,

짐승되려 하기를 경계하여 돼지되려 함을 교도해야 할 것이다.

사람되려 하기를 힘쓰고 짐승되려 하기를 경계할 것이로다.

우리 그대들이여.[25]

장흥효가 가르치는 관동冠童들에게 읽히고 외우도록 하기 위해 쓴 이 글은 뒷날 늦게 낳은 딸과 그 딸이 혼인하여 낳은 여러 명의 외손자들에게까지 전해졌다.

1590년 김성일이 통신부사로 일본에 파견되었다. 이듬해 귀국하기 전까지 장흥효는 스승의 안부를 걱정하던 나머지 어느 날 저녁 꿈을 꾸었다. 스승이 귀국하는 모습을 보았다. 꿈을 깬 뒤에 이렇게 적었다.

꿈에 학봉 김 선생을 뵈오다.

선생께서 일본에서 돌아오셨는데 사람들이 몹시 존경하여 정신 팔린 듯이 달려나가 환영하였다. 음식이 올라올 때면 선생은 숟가락을 서쪽으로 향하여 놓고 공경의 뜻을 표했는데 이렇게 한 것이 곧 사람들을 감동하게 한 것이다. 내 가만히 감탄하여

말하기를 "선생께서는 평소에도 임금을 사랑하는 바가 아버지를 사랑하는 바와 같았으므로, 식사 한 끼 할 아주 짧은 시간일지라도 이러하였기에 임금을 잊지 않았던 것이다."[26]

지난날 스승 밑에서 공부할 때였다. 스승이 당상堂上에 앉아 있는데 장흥효가 발길이 가는 대로 성큼성큼 걸어 들어오는 것을 보고는 "첫 발자국을 뗄 때 마음이 첫 발자국에 가 있어야 하고, 두 번째 발자국을 뗄 때 마음이 두 번째 발자국에 가 있어야 마땅하다"며 꾸지람을 하였다. 장흥효는 이때의 가르침을 평생 지우지 않았다.

학봉이 일본에 사신으로 갈 때 배를 타고 가다가 풍파를 만났다. 태산 같은 파도에 배는 크게 흔들렸다. 일행들은 현기증이 나서 엎어지고 나뒹구는데 오직 학봉 혼자 꼼짝 않고 앉아서 책을 읽고 있었다.

바람이 지고 항구에 도착한 일행은 흔들림 없는 학봉의 꿋꿋한 태도에 탄복하였다. 이에 학봉은 웃으며 "책을 읽는다 해서 마음의 흔들림이 없었겠는가"라며, 일본에 도착하여 어떻게 외교정책을 펼쳐야 조선에도 이득이 되고 일본과의 교린을 돈독히 하여 평화를 유지할 수 있을 것인지를 생각하다가 배가 흔들린다는 것을 크게 느끼지 못했다고 말했다.[27]

임진왜란이 일어났다. 김성일은 전쟁이 터지기 전에 경상우도 병마절도사로 부임하여 일본군 침략에 대비하려 몸부림쳤으나 방위전략은 짧은 시일에 다급한 마음만으로는 세워질 수도 실천되는 것도 아니었다.

남해를 끼고 있는 경상우도의 해안선에 참호를 파고 성벽을 쌓는 일이 급했지만 정작 군사가 없었다. 공식문서 상에는 군사의 숫자와 이름이 있었지만 숫자도 허위였고 군 복무자로 적혀 있는 사람은 이미 사망한 지 오래되었거나 존재하지 않는 경우도 있었다. 어떤 자는 책임자에게 뇌물을 주고 집에 돌아가고 없었다.

무기의 형편은 더 절망적이었다. 활은 시위가 끊어졌거나 화살대가 부러지고 화살은 촉이 없었다. 창과 칼은 녹슬고 무딘데다 너무 숫자가 부족했다. 거기에 더해 군사를 훈련시킬 간부가 없거나 훈련을 위한 변변한 교재도 없었다.

조선은 이미 패배하고 있었다. 근본 원인은 계속되는 흉년에 있었다. 도둑떼가 횡행하고 사회는 불안으로 흔들렸다. 그보다 큰 문제는 정치권력을 장악하고 있는 지식인들의 부패와 무능 그리고 파벌의 분열로 인한 국가정치의 난맥상이었다.

김성일은 동인東人에 가담했다. 1590년 정여립 모반사건에 연루되어 옥사한 최영경崔永慶의 신원身元을 위해 서인西人의 영수 정철을 규탄하였고, 그후 동인이 남인·북인으로 갈릴 때 유성룡·김우용 등과 입장을 같이하여 남인南人을 이루었다.

전쟁이 일어나자 김성일은 지난날 부사로서 한 말에 대한 책임을 추궁당하여 파직되었다가 유성룡의 변호로 다시 영남지방의 통수권을 맡았다. 이미 전쟁의 결말은 조선군의 패배로 규정된 상태였지만 김성일은 전쟁으로부터 나라를 지키려고 진력했다.

계향이 태어나다

전쟁 소식은 안동지방에도 신속하게 퍼졌다. 장흥효는 부모와 식구들과 함께 재산현才山縣으로 피난을 떠났다. 1592년 4월 하순이었다.

피난처에서 여름을 보내고 가을을 맞았다. 들려오는 소문은 흉흉했다. 장흥효는 29세의 젊은 나이였지만 전쟁터로 나가지 못하고 피난으로 소일하고 있는 자신을 꾸짖었다.

산창에 잎 떨어지니 가을은 바야흐로 저무는데
산골 물 졸졸 흐르며 밤낮으로 울어대네
앉아서 탄식하오니 쓸모없는 이 부유腐儒, 썩은 유생. 장흥효 자신을 겸손하게 표현한 것는
만리에 오랑캐를 평정한 반생班生을 그릴 뿐이네.28
山窓葉落秋將晩　石磵潺溪日夜鳴
坐歎腐儒無用處　平胡萬里億班生

피난처의 겨울은 혹독했다. 겨울 끝 무렵에 아버지 부장공部將公이 병환을 얻었다. 다음해 3월, 피난처에서 안동 집으로 돌아왔으나 아버지의 병세는 점점 더 나빠졌다. 봄이 한창이던 4월 29일 부친상을 당했다. 그날 또 한 번 슬픈 소식이 전해졌다. 스승 김성일이 진주공관에서 돌아가셨다는 비보였다. 장흥효는 마음을 가다듬었다.

아우 흥제에게 장례를 부탁해놓고 그날 밤중으로 말을 달려 진

주로 갔다. 스승과 아버지의 죽음이 같은 날 일어났을 때는 스승의 장례를 먼저 보아야 옳다는 것이 장흥효의 예법이었기 때문이다.

스승의 주검을 고향으로 모셔온 지 며칠 지나지 않은 5월 6일에는 다시 어머니 안동권씨가 별세하였다. 초여름인데도 불볕이 대지를 달구었고 지난 겨울 내내 가뭄이었는데 봄이 되어도 비 소식은 감감했다. 조선 산하는 흉년의 재앙 앞에서 굶주린 백성들의 울음소리가 벌떼처럼 웅웅거리는 것 같았다.

아무리 어려운 시절이어도 양반가문으로서 상례喪禮를 어길 수는 없었다. 원칙은 3개월 유월장踰月葬을 치르는 것이다. 4월 29일에 타계하였기 때문에 4월, 5월, 6월, 15일이 지나야만 하는 것이다. 아버지 장팽수가 사망한 지 8일 뒤에 어머니의 죽음이 겹쳐진 것이다. 흥효 형제는 슬픔 앞에서도 형제가 있다는 것으로 위안을 삼고 상복을 입었다.

어머니의 사망원인은 염병染病, 즉 장티푸스였다. 염병은 조선사람이 가장 무서워한 전염병이었다. 무덥고 지독하게 가문 날씨여서 전염병은 무서운 기세로 마을들을 휩쓸었다. 온 조선 천지가 염병을 앓다 죽은 자들의 시신으로 덮였다는 말이 나돌 정도였다. 길거리에는 대낮에도 사람 구경하기가 어려웠다. 초상집이라고 누가 문상을 오지도 않았다.

장흥효 형제도 마침내 염병에 걸렸다. 흥제의 병세가 더 위중해졌다. 흥효는 아우의 상태가 절망적임을 알았다. 가까스로 정신을 수습하여 아우에게 마지막 방법이라도 써보고자 말했다. 육류를 먹어야 한다면서 『소학』의 한 구절을 전했다. "대의大義가 중하고 조그만 법도 따위는 가벼운 것"이라고 하면서 "너는 글을 읽은 사람이니 깊이 생각을 해보아라"며 동생더러 고기를 먹고 기운을 차리라는 것이었다. 동생은 한참 생각하더니 고기를 먹었다. 한참 뒤 흥효는 식구들의 부축을 받아 아우가 누워 있는 곳으로 갔다. 이미 아우는 말문을 닫은 뒤였다. 흥효는 너무나 충격이 컸던 나머지 잠시 정신을 잃었다가 깨어났다. 향불을 켜고 하늘에다 빌었다.

"부모님 모두 돌아가시고 다만 형제 두 사람만 남았습니다. 아우의 명을 빌려주십시오."

기도를 마치고 일어선 지 십여 분 만에 흥제의 목숨이 다하고 말았다.

흥효는 아우의 시신을 끌어안고 통곡했다. 흥제를 상례대로 정중하게 장사지내겠노라고 결심했다. 시신을 목욕시킨 뒤 염하기 전 시신의 입에 엽전과 쌀을 넣어준 다음 수의를 입혀 관 속에 넣는 의식을 치렀다.

통한의 여름이 계속되었다. 6월 보름날 아버지와 어머니를 천등산天登山 아래 복림福林언덕에 장사하였다. 여묘살이 3년이 시작되었다. 3년 동안 상복을 벗지 않았고 마을 어귀에 나간 적도 없었으며 집안일도 모두 아내에게 맡겼다. 1595년 7월, 그의 나이 32세 때 3년상을 마쳤다.[29]

이듬해 3월, 유성룡이 고향 하회마을로 와서 머물게 되었다. 그때 유성룡은 55세였고, 장흥효는 33세였다. 유성룡은 이순신에게 죄를 주자는 의견에 반대하여 사직상소를 올리고 난 뒤였다. 장흥효는 유성룡을 찾아가 잠시만이라도 가르침을 달라고 간청했다.

장흥효가 제자를 가르치거나 방문객을 맞았던 사랑채.
현재의 경당고택이다.

그동안 장흥효는 집안에서 생긴 불행과 임진왜란 때문에 제대로 학문을 연구하고 닦지 못한 채 긴 시간을 보냈다. 유성룡이 고향에 왔다는 소식을 듣고 스승에게 안부인사를 여쭐 겸 찾아간 것이다.

지난날 유성룡에게서 배울 때의 일이다. 밤에 등불 앞에서 '이'理에 대하여 논한 적이 있었다. 유성룡이 등불을 가리키며 물었다.

"불의 빈 곳이 이인가?"

장흥효가 대답하였다.

"빈 곳虛과 찬 곳實은 상대되는 것입니다. 이는 상대되는 바가 없으니 아마도 허로서 이라 할 수는 없을 듯합니다."

유성룡이 즉시 바른 대답을 해주었다.

"허에는 허의 이가 있고 실에는 실의 이가 있다."

이때부터 장흥효의 마음속에는 스승에 대한 깊은 믿음이 자라기 시작했다. 그 뒤로도 책상을 마주하여 마음을 보존하고, 성性을 기르는 요체에 대하여 묻고 답했다. 유성룡은 며칠 머물지 못하고 다시 서울로 돌아갔지만 장흥효에게는 학문에 대한 새로운 열정을 되살린 귀한 시간이었다.

서울로 돌아간 유성룡은 이순신이 모함을 받아 파면되자, 그 부당함을 극력 진언했으나 받아들여지지 않았고, 이순신을 천거한 책임을 지고 다시 사직상소를 올렸지만 받아들여지지 않았다. 그 뒤로도 여러 차례 사직상소를 올렸으나 윤허되지 않았다. 그러다가 명나라 정응태鄭應泰의 무주誣奏사건에 대한 진주사陳奏使를 거부하였고, 결국 북인들의 탄핵으로 영의정 자리를 파직당했다. 다음날 이순신이 전사하고 유성룡은 모든 관직을 삭탈당했다.

장흥효는 스승 유성룡이 겪고 있는 고통과 수난을 보면서 다시 한 번 벼슬길에는 결단코 나아가지 않고 학문에만 전념하리라 다짐했다. 그 같은 결심은 스승 김성일이 겪은 정치적 사건들을 보면서도 거듭되었다.

1598년 11월 24일, 장흥효는 맏딸을 보았다. 안동권씨는 혼인한 지 18년 만에 본 자식이 딸이어서 남편에게는 너무나 죄송한 마음이었다. 하지만 장흥효한테는 이 세상 어떤 일보다 기쁘고 또 반가웠다. 귀하고도 귀한 자식을 얻었으니, 한 세상 귀한 사람으로 귀한 일 하며 성인聖人되라는 마음으로 이름을 생각했다. 마음을 떠올렸다. 마음은 몸의 주인이다. 그 마음은 하늘과 한몸이다. 몸이 예로써 반듯해지면 경敬이 되는데, 반듯한 몸이라야 마음이 맑게 깃들 수 있다. 반듯해지지 못하면 병이다. 몸과 마음의 병을 낫게 하는 것이 약인데, 귀하게 얻은 자식이 세상사람의 온갖 아픔을 낫게 해주는 약 같은 삶을 살아주면 좋겠다 싶었다.

『예기』,「월령편」月令篇에 '필유초목지자강계지위야'必有草木之滋薑桂之謂也라는 글귀가 나오는데, 계자桂字는 '강남목백약지장'江南木百藥之長이라 했다. 온갖 약 중에서 가장 좋은 약이 되는 나무가 계수나무라는 것이다. 그런데 아무리 좋은 약이라도 값이 비싸고 귀하면 형편이 나쁜 사람은 구하기가 어려울 것이다. 누구든 필요할 때 쓸 수 있는 약이어야 한다.

그것은 향기香이다. 코로 숨 쉬면 되는 것이다. 이 향도 약이름 향이면 더욱 좋은 약이 되리라 생각했다. 어떤 병이든 아무리 위중한 병이든 마음가짐이 바르고 깨끗하면 이미 절반의 병은 나은 것이다. 그리하여 이름을 계향桂香이라 지어주었다. 세상의 마음병을 낫게 해주는 사람이 되라는 뜻이었다.

제 3 장

계향의 영혼에 새긴 세상 풍경

퇴계의 심학

유성룡은 고향 안동 하회마을로 돌아왔다. 그냥 다니러 온 것이 아니고 완전히 돌아온 것이다. 태백산 아래 도심촌道心村으로 가서 노모의 손길을 두 손으로 부여잡고 교차하는 만감을 짓누르던 날은 1598년 12월 5일이었다.

고향으로 돌아가 헝클어지고 상처난 마음을 다스리겠노라 결심을 했다. 귀향길은 '주머니와 전대가 텅텅 비어서 급히 고향집에 사람을 보내서 양식을 가져오게' 했을 만큼 고난과 시련이 계속된 여정이었다. 선조가 유성룡을 정적으로 여기고 있었기에 자칫 또 무슨 꼬투리를 잡아 죽일는지도 몰랐다. 귀향길에서 삭탈관직되었다는 소식을 들었다. 다시는 서울로 돌아가지 않겠다는 결심을 했다. 조선시대 정치인들은 은퇴라는 것이 없었다. 임금이 부르면 언제든 돌아갔고 그리고 끝없이 불러주기를 고대했다.

정철의 「관동별곡」처럼 임금이 불러만 주면 언제나 '어와, 성은이야 가디록 망극하다'였다. 그래서 물러나도 서울 도성을 멀리 떠나지 못했다. '부르시기만 하면' 그날 곧장 달려갈 수 있는 곳, 경기도 중부 이남과 충청도 북쪽지역이었다. 물러났다 해도 고작 이 정도이고 그래서 당시는 물러나는 벼슬아치들이 귀향한다 하지 않고, 낙향落鄕한다고 했다. 고향으로 '돌아가는 것'이 아니라 시골로 잠시 '떨어지는 것'이라 생각했다.[1]

유성룡은 완전히 고향으로 돌아갔다. 귀향한 두 해 뒤인 1600년 12월 말 국상國喪, 의인왕후의 죽음 때도 동대문 바깥 길가에서 곡하고는 그날로 다시 안동으로 돌아왔다.

유성룡의 삭탈관직사건이 일어나자 임진·정유 전란 극복에 애를 써온 사람들은 분노했다. 1599년 초 명나라에 사신으로 갔다 돌아온 좌의정 이원익은 차자를 올려 항의했다.

유성룡은 청렴하고 지조가 있어 자신을 지키고 혈성으로 나라를 걱정하였는데 이제 전하께서 홍여순 등의 참소를 좇아 어진 이를 끝까지 쓰지 못하고 일시의 착한 무리를 유성룡의 당이라고 하여 멀리하고 배척하시니 신은 사림士林의 화가 이를 따라 일어날까 두렵습니다.[2]

"청렴하고 지조가 있어 자신을 지키고 혈성으로 나라를 걱정하였다"는 말은 유성룡의 모든 것을 담고 있었다. 유성룡의 재등용을 건의했으나 거부되자 자신도 물러나고자 했다. 우의정 이항복도 항의했다. 이덕형도 이항복의 견해를 따랐다.

유성룡은 사람을 가려서 사귀고 번잡스러운 행동을 하지 않는 일종의 결벽증을 천부적으로 타고난 인물이었다. 특히 정치권에서 삶을 대부분 보낸 터이므로 그의 결벽증은 정치적 결벽증이라고도 말할 수 있을 것이다. 정치인으로서는 강점이기보다는 약점이었고 장처長處보다는 단처短處가 되었다. 그러나 아무리 불리해도 그는 사람을 가리었다. 예를 들어 정인홍·이이첨 등이 가장 '날카롭고' 가장 '참혹한' 언어로 모함하고 음해해도 그는 그저 사직상소만 올렸을 뿐 일체 대응하지 않았다. 그 따위 인간들의 구차한 말이나 글에는 대꾸할 가치를 전혀 느끼지 않았기 때문이다.

이런 그의 판단은 놀라운 상황 전환으로 나타났고 무가치하다는 초월로 일관했다. 그러자 정인홍·이이첨 등 공격자들은 더할 수 없는 모욕감과 능멸을 느끼며 분노의 불길을 권력에다 실어 유성룡을 공격한 것이다. 그에 흔들린 것은 오히려 선조였지 유성룡이 아니었다. 이 같은 상황에 대하여 뒷날 선조는 "그때 일을 상기한다면 나도 감히 잘못이 아니라고 말할 수 없다"고 했다.[3]

'청개자수혈성'淸介自守血誠은 청렴淸廉·개결介潔·근신謹愼·지성至誠이다. 청렴은 재물은 물론 어떤 직위도 탐하거나 연연하지 않음이다. 뇌물과 비리로 부패하고 타락한 16세기 조선 정치판에서 돈이며 재물로부터 깨끗한 벼슬아치가 있었다면 그 자체로 이미 공격과 비난의 대상이 되고도 남았다. 능력과 인품보다는 간교한 부정과 사특한 조작으로 벼슬을 사고 직위를 누리는 것이 현실적 능력이고 권위인 것처럼 변질된 권력사회에서, 탁월한 학문과 풍부한 경험이 바탕이 된 유성룡의 직무수행은 당연히 시기와 모함의 대상이었다. 그런데도 유성룡은 자신을 공격하는 자들을 전혀 마음에 두지도 않았다. 그의 어떤 글에도 그런 흔적은 찾아보기 어렵다.

청렴의 도덕성으로 평가하여 추천했고 보호하려고 목숨을 걸었던 이가 이순신이었다. 그를 정권에서 몰아내고 공직자 명부에서 이름까지 삭제해야 한다고 편당偏黨까지 지어서 나섰던 자들이 가장 두려워한 것은, 자신들의 돈과 재물을 탐하고 직위를 돈으로 사고팔았던 죄악상이 세상에 탄로나는 것이었다.

유성룡은 명자 名字 를 도적질하고 작위를 훔쳐서 사람이 알지 못하게 사람을 해치고 세상이 깨닫지 못하게 세상을 속였습니다. 성룡의 심복인 우성전 禹性傳 · 이성중 李誠中 등은 간악한 정철에게 아첨해서 조신들에게 갖은 해를 끼쳤습니다. 이 또한 성룡이 남모르게 사주한 것입니다. (…)

유성룡은 본래 교묘, 영리하고 아첨하는 자질로서 문필의 작은 재주를 꾸며서 오랫동안 국정을 전단하고 조정 권세를 마음대로 희롱하였으며, 국사를 그르치고 백성을 병들게 한 죄는 이루 다 기록할 수가 없습니다. (…)

드디어 성룡이 사류 士類 와 갈라져서 뜻에 거슬리는 자는 배척하기를 원수같이 하고 자기에게 곱게 보이는 자는 등용하기를 뒤질세라 두려워했습니다. 조정을 매양 불안하게 했고 남인 북인이란 말 또한 세상에 만들어냈으니 이것은 실상 성룡이 조작한 것입니다. (…)

훈련도감과 속오 · 작미법 作米法 과 선봉 選鋒 · 차관 差官 등을 만들어 온갖 폐단을 짓고 마침내 백성을 도탄에 빠뜨렸습니다. 그 원망은 임금에게 돌리고 이익은 자신이 차지했습니다. 권세를 마음대로 희롱하여 은혜를 베풀기도 하고 갚기도 하면서 많은 사람들을 승진시키고 심지어는 서예庶隷의 천한 신분에 있는 사람까지도 발탁했습니다. 그러나 모두가 치질이나 빼는 무리들이었습니다. (…)

　성룡이 10년 동안 벼슬시키는 권리를 천단하여 친족이 안팎에 벌여 있고 4도 체찰사의 임무를 맡아서 전장田莊이 원근에 가득하옵니다.[4]

이 글들은 소북小北의 영수 남이공南以恭을 대표로 하여 올린 상소문이다. 이러한 글들이 오히려 유성룡의 청렴을 더욱 빛나게 해주는 역사적 증거가 되고 있다. 일찍이 율곡이 "논의만 하면 말들이 너무 날카로워진다"論議太銳라고 한탄했던 것과 같다.

　개결은 깨끗한 성품이다. 사람을 가려 사귀고 잡스러운 행동을 하지 않는 것이다. 정치인 유성룡이 사귄 사람으로 널리 알려진 이는 그리 많지 않았다. 대표적인 인물로 꼽을 수 있는 정치인은 이원익·이항복·이덕형·이순신이다.

　이원익은 태종太宗의 5대손으로 왕가의 종친이었다. 성격이 하도 곧아서 공적인 일이 아니면 다른 관료들과 만나는 것조차 꺼려서 늘 외톨이로 살았다. 유성룡은 그런 이원익의 인격과 경륜을 높이 평가하여 30년 동안을 함께 지냈다. 이원익은 유성룡을 따라 물러나기를 구했다. 선조는 "도대체 경은 왕가의 총척 대신으로서 나를 버리고 초楚로 가려 하는가, 진秦으로 가려 하는가"라고 탄식했다.

두 사람은 조선조 5백 년을 통틀어 다시 그 짝을 찾기 어려운 명재상들이었다. 유성룡이 조정에서 아끼던 인물은 이원익과 이항복·이덕형이었다. 유성룡보다 14살 아래였던 이항복은 유성룡이 삶의 지표였다. 이항복이 쓴 유성룡의 행장行狀에서 잘 드러나 있다.

이분은 어느 한 가지를 꼭 집어 바로 이것이 높은 점이라 거명할 수 없다.

시문時文, 학문, 조정대신으로서 실무와 관리능력, 인격, 정치적 리더십 할 것 없이 모든 면에서 '불가이선명'不可以一善名, 즉 어느 하나를 들어서 그 값을 매길 수 없다, 높게 값을 놓을 점이 너무 많다는 것이다.

이덕형은 이항복보다 5살 밑이다. 임진왜란 중 이덕형은 현장에서 유성룡과 고락을 함께했다. 아버지와 아들만큼이나 나이 차이가 있었으나 유성룡의 신뢰가 깊었고 아낌을 받았다.

유성룡이 떠난 뒤 두 사람 모두 영의정에 올랐으나 정치적으로는 불행했다. 이항복은 광해군 때 귀양지에서 죽었고, 이덕형은 광해군 권신들의 정치적 핍박 밑에서 술로 지새우다가 이항복보다 5년 앞서 죽었다.

이순신은 유성룡의 천거로 제대로 된 관직에 올랐다. 노량해전에서 전사할 때까지 모두 10차례에 걸쳐 유성룡의 구명운동을 받았고, 탁월한 군사 전략가로서의 능력을 평가하여 누명을 벗기고 다시 군관으로 복직시켜 조선의 운명을 구출하도록 도왔다. 이순신은 유성룡을 신뢰하고 존경했다. 유성룡이 정권에서 실각한 그 날 공교롭게도 이순신은 전사했다. 갑옷이 아닌 융복차림이었으며, 그 차림으로 선두에서 북채를 들고 군사를 지휘했다는 것은 죽음을 자초한 행위였다는 자살설이 끊이지 않게 된 이유로 보기도 한다.5

근신은 자수自守이다. 근신은 말과 행동을 늘 삼가고 조심하는 것이며 함부로 말하지 않는 것, 자기 잘못을 늘 반성하는 것이다. 유성룡은 새벽이면 일어나서 반드시 세수하고 머리 빗고 관을 쓰고 옷을 갖춘 다음 종일토록 책을 보았으며, 때로는 해가 뜰 때까지 향을 피우고 조용히 앉아서 항상 마음을 성찰하여 가다듬었다.6 종일 정좌하였으며 때로는 반좌盤坐, 책상다리로 앉음하였으나 역시 단정하고 엄숙하였으며, 조금도 몸을 기울이거나 기대는 일이 없었다. 가다가 몸이 피곤하면 눈을 감고 단정하게 앉을 뿐이었다.7

"사람은 이理와 기가 합하여 심이 된다. 이가 주재가 되어 기를 거느리면 마음이 고요해지고 생각이 통일되어 잡념이 끼어들 틈이 없지만, 이가 주재 노릇을 못하고 기에 눌리면 마음이 흔들리고 어지러워져서 그 끝이 없다. 그리하여 온갖 못된 생각들이 자꾸 몰려들어서 마치 무자위가 빙글빙글 돌 듯이 잠시도 가만히 붙어 있지 못하는 것이다"고 하셨다. 또 말씀하시기를 "사람이란 잡념이 없을 수 없다. 중요한 것은 이 잡념이 끼어들 틈을 주지 않는 것이다. 그 방법은 단지 경敬하는 일에 불과하다. 경을 하면 곧 마음이 통일되고, 마음이 통일되면 잡념은 저절로

없어지는 것이다."⁸

퇴계의 이 같은 말은 유가 심학에서 인간이 '반드시 노력하되 효과를 미리 기대하지 말라'는 수양법을 충실히 실천하여 '지극히 성실한 경지'에 이르면 한순간도 중단 없이 유행하는 천리天理를 자연히 체현하여 알게 된다는 것이다. 따라서 그러한 인간을 통하여 그 본체가 드러나고 묘용이 유행하면서도 중단됨이 없는 지극한 도덕행위가 이루어짐을 논하고 있는 것이다. 즉 도덕실천의 전형적인 모습이다.⁹

나 같은 사람도 아침과 저녁으로 정신이 맑고 기운이 안정될 때는 엄연하고 숙연하여 마음과 몸을 다 잡아주지 않더라도 스스로 보존되고 사지를 단속하지 않더라도 스스로 공순해진다. 생각건대 옛 사람도 그 기상이 좋을 때에는 반드시 이와 같았을 것이다. 다만 나는 이것을 오래도록 지니지 못할 뿐이다.¹⁰

유성룡은 퇴계의 제자로서 심학의 진수를 잘 배워 익힌 학자였다. 퇴계는 이미 정치를 통한 치국治國과 평천하平天下의 꿈을 접은 지 오래 전이었고, 오직 마음의 적극적 활동이 주체가 되어 마음속의 이理가 정치 세상이든 초월적 세상이든 그 세상의 중심이 되기를 소망하며 제자들을 가르쳤다.

유성룡은 스승의 이 같은 모습을 지켜보면서 정치를 통해 치국평천하의 꿈을 실현시키고자 했던 것 같다. 그는 꿈을 이룰 수 있는 핵심적인 힘은 도덕성에 있다고 믿었고 도덕성은 심학의 경敬에서 생긴다고 여겼다. 그리고 혈성은 곧 지성이다. 지성은 진실로 변하지 않는 본마음으로 온 정성을 기울이는 것이다. 순자荀子는 "마음을 키우는 데 성誠보다 더 좋은 것은 없다. 성실의 극치를 이룸은 다른 일이 아니고, 인의仁義를 행하는 것뿐이다"라고 말했다.[11]

또한 성은 자사子思의 『중용』에서 성실 그 자체는 천지자연의 성이라 하고, 인간이 성실하려고 애쓰는 것은 인간의 노력으로서의 성지誠之라 하였다. 이런 유가적 사유는 그동안 정치유학의 표면으로 드러나지 않다가 북송시대 장재의 기氣유학으로 살아나기 시작하여 정명도程明道에 와서 유가 사유의 전면에 부상하기 시작하여 육구연陸九淵을 거쳐 명대에 와서 본격적으로 왕수인王守仁의 양명학으로 정착되기에 이르렀다. 이 계열의 유학은 특히 인仁을 아주 강조하는데 그 이유는 인이 바로 자연성의 본래 뜻과 같기 때문이다.[12]

이 같은 혈성은 사사로운 일이든 공적인 나랏일이든 지극히 어렵다. 유가에서는 밤낮으로 가르침을 받고 몸 닦기를 쉬지 않지만 국가의 일을 집무하는 관직자로서는 더더욱 어려운 일이다. 그런데도 유성룡은 혈성을 다하지 않은 적이 없었다.

옥연정사로 유성룡을 찾아가다

1600년 3월, 장흥효는 안동 하회마을 옥연정사로 유성룡을 찾아갔다. 그해 1월 25일 유성룡은 옥연정사 마당의 보허대步虛臺 곁에 나라와 백성을 향한 심경을 상징하듯 소나무 한 그루를 심었다. 그

때 이런 글을 남겼다.

내가 근년에 와서 마음이 답답하고 쓸쓸한 병이 있어 강촌에서 문을 닫고 종일토록 묵묵히 앉아 있으면서 심성을 수양하는 공부에 종사하고 있지만 솥과 그릇은 닳아 이지러지고 평생의 업적은 수은처럼 녹아 흩어져 다시 갈라진 틈을 보충해 막기를 바랄 수가 없게 되었다. 그러나 심성을 수양하는 이 일이 아니면 시일을 보낼 수가 없기 때문에 비록 고생을 하고서 성공하기가 어렵다 하더라도 감히 그만 둘 수 없으니 그래도 공부하지 않는 것보다는 낫다고 여기기 때문이다. 가장 싫은 것은 나와 관련이 없는 사람이 갑자기 지나가면서 나의 조용한 심경을 부딪쳐 와서 헐어버리는 일이다. 매양 이웃에서 서로 알고 지내는 사람이 찾아와 무엇을 물으면 마지못해 대답은 하지만 마음이 매우 즐겁지 않다. 이런 일이 마음속에 쌓인 지가 오래되어 나쁜 버릇이 생겨서 남의 발소리만 듣게 되어도 곧바로 가슴이 두근거리며 두려워하게 되었다.[13]

유성룡은 장흥효를 맞아주었다. 지난 1580년에 노모를 모시기 위해 상주목사로 부임했을 때 17세의 장흥효가 처음 인사를 올린 뒤로 사제간의 예를 한 번도 어긴 적이 없는 그였다. 장흥효는 스승의 심정을 조금은 알고 있었기 때문에 인사를 드리고는 물러 나오려 했다. 스승이 제자의 그런 마음을 읽고는 옥연정사에 머물면서 말벗도 되어주고 공부도 같이 해보지 않겠느냐고 말했다. 장흥효는 뜨거운 울음이 북받쳤다. 그날부터 스승과 함께 옥연정사에 머물며 『대학』·『태극도설』을 읽고, 『심경』에서 의심나는 뜻을 물었다. 유성룡의 심학은 퇴계의 학문을 계승한 것이었고, 퇴계는 주희가 집대성한 유가적 사유방식인 심학 전통을 계승하고 있었다.

공자의 유학은 유학의 본령인 성인의 왕도를 펼치려는 도학과 내면적 성인의 길을 따라 상제와 하나가 되는 길을 가려는 심학으로 크게 나누어 발전해왔다. 심학은 다분히 종교적 성향이 짙다.

실제로 공자에게서도 하늘의 인격성에 대한 흔적은 쉽게 나타난다. 공자의 종교적 천天사상은 『논어』에 나타나 있다. 『논어』, 「팔일편」八佾篇에서 '하늘에 죄를 지으면 기도할 곳도 없다'라 하고 있다. 또한 『논어』, 「옹야편」雍也篇에서는 '내가 만일 그른 데가 있으면 하늘이 나를 버릴 것이다'라고 되뇌었다.

맹자의 종교적 천사상은 공자보다 더 천의 인격성을 드러내 보인다. 『맹자』, 「만장상편」萬章上篇에서 '하늘이 순舜에게 천하를 주었다 (…) 하늘은 말하지 않고 행위와 일로서 자신의 뜻을 계시할 뿐이다'라고 더 강하게 표명하고 있다. 퇴계학은 유학 가운데서 가장 종교적 의미를 강하게 풍기는 유학이라 할 수 있다.[14]

이와 같은 심학사상이 유학사에서 뚜렷하고 활기찬 세력을 형성하지 못한 채 송대까지 오게 된 것은 한나라 유학이 동중서 이후 국가의 이데올로기로 작용하면서부터였다. 후한을 거쳐 진晉, 육조六朝를 지나면서 유학이 부패한 정치로 신뢰를 상실하자 노장사상老壯思想이 득세했다. 당나라로 접어들자 불교 영향을 받은 도가사상이 불교와 상승작용을 주고받으면서 다시 주도권을 빼앗겼다.

그러다가 송나라 때의 주돈이·장재, 정호·정이의 형제를 거쳐 주희에 이르러 모든 유학사상이 집대성되었다. 주자의 철학에는 수기치인修己治人의 평천하 도학정치 사상과 대월상제大越上帝하는 경사상도 포함되었다.

특히 조선의 도학정치는 실현 불가능한 이상을 위하여 너무나 많은 시간과 인재와 재물까지 쏟아붓고도 잘못됨을 깨닫지 못하는 헛공상의 세월을 살아오지 않았는가 싶기도 하다. 조선은 중국보다 도학정치의 이상이 훨씬 더 강렬했고 그만큼 피해도 컸다.

퇴계는 도학정치의 허망함에서 벗어나기 위하여 도학적 심학을 택했다고 본다. 퇴계의 심학에는 모든 종교가 다 회임하고 있는 인간 사유의 근원적 방식이 들어 있다. 사유 안에 인격적 존재를 필연적으로 상정하고 있다는 말이다. 주희는 『속근사록』續近思錄에서 '잠심이거대월상제'潛心以居大越上帝라는 특이한 표현을 썼다. '마음 속 깊은 곳으로 들어가면 그곳엔 초월자인 상제가 있다네'라는 뜻으로 읽을 수 있을 것이다. 주희의 이 같은 사유는 퇴계의 사유에 그대로 옮겨졌다.

태극의 이理가 인격적 상제를 떠올리게 하는 점, 이의 묘용妙用을 행위주체로서 간주하지 않고는 개념 설정이 불가능하다는 점이 그렇다. 또한 만년에 들어와서 '이능자도'理能自到, 즉 '이가 나에게 내림하다'는 학설을 내놓은 점 등은 퇴계의 사유와 초월적 인격자의 존재를 받아들인 것이라고 볼 수 있다. 따라서 퇴계의 도심道心에는 경배의 경敬을 받치고 엄숙정제한 마음의 성性을 어기지 않는 경건함 속에서 천리天理와 성찰이 하나가 되는 인애仁愛를 구현하려는 사유가 핵심을 이루고 있다.

퇴계의 이 같은 천天사상은 유성룡에게서도 그대로 나타났다.

　적군이 이미 평양을 함락하고 그 형세가 마치 높은 곳에서 물을 동이째 쏟아붓는 것 같아서 아침이 아니면 저녁에 압록강까지 쳐들어올 것이라 누구나 생각했다. 이같이 사태가 위급해지자 명에 귀부하려고 했다. 다행히 적군이 평양에 들어와서는 수개월이 지나도록 성안에 자취를 감추고는 심지어 순안·영안 같은 평양 지척에 있는 고을조차도 침범하지 않았다. 그 사이 민심이 점차 안정되고 흩어진 군사를 수습하고 명나라 구원병을 맞아들여 마침내 나라를 회복하게 되었으니, 이는 오로지 하늘의 도움이며 인력으로 된 것이 아니다.[15]

　오호라, 임진의 화는 참혹하였도다. 20여 일 사이에 3도都가 떨어지고 8도가 무너져 임금이 파천길에 올랐다. 그러고도 오늘 우리가 있음은 하늘이 도와서이다.[16]

　사신을 잇달아 요동으로 보내서 위급함을 알리고 구원병을 청하였으며, 또 중국에 귀부하기를 간청하였다. 그 속에서도 마침내 나라를 회복하게 되었으니, 이것은 진실로 하늘의 도움이며 인력으로 된 것이 아니다.[17]

　걱정하고 걱정하던 군량이 먼 곳에서 참으로 알맞은 때에 도착하였습니다. 나는 너무 기뻐 달려가 아룁니다. 이는 바로 하늘이 중흥의 기운을 우리에게 열어주시는 것이라고.[18]

적군은 본디 수군과 육군이 합세하여 서쪽으로 내려오고자 하였던 것인데, 순신의 이 한번 싸움한산도대첩에 드디어 적군의 한쪽 세력이 꺾였다. 우리나라에서도 전라·충청·황해도와 평안도 일대를 보전함으로써 군량을 보급시키고 조정의 호령이 전달되어서 나라의 중흥을 이룰 수 있게 되었다. 이 모두 이순신의 한번 싸움에 이긴 공이었으니, 아아, 이것이 어찌 하늘의 도움이 아니겠는가.[19]

적군의 간첩 김순량金順良을 사로잡았다. 순량은 40여 명의 간첩이 매양·순안·강서 등 여러 진陣에 흩어져 있으며 숙천·안주·의주에 이르기까지 뚫고 들어가지 않은 곳이 없고 일이 있기만 하면 즉시 왜에 보고하도록 되어 있다고 자백했다. 그를 성밖에 끌어내어 목을 베어 죽이면서 간첩의 무리들이 모두 흩어졌다. 이런 일이 있은 바로 뒤 명군이 나왔고, 적군은 이 명군의 출병을 까마득히 몰랐다. 이 또한 우연히 이루어진 것이지만 그것이 어찌 하늘의 도움이 아니겠는가.[20]

도성의 함락과 회복, 그리고 히데요시의 죽음, 이 어찌 우연이라고만 하겠는가. 하늘의 도움이 아닐 수 없다.[21]

유성룡은 장흥효가 지닌 맑고 곧은 성품을 학문하는 사람으로서 지녀야 할 장점이라 보았다. 공자는 '옛날의 학자는 자기의 인격 완성을 추구하였으나, 오늘날의 학자는 남의 이목을 위하는구나'라며 탄식했던 『논어』,「헌문편」憲問篇을 일러주기도 하고, 이황이 유성룡에게 해준 얘기도 들려주었다.

군자의 학문이란 자기를 위하는 것일 따름이다. 자기를 위한다는 것은 장경부張敬夫의 이른바 함이 없이 저절로 그러한 것이니, 이것은 마치 깊은 산 무성한 수풀 속에 한 떨기의 난초가 있어서 종일토록 향기를 내면서도 스스로 향기로움을 알지 못하는 것과 같다.

장흥효는 심득궁행을 물었고, 유성룡은 답했다. 마음으로 체득한 것은 반드시 현실에서 쓰여야 함이다. 마음으로 깨닫게 된 것은 인仁을 추구한 나머지 마침내 알게 된 것이어야지 삿되고 욕심 채우려는 것이어서는 안 된다. 인을 추구하는 목적은 오직 성인의 경지에 도달하며, 세상을 편안하게 하려는 오래되고 또 오래된 인간의 꿈이었다는 것이다.

장흥효의 성품은 수신하는 데 알맞고 몸을 잘 닦아서 경이 바로 서면 세상사람과 만물을 섬기는 인을 체득하게 되고, 그런 다음에는 알게 된 바를 실천하는 애의 단계로 거침없이 나아감으로써 군자의 도가 완성된다는 체험을 들려주기도 했다. 당시의 정치로는 수신과 애민이 쉽지 않지만 인간이 살아가는 세상은 인과 애민이 꼭 필요한 것이며, 그것이 이루어지기 위해서는 인을 향한 몸 닦기를 포기해서는 안 된다고 덧붙였다.

장흥효는 스승의 가르침이 형이상학의 난해한 편린이 아니라 몸소 실천해온 정치현실에서의 보람과 좌절들에서 확인한 결과들임을 알고 있었다. 정치 목적의 도학이 조선의 역사에서 겪은 좌절과 고난과 혼란의 기록들은 도학정치가 지닌 실현 불가능한 이상세계에의 유혹을 끊어내지 못했기 때문이라고 생각했다. 자신의 안에서 자기 자신과 먼저 부드럽고 깊은 소통이 이루어져서 무르익은 학문이어야만 다른 사람에게 깨끗한 희망의 빛을 보게 해줄 수 있겠다는 확신을 할 수 있었다. 그때까지 분명하지 않았던 삶과 학문에 대한 자신의 부족한 점들이 가르침을 받으면서 하나씩 드러나고 고쳐갈 수 있는 방법을 깨달았다.

1601년 『주자대전』朱子大全을 처음으로 다 읽었다. 그해 12월 다시 관직에 임명한다는 서용敍用의 명이 선조로부터 내려졌지만 유성룡은 나아가지 않았다. 이듬해에는 청백리로 뽑혔다는 연락이 왔으나 전혀 마음 두지 않았다. 1603년 부원군으로 복귀되었으나 곧장 사면을 청하는 상소를 올렸다.

선조가 주는 그 어떤 관작도 사양하기로 결심했다. 그러나 관직에 나아가지 않을 뿐 조선이 나아가야 할 방향과 백성이 편안하게 살아갈 수 있는 제도를 마련하고 폐습을 바로 잡기 위한 도리는 잠시도 쉬지 않았다. 시간이 늘 모자랐다. 충훈부에서 화가를 내려보냈다. 공신에 선정된 유성룡의 화상을 그려야 한다는 이유였다. 유성룡은 공신녹권에서 자신의 이름을 빼달라는 상소를 올린 뒤였고 대답을 듣지 못하고 있다는 이유로 돌려보냈다. 이제 선조와의 만남은 끝이 날 듯 보였다. 그러나 조선과 조선 백성들을 향한 애정과 연민은 조금도 달라지지 않았다.

장흥효는 스승의 '청개자수혈성'이 과연 어떠한지를 똑똑히 보고 느꼈다.

질문이 많은 아이

장흥효가 김윤안金允安과 함께 유성룡을 모시고 앉아서 『심경』을 읽고 토론하며 며칠씩 옥연정사에서 보내다가 집에 돌아오면 계향은 하루가 다르게 자라나 있었다.

계향이 여섯 살이 되던 해 여름이었다. 서당 아이들이 돌아가고 장흥효 혼자서 명상에 잠겨 있었다. 계향이 쟁반에다 착면을 담은 대접을 들고 왔다. 착면은 오미자국에다 녹말묵을 접어서 채 썰어 녹말국수를 만들어 넣은 것인데 여름철 별미 중 하나였다. 장흥효가 즐겨 먹는 음식이기도 했지만 유달리 올된 계향이 그리도 아버지를 따르고 아버지 또한 그런 딸을 보는 일에 보람을 얻는다 하여 아내 안동권씨가 계향에게 일부러 그런 시중을 들게 했다.

계향은 네 살 때부터 놀라운 암기력을 보이기 시작했다. 스쳐가는 말소리도 놓치지 않고 기억했다가 그 뜻이 뭐냐고 물어왔다. 특히 서당 학동들이 소리 내어 읽고 외우는 『천자문』을 문 밖에서 듣고는 금방 따라 외웠다. 장흥효는 딸에게서 말없는 기쁨을 느끼기 시작했고 가끔씩은 딸의 암기력을 시험해보기 위해 묻기도 했다. 장흥효는 착면을 몇 모금 마신 뒤 계향에게 물었다. 명明 자를 써

보인 뒤 무슨 뜻인 것 같으냐고 물었다.

 계향은 아버지 눈을 쳐다보면서 부끄러운 듯 웃었다. 아버지는 눈으로 어서 대답해보라는 재촉을 했다. 이윽고 계향이 말했다. 해도 밝은 것이고, 달도 밝은 것이지만 달은 해보다는 덜 밝다는 말부터 했다. 해는 낮에 떠서 빛나는데, 달은 밤에 뜨기 때문에 덜 빛나는 것 같다고도 했다. 그러다가 낮에 나온 해가 집에 가면서 달에게 빛을 맡기면서 어둠을 밝혀주라고 했는데 밤이다보니 덜 밝은 것 같다는 말도 했다. 그러면서 달이 해를 보듬고 있다보니 해의 빛이 달을 물들였고 그래서 달빛은 햇빛보다 덜 밝다는 뜻으로 대답했다.

 장흥효는 깜짝 놀랐다. 그때부터 천자문을 제대로 가르치기 시작했다. 딸은 글자 하나하나마다 그 뜻을 집요하게 물었다.

 어느 날에는 제 이름 계향桂香이 지닌 뜻을 물었다. 아버지는 그 이름이 지닌 심오한 이야기는 딸이 좀 더 자란 뒤에 들려주기로 하고 우선 계수나무를 의미하는 계桂 자와 역사적인 인물의 관계를 재미있게 이야기해주었다.

 '계도난장'桂櫂蘭槳이라는 말과 소동파蘇東坡의 관계였다. 그런데 아버지의 이 같은 말을 듣자 딸은 끊임없이 물었다. 왜 '계도난장'이며 그 뜻은 어떠하며 왜 그런 문장이 쓰였는지, 소동파라는 인물은 어떤 사람인지. 도무지 끝나지 않는 질문에 아버지는 잠시 딸이 어린아이라는 사실을 잊은 것같이 대답했다. '계도난장'은 소동파가 쓴 시「적벽부」赤壁賦에 나오는 말이라고 하자 딸은 금방 그 시를 읽어달라고 졸랐다. 그냥 재미삼아 들려줄 요량으로 시작한 일이 점점 진지하게 바뀌어갔다. 아버지는 당송팔대가唐宋八大家의 시집을 꺼내 「적벽부」를 읽어주기에 이르렀다.

> 임술년 가을 칠월 보름께
> 나는 손님과 배를 띄우고
> 적벽 아래서 노니는데
> 맑은 바람은 천천히 불어오고 물결은 잔잔하다
> 손님에게 술잔 권하며
> 명월의 시를 읊고 사랑 노래 불러보네
> (…)
> 계수나무 큰 노 목란나무 작은 노
> 밝은 하늘 잡힐 듯 번쩍이는 물살을 가르노니
> 아득하여라 님 생각이여
> 하늘가에 고운 임 얼굴 그려보네[22]
> 壬戌之秋七月旣望　蘇子與客泛舟
> 遊於赤壁之下　淸風徐來水波不興
> 擧酒屬客　誦明月之詩歌窈窕之章
> (…)
> 桂櫂兮蘭槳　擊空明兮泝流光
> 渺渺兮予懷　望美人兮天一方

그날부터 계향은 소동파의 「적벽부」에 나오는 '계도혜난장, 격공명혜소유광, 묘묘혜여회, 망미인혜천일방'을 마치 노래 부르듯

흥얼거리게 되었다. 얼마 안 지나서는 붓으로 써보기 시작하더니 완벽하게 외워버렸다.

계향은 다시 아버지를 졸랐다. 소동파에 대하여 이야기해달라는 것이었다. 장흥효는 소동파를 몹시 존경했다. 숱한 시련 속에서도 뜻을 꺾지 않았던 그의 파란만장한 삶에서 깨닫는 점이 많았기 때문이다.

소동파1036~1101는 중국 북송시대의 시인이며 동파는 호이고, 이름은 식軾이다. 8세 때부터 장자의 제물철학에 영향을 받았고, 스무 살 때 쓴 시로 당대 최고 시인 구양수歐陽修의 극찬을 들었다. 일찍 아내와 사별하고 재혼했다. 왕안석의 신법으로 인해 고통 받는 농민들의 생활상을 시로 썼는데, 집권세력의 정치를 비방하는 내용을 담았다는 이유로 옥살이를 하였다. 옥살이를 마친 그에게 황주 땅으로 보내라는 명이 떨어졌다. 정치에는 일체 관여하지 말고 황주에서만 거주할 의무가 지워진 유형流刑이었다. 황주에서의 생활은 비참했다. 아내는 누에를 키우고 그는 땅을 빌려 농사를 지었다. 이 땅을 동쪽 언덕, 즉 동파라 이름 짓고 스스로 동파거사라 불렀다. 「적벽부」를 지은 것도 이곳이었다.

그후 정계로 돌아왔으나 정치세력과의 갈등이 재연되어 다시 유배되었다. 이번에는 대륙에서 멀리 떨어진 남쪽 하이난 섬海南島으로 유배되었다. 철종이 죽고 휘종이 즉위하여 귀양살이가 풀렸으나 상경하던 길에 큰 병을 얻어 66세의 생이 길 위에서 끝났다.[23]

장계향 유년시절의 '적벽부사건'이라 부를 만한 일은 그렇게 시작되었다. 특히 소동파가 파란만장한 삶을 살면서도, 소외되고 억압당하면서 고통스럽게 살아가는 사람들의 모습을 시로 썼다는 이야기는 어린 장계향에게도 지워지지 않았다.

그 무렵 장흥효는 『소학』을 배우는 학동들에게 '원회운세'元會運世를 가르치고 있었다. '원회운세'는 시간의 단위를 파악하는 동양적 우주론이었다. 장흥효의 독서범위는 매우 광범위했다. 그 중에서 특히 역학易學에 조예가 깊었다. 일찍이 『역학계몽』易學啓蒙에 나와 있는 송나라 학자 호방평胡方平의 「분배절기도」分配節氣圖를 보다가 오류가 있다고 생각해서 반복하여 연구했다. 그렇게 공력을 쌓은 지 20여 년 만에 12권도十二圈圖를 만들었다. 다시 12월과 24절후를 분배하고, 원元·회會·운運·세世·월月·일日·신辰의 수를 그 위에 더하고 합하여 이름 하기를 「일원소장도」一元消長圖라 하였다.

장흥효는 '원회운세'의 수도數圖를 연구하여 세상에 드러낸 철학자이다. 우주변화에는 단위가 있다는 것이다. 끝나면 변하고, 변하면 생기니 생생生生하여 끝이 없다는 것이다. 일日은 갑甲에서 계癸에 이르니, 일의 수는 1로서 하루에 한 번 돌며, 월月은 자子에서 해亥에 이르니, 월의 수는 12로서 한 해에 한 번 돈다. 성星의 수는 360으로서 천체를 따라 운행하며 하루에 한 번 도니, 1년이면 360번이다. 하루는 12신十二辰이니 1년의 신을 모두 계산해보면 4,320이 된다고 하였다. 신辰은 시時로서 하루를 12지十二支로 나누어 12시로 하였다는 것이다.[24]

장흥효가 학동들에게 '원회운세'를 자세하게 설명해준 뒤 원·회·운·세가 어떤 것인지 물었다. 『소학』 공부를 시작한 학동들

나이는 보통 열 살이 넘었다. 15살짜리도 있었지만 그보다 많은 경우는 없었다.

대답들이 들쭉날쭉했다. 한 아이가 계향에게도 질문해보자는 의견을 내놓았다. 사내아이들만 배우는 곳이라 밖에서 공부를 몰래 하고 있다는 것을 아이들이 알고 있었기 때문이다. 때때로 사내아이들은 계향에게 공부내용을 질문하곤 했는데 그때마다 계향의 뛰어난 대답에 아이들은 경탄했다.

장흥효도 딸이 그렇게 공부를 한다는 걸 알았지만 아직은 못 본 척하고 지냈다. 그렇다고 사내아이들 속에서 함께 배우게 할 수도 없었다. 장흥효는 아이들의 제의를 못 들은 척했다. 계향이 제대로 대답했을 경우 사내아이들이 어떤 반응을 보일지 우려하지 않을 수 없었다.

여자가 학문을 배우거나 예술적 재능이 있어 이를 자랑해서는 안 된다고 규정한 『예기』禮記나 『내훈』內訓을 계향이 무시해도 괜찮다고 알게 해서는 안 되는 일이었다. 그것은 분명 여자의 큰 허물이고 여자가 속한 가문과 남편의 허물이 되기도 했기 때문이다. 또한 계향이 남자를 얕잡아보는 일을 만들고 싶지도 않았다. 그날 오후 계향을 따로 불러서 물어보았다. 계향은 잠시 생각에 잠겼다가 또박또박 대답했다. 원·회·운·세의 순서를 세·운·회·원으로 바꾸었다. 세世는 30년이 1세이고, 12세가 모여서 1운一運이 되는데 이것을 합치면 360년이 되고, 30운이 모여 1회一會가 되는데 360에다 30을 곱하면 10,800년이 되며, 12회가 모여서 1원一元이 되는데 10,800에다 12를 곱하면 129,600년이 된다고 했다.

천지, 즉 우주는 1원을 주기로 한 번씩 큰 변화를 하는데 이것을 대개벽이라 하고, 1회마다 일어나는 변화를 소개벽이라 한다고 대답했다. 그리고 1세는 30년이고 우주시간으로 치면 한 시간인데, 인간의 한 세대 30년은 우주시간으로 한 시간에 해당된다는 것이다. 이렇듯 묘하고 웅대한 숫자 단위들의 나열과 계산을 조금도 서두르거나 더듬거리지도 않고 대답하는 어린 딸을 바라보면서 장흥효는 거듭 놀라웠다. 딸자식이라는 사실을 자꾸 인식하지 않는 자신을 보면서 또 놀랐다. 세상은 남자를 위에 두고 핵심으로 삼아 움직이는 예禮의 체계라는 사실을 부정하고 싶은 충동을 느끼기도 했다.

그날부터 계향을 본격적으로 가르치기로 결심했다. 딸이라 하여 『예기』와 『소학』 등에서 강조하고 있는 대로 가사노동에만 국한해 교육시키고 싶지 않았다. 계향이 거부하지 않는다면 자신의 지식을 모두 가르치고 싶었다. 계향은 자신이 아버지의 사랑을 받고 있다는 사실을 항상 인식했고 그만큼 자신감이 커져갔다.[25] 무엇보다 자기 자신의 존재를 인정하게 되는 것은 매우 든든한 심리적 의지처가 되었다. 정신적·심리적 안정감을 바탕으로 한 자기 존재의 인정은 여유와 포용을 키우고 넉넉한 품성을 성숙시키는 근원적 힘이 되는 것이다.

아버지는 아침저녁으로 딸과 얼굴을 맞대고 가르쳤다. 특히 성현들의 말씀을 많이 들려주었는데 딸은 하나도 놓치지 않고 적어두고는 하나씩 자신의 일상생활 속에서 실천했다. 성현들을 존숭하여 믿고 이따금씩 조선의 여성윤리관이 형성된 연원이 『예기』

에 있고 여기서 규정하고 있는 여성윤리관의 기본구조는 여성은 종속적 존재임을 뚜렷이 개념화하고 이념화하고 있음을 떠올리곤 했다.

여女란 같은 것이다. 자子란 번식하는 것이다. 여자란 남자의 가르침대로 그 의리를 습득하는 자를 말한다. 그러므로 부인이라 한다. 부인은 남에게 복종하는 자이다. 주체적으로 일을 할 수 없으므로 삼종三從의 도가 있는 것이다. 혼인 전에는 아버지를 따르고 혼인 뒤에는 남편을 따르며 남편이 죽으면 자식을 따르니 감히 스스로는 이룰 것이 없다. 그러므로 말은 방안에 한정되고 일은 식사를 준비하는 것일 뿐이다. 여자는 규문지내閨門之內에서 하루를 보내는 까닭으로 조문을 위해 백리百里를 벗어날 수 없다. 일은 독자적으로 할 것이 없고, 행하여 독자적으로 이룰 것도 없다. 안후에 행동하고, 증거 댈 수 있는 것을 말해야 한다. 밤중에는 불을 밝혀 집안일을 반드시 점검하고 가축들을 집안에서 번식케 하는 이것을 말하여 신信이라고 하니 부덕婦德을 바르게 하는 근거이다.[26]

이런 규정은 여자란 독자적으로는 할 만한 일이 없을뿐더러 그러한 능력 또한 갖추지 못하여 누군가의 지배를 받아야 하는 사람이라는 것이다. 부덕을 갖춘 여성이란 곧 무조건 남편에게 순종하는 자이며 행동 범위는 규문지내로 제한되며 가내 노동으로 가정 경제를 살찌우는 자라는 뜻이다. 이것은 더욱더 엄격하고 제한된 내용으로 변하여 마침내 '여자에게는 재주가 없는 것 그것이 곧 덕이다'라고 이르게 되었다.

『소학』에 담긴 뜻

장흥효의 고뇌는 컸다. 어린 딸이 하루가 다르게 성장을 하고 있는 모습을 보면서 겉으로는 기뻐하고 칭찬도 하지만 속으로는 점점 고뇌가 깊어갔다. 수천 년 동안 인간의 사고방식을 지배해온 나머지 거의 무의식의 영역에도 그 위력을 뻗치고 있는 남성중심주의 사고방식과 사회규범을 어떻게 딸한테 설명해주어야 할지를 번민했다. 그런 가운데서도 계향의 영혼은 성장해나갔다. 장흥효는 우선 『소학』부터 제대로 가르치다보면 딸이 어떻게 살아가야 할지를 스스로 깨닫게 되리라 믿었다. 계향이 남성중심주의의 광야에서 여자로서의 삶을 어떻게 영위해가야 할지를 스스로 체득하고 선택할지 깨달아주기를 바랄 뿐이었다. 그러면서도 아버지이자 스승으로서 모든 것을 일단 가르쳐주고 싶었다. 장흥효는 딸에게 소멸되지 않는 재산을 만드는 방법을 일러주겠다는 심정으로 『소학』, 「경신편」敬身篇을 들었다.

공자께서 이르셨다. "군자는 공경하지 않음이 없지만 몸을 공경함이 가장 크다. 몸은 부모의 가지이니 어찌 공경하지 않을 수 있겠는가. 그 몸을 공경하지 않으면 이는 그 어버이를 상함이요, 그 어버이를 상하면 이는 그 뿌리도 상함이니 그 뿌리를 상하면 가지도 따라 망한다." 성인聖人의 법을 우러러보고 현인賢人의 법을 향하여 이 편을 지어 어린 선비를 가르치노라.

 의리로 욕심을 이기는 자는 순하고 욕심으로 의리를 이기는 자는 흉하다. 경敬은 하나를 주장하고 다른 데로 감이 없음이요, 의義는 천리天理의 공정함이라. 의로우면 이치가 주장이 되고 욕심을 부리면 물건이 주장이 된다. 모불경毋不敬은 몸과 마음, 안과 밖이 털끝 하나만큼이라도 공경하지 않음이 없음이다. 그 용모를 반드시 단정히 하고 엄숙히 하며 생각하듯 하고 그 말을 반드시 안정되게 하며 급박하지 않아서, 이로써 백성에게 임한다면 백성이 편안하지 않을 자가 있겠는가. (…)

 오만함을 키워서는 안 되며 욕심을 방종하게 해서는 안 되며 뜻을 자만하게 해서는 안 되며 즐거움을 극도로 해서는 안 된다. 경敬의 반대가 오傲이고 정情의 동함이 욕欲이다. 뜻은 자만하면 넘치고 즐거움은 극에 이르면 뒤집힌다. 오만함을 키워서는 안 된다 함은 사라지게 하여 끊고자 함이요, 욕심을 방종하게 해서는 안 된다는 것은 이겨 그치고자 함이요, 뜻을 자만하게 해서는 안 된다는 것은 덜어서 억제하고자 함이요, 즐거움을 극도로 해서는 안 된다는 것은 묶어서 예로 돌아가고자 함이라. (…)

 현자賢者는 친하면서도 능히 공경하며, 두려워하는 바에도 능히 사랑하며, 그 사랑하는 바에도 능히 그 악함을 알고, 그 미워하는 바에도 능히 그 선함을 알며, 비록 재물을 쌓더라도 능히 베풀고, 비록 편안함을 편안히 여기더라도 능히 의義에 옮겨 법이 될 수 있어야 한다. (…)

재물에 임하여 구차히 얻으려 말며, 난에 임하여 구차히 면하려 하지 말며, 다툼에 이김을 구하지 말며, 나눔에 많음을 구하지 말라. 구차히 얻지 말라 함은 이익을 보면 의義를 생각함이요, 구차히 면하지 말라는 것은 죽음으로써 선善한 도를 지킴이요, 다툼에 이김을 구하지 말라는 것은 분忿할 때에 후환을 생각함이요, 나눔에서 많음을 구하지 말라는 것은 적음을 걱정하지 않고 고르지 못함을 걱정한다는 것이다. (…)

군자가 스스로 기르는 바는 다른 데 있지 않고 안팎으로 번갈아 그 공을 지극히 할 뿐이다. 그러므로 간사한 소리와 어지러운 색色을 총명에 머물지 않음은 그 밖을 기르는 것이요, 음란한 음악과 사특한 예를 심술心術에 접하지 않음은 그 안을 기르는 것이다. 밖으로 성색聲色의 유혹이 없으면 안이 또한 바루어지고, 안으로 음악淫樂과 특례慝禮의 혹함이 없으면 바깥도 또한 바루어진다.

태만한 기는 안으로부터 나오고 사벽邪辟한 기는 밖으로부터 들어오니, 이 두 가지를 신체에 베풀지 않으면 밖으로는 이목구비, 사지四肢, 백체百體와 안으로는 마음의 지각이 모두 순하고 바름을 따라 그 의義를 행하게 되니 안자顔子의 사물四勿, 비례물시

非禮勿視, 비례물청非禮勿聽, 비례물언非禮勿言, 비례물동非禮勿動 공부를 거의 할 수 있을 것이다. (…)

무릇 사람이 사람이 된 까닭은 예의가 있기 때문이니 예의의 시작은 용체容體를 바루며 안색을 가지런히 하며 말과 명령을 순히 함에 있다.27

계향의 『소학』 공부는 생애 전반을 통하여 어느 한순간도 영향을 끼치지 않음이 없었다. 아버지는 『소학』 공부의 중요성을 역사적 사실을 통하여 가르쳤다. 영남사림파에 대한 이야기부터 했다. 영남사림파의 큰 어른은 김종직金宗直인데, 김종직에 이르기까지의 학문 전통은 멀리 고려 말의 큰 학자였던 이제현에서 시작되었음을 가르쳤다. 이색 → 정몽주·이숭인·권근·정도전 → 길재 → 김숙자를 거쳐서 김종직에 이르러 조선시대에서 가장 영향력이 큰 사림이라는 학자모임이 나타났고 이 모임을 이끈 사람이 김종직이었다.

김종직 학문의 특징은 『소학』을 더없이 중요하게 여겼는데 그 중요성이란 배워서 알게 된 것을 생활 속에서 실천하는 것이었다. 실천을 통하여 알고 있는 내용이 가지는 심오함과 우주적 관계를 새로이 터득할 수 있기 때문이었다. 실천은 그저 행동함에 그치지 않고 행위를 통하여 새롭고 다양한 모든 것과의 관계, 즉 상생과 공존의 진리를 파악하게 되는 공부 방법이었다. 아는 것의 실천을 통하여 모르는 것의 존재를 알게 되는 것이므로 실천은 또 하나의 진리세계라 할 수 있다고 말해주었다. 김종직의 제자 가운데 김굉필金宏弼은 스승으로부터 『소학』을 배운 뒤로 한결같이 그 가르침대로 행동하였으며 그 책을 잠시도 손에서 놓은 적이 없었다. 21세 때 『소학』의 중요성을 깨닫고는 30세 때까지 읽고 또 읽었다. 나아가 생활 속에서 그 중요함을 일일이 체득했기 때문에 세상사람들로부터 '소학동자'小學童子라는 아름다운 이름을 얻게 되었던 내력을 얘기해주었다.

계향은 『소학』에서 배운 내용을 꼼꼼하게 정리해나갔다. 핵심적인 내용을 간추려서 외운 다음 한 가지씩 실천에 옮기려는 노력을 시작한 것이 열 살 이전이었다. 공경·효행을 가장 먼저 몸에 익혀나갔다. 아버지가 스스로 호를 경당敬堂이라 한 뜻부터 공부했다. 아버지의 삶은 오직 경敬 자 한 자 안에 다 들어 있었고 그것이 아버지의 재산이요 긍지이며 자존이자 권위였다. 성인이 되는 첫 걸음이자 마지막 관문이 경과 효의 실천임을 알아갔다.

그 다음은 의리였다. 의리는 하늘의 이치인 천리의 평등성과 만물과의 관계성을 깨닫고 실천하는 위대한 정신적·육체적 힘의 근원임을 알았다. 경을 몸에 익히기 위해 용모를 바르게 하는 아홉 가지 가르침, 즉 구용九容을 배워나갔다.

첫째는 족용중足容重이니, 앉고 서고 걸을 때 몸이 꼿꼿하고 곧아야 하고 천천히 걷고 느리게 움직여야 하는 것이다. 장흥효는 꼿꼿이 앉고 서고 걷는 것의 중요성을 말하면서 퇴계 임종 때의 모습을 들려주었다.

경오년1570 12월 8일 아침, 분재 매화에 물을 주라 명하셨다. 이날은 맑았는데 유시酉時 초에 갑자기 흰 구름이 집 위에 모이고 눈이 한 치나 내렸다. 잠시 선생께서 누웠던 자리를 정돈하고 부축하여 일으키라 명하시어 꼿꼿이 앉아서 돌아가시니 곧 구름이 흩어지고 눈이 개였다.28

꼿꼿이 앉음의 중요성을 보여주는 사례는 불교 수행자들에게서 더 풍부하게 볼 수 있다. 참선수행자들의 경우에는 꼿꼿이 앉는 것 자체를 수행의 근본으로 여긴다. 선방禪房에서는 가부좌 자세로 꼿꼿이 앉아서 화두참선에 든다. 잠자리에 들기 전에는 절대로 등을 붙이고 눕거나 엎드리거나 비스듬한 자세로 기대는 것을 금한다. 생을 마칠 때도 좌탈입망坐脫立忘, 즉 꼿꼿이 앉아서 육신을 벗어두고 생을 마치는 것을 최고의 기쁨으로 여긴다. 그리하여 불교에서는 반듯하게 앉아서 생을 마치면 다음 생에 가난하고 질병에 고통 받으며 춥고 외로운 땅에 태어나지 않는다는 믿음이 생겼을 정도로 중요하게 여겨왔다.

선불교의 이러한 수행방법은 동진東晉시대 때부터 도교 수행자들의 명상법에 어느 정도 영향을 끼쳤으며, 그후 성리학의 성립과 전개과정에서 구체적인 몸 닦기修身 방법이 정해질 때 영향을 끼친 것으로 보고 있다.

둘째는 수용공手容恭, 즉 손 모양을 공손히 하는 것이다. 걸어갈 때나 앉아 있을 때 손을 흔들흔들거리거나 손가락을 꼼지락거려서는 안 되는 것이다.

셋째는 목용단目容端, 즉 눈동자를 재빨리 움직이면서 곁눈질하지 말라는 것이다.

넷째는 구용지口容止, 즉 입 모양을 조용히 하는 것인데 입술을 실룩거리거나 입술을 혀로 핥고 빨지 말아야 하는 것이다.

다섯째는 성용정聲容靜, 즉 말소리를 조용히 내는 것이다. 응답하는 소리는 마땅히 화평해야 하는데 높거나 급해서는 안 된다.

여섯째는 두용직頭容直이니, 머리 모양을 바르게 하는 것이다.

일곱째는 기용숙氣容肅이니, 숨을 쉴 때 공경을 잃지 말아야 하는 것이다.

여덟 번째는 입용덕立容德이니, 서 있는 모양을 품위 있게 하는 것이다.

아홉 번째는 색용장色容莊이니, 낯빛을 온화하게 하는 것이다. 사람의 안색은 안과 겉이 똑같은 이가 드물다. 외모 꾸미는 데 힘쓰는 자는 낯빛은 비록 엄숙하지만 마음은 나약하다. 낯빛을 바르게 할 때에는 마땅히 성실함에 가까워야 하는데 낯빛만 엄숙히 하는 데 힘써서는 안 된다.

사람이 사물을 대할 때 신중하게 생각하고 행동하도록 가르친 구사九思는 몸 안쪽의 눈에 안 보이고 손에 잡히지는 않으나 사람됨을 알아볼 수 있는 척도가 된다.

첫째는 시사명視思明, 보기를 밝게 하는 일이다.

둘째는 청사총聽思聰, 듣기를 분명히 하는 일이다. 들을 때는 반드시 공손해야 하니 귀를 기울여 엿듣는 것은 공손함이 아니다.

셋째는 색사온色思溫, 얼굴빛을 온화하게 하는 일이다.

넷째는 모사공貌思恭, 태도를 공손히 하는 일이다.

다섯째는 언사충言思忠, 말을 성실하게 하는 일이다.

여섯째는 사사경事思敬, 일을 성심껏 하는 것이다.

일곱째는 의사문疑思問, 모르는 것을 솔직하게 묻는 일이다.

여덟째는 분사난忿思難, 분노를 참는 일이다.

아홉째는 견득사의見得思義, 이익을 취할 때는 그것이 옳은가를 생각하는 일이다.

아버지는 딸에게 거듭 당부했다. 살림 형편이 궁색하여 먹거리 마련하는 데 매달려야만 하는 사람이나 신분이 미천하여 배우고 익힐 기회를 얻지 못하는 지경이 아닌 선비 집안에 태어나서 구용·구사를 게을리함은 참으로 잘못된 일이라고 말했다.

장흥효는 늦게 본 딸자식으로 하여 자신의 학문 수행에도 어느 때보다 믿음을 굳게 갖고 쉬지 않았다. 서애가『징비록』저술을 마친 뒤의 어느 날이었다. 며칠 동안 하회마을 옥연정사에 머물다 집으로 돌아왔을 때였다. 계향이 서애의 업적에 대해 물었다. 고향으로 돌아오기 전 영의정을 하던 시절에 무슨 중요한 일을 하셨기에 안동 사람들이 그토록 존경하고 칭송하는지를 물었다. 장흥효는 잠시 망설였다. 아직 열 살도 안 된 딸에게 서애의 주요 행적을 설명해주는 것이 어떨지 얼른 판단이 서지 않아서였다. 그러다가 말해주기로 했다. 한 번 궁금한 일이 생기면 어떻게든 궁금증을 풀어야만 되는 계향의 집요함을 알고 있었기 때문이다.

노비도 백성이다

장흥효가 보기에는 스승 유성룡이 임진왜란을 치르면서 도체찰사이자 영의정을 맡아 나라를 위해서 만들고 실천했던 정책들 가운데서 그가 아니면 누구도 할 수 없었던 것이 있었다고 생각했다. 가장 먼저 꼽을 수 있는 것은 속오군이었고, 그 다음에 들 수 있는 것이 민생정책인 대동법의 제안과 실천이었다. 두 정책은 유성룡의 자유로운 발상의 산물이기 때문에 기존의 성리철학과 고정관념으로는 엄두도 낼 수 없는 것이었다. 안동지방에 사는 서애의 제자들뿐만 아니라 조선의 현실과 미래를 걱정하는 지성인들은 모두 서애의 그 개혁정책을 지지하면서도 반대파들의 저항도 만만치 않을 것임을 우려했다. 장흥효도 그랬다.

결국 스승의 개혁정책은 스승을 고뇌와 비애의 벼랑으로 내모는 반대파들의 정치적 구호로 이용되었다. 장흥효는 스승의 그 결단이 옳고 그 정책의 은혜를 입지 못한 백성들의 사무친 고통의 역사가 언젠가는 서애의 뜻이 옳았다는 증언이 되어주리라 믿고 있었다.

장흥효는 차츰 계향을 어린 딸이 아닌 예지력이 만만찮은 제자라고 여기기 시작했다.

언제나 다른 사람보다 한 걸음 빠르게 시대의 고뇌를 감지해내고, 한 차원 높게 처방전을 내놓는 유성룡의 지혜는 정녕 권세와 명성을 따르는 사람들과는 확연히 달랐다. 그 같은 존경심으로 우러러온 스승의 영광이자 슬픔이 된 개혁정책들의 전말을 어린 딸에게 설명해주었다.

우리나라에는 공사노비가 너무 많은데 양민이 날로 줄어들고 군사의 수효도 많지 않으니 지금 바로 변경하여 시행하소서. 신의 생각으로는 별도로 시상조문을 만들어 지난날의 예를 따르되 조금 가감하여 양민은 적의 머리를 1급 이상, 서얼은 2급, 공사천인公私賤人은 3급을 각각 얻으면 과거합격으로 인정하는 것입니다. 미리 홍패紅牌, 과거합격증를 공명고신空名告身, 이름을 비워둔 관직 임명장처럼 만들어서 원수元帥의 관부에 보냈다가, 적의 머리를 베어온 자는 그 진위를 확인하여 정말 적의 머리가 틀림없고 급수가 차면 곧바로 홍패를 주소서. 이와 같이 하면 비록 끓는 물에 들어가고 불길을 밟더라도 전력을 다해 적을 무찔러 열흘도 채 못 가서 적의 수급이 쌓여 경관京觀, 적의 시신을 쌓아놓은 탑이 될 것입니다. 이야말로 지금의 급선무이고 신의 생각만이 아니라 뭇 인심이 그러하므로 감히 말씀드리지 않을 수 없습니다.[29]

명나라 장군 이여송이 평양으로 퇴각한 1593년선조 26 1월 말에서 서울을 수복한 4월 사이에 작성된 서장이다. 일반 양민은 적군을 한 명만 죽이면 과거합격으로 인정하고, 서얼은 두 명, 공사천인은 세 명이면 과거합격으로 인정하여 홍패와 같은 공명첩空名帖을 주자는 것이다. 공명첩을 받는다는 것은 과거에 합격한 양반이 된다는 것을 뜻한다. 유성룡의 이런 제안은 전쟁에서 공을 세운 사람들을 포상하는 군공청軍功廳에 의해 법제화되어 있기도 했다.

군공청에서 아뢰었다. 공천公賤과 사천私賤에 대해서는 적의 참수斬首, 목을 베는 것이 1급이면 면천시키고, 2급이면 우림위羽林衛, 국왕 경호부대를 시키고, 3급이면 허통許通하고, 4급이면 수문장守門將에 제수하는 것이 이미 규례로 되어 있습니다. 그리고 이미 허통되어 제수되었으면 사족士族과 다름이 없어야 마땅합니다.[30]

관청에 속하거나 양반집의 소유물건처럼 다뤄지는 노비가 적의 목 하나를 베어오면 노비신분에서 해방시켜주고, 두 개를 베어오면 국왕 경호부대의 군사로 임명하며, 첩의 자식이 세 개를 베어오면 당당히 벼슬 직급을 받을 수 있으며, 네 개를 베어오면 장교로 임명하는 규정이 제정되어 벼슬이 내려졌으면 이미 양반신분이라는 것이다.

유성룡이 임진왜란의 혼란 중에 민정民政과 군정軍政을 총괄하는 일을 맡게 되면서 조선사회의 철통 같았던 신분제도에 변화의 바람이 불기 시작한 것이다. 유성룡은 전황이 잠시 소강상태로 접어들었던 1594년에 중대한 내용을 담은 계사啓事, 임금에게 사실을 적어 올리는 보고서를 올린 적이 있었다.

중세 이후에 좁은 법과 제도가 모두 폐지되고 떨어져서 사대부는 다만 문장의 화려함을 다듬고 헛된 말만 꾸미기에 힘쏠 뿐 세상을 다스릴 생각에는 조금도 뜻을 두지 않았습니다. 각 도에 명하여 진관제도鎭官制度를 더 닦게 하소서. 임금이 명하기를 "지극한 말이다. 그대로 시행하는 것이 마땅하다."[31]

평양성까지 진격해 올라갔던 일본군이 여러 가지 어려운 사정으로 남쪽으로 병력을 이동시켜 서생포·기장·동래·부산·김해·웅천·거제지역에 진을 치고 잠시 전쟁을 쉬고 있을 때였다. 언제 다시 전쟁이 격화될지 알 수 없는 불안한 상태였다. 이때 유성룡이 군사제도를 개혁해야 한다는 제안을 한 것이다. 우선 민생이 안정되어야 국방력이 강화될 수 있는데 이 같은 두 가지 정책을 동시에 실현시키자면 잘못된 군사제도를 바꾸어야 한다는 것이었다. 임진왜란 당시의 군사제도인 제승방략체제를 진관체제로 바꾸자는 것이었다. 이미 임진왜란이 일어나기 여섯 달 전에 유성룡이 주장했던 것이었다.

가령 경상도를 말하자면, 동래진에 소속된 10여 읍의 군사를 공사천과 잡류를 논할 것 없이 모두 동원하여 군사를 삼으면 그 수가 7~8만에 이릅니다. 설혹 불행하게 패하더라도 대구진란의 군사가 있어 중간에서 막으며, 경주와 진주의 군사가 좌우의 날개가 되어 적을 맞을 수 있습니다. (…) 적이 비록 한 겹을 뚫더라도 또 한 겹이 있으니 어떻게 열흘 사이에 천리를 횡행하여 도성에 곧바로 나아가 무인지경을 밟는 것같이 되겠습니까?[32]

유성룡은 기존의 제승방략제도는 소규모 국지전에는 효과적이지만 임진왜란같이 대규모 적병이 한 지역에 한정되지 않고 국토

전 지역에 걸쳐서 공격이 감행된 경우에는 거의 소용없는 체제라는 것이다.

문제는 군사제도를 바꾸는 것으로 해결되지 않는다는 점이었다. 전투를 하기 위해서는 군인이 있어야 한다. 군인 없는 군사제도는 한갓 종이 위의 그림에 지나지 않는다. 그런데 조선에는 군인이 너무 부족했다. 임진왜란이 시작된 지 불과 한 달 남짓 만에 부산에서 평양까지 일본군 점령 아래로 떨어진 이유 중에서 군사가 너무 부족하여 제대로 싸우지도 못했다는 사실이 가장 큰 원인이었다. 유성룡이 치명적 결함을 지니고 있는 조선의 병역제도를 근원적으로 개혁하려 했던 이유였다.

사실 병역제도의 모순을 지적하면서 이를 고쳐야 한다고 처음 주장했던 사람은 이이였다. 1573년선조 6 임진왜란이 터지기 19년 전이었다. 당시 율곡이 주장한 내용은 신선하고 충격적이었다.

조선의 병역제도는 양민을 핵심으로 하고 있었다. 일반 백성은 병역의무가 있으나 양반 사대부는 면제되었다. 노비들도 천인賤人이란 이유로 면제되었는데, 노비들을 불쌍하게 여겼기 때문이 아니라 천민들이 지키는 나라에서는 양반 사대부의 목숨과 재산의 가치가 능멸당한다는 이유 때문이었다. 천민들은 죽은 뒤 그 영혼도 양반 사대부와는 다른 곳으로 간다고 여겼다. 극단적으로 조선이 망해 없어진다 하더라도 천민들 손에 나라의 국방을 맡길 수는 없다는 것이었다.

조선 개국 초기에는 양반들도 병역의무가 있었다. 개국한 뒤로 임진왜란 같은 본격적인 전쟁이 없는 평화시대가 2백여 년간 지속되었다. 그러다 보니 군사의 필요성이나 군사제도의 중요성에 대한 인식이 차츰 해이해졌다.

국가에서는 16세부터 60세까지의 남자들에게 병역의무를 대신하여 군포軍布, 무명베를 내게 하고 병역을 면제해주는 쪽으로 바꾸어갔다. 그때부터 관청에서는 거두어들인 군포의 가격보다 낮은 가격으로 군에서 근무할 사람을 고용하여 형식적인 군사제도를 운용했다. 이때 생기는 군포 가격과 고용인에게 지급하는 가격의 차액을 관료들이 착복하는 모순이 생겨났다.

이것을 방군수포제放軍收布制라 불렀는데 공공연한 불법이었다. 이는 결국 1541년중종 36 군적수포제軍籍收布制라는 이름으로 합법화되기에 이르렀다. 이때 양반 사대부들은 합법적으로 병역에서 면제되었다. 중인中人들은 전문직이었으므로 신역身役이 따로 있었기 때문에 결국 농민들만 병역의무를 지게 되었다. 양반들은 군포도 내지 않았다. 조선사회에서 양반이냐 아니냐를 가르는 기준은 병역의무를 지느냐 면제되느냐였다.

더욱 기이한 것은 병역의무가 면제된 양반이 조선사회의 지배계층으로 자리 잡고 국가의 모든 권력을 장악하여 온갖 혜택과 특혜를 누리게 된 점이었다. 농민들은 양반을 신뢰하고 존경할 수 없었기 때문에 국가 운영에 진심으로 협조하지 않게 되었다. 농민들은 수단 방법을 가리지 않고 병역 면제를 받기 위해 모든 방법을 다 썼다. 왜 농민들만 나라를 위해 목숨을 바쳐야 하느냐는 말 없는 항의였던 셈이다. 병역의무자로 등록은 되어 있었지만 임진왜란이 터지자 모두 도망쳐버린 이유가 여기 있었던 것이다.

임진왜란이 일어나기 19년 전 율곡이 제의했던 병역제도 개선안은 '노비충군'奴婢充軍이었다. 양인인 아버지와 천인인 어머니 사이에서 태어난 자식들은 모두 천인신분이 되어 병역의무를 담당할 군정軍丁이 될 수 없고 그 결과 병역의무자 숫자가 계속 줄어든다면 신분법을 개정하여 양인의 숫자를 늘려야 한다는 것이 골자였다. 그러나 양반 사대부들의 반대에 부딪쳐 무산되고 말았다.

1583년 율곡이 병조판서로 있을 때 여진족의 공격을 받아 북쪽 경원부가 함락되었다. 군인의 숫자가 절대적으로 부족했기 때문이었다. 율곡은 다시 서출과 공사노비들에게 신분상승을 조건으로 국경수비대를 방어하는 임무를 주자는 제안을 했다. 최전방에서 만 3년을 복무하면 첩의 자식인 '서얼도 과거시험에 응시할 수 있도록 허락하고, 공사노비들은 양민으로 신분을 상승시키되 개인 노비의 경우는 관청노비로 대신 충급하자'는 안이었다. 즉 개인 노비가 위험한 국경수비대 근무를 자원할 경우 노비 주인에게 관청노비로 보상하면 된다는 것이었다. 이때도 양반 사대부들의 반대로 무산되고 말았다.

유성룡은 율곡의 그 제의가 옳았고 또한 그때는 그 제의가 받아들여지지 않았더라도 국지전이었으므로 굳이 서얼과 노비들로써 병력을 보충하지 않아도 최악의 사태는 막을 수 있었지만 임진왜란 중인 1594년 이후는 병역제도가 개혁되지 않으면 최대의 국가 위기를 맞게 될지도 모른다고 생각했다. 그리하여 유성룡은 국방개혁에 뛰어들었다.

지금 사람을 뽑아 쓰는데 공사천인公私賤人 · 아전衙前 · 서자庶子 할 것 없이 모두 정밀하게 뽑고, 국가에서는 그들의 아내와 자식들을 특별히 위로해주며 무기와 말과 식량을 용맹스러운 장수에게 배치하소서. 그 중에서 기능과 용맹이 출중한 사람은 군공軍功을 따져 벼슬을 주기도 하고 더러는 금군禁軍, 왕을 경비하는 내금위 군인에도 소속시켜 그들을 꺼리거나 피하는 마음을 없게 하며 항상 훈련시켜야 합니다. 만약 병란이 일어났다 하면 즉시 출동하여 싸움터로 나가도록 해야 할 것입니다.33

선조는 유성룡의 보고를 받고 이를 받아들였다.

우리나라는 예로부터 무략武略이 강하지 못하고 병력도 미약하다. 대체로 공 · 사천은 그 수가 군정軍丁, 병역의무를 지고 있는 군인보다 많을 터인데 이름이 병적兵籍에 올라 있지 않다. 공노비는 그래도 관청에서 부역하지만 개인노비는 유사有司, 관청의 관리도 감히 어쩌지 못하여 나라 안에서 일종인一種人, 특별한 존재이 되었으니 이는 고금천하에 없던 일이다. (…) 공사천에게도 삼의사三醫司, 제생원 · 전의감 · 혜민국가 잡과雜科를 보는 것처럼 무재武材, 무술실력를 시험해 합격한 자는 즉시 양민으로 삼아 국왕 경호부대에 예속시킨다. 개인노비는 그 주인이 유생이면 벼슬을 제수하고, 서얼은 허통許通하고, 공노비는 모두 양민이 되게 한다. (…) 이와 같이 하면, 몇 해 지나지 않아 독려하거나 권장하지 않아도 온 나라의 공사노비가 무술을 익혀 정병精兵이 될 것

이다. (…) 어떠할지 자세하게 상의하여 아뢰라.34

선조의 지시를 받은 비변사는 찬성하면서 더욱 자세한 규정을 만들자는 회계回啓를 올렸다.

우리나라 사족士族의 집에는 노비가 천 명 또는 백 명이 있는데 관병官兵은 날로 줄어들고 있으니 이것이 비록 오래된 풍속으로 졸지에 변경할 수 없다고는 하나 이들을 군적에 포함시켜 군사훈련을 실시하는 것은 조금도 늦출 수 없습니다. 공·사천을 막론하고 삼의사의 잡과와 같은 예로써 설과設科하여, 뽑힌 자는 즉시 양인으로 삼아 국왕경호부대에 예속시키는 것은 바로 위급한 때를 구제하는 거사로서 지당합니다.35

선조가 마침내 동의했다. 유성룡은 이때를 놓칠 수 없어 밀어붙였다. 그러자 양반 사대부들이 결사적으로 반대했다. 나라가 망하는 한이 있어도 노비를 뺏길 수 없다는 저항이었다. 이미 충분히 예상한 일이었으나 워낙 완강하게 거부하자 난감해졌다. 선조는 유성룡을 불러 이 사태를 논의했다.

상上이 일렀다.
"이러한 때를 당하여 병사를 기르지 말자는 말이 어찌 입에서 나올 수 있겠는가."
유성룡이 아뢰었다.

"다른 일을 돌아보지 말고 병사를 기르고 식량을 비축하는 것만을 10여 년만 집중하면 왜적을 방비할 수 있습니다. 우리나라는 전에는 공·사천은 병사가 될 수 없었지만 오늘날은 적병이 날뛰니 공·사천도 병사가 되어야 합니다."

"우리나라는 모든 일이 인정에 끌리니 사천은 병사가 되기 어려울 듯하다."

"상께서 만약 하신다면 어찌 이 지경에야 이르겠습니까. 명나라 참장 낙상지도 우리나라 공·사천제도가 잘못되었다고 말했습니다."

상이 일렀다.

"우리나라 일을 일답게 못한 지가 오래되었다."

삼경에 파하고 나갔다.[36]

선조는 "개인노비를 병사로 만들기는 어려울 듯하다"는 말로 일단 한 발 뒤로 물러서는 듯한 태도를 보였다. 양반 사대부라 일컫는 사람치고 개인노비를 갖지 않은 사람은 없었다. 또한 양반 사대부로서 재산처럼 여기는 노비를 잃고 싶은 사람도 없었다. 자연히 그들은 은밀하게 연대세력을 구축하여 유성룡의 국방개혁안을 강력히 반대하고 나섰다.

선조는 또 힘과 재산을 가진 양반들의 눈치를 보게 된 것이다. 그러자 유성룡은 물러서서는 안 된다고 주장했다. 노비가 일반 백성으로 신분이 상승되면 병역의무를 지는 것과 동시에 세금을 내는 의무도 자연히 갖게 된다. 노비는 신분 상승이 되어 인간으로서의 존엄과 가치를 누릴 수 있어서 기적 같은 행운이고, 국가로서는 재정이 튼실해짐과 동시에 국방력 강화라는 두 가지 핵심 과제를 한꺼번에 해결할 수 있는 터였다. 그렇게만 된다면 조선왕조 출범 이후 처음으로 국가체제가 민본民本을 근간으로 하는 혁신을 다지게 될 터였다. 그런 까닭으로 유성룡은 사노비충군론을 집요하게 주장했다.

유성룡이 아뢰었다.
"공천·사천을 막론하고 모두 군사로 편입시켜야 됩니다."
상이 일렀다.
"적이 물러간 다음 그 주인이 찾아간다면 훈련도감의 호령도 시행되지 않을 것이다."
"적이 물러간 뒤를 기다릴 것도 없이 지금도 그러합니다."
상이 일렀다.
"이미 노주奴主, 노비의 주인의 분의分義가 있으니 그 상전이 잘 조처하여야 할 것이다."
유성룡이 아뢰었다.
"어찌 사람마다 좋게 할 수 있겠습니까. 지금은 처첩까지도 항오行伍, 군대에 편입해야 할 때입니다. 국초에 김종서는 대간으로 있다가 하향한 사람까지도 군역을 정하고자 했다 합니다. 지금이 어느 때인데 감히 노비주인을 따지겠습니까."[37]

노비들로서 부족한 군사를 증원시키기 위한 제도가 전국에 걸쳐 시행되었다. 노비·서얼·아전들은 하늘이 내린 기회라며 훈련도감으로 몰려들었다. 이들은 일정한 절차를 거쳐 군인이 된 다음 훈련도감에서 군사훈련을 받았다. 웃지 못할 일들이 벌어졌다. 훈련 중인 노비들을 찾으러 온 양반 사대부들이 자기 노비를 찾아내고는 집으로 돌아가자고 호통을 치거나 때리기도 하면서 훈련장을 무질서판으로 만들었다. 겁에 질려 끌려가는 자들이 있는가 하면 이제 자신은 노비가 아니라며 당당하게 맞서기도 했고 실랑이를 벌이다가 달아나는 자도 있었다.

조선 정부의 법은 여전히 양반 사대부에게 절대 유리하게 되어 있어서 노비주인들의 횡포를 막을 방법이 없었다.

갈등과 혼란이 계속되는 중에도 이른바 천민 출신들은 신분해방을 이루고 벼슬에 등용되는 자들이 늘어났다. 노비 출신으로서 군대의 하급간부인 대총隊總에 임명되는 경우가 잦았다. 숱한 우여곡절을 겪으면서 천민 출신 군인들에 의하여 임진왜란의 난국은 조금씩 회복되어갔다.

그럴수록 사대부들의 반발 또한 커져갔다. 유성룡이 사대부들의 특권과 그에 따른 이익에 정면으로 도전한다고 생각했기 때문이다. 1595년선조 28에는 형조참의를 지낸 유조인柳祖認이 상소하여 유성룡의 군사정책 전체를 비판하고 나섰다. 그의 상소는 사대부들의 이해관계를 대변하는 것이었는데 새로운 것은 모두 거부해야 한다는 결론이었다. 유성룡이 일찍이 볼 수 없었던 분노의 목소리를 내기 시작했다.

지금의 실정은 사직이 폐허가 되었고 백성들이 다 죽어가고 있습니다. (…) 어려운 걱정이 눈앞에 가득하여 뜻이 있는 인사는 눈물을 흘려야 할 터인데도 무식한 무리들은 이따금 그의 노복奴僕이 병역에 나가는 것을 싫어하여 입을 벌려 이의異議 선동하는 것이 이르지 않는 데가 없습니다. (…)

당나라 역사를 살펴보니 '장순張巡과 허원許遠이 수양성을 지킬 때 장순은 자기의 애첩을 죽여서 삶고, 허원도 아끼는 노복을 죽여서 그 고기를 군사들에게 먹였다'고 한다. 두 장수는 벌레도 함부로 죽이지 않은 어진 군자들인데도 유독 사랑하는 첩과 노복에게는 차마 못할 짓을 하고 말았으니 이것이 어찌 사람의 정리로 할 수 있는 일이겠습니까. 진실로 나라 일이 지극히 중대하기 때문에 다른 것을 돌아볼 겨를이 없었기 때문입니다. 이를 오늘날 자기의 몇 사람 안 되는 노복을 아껴 국가의 큰 계책을 그르치려고 하는 사람과 비교해본다면 누가 어질고 누가 어질지 못한 것입니까.

만약 천인들은 사적仕籍, 벼슬에 등용할 수가 없다 한다면 한漢나라 때 위청衛靑은 노복에서 발탁되어 출세했고, 김일제金日磾는 항복한 부로俘虜, 흉노족에서 발탁되었지만 후세에 이를 옳지 않게 여기는 사람이 있다는 말은 듣지 못했습니다. 더구나 당시는 인재가 많았다고 일컫는 때이니 이는 또한 무엇을 의미하겠습니까.[38]

노비를 인간이 아닌 재산으로 취급하던 양반 사대부들은 유성룡의 노비해방이라 할 수 있는 정책을 좌절시키기 위해 목숨을 걸다시피 했다.

유성룡은 물러서지 않았다. 노비도 공을 세우면 벼슬을 해야 한다는 주장을 꺾지 않았다. 신분제도에 커다란 변화가 일어나기 시작했다. 노비·재인才人·백정·장인匠人·산척山尺 등 천류賤流라고 차별받고 박해당해오던 자들이 군인이 되어 적극적으로 전투에 나서면서 전세는 바뀌었다. 우수한 무기와 전투로 단련된 일본군이 점점 수세에 몰리기 시작한 것이다.

뿌리 깊은 신분차별의 통한을 풀기 위해 싸우는 그들은 두려울 것이 없었다. 차라리 죽기로 작정하고 싸우다 보면 목숨 부지하기 위해 비굴하게 종속되어 사는 것보다는 인간다운 결과가 오리라 믿었다. 죽더라도 나라를 위해 싸우다 죽었다는 것이 행복할 것이라고 믿었다. 만약 적을 죽이고 살아나서 공훈을 인정받으면 자신은 물론 가족들 모두 신분해방의 자유를 얻고 벼슬까지 누릴 수 있다는 유성룡의 정책을 하늘같이 믿었던 것이다. 그들은 용감했고 그 용감성이 알려지면서 일본군은 되도록 그들과 맞서지 않으려고 했다. 의병 중에 농민과 천민들이 대거 참여하여 혁혁한 전공을 거둔 것은 전적으로 유성룡의 정책 때문이었다.[39]

장흥효는 스승 서애의 인간평등관을 딸에게 얘기했다. 겉으로 표현된 언어로서 '노비충군법'이지만 그 언어를 이루고 있는 핵심 요소는 인간평등의 깨달음이라고 했다.

전통적 유교이념은 천경지의天經之義를 정치의 요체로 삼고 있는데 사士·농農·공工·상商 네 계급은 하늘이 정한 것이어서 인간의 생각으로 바꿀 수 없다는 것이다. 사대부와 양반은 지배계층이고 양민과 바꿀 수 없다는 것이다. 따라서 사대부와 양반은 지배계층이고, 양민과 천민은 지배당해야 하는 계층인데 이 구조를 사람이 바꿀 수 없다는 것이다. 이 같은 계급의식은 적어도 2천 년 넘게 동양을 지배해오면서 인간들의 의식과 무의식까지 파고들었기 때문에 감히 어느 누구도 이를 깨뜨릴 엄두를 내지 못했다. 이따금씩 지배계층에 속한 극소수나 피지배계층의 소수가 천경지의를 의심하고 부정하려는 경우가 없지는 않았으나 감히 밖으로 드러내어 여론으로까지 확산시키지는 못했다. 대개 그런 사람은 그 사회에서 철저하게 소외되고 매장되었으며 정도가 심한 경우에는 죽음도 당했다.

유성룡의 '노비충군론'에는 매우 중요하고도 위험하기 그지없는 사상의 흔적이 느껴지는 놀라운 개혁정책 의지가 담겨 있었다. 국가위기를 극복하기 위한 대안정책이었지만 그 근저에는 유교이념으로 떠받들어온 '천경지의'의 모순을 혁파하려는 사고의 기운이 깔려 있었다.

그 정체는 '만물일체론'과 '사민평등론'四民平等論이었다. 이 이론은 '마음'心이 우주의 본체이자 생명의 주체로서 문물과의 감응을 통해 이理를 창출하고 이를 주재하여 실현한다는 것이다. 따라서 선험적으로 마음에 이가 내재되어 있다거나 이 내재된 이 가운데 하나가 취사선택되어 나오는 것이 아니라 상황에 따라 감응을 통해 마음이 이를 창출한다는 것이다.[40]

여기서 '마음'의 본질, 마음의 상태, 마음의 모습, 마음의 운동성을 포함하여 마음은 과연 인간의 신분이나 계급에 따라서 그 작용과 본질이 다른가 아니면 다른 것이 아닌가 하는 문제로 파생된다. 만물일체론과 사민평등론은 다르지 않다는 데 있고, 천경지의는 다르다는 데 있다. 이 두 가지는 시대나 국가이념, 정치형태와 지배자의 사고방식에 따라 변화해온 것일 뿐, 그 본질은 '다르지 않다'는 데 있다고 본 것이 유성룡의 철학이었던 것 같다.

장흥효가 딸에게 구체적으로 어떤 견해를 말했는지 자료는 남아 있지 않으나 장계향이 성장하여 주체적 삶을 살게 된 17세기 전반에 걸친 삶의 궤적에는 '다르지 않다'는 증거가 선명하게 남아 있다.

유성룡의 모든 저술과 기타 여러 문헌들, 그리고 그의 제자였던 장흥효의 문집 등에는 구체적으로 사민평등론과 만물일체론을 언급한 흔적은 남아 있지 않다. 다만 심증적으로 느낄 수 있을 따름이다. 그것은 그 시대의 사상적 주류가 '천경지의'였기 때문이며, 공개적이고 적극적으로 천경지의를 의심하거나 부정하게 되면 살아남지 못할 뿐 아니라 관계된 주변 사람들에게까지 참혹한 응징이 가해졌던 것과 관련이 있었을 것으로 추측된다.

제도의 모순을 잡아야 나라가 바로 선다

장계향의 질문은 계속되었다. 유성룡이 펼친 두 번째 개혁정책은 어떤 것이었느냐는 질문이었다. 아버지는 사실 그대로만 말해주었다.

작미법作米法이란 세금제도였다. 병역제도의 모순만큼 심각했던 것이 조세제도의 불균형이었다. 가난한 양민들일수록 턱없이 무거운 세금으로 고통 받았다. 유성룡은 임진왜란이 일어나기 19년 전부터 세금제도의 모순을 과감하게 바로 잡아야 나라가 바로 선다는 주장을 펼쳤다.

지금 밭둑을 잇대어 많은 전지田地를 차지하고 있는 자는 대부분 세력이 강하며 공부貢賦, 세금를 내지 않는 무리이고, 소민小民이 소유하고 있으면서 공부를 바치는 전지는 점점 줄어들고 있습니다.[41]

이때 유성룡은 32세였다. 홍문관 수찬으로 임금 앞에서 조강朝講하는 자리에서 한 말이었다. 토지를 많이 소유한 세도가들은 세금을 내지 않는데 꼬박꼬박 세금을 내는 가난한 사람들이 경작하는 토지는 점점 줄어든다는 걱정이었다.

유성룡이 세금문제를 제기한 것은 단순히 토지 소유의 많고 적음에 따른 세금의 형평문제를 논의하려는 것이 아니었다. 국가재정 수입의 절반을 넘게 차지하고 있는 세원稅源은 토지세가 아니라 공납貢納제도였다. 원래 공납은 각 지방의 특산물을 임금에게 바치는 소박한 충성심에서 시작되었다. 그런데 이 아름답고 소박한 정서로 시작된 공납이 관료들의 부패의식으로 변질되었다. 한 지방에서 생산되는 특산물 한두 종류에서 수십, 수백 가지로 확대되고 그 지방에서 생산되지 않는 물건이 부과되었다. 결국 그 지역에서

나지 않는 물건을 생산지까지 가서 사다가 바쳐야 했다. 그런가 하면 계절에 따른 생산물은 상공常貢이라 하고, 계절과 상관없이 관청의 요구가 있을 때마다 바쳐야 하는 별공別貢이라는 것까지 확대되었다.

여기에 더하여 형평을 고려하지 않은 부과방법이 또 다른 폐해가 되고 있었다. 마을 단위로 부과된 공납은 다시 집집으로 나뉘었다. 인구의 비례대로 공납액수가 정해지는 것이 아니라 마을 단위, 군과 현 단위로만 부과되었기 때문에 인구가 적은 마을의 고통은 그만큼 클 수밖에 없었다.

또 다른 문제는 집집마다 나누어 매기는 부담이었다. 제 땅이 전혀 없이 남의 땅을 빌려서 농사짓는 소작인이나 많은 땅을 소유한 지주가 부담하는 액수가 큰 차이가 없었기 때문이다. 때로는 소작인이 더 많은 부담을 하기도 했는데 관리들과 농간을 부린 양반 지주들의 짓이었다.

여기에다 방납防納이라는 폐단이 또 추가되었다. 공물을 생산자가 아닌 대리납품업자를 통하여 바치는 제도였다. 겉으로는 공납의무자들의 여러 가지 어려운 사정을 대신 해결해주는 것이 대리납품이었다. 거리·시간·물품구입의 어려움 등을 대리납품업자가 해결해준다는 명분이었다. 폐단을 알게 된 농민들이 직접 공물을 바치면 관료들은 무조건 퇴짜를 놓았다. 대리납품업자들이 파는 공물을 사서 바쳐야만 받아주었다. 이때 엄청난 비리가 생길 수밖에 없었고, 그 손해는 모두 농민들의 몫이었다.

공납의 종류도 수천 가지였다. 견디지 못한 농민들은 도망을 쳤지만 도망간 부모, 형제, 같은 성씨를 가진 집안에다 대신 부담시켰다. 족징族徵이다. 한 가족이 모두 도망가면 그 이웃사람에게도 부담지웠다. 인징隣徵이다. 결국 한 마을 모두가 도망가고 마을이 텅 비는 경우까지 생겨났다. 임진왜란이 일어나기 전의 조선사회 풍경이 그러했다.

유성룡은 마음이 아프고 나라의 미래가 걱정이었다. 그리하여 공납의 폐단을 시정하기 위해 개혁안을 또 제안한 것이다. 여러 종류의 공납을 쌀 한 가지로 통일하고 부과하는 단위를 가호家戶에서 토지면적의 많고 적음으로 바꾸자는 것이었다. 토지가 많은 양반 사대부들을 소유한 토지만큼 세금을 내고, 자기 땅이 없는 사람은 세금이 면제되는 제도였다. 그리고 세금 내는 방법도 갖가지 현물이 아닌 쌀 한 가지로 통일시키고 그 쌀로 관청이 필요한 물건을 구입하여 충당하면 되기 때문이었다. 병역제도와 함께 세금제도를 개혁해야만 조선이 나라의 모습을 유지할 수 있고, 가난하고 힘없는 백성들도 나라 있는 백성이라는 보호와 위안을 받게 될 것이라고 주장했다.

그러나 이 또한 양반 사대부들이 반대하고 나섰다. 이 세금제도를 맨 먼저 제안했던 인물은 중종 때 개혁정치가였던 조광조였다. 조광조는 개혁정책 때문에 죽음을 당했다. 그 뒤에 율곡이 공납 대신 쌀로 통일해 납부하게 하자는 '대공수미법'代貢收米法을 제안했다가 양반 사대부의 반대로 시행되지 못했다. 유성룡이 조광조·이이에 뒤이어 세 번째로 작미법이란 이름으로 양반 사대부들의 집단이기주의에 맞선 것이다. 유성룡은 물러서지 않았다.

또한 신이 들으니 난리를 다스려서 바름으로 돌아가는 것이 비록 군사와 군량이 넉넉한 데 있지만 더욱 중요한 것은 민심을 얻는 데 있다고 합니다. 민심을 얻는 근본은 달리 구할 수 없고 다만 요역부역과 부세세금를 가볍게 해서 함께 휴식할 뿐입니다. 국가의 토지세는 십일세什一稅보다 가벼워서 백성들이 무겁게 여기지 않습니다. 다만 토지세 외에 공물과 방물方物, 수령이 임금에게 바치는 특산물 때문에 침해당하는 일이 매우 많습니다.

당초 공물을 마련할 때 토지의 많고 적음에 따라 배정하지 않아서 크고 작은 고을마다 큰 차이가 납니다. 1결一結의 공물 값이 혹 쌀 한두 말을 내는 자도 있고, 혹 쌀 일고여덟 말을 내는 자도 있으며 혹 열 말을 내는 자도 있습니다. 백성들의 부역이 이처럼 고르지 못한데다가 도로를 왕래하는 비용까지 덧붙이며 각사에서 받을 때는 간사한 아전들이 저자 시세를 조종 농간하여 비용으로 백 배나 더 받습니다. 그렇지만 관가로 들어오는 것은 겨우 10분의 2, 3 밖에 안 되고 나머지는 모두 사문私門으로 돌아갑니다.

진상하는 폐단에 이르러서는 백성을 괴롭히는 것이 더욱 심합니다. 이 역시 당초 법을 마련할 때는 반드시 이와 같지 않았지만 실시한 지 100년 동안에 사기가 많이 불어나고 폐단이 수없이 생겼습니다. 지금 만약 곧바로 변통하지 않으면 백성들은 다시 소생할 가망이 없으며 나라 저축도 쌓아둘 길이 없습니다.[42]

지금 백성은 이미 극도로 궁하고 사세는 위급하니 도탄에 빠지고 거꾸로 매달린 고통은 족히 말할 수 없습니다. 신의 건의가 만약 실시된다면 나라에는 남은 축적이 있고 백성은 여력이 있어서 수년 뒤에는 기세가 촉진되어 하고자 하는 바를 하더라도 어렵지 않을 것입니다. 이 밖에 자질구레한 절목은 그 실마리가 매우 많으나 지금 감히 일일이 열거하지 못합니다. 엎드려 바라건대, 전하께서는 회복할 수 있는 좋은 계책을 깊이 생각하시고 국가 수치를 아직 갚지 못함을 원통하게 여기소서. 그래서 민심의 만회에 골똘히 노력하는 것으로 영명永命을 하늘에 비는 근본으로 삼아 하루이틀이라도 재물을 생산하고 군사를 훈련시킬 계책을 생각하며, 나쁜 옷과 거친 음식으로 생활하며 노심초사하소서.[43]

선조도 나라가 멸망할 수도 있다는 위기의식을 느끼고 있어서 유성룡의 이 혁명적인 건의를 받아들여 작미법이라 불렀다.

그러나 시행과정은 난감했다. 토지를 많이 가진 양반 사대부들의 반대는 강경했다. 각 도의 감사와 고을 수령들도 양반 사대부들의 주장에 동조했다. 유성룡은 조선이 처해 있는 위기를 극복할 수 있는 유일한 방법이 백성들의 삶을 윤택하게 하는 것이고, 가난한 백성들이 나라가 있다는 것을 고마워하고 보호받고 있다는 것을 느끼게 해주는 것이라고 믿었다. 그러나 양반 사대부들과 관료들은 여전히 백성을 착취의 대상으로만 여겼다.

온 나라가 마치 유성룡의 개혁정책을 반대하는 것처럼 만든 것도 양반 사대부들과 관료들의 유착관계에서 비롯된 이른바 유성룡 죽이기였다. 결국 작미법은 유성룡이 영의정·도체찰사로 있던 시기에만 실시되다가 그의 실각과 동시에 반대파들의 작당으로 폐지되고 말았다.

장흥효는 유성룡의 인간평등 정신을 확인할 수 있는 사실 한 가지를 덧붙였다. 오랜 혼란과 전쟁으로 굶주림에 시달리는 백성을 구하기 위해 유성룡이 제안한 국제무역과 상업을 권장한 사실이었다. 전쟁으로 굶어 죽는 백성들의 고난이 계속되었으나 양반 사대부나 벼슬아치들은 변명 일색이었다. 전쟁 때문에 농사를 짓지 못해 양식이 모자라서 굶어 죽는 것일 뿐이고 자신들은 아무 책임이 없다는 것이다. 하지만 참상은 가혹했다. 사헌부에서 아뢰었다.

기근이 극심해 심지어 사람의 고기를 먹으면서도 전혀 괴이하게 여기지 않습니다. 그러므로 길가의 굶어 죽은 시체에도 붙어 있는 살점이 없을 뿐만 아니라 어떤 사람들은 산 사람을 도살하여 내장과 골수까지 먹는다고 합니다. 옛날에 이른바 사람이 서로 잡아먹는다고 한 것도 이처럼 심하지는 않았을 것이고, 보고 듣기에도 너무나 참혹합니다.[44]

유성룡은 조선의 '농본상말'農本商末정책을 바꾸어야 한다고 판단했다. 농업이 근본이고 장사는 맨 나중에 가서야 생각해볼 것이라는 정책을 이제는 바꾸어야 한다고 여긴 것이다. 농업을 가벼이 여기자는 것이 아니라 농업만으로 생존이 위협받는 현실을 바로 보고 농업 외의 일로 양식과 재력을 마련할 수 있다면 반드시 그 새로운 방법을 선택하는 것이 굶주려 죽는 비극을 막을 수 있다고 여겼다. 조선의 사대부들은 상업에 대해 말하는 것을 선비답지 못하다며 꺼렸다. 속으로는 광활한 사유농지에서 생기는 엄청난 이익을 계산하고 있으면서도 겉으로는 이와 같은 말 따위를 입에 담는 것은 선비답지 못하다는 태도를 고집했다.

유성룡이 내놓은 제안은 국제무역을 하자는 것이었다. 국내 상업도 억제하는 현실에서 국제무역안은 우선 위험한 발상처럼 보였다. 사사롭게 국제무역을 하면 사형을 시킬 수도 있었다. 그런데도 유성룡이 압록강 중강진에 국제무역시장을 열어 명나라의 곡물과 조선의 면포를 무역하자는 정책안을 내놓은 것이다. 결국 유성룡은 국제무역시장이라 할 수 있는 '중강개시'中江開市를 열었다.

압록강 중강진에 시장을 열었다. 그때 흉년이 날로 심하여 굶어 죽은 시체가 들에 가득하였다. 공사 간에 축적한 것이 탕진되어 진휼하려 해도 별다른 방책이 없었다. 내가 청하여 요동에 자문을 보내 중강에 시장을 열어 무역을 하도록 하니, 중국에서도 우리나라의 기근이 심한 것을 알고 황제에게 아뢰어 하락하였다. 이에 요동의 왼쪽 지방은 미곡이 많이 유출되므로 우리나라 평안도 백성들이 먼저 그 이점을 취하고, 서울 백성들 또한 뱃길로 서로 통하게 하니 여기에 의지하여 수년 사이에 완전히 활기를 되찾은 자가 헤아릴 수 없을 정도였다.[45]

또한 유성룡은 「소금을 만들어 굶주린 백성을 구제하기를 청하는 서장」에서 소금을 이용해 백성들을 살리는 방안을 제시했다.

> 이익을 말하는 신하는 군자가 취하지 않으나 촉蜀의 유비도 이익을 일으켜 나라를 풍족하게 하였습니다. 중국은 세입稅入이 매우 많습니다. 한 해 동안에 먹는 것이 8백만 석이나 되는데 모든 사람들이 관염국가에서 생산 판매하는 소금을 사서 먹으므로 그 값이 다 나라에 들어옵니다.[46]

유성룡은 국가에서 정책만 잘 만들어 실천하면 수많은 백성들을 살릴 수 있는 것이 소금을 이용하여 사업을 하는 것이라고 주장했다. 지난날 소금을 생산 판매하여 생긴 이익 대부분은 몇몇 왕실이나 권세대가들이 독차지해왔다. 이와 같이 사사롭게 개인이 소금사업하는 것을 억제하고 국가가 소금을 전적으로 생산하고 판매하여 생긴 이익을 굶주리는 백성 구제에 쓰자는 것이었다.

> 소금이나 쇠로 이익을 내는 일도 할 만합니다. 태공太公이 제齊를 다스릴 때 어염魚鹽의 이익을 말했고, 당나라 유안도 소금으로 이익을 얻어 그 나라를 부강하게 하였습니다. 우리나라에서 은을 캐는 일은 수고는 많아도 이익이 적어 할 수 없으나 소금이라면 그와 달라 팔아서 곡식을 살 수 있고 백성도 편리하게 여깁니다.[47]

유성룡의 헌신과 열정으로 혼란에 빠졌던 조선은 점차 안정을 찾아갔다. 정유재란이 일어났다. 유성룡은 소강상태였던 전쟁이 격화되기 전부터 이에 대비하자는 요구를 했으나 반대파들의 모함과 투쟁으로 거부되고 말았다.

결국 조선 운명의 최후 보루였던 이순신 등 유성룡이 천거한 모든 충신들이 유성룡의 '치질이나 핥고 빠는 자'들로 비화되고 능욕 당한 채 제거되었다. 그리고 유성룡을 정권에서 끌어내렸다. 나머지는 모두 반대파들의 사리사욕을 채우는 데 이용되었고, 마침내 조선은 다시는 회복될 수 없는 패망의 가파른 벼랑 끝으로 내몰렸다.

마침내 조선왕조는 민심을 잃고 말았다. 조정에 대한 백성들의 생각을 근본적으로 바꿔놓은 것이다. 양반 사대부의 무능과 탐욕을 몸서리치도록 지켜본 백성들은 왕조와 양반 사대부를 불신했다. 그리고 목숨껏 저항하기 시작했다. 조선왕조와 양반 사대부가 일본군과 다를 것이 무엇이냐는 극단적 불신과 좌절이 낳은 조선의 비극이자 슬픔이었다.

장계향은 아버지로부터 전해 들은 유성룡의 평등정신과 실천정신을 외우고 또 외우면서 자랐다.

제 4 장

어떻게 행할 수 있는가

「적벽부」를 노래하다

계향은 소동파의 「적벽부」를 노래하듯 외우면서 자랐다. 『소학』 공부를 시작한 뒤에도 늘 「적벽부」를 읊조렸다. 장흥효는 딸의 영민함을 생각할 적마다 따라붙는 의심인지 걱정인지 명확하지 않은 여운을 느꼈다. 더욱 그런 미묘한 느낌을 갖게 하는 것은 계향이 「적벽부」를 쓴 붓글씨였다. 계향이 본 붓글씨는 장흥효가 써서 사당의 서재에 걸어둔 경敬 자와 퇴계의 『성학십도』 중 제10도인 「숙흥야매잠도」夙興夜寐箴圖에서 인용한 잠명箴銘이 전부였다.

또렷한 정신으로 책을 펴서 성현을 마주 대하면, 공자께서 자리에 계시고, 안자顏子 · 증자曾子가 앞뒤에 서 있는 듯 성현의 말씀을 경청하고 따르네.[1]

장흥효는 행서체行書體를 즐겨 썼다. 해서楷書와 초서草書의 중간이 되는 것으로 해서의 획을 약간 흘려 쓴 일종의 흘림체라 할 수 있었다.

계향이 「적벽부」 중 「뱃전을 두드리며 부르는 노래」扣舷而歌之歌曰 24자를 행서체로 써서 아버지에게 보인 것은 아홉 살 나던 해 초봄인 1606년이었다. 장계향이 「적벽부」를 만나게 된 것은 그의 이름 첫 글자인 계 자의 내력 때문이라고 밖에 말할 수가 없었다. 두 사람은 현실의 잣대로 볼 때 결코 가깝지 않다. 시간상으로 볼 때도 멀고도 멀다. 소동파가 길 위에서 죽은 1101년 7월 8일로부터 497년 뒤인 1598년은 멀다고 하는 것이 맞다.

거리로 따져도 조선의 남쪽 지방 안동과 중국 쓰촨四川은 아주 멀다. 북송시대를 휘저었던 천재 예술가 소동파는 정치적 불운 속에서도 많은 사람들의 칭송과 시샘을 받았다. 시가 아름답고 행동이 고결했기 때문이다. 저 도저한 당송 8대가로 역사에 이름을 올린 참으로 잘난 사내였다.

북송 후기에 등극한 예술옹호론자였던 희종의 흠모를 받던 소동파는 희종의 부름을 받고 장안을 향해 귀양지 하이난 섬을 떠났다. 장안에 도착하면 이제 그의 생애 내내 그를 억압하고 미워했던 사람들이 보는 앞에서 화려한 예술적 부활이 펼쳐질 것이었다. 하지만 그런 행운은 끝내 그를 반기지 않았다. 장안으로 가는 길 위에서 파란 많던 생애를 길바닥에 눕혀야 했던 비운의 천재였다.

그런 소동파와 계향이 만난 것은 계수나무 그늘 아래 아니면, 계수나무 숲의 향기를 맡을 수 있는 숲 언저리, 그도 아니면 계 자가 지닌 그 뜻의 슬프고도 아픈 역사 속이었을까.

장흥효는 깊은 생각에 잠겼다. 계향의 이름을 짓기 위해 여러 날 동안 생각하며 뒤적거렸던 몇 권의 책에 있던 내용들을 떠올려보기도 했다. 그때 장흥효가 처음으로 마음이 끌렸던 것은 왕유王維가 쓴 「봄 계수나무와 나눈 대화」春桂問答였다.

중국 문화사의 황금기에 활동했던 유명한 예술가이자 시인이었던 왕유는 음악과 그림으로 표현되는 인문교육의 귀감을 널리 알린 천재였다. 거의 신화적인 존재로까지 추앙받는 그가 문학적 재능을 처음 선보인 것은 9살 때부터였다. 그도 젊은 시절은 불우했다. 말년에는 속세에 환멸을 느끼고 시골집에 틀어박혀 시를 쓰고 그림을 그렸는데 그의 시 가운데 가장 훌륭한 작품으로 꼽히는 것들 대부분이 시골 풍경에서 영감을 받은 것들이다. 「봄 계수나무와 나눈 대화」도 그때 지은 것인데 왕유 자신의 모습을 계수나무에 투영시켜 대화한 내용이다.

　　복사나무 오얏나무는 꽃과 향이 한창이어서
　　봄빛 비친 곳마다 꽃과 향이네
　　그대 어이하여 홀로 꽃이 없느뇨
　　봄 계수나무 대답하네
　　봄꽃이 가면 얼마나 가리
　　바람 서리에 그 꽃들 떨어질 때
　　꽃 아니어도 아름다운 것을 그대가 아실는지
　　桃李正芳華　年光隨處滿
　　何事獨無花　春桂答
　　春華詎能久　風霜搖落時
　　獨秀君知不

　계수나무는 꽃이 피지 않는데 왕유 자신의 정치적 불운을 상징하고 있다. 비록 꽃은 피지 않았지만 예술로 시로 한 세상을 풍미했음을 계수나무를 빌려 노래했다.

시가 아름답기는 하나 장흥효는 왕유의 그 계수나무를 딸에게 심어주고 싶지는 않았다. 여자로 태어난데다 남자형제가 없고 아내 안동권씨의 몸이 하도 병약하여 더는 자식을 볼 가망도 없었다. 아내에게 자식 더 낳으라고 권하고 싶지도 않았다. 오직 건강을 회복시켜 오래도록 함께하고 싶은 마음이 더 컸다. 계수나무 계 자를 딸 이름으로 생각하게 된 것은 이 시가 인연이었음은 분명했다. 그러다가 문득 『예기』, 「월령편」月令篇을 읽어보고 싶었다.

'초목지자강계지위야'草木之滋薑桂之謂也란 구절을 말할 때 강계지성薑桂之性이란 말을 하기도 한다. 늙을수록 기력이 정정하고 강직한 사람을 비유하는데 생강과 계수나무 껍질은 오래될수록 매워지는 성질이 있기 때문에 생긴 말이다. 『송사』宋史에는 '강계도로유랄'薑桂到老愈辣이라 했다. 온갖 시련 속에서도 경敬을 잃지 않으면 오히려 시련과 고초가 삶의 지혜가 되며 고난을 겪는 이웃사람들을 격려하고 깨우쳐 바른 삶을 누릴 수 있게 한다는 것을 뜻한다. 이때의 계수나무 계 자는 크고 바르며 유서 깊은 글자이다.[2]

장흥효가 그 다음에 본 것이 「적벽부」였다. 「적벽부」는 웬만한 선비라면 즐겨 읊조리고 행서체나 초서체로 써서 병풍을 만들어 사랑에 펼쳐두는 것을 멋으로 알았을 만큼 깊은 영향을 끼친 시였다. 「적벽부」의 계수나무 삿대, 즉 계도桂棹가 계향의 영혼을 그토록 울리게 될 줄은 몰랐다. 그렇게 계 자로 인한 잔잔하지만 깊은 영혼의 울림을 가져온 일이 있고 난 뒤로 계향의 문학적 재능이 드러나기 시작했다.

아홉 살에 첫 시를 짓다

계향이 쓴 최초의 시는 「성인음」聖人吟이었다. 「적벽부」를 붓글씨로 쓴 그해 봄이었다.

> 성인 계시던 때에 태어나지 않아서
> 성인의 모습을 뵈올수가 없지만
> 성인의 말씀은 들을 수가 있으니
> 성인의 마음도 볼 수가 있구나[3]
> 不生聖人時 不見聖人面
> 聖人言可聞 聖人心可見

11자의 한자를 가지고 5언시 4행으로 구성된 시 한 편을 썼다. 불不·생生·성聖·인人·시時·면面·언言·가可·문聞·심心·견見이다. 『천자문』을 익힌 뒤라면 얼마든지 읽고 쓸 수 있는 쉽고 간단한 글자들이다. 그런데 이 글자를 시가 되도록 구성해낸 솜씨는 비범하다. 흔히 쉬운 시가 좋은 시라는 말이 있는데 계향의 이 시도 그런 평가에 잘 어울릴 법하다.

'불생성인시'不生聖人時는 계향 자신이 어떤 성인을 흠모하고 있는데 자신이 태어났을 때 그 성인은 이미 이 세상에 계시지 않는 옛 사람이라는 것이다. 구체적으로 누구인지는 알 수가 없다. 성인의 실체를 밝히기 위해서는 계향이 이 시를 쓰게 된 동기를 규명해야만 하는데 잠시 뒤에 가서 살펴보기로 한다.

'불견성인면'不見聖人面은 앞줄을 이어받아서 성인이 살아 계실 때 자신이 태어나지 않았기 때문에 그 성인을 만날 수도 볼 수도 없음은 당연하다. 그런데도 지극히 상식적인 두 번째 줄을 쓴 것은 그 다음 세 번째와 네 번째 줄을 강조하기 위해서이다. 이 점이 시의 구성방법, 즉 시적 기교와 은유를 알고 있다는 증거가 된다. 계향은 아버지한테서 시 짓는 방법을 배운 적은 없다. 아버지 아닌 다른 누구한테서도 배운 적이 없다. 그렇다면 이 기법을 어떻게 알았을까.

'성인언가문'聖人言可聞은 계향이 태어나지 않았고 따라서 만날 수도 없었지만 그 성인이 하신 말씀을 들을 수 있다고 했다. 현대 사회처럼 녹음장치가 있어서 가능한 것이 아님은 상식적인 일이다. 그런데도 죽고 없는 성인의 말씀을 들을 수 있다는 표현은 어떻게 받아들여야 할 것인가. 너무도 그 성인을 흠모한 나머지 생긴 환청일까. 이런 생각을 더욱 강렬하게 해주는 것이 마지막 네 번째 줄이다.

'성인심가견'聖人心可見, 즉 그 성인의 마음을 볼 수 있다는 구절이다. 자신의 마음을 보는 것이 아니라 타인의 마음, 그것도 죽고 없는 성인의 마음을 본다는 데 이르러서는 그의 시적 재능에 대한 의심을 해보지 않을 수가 없다.

'언가문'과 '심가견'은 시학詩學에서 일컫는 형상화formative가 적절하게 이루어진 것으로도 볼 수 있겠는데, 현대의 시 문법으로 더 선명하게 이해하려 한다면 이미지즘imagism적인 문법이라 할 수 있을 것 같다.

① 일상 언어를 사용하고, ② 습관화된 표현을 피하여, ③ 새로

운 기분을 표현하는 새로운 리듬을 창조하고, ④ 하나의 심상心象, 즉 구체적 사실을 정확하게 보여주며, ⑤ 견고하고 명징한 시를 참조하고, ⑥ 진술이나 설명보다는 간략한 암시를 하고 있다는 점에서 이미지즘 시로 읽어도 전혀 손색 없는 빼어난 형상력으로 구성된 시이다.[4]

이 세상에 살아 있지 않는 성인의 말씀을 듣는다는 것은 그 말씀이 문자로 적혀 있는 책을 읽는다는 것을 의미한다. 그런데 문자를 눈으로 읽는 것이 아니라 문자 안에 스며 있는 성인의 말씀을 듣는다는 것이다. 이때 그 말씀을 듣는 귀는 육신으로서의 귀가 아닌 '마음의 귀'이다. 이른바 심학의 차원이다. 그렇다면 문자의 모습이 곧 성인의 모습이라는 말이 된다. 육신을 지닌 육신으로서의 성인이 아닌 영혼 또는 성인으로서의 성인이 문자에 투영되어 있고, 계향은 '마음의 눈'으로 성인을 만나고 있으며 따라서 성인의 말씀을 듣는 것이다.

이보다 한 차원 더 승화되고 형상화의 극치를 보여주는 것은 '성인의 마음도 볼 수가 있다'는 구절이다. 마음을 본다는 것은 심학의 심오한 경지에서나 가능한 일이다. 이미 계향은 그런 경지에 도달해 있었는지도 모를 일이다.

아무리 시적 재능의 한 부분으로 이해한다 하더라도 여전히 그 시적 재능이 어떻게 수련되었고 어떤 경로를 거쳤는지에 대한 의문은 남는다. 이쯤에서 『논어』, 「계씨편」季氏篇을 보자.

공자가 말씀하시기를 태어나면서 아는 사람은 제일 위요, 배워서 아는 사람은 그 다음이요, 괴로움을 참아가며 애써 배우는 사람은 또 그 다음이다. 그러나 애써 배우지도 아니한다면 이는 곧 최하의 사람이니라.

「계씨편」 중에서 후대에 많이 인용되면서도 특히 문제가 많았던 부분은 제9장이다. 배움의 정도에 따라 사람을 넷으로 구분하는데, 태어나면서부터 아는 사람을 최고로 치고 있다. 만약 태어나면서부터 안다면 배움이라는 것이 따로 필요하지 않을 것이다. 하지만 이 부분은 무엇보다도 배우려는 의지를 중시하여 인간의 노력을 높이 평가했던 공자의 태도와는 상반된다. 사실 공자는 자기 자신을 '호학자'好學者, 즉 배우기를 좋아하며 늙음이 오는 것도 잊은 사람이라고 했다. 특히 『논어』, 「술이편」述而篇, 제19장에서 '나는 나면서부터 아는 사람이 아니라 옛것을 좋아하며 재빨리 구하는 사람이니라'라고 했다. 태어나면서부터 알았던 것이 아니고 태어난 뒤에 옛 사람들의 학문을 게을리하지 않고 열심히 공부한 사람이라 말했다.

공자가 왜 이런 말을 했을지에 대하여 후세 사람들의 생각은 대체로 비슷했다. 그의 제자들이 공자를 존경한 나머지 공자는 원래 세상 이치를 통달한 사람이라거나 태어나면서부터 세상 모든 이치를 알고 있었던 사람이라는 등 극단적인 말을 하고 있다는 사실을 알고는 이를 경계하기 위해서였다는 것이다. 사실 공자가 가장 높이 평가한 제자 안회 역시 배운 것을 익혀서 과오를 반복하지 않는 사람이라는 칭찬을 받았다. 「옹야편」 제3장 인자함을 배우고 실천해서 인간의 도리를 자신의 삶 안에 실현하는 것이야말로 공자의 소원이었고 그 가르침의 핵심을 이루고 있다.

그런데 「계씨편」 제9장은 인간의 노력을 무시하고 나면서부터 아는 사람을 최고로 간주한다. 하지만 공자는 그 자신과 제자들, 모든 사람이 그치지 말고 배워서 인자함에 도달해야 한다는 희망적 메시지를 전했다. 따라서 배우지 않고 아는 사람이 최상이라는 말은 공자의 말이라고 보기는 힘들다. 결국 이 말은 공자를 성인으로 이상화하여 내놓은 뒷사람들의 그릇된 존경심이 만들어낸 가설을 「계씨편」 끝부분에 삽입한 것으로 보아야 한다는 견해도 있다.[5]

그런데 이와는 좀 다른 방향에서 태어나면서 알고 있는 문제를 다루고 있는 경우도 있다. 이 문제는 뒤에 가서 살펴볼 것이다.

「성인음」에서 그 '성인'이 누구를 가리키는지, 이 시를 쓰게 된 동기가 무엇이었는지를 규명할 수가 있다면 계향의 이후 생애를 이해하는 데 큰 도움이 될 것이다. 우선, 계향이 「적벽부」를 쓰면서 참고한 것으로 보이는 장흥효의 행서체의 내용에서 짐작할 수 있는 몇 가지 사실부터 살펴보기로 한다. 그 글씨는 퇴계의 『성학십도』 중 「숙흥야매잠도」였다. 그 내용은 책을 통하여 공자·안자·증자 등 성현의 말씀을 존경하는 마음으로 듣는다 했고, 공자는 자리에 앉고 안자와 증자가 앞뒤에 서 있는 듯하다는, 마치 한 장의 선명한 컬러 사진을 보는 듯하게 그려져 있다. 퇴계의 성현을 우러르는 존경과 흠모를 엿볼 수 있는 내용이다.

「숙흥야매잠도」는 퇴계가 한글로 쓴 「도산십이곡」陶山十二曲 속의 제3곡과 관련지어 살펴볼 필요가 있다.

　古人도날몯보고나도古人몯뵈
　古人을몯뵈도녀던길알ᄑᆡ잇ᄂᆡ
　녀던길알ᄑᆡ있거든아니녀고엇뎔고[6]

「도산십이곡」은 전6곡前六曲, 후6곡後六曲으로 나뉘고 앞의 것을 「언지」言志, 뒤의 것을 「언학」言學이라 붙였다. 「언지」는 천석고황의 강호은거江湖隱居를 읊었고, 「언학」은 학문과 수양을 통한 성정의 순정醇正을 읊었다.

저자는 「한림별곡」「관동별곡」「죽계별곡」등은 고려 사대부의 풍류를 읊었는데 관능적이고 향락적이어서 못마땅하게 여겨 배척하고 이 작품을 통해 새로운 풍류를 제시하고자 하였다. 산수유상山水遊賞을 통하여 올바른 성정을 수양해가는 일이다. 또한 저자는 한시漢詩와 시조時調의 차이를 '영'詠과 '가'歌로 파악하고, 가창이 낳는 흥에다가 시조의 존재이유를 설정하였다. 이것은 퇴계의 문학관으로서의 한 자각이다. 한시에서는 충족할 수 없는 흥을 시조에서 찾고, 그 흥을 매개로 하여 자기를 창조하는 그런 자각이다. 그 자각이 「도산십이곡」을 낳게 한 것이다. 「도산십이곡」은 후세 사림파 시가의 중심 지표가 되기도 했다.[7]

앞의 시조는 현대인이 읽기 쉽도록 이렇게도 적는다.

　고인도 날 못 보고 나도 고인 못 뵈어

고인을 못 뵈어도 예던 길 앞에 있네
예던 길 앞에 있거든 아니 예고 어쩌리[8]

이 글에서 퇴계는 현전現前해 살아 움직이는 고인의 '예던 길'= '이'理를 모범으로 하여 자신의 삶을 돌이켜 보는 경건과 성찰의 심학을 말하고 있다. 자아에 대한 성찰과 믿음을 토대로 만물과 세계로 나아가고자 했다. 외부의 지식체계 그 자체에 비중을 두지 않고 사물과 외부세계로 나아가서는 인간의 태도나 마음가짐 같은 인간 그 자신의 존재양식을 문제 삼고 있는 것이다.[9]

이렇듯 퇴계의 심학세계를 엿볼 수 있는 「도산십이곡」 중 제3곡과 장계향이 지은 「성인음」은 각각의 작품이 지니고 있는 '고인'古人과 '성인'聖人에서의 '사람', '고인도 날 못 보고 나도 고인 못 뵈어'와 '불생성인시 불견성인면'에서의 지나간 '시간', '예던 길'과 '성인언성인심'이 똑같이 '경敬과 이理'를 함축적으로 담고 있다는 점에서 매우 닮은 것으로 보인다. '사람'은 퇴계와 장계향이 존경과 흠모를 헌정하는 역사 속의 인물이고, '시간'은 퇴계와 장계향이 태어나기 전 과거이며, '경과 이'는 성리학의 안과 겉을 이루고 있는 지知와 행行을 뜻하기 때문이다.

이 같은 우연의 일치는 장흥효의 퇴계를 향한 지극한 존경심이라고 볼 수 있겠다. 퇴계는 구체적으로 공자·안자·증자라는 성현의 이름을 적었기 때문에 문제가 없지만, 장계향의 시에서 일컫는 성인은 누구를 가리키는 것일까. 퇴계가 아닐까 싶다.

장계향이 쓴 시의 세계를 좀 더 들여다보면 어떻게 아홉 살밖에 안 되는 소녀가 그토록 심오한 철학적 명제를 다룬 내용을 서정적 표현으로 형상화시켰는지 궁금해진다. '생이지지자'生而知之者에 대하여 공자도 그 내용을 부정한 '아비생이지지자'我非生而知之者를 증거로 들어 누군가가 만들어낸 가설이라는 견해가 있음을 보았다. 이때, 문제의 그 '지'知의 구체적 내용에 따라서는 태어나면서 알고 있었다거나 배우지 않았는데도 알고 있다는 것이 사실일 경우도 있을 수 있다고 본다. 이 문제는 삶에서 안 되는 것은 무엇인지 그리고 그것은 우리 삶을 구원하고 있는가라는 것과는 좀 더 다른 내용이다.

예를 들어 이마누엘 칸트Immanuel Kant, 1724~1804는 『판단력 비판』Kritik der Urteilskraft의 「§46. 미적 예술은 천재의 예술이다」에서 천재를 이렇게 설명하고 있다.

1. 천재란 특정한 규칙이 주어지지 않는 것을 만들어내는 재능이다. 즉 그것은 어떤 규칙에 따라서 배울 수 있는 것에 대한 숙련의 소질이 아니다. 따라서 독창성이 천재의 제일의 속성이지 않으면 안 된다.

2. 독창적원본적이지만 무의미한 것도 있을 수 있으므로 천재의 산물은 동시에 모범, 다시 말해 본보기적이지 않으면 안 된다. 그러니까 그 자신은 모방에 의해서 생긴 것이 아니지만 다른 사람들에게는 모방할 수 있는 것, 다시 말해 판정의 표준이나 규칙으로 쓰일 수 있는 것이지 않으면 안 된다.

3. 천재는 그의 산물을 어떻게 성립시키는가를 그 자신이 기

술하거나 학문적으로 공표할 수는 없고 오히려 자연으로서의 규칙을 주는 것이다. 그래서 하나의 산물의 창시자는 그 산물이 그의 천재에 힘입고 있지만 그 자신은 그러한 이념들이 어떻게 그에게 떠오르는지를 알지 못하며, 또한 그는 그와 같은 이념들을 임의로 또는 계획적으로 생각해내어 다른 사람들에게 똑같은 산물들을 만들어낼 수 있도록 지시규정에 담아 전달할 힘을 가지고 있지 않다(그래서 아마도 천재Genie라는 말은 수호신 라틴어 Genius, 즉 특유한, 인간에게 태어날 때부터 부여된 수호적이며 지도적인, 저 원본적 이념들로 그것의 영감에서 나온 정신에서 유리했을 것이다).

4. 자연은 천재를 통해서 학문에 대하여 규칙을 지정하는 것이 아니라 예술에 대하여 규칙을 지정한다. 그리고 또한 이것은 미적 예술이어야 하는 한에 있어서만 그러하다. (…) 천재란 모방정신에 전적으로 대립해 있어야 한다는 점에는 누구나 의견이 일치한다. 무릇 배운다는 것은 모방한다는 것 이상의 아무것도 아니므로 제 아무리 큰 능력이라 하더라도 그것이 학습력인 한 그것을 천재라 할 수는 없다.[10]

이렇게 볼 때 장계향이 쓴 시와 서예는 학문이 아닌 예술로 볼 것이냐 아니냐에 따라 모방이냐 순수 독창성에 기초한 창조물이냐로 분류될 수 있을 것이다.

초서의 세계

전통적인 유교의 입장에서 보면, 예술은 사회에서 주로 도덕적이며 교훈적인 목적에 봉사하는 것이었다. 그러다가 전통적 예술의 지위가 무너지고 새로운 비판기준이 전개되기 시작했다. 그 시작은 530년에 소통蕭統이 엮어낸 역대 시선집 『문선』文選의 「서문」이었다. 숙통은 자신의 선택은 도덕적인 사유가 아니라 미적인 가치에 의해서만 이루어진 것이라고 기록했다.

이처럼 세련된 태도는 하루아침에 이루어진 것이 아니었다. 3~4세기의 문학평론은 '품조'品藻라는 형식을 취했는데, 단순히 장점과 단점에 의해서만 분류하는 방법으로 처음에는 정치가와 사회적 지위가 있는 인물에만 적용되었다. 그러다가 뒤에 가면서 시인에 대한 평에도 적용되었다. 이 방법은 550년경에 씌어진 사혁謝赫, 6세기 중엽에 활동한 중국의 인물화가. 지금까지 화가와 비평가들이 종종 인용하는 중국 회화의 육법이론을 정립하고 창안해낸 화론가로도 유명의 『고화품록』古畵品錄에서는 좀 더 방법론적으로 사용되었다.

사혁의 육법이론은 서예에도 응용된다. 서예는 기氣를 중요하게 여긴다. 기란 만물에 활력을 불어넣는 우주의 영기靈氣라 말할 수 있다. 나무를 성장시키고, 물을 움직이고, 인간에게 에너지를 주며, 산이 기를 내뿜을 때는 구름이나 안개가 생긴다고 여긴 적도 있었다. 예술가들의 일이란 바로 이 우주의 기운을 자기 속에 불어넣어 영감이 일어나는 순간 그것을 표현하기 위한 매개체가 되는 것이라고 말할 수 있을 것이다.

수행이 잘 된 서예가들 중에는 글씨를 쓸 때 붓의 털 속으로 먹이 묻은 손가락을 깊숙이 넣기도 하는데 그렇게 함으로써 기가 팔로부터 붓을 통해 종이 위에 흐르는 것을 느끼기 위해서이다. 기는 우주의 에너지여서 서예의 선을 따라서 깊거나 얕게, 빠르거나 느리게 시냇물이 흐르듯 소용돌이치며 흐른다.[11]

사물에 내재해 있는 생기生氣에 대한 인식을 표현할 수 있는 회화상의 성질은 사혁이 정립한 육법 중의 하나인 골법骨法이다. '골'이란 서예에서 붓 자체가 가지고 있는 구조적인 힘이다.

한대 말기에 서예가 독자적인 예술형식으로 꽃핀 것은 부분적으로는 초서가 발전한 데서 비롯되었다. 초서에 의해 지식인들은 한나라 때 대표적인 사무용 또는 기록용 서체인 예서가 지니고 있는 형식적인 딱딱함으로부터 해방되었다. 이제까지 인류가 고안해 낸 어떤 서법보다 개성적이고 힘차고 우아하게 자신을 표현할 수 있게 된 것이다.

왕희지王羲之와 그의 아들 헌지獻之 등 이 시대의 위대한 서예가 대부분이 열렬한 도교 신자였다는 사실도 우연한 일로만 봐서는 안 될 것이다. 이 서예의 기법과 미학은 한나라 멸망 후 3세기 동안 중국 회화의 발달에 큰 영향을 미쳤다.

초서는 쓰는 사람의 개성을 발휘하기가 매우 적합하고 쉽다. 또 실용적 성격에서 유희적 성격을 띤 예술영역에 도달하는 데 교량 역할을 한 것으로 서예사적 의의가 크다.

글씨는 그것을 쓴 사람의 성품과 인격 그리고 학식의 정도를 드러내줄 뿐만 아니라 학식이 깊은 이라 할지라도 좀처럼 그 깊이를 완전히 헤아리기는 불가능한, 의미와 결합의 풍부함을 하나하나의

왼쪽 | 삭정, 「출사송」(出師頌). 장초.

오른쪽 | 왕희지, 「주처인첩」(朱處仁帖). 금초.
왕희지는 중국 최고의 서예가로서 '서성'(書聖)으로 칭송을 받았다.

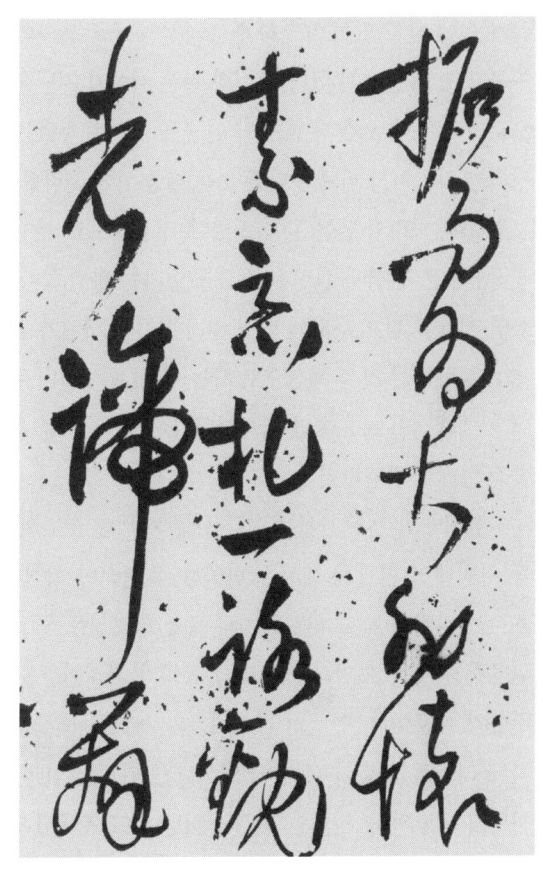

왕탁,「두보시권」(杜甫詩卷). 장초.
왕탁은 명나라 후반에서 청나라 초기,
두 왕조에 걸쳐 유명했던 서법가로서,
청나라 시대의 초서체에 큰 영향을 끼쳤다.

글자 속에 담고 있는 유일하게 표의적인 중국 문자의 특성을 보여주는 것으로 알려져 있다.[12] 이와 같은 서예가 지닌 참다운 가치는 오로지 얼마나 오랜 세월 동안 연구와 수련을 쌓았는지에 의해 결정되는 것이어서 서예는 다른 모든 예술 위에 군림한다.[13]

한자에는 20획 넘는 글자도 있다. 전통적으로 전쟁이 잦을 때에 중국인들은 전쟁에 관련된 소식을 전하는 방법 중 하나로 빠르게 쓰일 서체를 필요로 하게 되어 흘려 쓰는 초서체가 탄생했다.[14] 실제로 생략적인 것을 특성으로 하는 이 서체는 얼마 동안은 실용적이고 경제적인 용도에만 국한되었다. 그러다가 한나라 때부터 예술적 형태로 발전하였다.

후한시대의 혼란기에는 그 시대를 풍미한 도교와 더불어 문인들 사이에서 열렬한 예찬을 받았다. 초월적인 형식과 멋, 냇물이 흐르고 바람이 불고 나뭇가지와 풀잎이 바람에 흔들리며, 생명을 환호하는 듯한 초서의 맥박과 율동미가 지식인들을 행복하게 해주었기 때문이다. 인생의 희로애락과 생로병사의 쉼 없는 나아감과 물러섬과 멈춤이 그 안에 있고 분노와 좌절의 어둠과 막막함, 사랑과 이별의 숨 막히는 절정과 비탄이 그 안에서 일어나고 사라지는 것을 보고 느끼고 울고 노래했다.

한편, 더욱 정연하고 모가 난 편이었던 한나라의 예서체는 좀 더 자연스럽고 유려하면서도 균형 잡힌 해서체로 발전되어 오늘날까지 남아서 어린이들이 글자를 익히는 표준형이 되었다.

고개지顧愷之와 같은 시대 인물이었던 진대晉代의 서예가 왕희지는 온화하고 부드러운 해서체를 좀 더 흘려 쓴 흘림체라 볼 수 있

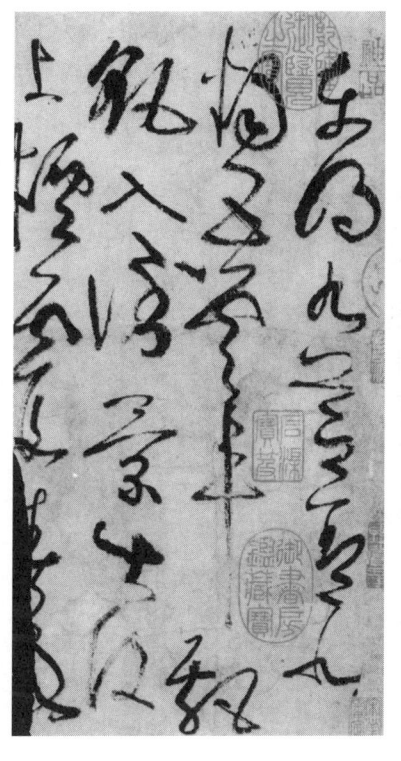 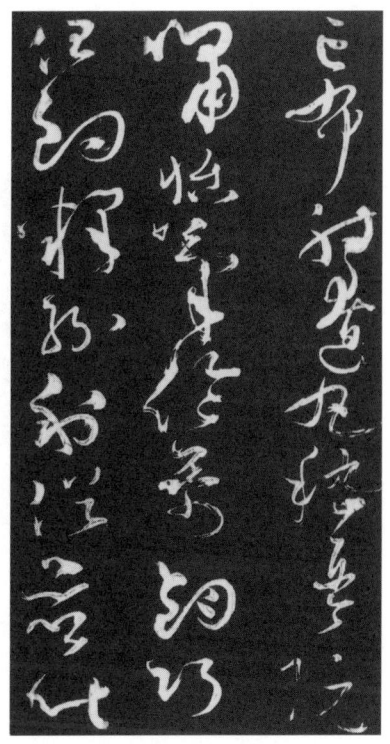

왼쪽 | 장욱, 「고시첩」(古時帖). 광초.
장욱은 당 중엽의 서예가이다. 자유분방한 기세와 독특한 형상,
끊이지 않고 이어지는 새로운 풍격을 갖춘 초서로 유명했는데,
광초라 불렀다. 회소가 그의 초서법을 계승·발전시켰다.

오른쪽 | 회소, 「대초천자문」(大草千字文). 광초.
회소는 승려로 당 현장법사의 제자, 승려이다.
초서의 성(聖)이란 칭호를 들었다. 장욱의 광초를 계승하였다.

황정견, 「이태백억구유시권」(李太白憶舊遊時卷). 광초.
황정견은 북송시대 화가·서예가이다. 소동파의 문인이자
회소의 광초체 맥을 잇는 자유분방한 초서체의 대가이다.

는 행서체로 발전시켰다. 이것은 예서체의 강건하고도 반듯한 면을 보존한 위대魏代 지방양식과의 대조를 보여준다.

육조시대六朝時代를 거치는 동안 온화함을 보여주는 남과 강직함을 보여주는 북의 두 전통은 어깨를 나란히 하여 발전했다. 수隋와 당唐이 중국을 다시 통일하였을 때 안진경顔眞卿을 비롯한 몇몇 서예가들은 고전적인 북방양식과 우아하고도 유려한 남방양식을 조화시키는 데 성공하였다. 이 시기까지 중요하고 전통적인 유파들은 확고한 지위를 굳혔다. 이러한 것을 초월한 선의 달인이나 도교의 기인, 술고래 같은 개성주의적 서예가들은 저마다 광초체狂草體라는 독자적인 양식을 창안하였다. 거기에서 힘차고 기괴하고 판독하기 어려운 특성들이 명예를 겨루고 있었다.[15] 글자 모양을 간략하고 빠르게 쓴 것이 초체草體, 즉 초서인데 이러한 초체는 계속 변화·발전하여 일정하게 고정된 서체를 형성하였으며, 장초章草·금초今草·광초狂草 셋으로 분류되었다.

형식이 아직 정비되지 않은 한대漢代, 기원전 206~기원후 220 초기의 것은 고초古草라 한다. 전한前漢 후반기에는 파책波磔을 수반하며, 후한대에 글자체가 완성되는데 이것을 장초라 한다. 장초는 예서 필획의 글자가 모두 독립되고 결체가 모나고 납작하며 파책이 남아 있고, 필획이 서로 이어지지 않으면 점획을 생략했다. 대표적인 작가로는 장지張芝·황상皇象·삭정朔靖 등을 꼽는다.

후한 말에 이르러 새로 나타난 금초는 오늘날 흔히 사용되는 초서로 후한의 장지가 장초에서 파책을 제거하고 글자 상하의 혈맥을 이어서 창안한 것이다. 동진의 왕희지·왕헌지 부자가 완성하였다. 금초에는 한 글자씩 쓰는 독초체獨草體와 붙여 쓰는 연면체連綿體가 있다.

광초는 당나라 장욱張旭이 시작한 것으로 전통적인 초서 필법에서 벗어난 것이며 술과 자연현상 등으로부터 얻은 정취나 영감에 의해 극도로 자유분방하게 쓴 것이다. 당나라의 승려 회소懷素, 현장법사의 제자로 율을 연구하여「사분율개종기」를 지은 율사. 동탑율사라 했음로 이어졌다.

회소한테서 이어받아 이를 집대성한 사람은 황정견黃庭堅이다. 황정견은 소동파 문하에서 배웠고 그의 문인화파에 속했다. 황정견은 소동파보다 학구적이고 내향적이었으며 창작기법 면에서 더 신비스러운 면을 보인다.

서애 유성룡이 스러지다

1607년 유성룡은 앓아누웠다. 병보病報를 접한 선조는 내의內醫를 보내 병환을 살피라고 했다. 그러나 끝내 일어나지 못하고 5월 6일 안동 하회마을 농환재弄丸齋에서 66세를 일기로 운명했다. 이 소식이 서울에 전해지자 천여 명의 백성들이 서울 유성룡의 옛 집터에 모여 통곡하는 항곡巷哭이 있었다. 조정에서도 사흘 동안 공휴를 선포하였고 상민商民들은 자진하여 나흘 동안 가게 문을 닫고 조문했다.

장흥효는 스승의 죽음을 애도하는 제문祭文을 지었다.

삼가 생각하건대 선생의 품부 받은 기품의 맑고 깨끗하기가 맑은 물, 밝은 거울 같았고, 타고 난 바탕의 순수하기가 빛나는 옥玉, 아름다운 금金 같았네. 일찍부터 퇴계 문하에 유학하여 인도하여 도와줌을 받았으며 학문한 것은 연원이 있어 정통을 이었네. 덕이 높고 학문이 성하여 유학의 영수가 되었으며 가진 능력을 미루어 나가 백성을 돕고 임금을 높이 받들었네. 온축蘊蓄한 바를 다 드러내어 세상에 전할 만한 말을 남겼고, 풍속을 모범되게 했건만 뜻이 시운時運과 어긋나 자취를 운림雲林 속에 맡겼네.

함양한 것은 무엇이었던가. 오직 이 본심을 기르는 일이었고, 만리를 살핀 것도 삼엄하여 그 깊고 얕음조차 엿볼 수 없도다. 일은 응어리 맺혀 막힘이 없었고, 지나쳐도 자취가 없었으며, 바라보면 공경심이 일어 두렵고, 가까이 가면 심복하여 따르게 되도다. 후생들을 맞아서는 가르치는 데 몸을 바쳤는데, 혹은 제지도 하고 혹은 칭찬도 해주며 각기 그 사람에 따라 가르쳤네.

아! 어둡고 어리석은 나 역시 꽃다운 이름을 사모했는데, 나를 멀리하여 버리지 아니하시고 나의 용렬함도 포용해주셨네. 그래서 도 있는 데로 나아가 바로 잡으며 곧 학업을 끝마쳐갈 즈음, 그 떳떳한 말씀들이 아직 귓가에 남았거늘 하늘은 이 분을 빼앗아가길 어찌 이렇게도 빨리 했단 말인가. 북두성이 떨어졌으니 소자小子는 누구를 우러러볼 것이며, 태산이 무너졌으니 소자는 그 누구를 따르리. 변변찮은 전奠을 올림에 눈물이 샘물같이 솟는데, 혼령이시여! 내 감히 영전에 고하나이다.[16]

국경수비대로 끌려간 아들

유성룡이 세상을 떠나고 여름이 흘러 초가을이었다. 경기도와 황해도에 도적떼가 설치는 바람에 온 나라가 술렁였고, 만주 일대의 여진족들은 명나라 군대와 충돌이 빈번해지면서 조선의 국경은 다시 위기에 휩싸였다.

장계향은 여러 날 동안 벼르던 일을 마침내 실행에 옮겼다. 아랫마을에 사는 가난하고 외로운 이의 집을 방문하는 일이었다. 그 집에는 연세가 높은 노인네와 지난해 겨울에 시집 온 새댁 두 사람이 살고 있었다. 노인네는 딸만 여섯을 내리 낳고, 나이 마흔 후반에 와서야 간신히 아들 하나를 붙들 수 있었다. 가난했지만 이웃의 후덕한 인심으로 굶주리지는 않고 살았다. 아들 나이 스무 살, 며느리는 열여섯 살일 때 아들은 함경도 국경수비대로 징집 당했다.

지난 초여름 일이었다. 유성룡이 제안한 '노비충군정책'으로 군인이 증가해 군의 사기가 치솟았다. 유성룡이 물러나자 원래대로 돌아갔다. 다시 군인 숫자가 줄었다. 특히 서북쪽 두만강·압록강 지역 국경수비대의 근무자가 줄어들었다. 위험한 곳이라 널리 소문이 난 터여서, 정작 국경부대에 배치받은 사람 중에서도 뇌물을 주고 안전한 곳으로 옮겨가는 사람이 많았다.

양반 사대부들의 병역면제는 점점 더 늘었는데, 임진왜란이 끝나고 국가재정이 부족해지자 공명첩이 남발되었다. 이름을 적지 않은 국가공직 증명서가 직위에 따라 일정한 액수의 금액에 해당하는 곡식이나 금붙이를 주고 매매된 것이다. 물론 직첩에 적힌 대로 관청에 나가 근무하는 것이 아니라 명예직이기는 했지만 양반 신분임을 증명하는 데 이보다 효과적인 것이 없었다. 재력을 가진 낮은 신분의 천민들이 대거 공명첩을 사서 양반 신분으로 상승한 것이다. 그러자 양민들의 병역 부담만 가혹해졌다.

장계향이 방문하기로 마음먹고 있는 노인도 그 피해자에 속했다. 가문의 대를 이을 외동아들이 느닷없이 징집된 것이다. 그날부터 초상집이었다. 장계향이 그 소문을 들은 것은 이웃 사람들로부터였다. 아들이 국경수비대로 끌려 나가던 날, 늙은 어머니는 울다가 기절했고, 나이 어린 며느리는 시어머니를 부둥켜안고 하루종일 울었다. 그렇게 여름이 지나가고 있었다.

아들을 군대에 보낸 노인은 여러 차례 쓰러졌다. 물 한 모금도 안 마시고 우는 날이 이어졌다. 자식이 어디로 끌려갔는지, 가서 끼니나 굶주리지 않는지, 몸은 병들지 않았는지, 언제나 돌아올는지, 기별을 할 수 있는 방법은 없는지, 온통 자식 생각뿐이었다. 며느리에게는 자식이 없었다. 장마가 시작되어 양식이 귀해지자 노인의 굶주림은 더욱 심해졌다. 이웃 사람들이 양식을 마련해주었으나 자식 소식도 모르는데 무슨 염치로 입에 밥알이 들어갈 수 있겠느냐며 한사코 거절했다. 이웃 사람들이 날마다 노인을 방문하여 억지로 먹였다.

장계향은 망설여졌다. 자신은 양반 자식에다, 비록 넉넉하지는 않지만 끼니 굶는 일도 없었고, 편안하게 사는 데 큰 어려움 없다는 것이 그 노인에게 무척 미안하고 또 부끄러웠기 때문이다.

더구나 서애가 타계한 뒤로 아버지의 긴 침묵과 근신하는 모습을 보니 함부로 행동할 수 없었다. 아버지의 침묵과 근신은 단순히 스승의 타계를 슬퍼하는 것이 아니었다. 스승이 시대와 백성의 행복과 편안을 위해 추구했던 정책들이 단지 정치적 견해를 달리한다는 이유만으로 외면당하고 폐기되는 현실을 아파하는 마음이 더 컸다.

장계향은 나이는 어리지만 유성룡이 남긴 평등정신과 이를 실천하기 위한 여러 방법들이 지닌 의미를 깨달으면서 성장하고 있었다. 열 살을 전후하여 들었던 아버지의 스승에 대한 말씀들은 장계향의 생애를 통하여 강렬하고 선명하게 영향을 끼치게 되리라는 것을 정작 자신도 인식하지 못했다.

장계향은 오후로 접어들 무렵 부엌살림과 집안일을 거들어주면서 함께 사는 봉화 명호明湖 맛질 아주머니와 함께 그 집으로 찾아갔다. 맛질 아주머니는 어머니 안동권씨가 시집올 때 친정에서 데리고 온 노비였다. 장계향은 그녀를 '맛질 아지매'라 불렀고, 어른들은 '맛질'이라 했다.

맛질은 봉화에 있는 마을이름인데, 안동권씨의 유서 깊은 터전이었다. 예천을 근거지로 한 안동권씨 일파 중에서 다시 갈라져 나온 사람들이 모여서 터를 일군 곳이었다.

어머니 안동권씨는 7형제 중 막내였다. 위로 오라버니 셋과 언니 셋이 있었다. 친정 증조할아버지가 종부시宗簿寺 주부主簿를 지낸 안성安成이다. 왕가와 왕실을 관장하는 중요한 직책을 맡았던 터여서 음식과 의복 등에서 왕실문화 흔적이 남아 있었다.[17] 그런 연유로 안동권씨가 안동 금계 장흥효 댁으로 시집올 때 흔히 몸종이라고 부르는 노비를 데리고 왔다.

장계향이 찾아갔을 때 노인은 병으로 누워 있었고 며느리가 손님을 맞았다. 얼핏 보아도 가난에 찌들어 허물어지고 있는 집안 형편임을 알 수 있었다. 집은 방 한 칸에 부엌 한 칸, 두 칸 오막살이였다. 마루가 없고 마당에서 곧바로 방으로 들어가는 구조였다. 신발을 벗어두는 댓돌이 마루 역할을 하는 셈이었다.

문을 열자 방안에서 풍겨 나오는 악취가 심했다. 출입문 말고는 따로 창문이 없어서 대낮인데도 방안은 침침했다. 노인은 머리가 헝클어진 채로 주검처럼 누워 있었다. 뼈만 앙상한데다 너무 작고 초라하여 바라보는 것만으로도 눈물이 나왔다.

며느리가 금계 장행원댁 따님이 찾아왔다고 하자, 노인은 간신히 일어나려 애썼다. 장계향이 얼른 부축해주면서 위로인사를 했다. 노인이 눈물을 보이면서 일어나 앉아 눈인사를 했다. 집에서 준비해간 석이편을 담은 그릇을 내놓으면서 권했다. 멥쌀·찹쌀·석이버섯으로 팥시루떡같이 떡을 안치되, 잣을 으깨어 켜켜이 놓고 찐 별미 중의 별미이다. 어머니 안동권씨가 외가에서 배워온 것이었다.

노인은 귀한 선물을 받고 또 울음을 보였다. 음식을 보자마자 자식 얼굴이 떠올랐기 때문이다. 끼니 때마다 자식 이름 부르면서 눈물에 밥을 말아서 몇 모금 뜨는 둥 마는 둥 한다는 며느리의 얘기였다. 맛질 아주머니도 따라 울고 있었다. 장계향도 울었다. 뼈만 앙상한 노인의 손을 잡은 채 하소연을 들었다.

노인의 백발이 유달리 눈에 들어왔다. 심한 탈모로 머리숱이 듬성듬성했다. 노인의 체구는 보통 사람보다 작았다. 노인이 되자 체구는 더욱 왜소해졌다. 오랜 시름이 살과 기운을 모조리 갉아 먹은 뒤여서 퀭한 눈자위와 움푹 팬 볼, 까칠한 입술, 겨우 서너 개밖에 안 남은 이빨, 바라보기 민망할 정도로 가늘고 여윈 목. 그 위로 짓누르는 시대의 타락하고 매몰찬 불평등의 무게를 견디고 있었다. 비록 전쟁의 참화가 그쳤다고는 하지만 여전히 위험하고 자식 생각에 죽지도 못하고 견디는 노인은 곧 조선사회의 민얼굴이었다.

양반 사대부들의 오만과 차별의식의 칼날에 베이고 찢긴 상처를 지닌 채 살아야 하는 사람이 그 노인뿐만이 아니라는 사실을 장계향도 알고 있었다. 사는 일 자체가 능멸과 좌절의 날들임을 모르는 것은 양반 사대부들뿐인지도 몰랐다. 가난이 죄가 되고, 죄가 고통이 되고 짐이 되어 배울 기회도 불안을 호소할 시간도 갖지 못한 채 노예처럼 살아가는 가난한 사람들의 체취와 침묵화된 말들이 노인의 모습에 응축되어 있었다.

장계향은 노인 손의 체온에서 미묘한 것을 느낄 수 있었다. 그 고통에는 뜨겁고 간절한 사랑이 들어 있다는 확신이었다. 세상에 대한 저주와 원한이 아닌 질기고도 뜨거운 인간 사랑이 있어서 그를 견디게 하는 것 같았다.

노인은 아들 얘기만 했다. 그러면서 울고 장계향의 손을 만지면서 또 울었다.

장계향은 돌아가겠다며 일어섰다. 노인도 따라 일어서려다가 쓰러졌다. 놀라 부축했지만 고꾸라지듯 무너졌다. 노인을 두고 방을 나서는 장계향의 눈에 눈물이 흘러내렸다. 며느리가 사립문 밖까지 나와 인사했다.

초서로 쓴 「학발시」

집으로 돌아온 장계향은 그날 오후 내내 방 안에서 나오지 않았다. 노인을 만난 감회를 시 한 편에 담았다. 제목은 「학발시」이다.

백발 늙은 몸 병들어 누웠는데
자식은 만 리 밖에 있구나
만리나 밖에 있는 자식
어느 세월에 돌아올꼬
백발 늙은 몸 병은 깊어만 가는데
서산 해는 붉게 타며 저물어가는구나
하늘에 손 모아 빌고 또 빌어봐도
어찌 하늘은 아무 대답도 없을꼬
백발 늙은이 병을 무릅쓰고 일어나보려 하건만
일어섰다가 또 쓰러지는구나
지금 오히려 이와 같은데
붙들린 옷자락 끊고 떠나가면 그때는 어찌할꼬

鶴髮臥病　行子萬里
行子萬里　曷月歸矣
鶴髮抱病　西山日迫
祝手于天　天何漠漠
鶴髮扶病　或起或踣
今尙如斯　絶裾何若

끝에다 「학발삼장」鶴髮三章을 따로 써서 붙였다.

이웃 마을 여인의 남편이 변방 수자리로 떠나가니 80세 노모는 기절했다가 다시 소생했으나 슬퍼한 끝에 거의 생명을 잃을 뻔하였다. 내가 이런 말을 듣고는 그들의 아픔을 슬피 여겨 이 시를 짓게 되었다.[18]

장계향은 시를 초서체로 완성했다. 장흥효가 보고는 크게 감탄했다. 혼자서 딸의 됨됨이를 두고 경이로움에 젖기도 하고 한편으로는 몹시 걱정도 하는 일을 언제까지 반복할 수만은 없다고 여겼다. 하지만 함부로 말할 일도 아니었다. 자칫 자식 자랑하는 못난 애비로 흉잡히는 것이 두려운 것이 아니라 '여자에겐 재주가 없는 것이 곧 부덕婦德'이라는 『예기』의 글귀를 알고 있기 때문이었다.

계향의 재능에 기뻐하다가도 불현듯 이 구절이 떠올라 감흥을 눌러버리곤 했던 기억에 또 침통해졌다. 그렇다고 딸을 꾸짖을 수도 없었다.

그렇게 며칠이 지난 가을 어느 날 정윤목鄭允穆이 놀러왔다. 청풍자淸風子로도 알려진 그는 장흥효보다 여덟 살 아래였지만 같은 서애의 제자였기 때문에 평소 가까이 지내왔다. 정윤목은 예천 사람인데 아버지가 정탁鄭琢이다. 흔히 약포藥圃 대감으로 알려진 정탁은 퇴계 문인으로서 1597년 3월 옥중에서 처형되기 직전까지 몰렸던 이순신을 극적으로 구원해낸 다음 수륙병진협공책을 건의했던 큰 정치인이었다. 또한 유성룡이 반대파의 무고를 받고 영의정

자리에서 물러나려고 했을 때 반대파들의 과오를 꾸짖으면서 자신도 사퇴하겠다며 사직서를 냈던 인물이다.

정윤목은 일찍이 집에서 교육을 받다가 정구·유성룡 문하에서 수학하였다. 시문에 뛰어나 일가를 이루었는데, 특히 필법이 신묘하여 조선 제일의 초서대가로 칭송받았다. 이국창李菊窓의 당벽에 시 두 구절을 초서로 써 붙였다. 임진왜란 때 왜적이 그곳에 진을 치다가 그 글씨를 보고 경탄하며 뜰에 내려가 절을 하고는 떠났다고 한다. 1589년에는 사은사로 중국에도 다녀오는 등 벼슬길이 열려 있었으나 뜻이 없었다. 그후 광해군의 덕을 잃은 정치에 불만이 있어 모든 관직을 벗어 던지고 고향에서 제자들을 기르면서 시를 쓰고 독서하는 삶을 살았던 깨끗한 선비였다.

장흥효는 정윤목에게 계향의 시를 보여주었다. 청풍자라면 계향의 재주를 허물하지 않고 진면목을 알아봐줄 것으로 여겼다. 정윤목은 시를 써내려간 초서를 펴보는 순간 크게 놀라는 눈치였다. 몇 번이나 자세를 고쳐 앉으며 심각한 표정을 짓다가는 환하게 낯빛이 밝아지기도 했다. 여러 번을 고쳐 읽고 글씨를 꼼꼼하게 감상했다. 그러고는 신음하듯 말했다.

"이 글씨는 중국 사람의 필법이 아닐는지. 놀랍군. 서체의 맑은 기풍과 굳센 필세가 호기롭고 굵직함이 우리 동국 사람의 글씨 하고는 그 유類를 달리하고 있거든."

장흥효더러 이 글씨를 어디서 구했느냐고 물었다. 이름도 낙관도 없어 작가를 알 수는 없지만 분명 중국의 어느 대가가 쓴 것임은 분명하다는 것이었다. 장흥효는 사실대로 말했다. 정윤목은 또

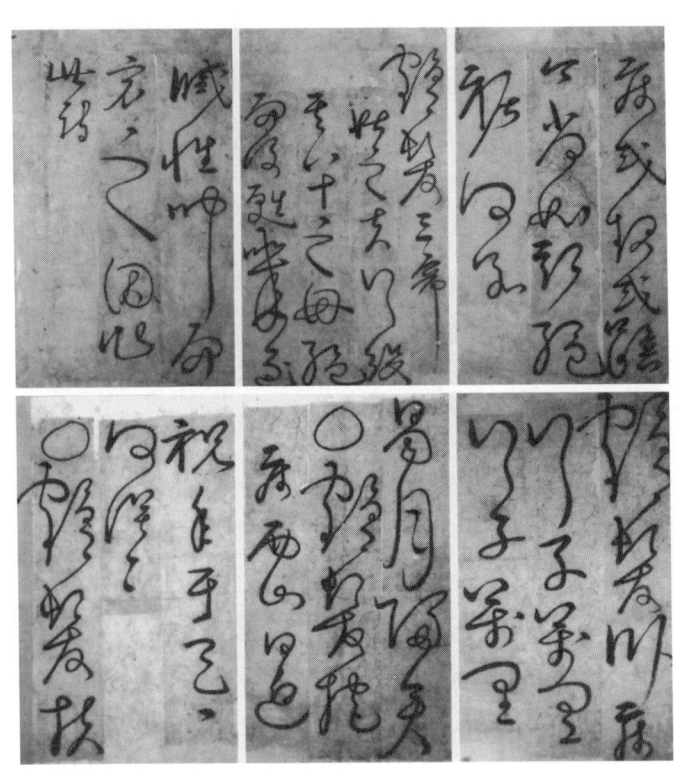

초서로 쓴 「학발시」.

한 번 놀랄 수밖에 없었다. 계항을 불러 칭찬해주면서도 좀체 믿기지 않는다고 했다.「학발시」는 그렇게 태어났다. 이 시와 그것을 붓글씨로 형상화한 장계향이 천재냐, 아니냐를 따지는 것도 부질없는 일이다.

시에 담겨 있는 내용은 17세기 조선 사회의 민얼굴 그대로임이 분명하고, 누구한테서 배운 적도 없고 본 적도 없는 초서체를 혼자서 뿜어 올린 장계향의 마음이 지닌 그 시대를 살았던 사람들의 체온과 희망, 그리고 좌절과 슬픔이 이른 봄날 차茶나무 가지에서 새순이 피어나듯 오롯이 조선 역사 뒤안길로 온 것이기 때문이다.

이 한 편의 시가 뒷날 정조의 마음을 흔들고, 정약용의 스승 번암樊巖 채제공蔡濟恭이 "『시경』詩經 3백 편 중에 부인이 지은 작품이 비록 많지만「학발시」와 같은 것은 없었다"고 감탄을 자아낸 것도 자랑만은 아닐 것이다. 오직 이 나라 모든 사람들의 가슴에 아로새기지 못하고 있는 것이 안타까울 뿐이다.[19]

「학발시」의 세계

학발鶴髮이 와병臥病한데
행자行子가 만리萬里로다
행자行子가 만리萬里하니
갈월曷月에 귀의歸矣리오

'학발'은 학의 털과 같이 흰 머리칼을 뜻한다. 학은 두루미라 부른다. 몸빛은 거의 순백색인데 정수리 부분에 붉은 점이 있다 하여 단정학丹頂鶴이라고도 한다. 백두루미·백학·선학仙鶴이라고도 부른다.

고결한 자태를 좋아한 우리나라 사람들이 신성시하여 천 년을 사는 학이라고도 했다. 순백색 털을 가진 학처럼 머리칼이 센 노인을 은유한 말이 '학발'이다. 세상 사람들로부터 존경받거나 보호받을 만한 이렇다 할 아무것도 지니지 못한 철저한 소외자이다. 그런 노파를 장계향은 학의 고결한 자태로 그리고 있다.

'와병'은 병이 들어 누운 어머니이다. 처음에는 놀라고 슬퍼서 절규했지만 시간이 지날수록 점점 더 고통이 심해지자 이제는 육신까지 아파온 것이다. 자식을 잃을지도 모른다는 안타까움으로 시작하여 왜 내 자식만 이토록 불공정하고 비인간적인 방법으로 끌고 갔는지 섭섭하고 억울해지는 감정이 육신을 갉아 먹었다. 세상이 안겨준 고통이고 아픔이지, 오장육부에 탈이 나서 병든 것이 아니라는 말이다.

'행자만리'는 참으로 아득하기만 한 어머니의 심사이다. 도대체 내 자식이 끌려간 곳이 어디란 말인가. 조선 땅 안에 있기나 한 것인가. '만리'란 지도 위에 표시된 한 지역에서 다른 한 지역까지의 거리가 아니라 도무지 알 수 없는 불안과 절망을 증폭시켜주는 심리적인 압박감이자 공포심에서 생겨나는 고통의 수치이다. 어느 곳에 있는지도 알지 못하는 자식이지만 그래도 하늘이 도와서 살아만 있다면 언젠가는 제 어미와 아내가 있는 옛집으로 돌아오지 않겠느냐는 소망을 품은 기도문이 다름 아닌 '갈월귀의', 즉 '어느 세월에 돌아올꼬'이다.

유성룡이 제안했던 '노비충군론'과 별도로 조선의 양민은 조선 국토를 수호해야 할 신분층이다. 유성룡의 국토방위전략이 양반 사대부들의 반대로 흐지부지되고 나자 양민들의 고통은 더 심해졌다.

임진왜란은 겉으로는 1598년과 1599년 사이에 종식되었지만, 전쟁포로 송환과 수많은 국가문화재의 반환이 매듭을 짓지 못하고 있어서 안으로는 아직도 전쟁이 계속되고 있는 셈이었다.

조선의 실제 상황도 전쟁 후유증이 워낙 심해 거의 전쟁 때나 다름이 없었다. 절대 부족한 병력으로 전쟁을 치렀고, 엄청난 숫자의 병사들이 전사하거나 포로로 끌려갔으며, 더 많은 남정들이 중상을 입고 귀향했다.

농사짓던 남자들이 곧 조선 군대의 주력이기 때문에 그들이 전사하거나 중상을 입었다는 것은 곧 노동력의 상실로 이어졌다. 전쟁은 끝났다 하지만 어디까지나 일본과의 일일뿐 여전히 두만강·압록강 서북쪽의 만주 땅은 적국의 군대가 주둔해 있어서 언제 새로운 전쟁이 일어날지 알 수 없는 불안한 나날이었다. 그래서 국경수비대가 필요했던 것이다. 길다란 국경선 곳곳에다 성을 쌓고 성벽을 수리하기 위해서는 병들지 않고 늙지 않은 병력이 필요했다.

양반들의 병역 면제를 누구도 꾸짖지 못하는 상황에서 병력으로 충당할 수 있는 가장 손쉬운 대상이 곧 문제의 그 '학발' 노인의 아들 같은 사람들이었다.

읽어도 읽어도 아프고 저려오는 슬픔의 촉수가 시간을 초월하여 되살아나고 있다.

> 학발鶴髮이 포병抱病하니
> 서산西山에 일박日迫이라
> 축수祝手우천于天이나
> 천하天何막막漠漠이로다

'학발'의 노파가 앓고 있는 병의 원인은 조선의 병역제도를 잘못 마련하고 그릇되게 운영하는 조선 정부의 실정에 있다. 날이 갈수록 병은 깊어질 수밖에 없다. 포병이니 병을 품고 있다, 병을 안고 있다는 말이다. 자식 그리는 어머니의 병든 마음은 어머니의 심장을 쥐어짠다. 어차피 자식이란 어머니 자궁 안에서 잉태되어 어머니의 피를 먹고 사람 모습을 갖추었다. 어머니 맨살 찢고 태어나서는 다시 어머니의 피와 뼈를 녹인 젖 먹고 자라 사람 구실을 한다. 그 자식의 생사를 알 수 없는 지경에 어떻게 어머니 가슴에 병이 생기지 않으랴. 자식의 몸은 비록 국경수비대에 끌려가 있지만 정작 그 자식의 영혼은 사무치게 자식 그리는 어미의 심장에서 살고 있는 것이다. 그래서 병을 안고 사는 것이다. 병을 껴안고 키우는 것이다.

'서산에 일박'은 장계향의 나이나 연륜과 상관없이 타고난 천재임을 증명하는 구절이다. 자식을 기다리며 병이 깊어가는 어머니는 하루하루 새로운 희망이었다가 새까맣게 타버리는 절망과 낙담의 날들로 바뀐다. 그런 하루가 저물고 다음날 아침이면 어머니는 또 희망을 품는다. 오늘은 기별이 있겠지 하며 머리를 감고 정한수를 떠놓고 하늘에다 빌고 북두칠성이며 산신, 용왕, 목신에게도 빈다. 까치 우는 소리라도 들릴라치면 가슴 설레며 또 무작정 희망을 품기도 한다.

그런 날 저무는 해는 더없이 야속하다. 그냥 야속하다. 아무에게도 말 못한 채 야속하다. 저무는 해를 바라보는 어머니 마음은 더 붉게 탄다. 맥박보다 더 절절하게 감지되는 좌절과 허망의 낮고, 무겁고, 목이 쉰 합창이 피울음을 울게 한다. 그런 날일수록 떨어지는 해의 속도는 칼날같이 예리하고, 빠르고, 안타깝다. 해가 서산으로 빨려들 듯 떨어져 내리는 속도가 점점 빨라진다. 숨이 차오르고 심장이 멎는다. 그 해 떨어진 뒤 하늘가를 붉게 물들이는 저녁노을은 누구를 위로하려는 하늘의 노래인지.

'서산 해는 붉게 타며 저물어가는구나.' 그 자식도 어느 하늘 아래서 돌아갈 수 없는 고향 그리며 저녁노을 타는 위로 울음을 쓸어 눕히고 있겠지. 어머니와 아내의 얼굴을 그리다 말고 저녁노을로 울고 있겠지.

'천하막막이로다'에서 그만 무너져 내린다. 좌절이 아무리 희망의 뿌리이고 희망은 좌절의 근본이라 말하지만, 하늘은 어찌 이렇게도 어머니의 기도를 들어주시지 않는가 싶어질 때도 있을 것이다.

자식 둔 어머니에게 자식은 곧 하늘이다. 자식은 사람이면서 하늘이다. 사람이 곧 하늘이기 때문이다. 어머니는 사람도 하늘도 되기 싫고, 다만 자식이 하늘되기를 비는 기도자이고 싶은 것이다.

그것이면 족한 것이다. 그래서 어머니 아니시던가. 아무나 될 수 없고 아무렇게나는 더욱 될 수 없는 어머니 아니시던가 말이다. 그런데도 눈 뜨고 숨 쉬는 한은 자식에게 탈 없이 잘 지내도록 보호해주시기를 그 하늘, 그 하느님께 빌고 또 빌었는데 어찌 하늘은 이리도 아무 대답 않으시는고. 그럴 것이다. 어머니 기도가 모자랐을 것이다. 바라는 만큼의 기도가 못 되었을 것이다. 하느님이 보시기에 부족했을 것이다. 자식 무사하기를 갈망하는 어머니 제 마음으로만 가득 찼을 뿐 사실은 턱없이 기도가 모자랐을지도 모른다.

자식 사랑하는 어머니 마음이란 가끔 '내 돈 서 푼은 알고, 남의 돈 칠 푼은 모른다'는 속담처럼 되기도 한다. 자기 것만 소중히 여기고 남의 것은 대수롭지 않게 여기는 자기 중심의 생각을 할 때도 있음을 말한다. 남의 자식도 생각하는 평등심이 좋고 옳다는 것을 누가 그러다 하리오만, '학발'의 어머니는 거기까지 생각이 미치기에는 자신의 처지가 너무 옹색하고 비극적이었다. 장계향은 그런 '학발' 어머니의 마음을 꿰뚫고 있다.

국가라는 거대한 벽, 신분제도의 불가항력적인 폭력, 구조적 가난이라는 무섭고 아픈 고통, 여자라는 이유로 겪어야만 하는 질곡과 폐해 앞에서 항의 한 번 못해보고 고스란히 온몸으로 치러내야 하는 슬픔을, 자연의 변화현상인 일몰과 인위적 고통인 정신적 중압감으로 인한 병을 절묘하게 대비시키고 있다. 이러한 능력은 단순한 재능이 아니라 인류애를 희구하는 높은 인간정신의 발현으로 보인다.

이때 보여준 장계향의 인류애는 그의 생애 절반에서 실증되는

데, 이 시 한 편이 지닌 의미는 그만큼 크고 깊다 할 것이다.

　철저하게 버림받은 백성들의 처절한 생존의 현장 증언이다. 하늘에다 빌기만 할 수밖에 없는 하층민의 절망적 삶과 그 삶으로 지탱되는 조선사회의 구조를 이보다 더 명징하게 보여주는 것도 많지 않을 것이다.

　'학발' 노인의 이웃에는 양반 사대부들이 더러 있다. 안동쯤이라서 더욱 그럴 것이다. 하지만 소용이 닿지 않는다. 하소연할 데가 없다. 그렇다고 누군가가 대신 호소해주지도 않는다. 소용없기 때문이다. 소통이란 어디에도 존재하지 않는 폐쇄구조이다. 죽어도 아무 소용이 없다. 오직 남자로 살아 있는 한은 군역軍役을 담당하며 군포軍布를 바쳐야 하고 백골징포도 당해야 한다. 이것을 국가라 할 수 있는가. 그래서 유성룡이 선조보다 몇백 배 더 존경받았던 것이라고 장흥효가 해준 말을 계향은 곱씹었다.

　아버지 장흥효는 틀림없이 김성일의 제자였다. 가장 오래도록 배웠고 또 존경했다. 유성룡한테는 배운 시간의 문제가 아니라 사회와 국가 그리고 인간관계의 중요성을 실증적으로 배웠기 때문에 장계향이 받은 영향도 그만큼 진솔하고 강렬했다.

　'하늘'의 의미는 퇴계 심학의 궁극이기도 한데, 인간이 가장 절박할 때 의지하고 싶고 호소하고 싶은 절대 존재가 필요하다는 것을 계향이 깨닫게 된 것이 '학발' 어머니를 만나게 되면서부터였다.

　　학발鶴髮이 부병扶病하여
　　혹기或起혹부或踣라

금상今尙여사如斯면

절거絶裾하약何若일꼬

'학발' 어머니는 병을 동반자로 여기고 산다. 병의 고통 속에서 자식을 만날 수 있다고 여기고 있는 것 같다. 자식으로 하여 얻은 병이라서 병이 곧 자식이라고 여기며 사는지도 모른다. 그래서 병을 붙들고 있는 것이다. 병으로 죽게 된다면 자식과 함께 죽는 것이라고 여기고 있는지도 모를 일이다.

'학발이 부병하여' 어머니는 아들이 살아 돌아오는 날까지는 병을 내려놓지 않을지도 모른다. 아들이 살아서 돌아오는 날이라야 어머니의 병은 소멸될 것이다. 행방을 알 수 없는 자식과 어머니의 병은 한몸이니까 말이다.

'혹기혹부라' 했으니 어머니의 환상은 깊은 병마일는지도 모른다. 바람소리 때문이다. 아들이 돌아오는 발자국 소리가 바람소리를 딛고 고향집으로 오고 있는 듯하여 누웠다가 바삐 일어나려 애쓴다. 어떤 날은 방문을 활짝 열어젖히며 사립문 쪽으로 눈길을 준다. 아무도 없다. 그런 날이 잦아진다. 또 어떤 날은 아들이 방문을 열고 들어서는 기척이 나서 또 일어나 앉거나 간신히 일어서 본다. 그러다가 다시 쓰러진다.

장계향이 방문하던 날도 그랬다. 민망스럽고 가련하기 그지없는 모습을 바라보다가 돌아서려 하자 '학발'의 어머니는 손님에게 인사하기 위해 일어서려고 애를 썼다. 그것만으로 손님한테 베푸는 주인의 예의가 충분하다며 돌아서서 방을 나올 때 그 어머니는 걸음을 옮겨보려고 하다가 그만 앞으로 고꾸라졌다.

뿌리 내리고 선 풀잎도 바람이 불면 바람보다 먼저 쓰러져 누웠다가 바람보다 먼저 일어서는데, 그런 뒤 하늘 향하여 꼿꼿이 서서 태양을 받고 별과 달을 맞는 것이 이치인데 '학발' 어머니만 일어서지 못하고 고꾸라지고 나뒹군다. 양반 사대부가 내지르는 차별의 발길질에 맞고 고꾸라지고, 가진 자만 편드는 국가제도의 모순에 뿌리 내리고 자란 교만과 폭력의 횡포에 나뒹군다. 세상이 고착화되는 것을 가진 자들은 원하고, 지배당하는 자들은 언젠가 그 지긋지긋한 횡포의 그늘에서 벗어나고자 꿈꾼다.

'금상여사면' 왜 이 지경이 되었는가. 누가 이런 사회를 나쁜 사회라고 말하며 고치려 하지 않는가.

그렇지는 않다. 유성룡이 고치려 들었고, 이순신이 동의하여 목숨을 걸었고, 이원익이 자신의 양심을 걸고 지지했으며, 이항복과 이덕형이 옳다고 따랐다. 그러나 현실 정치는 진리나 진실을 위한 것이 아니라 권모술수에 능란한 자의 편을 드는 인간 욕망 그 자체였다. 인간의 욕망을 충족시키기 위해 어떤 행동을 할 수 있는지를 가장 극명하게 보여주는 것이 정치였다.

권력을 장악한 세력들은 언제나 진리를 표방한다. 집권세력의 모든 행동은 진리라고 주장한다. 집권세력의 요구와 주장을 반대하는 것은 진리와 정의를 부정하는 것이 되어 곧바로 가장 흉악한 범죄로 단정한다. 집권세력이 내세운 정의와 진리란 임금과 종묘사직이 유지되는 것인데, 반대하는 행동은 곧 임금을 능멸하고 종묘사직을 부정하는 역모죄가 된다. 그리하여 반대세력을 극형에

처하고 유배시켜 권력에서 배제시켜 버린다.

유성룡이 영의정과 도체찰사라는 현실 권력자인데도 그를 부정하려 한 세력이 더 컸던 것은, 그리고 그들의 힘이 이길 수 있었던 것은 간사함과 교활함의 힘이었다. 진리가 비록 정의를 위한 논리이고 현실권력이라 할지라도 이를 싫어하는 인간의 욕망에 동조하려는 반대자들의 선동과 모함이 현실권력을 반진리로 몰아가는 데 더 유리하다면 인간은 기꺼이 그쪽을 택하게 마련인가 보다. 개인적으로는 옳고 그름을 이해하면서도 이해관계를 같이하는 사람들의 집단이 되면 옳고 그름에 대한 판단이 흐려지거나 정반대로 변질된다. 그것이 정치였다.

'지금도 오히려 이와 같은데' 나중엔 어떤 일이 또 벌어지겠는가. 시간이 지나간다 하여 지금 틀린 일이 나중에 바로 잡힐 것이라고 믿지 못하는 불신의 시대를 말하고 있다. 모두가 함께 잘사는 세상을 꿈꾸고 이를 실현시키기 위해 공자와 맹자를 존경하고 유학이며 성리·주자학을 배우고 익히지 않는가. 그런데도 세상은 점점 더 사악함을 따르고 불평등을 조장하지 않는가. 다만 겉으로만 안 그런 척하고 있을 따름 아닌가. 항상 그래 오지 않았는가.

지배세력은 항상 자신들의 소유와 사고를 지키려는 데만 골몰하는 것을 진리라 말했고, 피지배세력은 지배세력을 닮으려는 자와 반대하는 자로 분열되어온 것이 조선의 역사 아니었던가.

내일은 내일의 해가 떠오를 테지만 그 해가 곧 지금의 모순을 척결해주는 하늘의 은총이 아닐 수도 있지 않겠는가. 은총은 신이 만들어 내리는 것이 아니라 권력자의 손 안에 있는, 권력자의 의지에 지나지 않는 것이 아닌가.

'절거 하야일꼬'. 참으로 기구한 '학발' 어머니의 삶이다. 중국의 동진 때 온교溫嶠라는 군인이 있었다. 온교는 상관의 명령을 받들고 먼 길을 떠나려 한다. 비밀임무를 맡은 것이다. 그 임무를 마치고 돌아오면 큰 보상을 받게 될 것이라고 상관이 은밀하게 약속을 했다. 온교는 그 기회를 놓치기 싫었다. 비밀임무를 수행하는 데 따르게 될 이익은 현재로는 아무리 세월을 보내도 꿈꿀 수 없는 큰 이익이라고 여겼다. 온교는 어머니에게 사실대로 이야기를 하고 다녀오겠다는 인사를 했다. 어머니는 아들의 옷자락을 붙들면서 가지 말라고 했다. 적진에 들어가서 비밀을 탐지해오는 임무가 위험한 것은 사실이나 상관이 노리는 것은 그것이 아니었다. 온교가 정직하고 성실하기 때문에 상관의 온갖 비리를 싫어하며, 어쩌면 상관을 위험에 빠뜨릴지도 모른다고 여긴 상관이 온교를 제거하기 위해 속임수를 쓰는 것이라고 어머니는 간파한 것이다.

어머니는 아들에게 속은 것이라고 말했지만 아들은 귀담아 듣지 않고 떠나려고만 한다. 어쩌면 아들도 자신이 속고 있다는 걸 알고 있는지도 몰랐다. 그런데도 굳이 떠나려는 것은 어머니가 모르는 또 다른 사정이 있기 때문이었다. 온교가 상관의 지시를 따르지 않으면 온교는 물론 가족들의 목숨까지도 위험해지는 것을 알았기 때문에 온교는 자신의 희생으로 가족들을 보호하려는 것일 수도 있다. 설혹 온교의 그런 생각도 잘못된 판단일 수도 있었다. 온교는 물론 그의 가족들도 무사할 수 없게 된다는 것을 온교만 모르고 있을 수 있기 때문이다.

또 다른 가정도 해보게 된다. 온교는 출세하고 싶었다. 자신의 낮은 신분으로는 출세가 막혀 있었다. 그래서 모험을 하려 했다. 어머니는 출세하지 않아도 가족들 곁에 살아 있어만 주기를 바랐지만 아들의 생각은 달랐다. 그런 상태로 살아간다는 것은 인간의 삶이 아니라 노예보다 못한 것이라 단정하고 있었다. 그래서 목숨을 거는 것이었다.

어머니는 아들 옷자락을 붙들고 애원한다. 아들이 걸어나가자 어머니는 옷자락을 붙든 채 끌려가면서 눈물로 애원한다. 아들이 칼을 뽑아 든다. 그래도 어머니는 옷자락을 놓지 않는다. 오히려 더 큰 소리로 애원한다. 그러자 아들은 어머니 손에 잡혀 있는 자신의 옷자락을 칼로 잘라버리고 달아난다. 잘려 나온 옷자락 조각을 움켜쥔 어머니가 땅을 치면서 통곡하고 아들은 말을 타고 멀리 사라진다. 이런 내용을 담은 이야기가 절거이다.

'붙들린 옷자락 끊고 떠나가면 그때는 어찌할꼬.' 어머니의 불길한 예감 혹은 확신에 찬 호소에도 불구하고 아들은 떠나간다. 아들도 스스로 어떤 결론도 내릴 수 없는 불확실한 미래에 몸을 던진다. 그런 아들의 마음을 어머니는 알고 있다. 그런 상황에서 어머니가 할 수 있는 마지막 행동은 어떤 것일까. 아들과 어머니의 고뇌로 분장한 17세기 초 조선시대 양민들의 고뇌와 슬픔, 끝없는 좌절과 분노의 형상이 드러난 구절이다.

더 큰 문제는 이와 같은 모순과 폐단이 반복된다면 어떡해야 하는가. 그래도 '학발'의 어머니는 끊임없이 생겨나고, 또 생겨나고, 그렇게 사는 것이 조선에서 낮은 신분과 가난한 자로 살아가는 유일한 방법일까. 그게 아니라면 어머니들은 어떤 행동을 해야 할까.

장계향은 '학발' 어머니를 통하여 어떻게 사는 것이 사람답게 사는 것인지를 역사에 질문하고 있다. 이 질문은 장계향 자신에게 던진 것일 수도 있다. 실제로 그는 스스로에게 던졌던 그 질문에 대한 대답이 어떤 것이어야 했는지를 찾기 위하여 나머지 생을 살았던 것으로 보이기 때문이다. 장계향의 삶을 이해하기 위한 몇 가지 정보 가운데서 가장 풍부한 자료가 담긴 것이 이 시라고 볼 수 있겠다.

두보와 이상사회

「학발시」의 세계를 잘 이해하기 위해 두 편의 시를 음미해볼 필요가 있을 것이다. 당나라 시인을 대표하는 두보杜甫, 712~770의 「세병마」洗兵馬와 백낙천白樂天, 772~846의 「사부미」思婦眉이다. 「세병마」는 전쟁을 반대하고 평화를 갈망하는 염원이 담겨 있고, 「사부미」는 전쟁터에 나간 남편 소식을 애타게 기다리는 아내의 심정을 그리고 있는 아름다운 서정시이다.

먼저 「세병마」를 감상해보자.

두보는 평생 좌절과 불운 속에서 보냈다. 자신을 던져 시대를 구원하려는 애국·애족정신으로 살았다는 평을 듣기도 한다. 민중의 질곡을 동정하고, 계급 모순을 풀어보려고 나름대로 애썼다. 그러나 자신의 유교사상으로 인해 봉건적 울타리를 뛰어넘지는 못한 채 방황하고 좌절했다.

그는 이상사회를 꿈꾸었다. 온몸을 던져 왕에게 시대의 모순을 간언했으나 받아들여지지 않았다. 민중들과 가까이 지내면서 유교 사상에 회의를 품기도 하였으나 새로운 사상으로 나아가지는 못하고 인생무상에 빠져 살다 죽었다. 「세병마」는 그런 그의 사상을 보여주는 시이다.

> (…)
> 농가들은 홍수와 가뭄으로 하늘만 쳐다보는데
> 뻐꾹새 뻐꾹뻐꾹 봄 파종하라고 재촉하누나
> 기슷가 유성에서 싸우는 병사들이여 어서 돌아가라
> 고향의 그리운 처자식들은 꿈에서도 그대 걱정한다네
> 병사들이여, 어찌하면 은하수를 끌어올 수 있으랴
> 그 물로 피 묻은 무기 깨끗하게 씻어서 영원토록
> 쓰지 않았으면[20]
> (…)
> 田袈望望惜雨乾　布穀處處催春種
> 棋上建兒歸莫嬾　城南思婦愁多夢
> 安得壯士挽天河　淨洗甲兵長不用

세계의 전쟁은 옛날이나 지금 그리고 미래에도 살아남으려는 최후의 방법으로 일으키는 것이지 이른바 평화라는 것을 위한 것은 아니다. 국가 간의 전쟁을 보면, 자본과 국가의 생존을 지켜내기 위해서 일으키는 것이지 상대 국가를 돕기 위한 것이 아님은 분명하다.

전쟁을 일으키려는 의도를 저지시키려는 억제력이 있다면 그 억제력은 자본과 국가의 운명을 저지하는 것이기 때문에 설득력도 효용성도 없는 공허한 것이 되기 쉽다. 그게 아니라면 그 억제력은 더 큰 자본을 획득하기 위한 폭력일 수밖에 없다. 평화란 단지 전쟁이 없는 상태가 아니다. 그런 상태는 휴전 혹은 잠재해 있는 전쟁일 뿐이다. 진정한 평화란 국가 간의 적대성이 없어진 상태, 즉 국가가 지양止揚된 상태를 지칭한다.[21]

유사한 뜻으로 널리 알려진 스탈린주의 시대의 유행어이자 스탈린의 연설문에 '아무도 죽이지 않는 세상을 만들기 위하여 지금은 죽일 수밖에 없다'는 말이 있다. 평화라는 말이 지닌 허구와 위험성을 이보다 정확하게 보여준 예를 찾아보기도 쉽지 않을 것이다. 정치 혹은 정치인들이 입버릇처럼 내뱉는 말 중에 가장 그럴싸하게 들리는 것도 평화와 관련된 것들이다. 그렇게 보면 '평화'는 그 말이 태생적으로 지니고 있는 허구와 위험성을 구조적으로 내재시킨 채, 인간의 욕망과 내통하여 인간 서로를 속이고 속아주는 참으로 정치적인 괴물이라고 밖에 할 수 없을 것 같다.

참된 평화는 가능한가. 가능하기 위해서는 자본과 국가를 내려놓아야 한다. 자본을 상대에게 주고 국가라는 것을 쉽게 해야만 가능하다.

그것을 실현하는 구체적 방법이 나눔과 배려와 섬김이다. 두보가 추구했던 '평화'는 관념의 차원이다. 평화를 실현시키기 위한 처절한 깨달음을 얻기 위한 자기 부정을 통한 자아발견이라는 혁명을 거치지 못한 채 관념으로 그린 것이다. 그야말로 정치적 범주

안에서 겉모양만 약간 달리한 고정관념과 뿌리 깊은 습관에서 벗어나지 못한 것이다.

한편 백낙천은 한 편의 시가 완성될 때마다 길거리에서 만나는 노파에게 읽어주고, 어렵다고 하는 곳을 고쳐 가면서 작품의 완성도를 높이는 데 전력해온 시인이었다. 시는 쓰는 동안에는 시인 자신의 것이지만 완성된 뒤에는 독자의 것이어야 옳다는 것이 그의 시론이기도 했다. 그의 시는 너무 쉽고 속되다는 비판을 받기도 했지만, 그의 시가 지닌 아름다움은 생명력이 길었다. 또한 그는 문학으로써 정치 이념을 표현하고, 독자의 감정에 호소하여 실제 행동에 옮기도록 하는 것을 문학 활동의 목적으로 삼았다.

「사부미」를 감상해보자.

동쪽에서 봄바람 어지러이 불어오니
복사꽃은 떨어지고 매화는 터져 없어져 버렸구나
그래도 그리움에 사무친 아내 속눈썹엔 그리움 그냥 남았으니
끝없이 부는 봄바람도 시름 덜어주지 못하네[22]
春風搖蕩自東來　折盡櫻桃綻盡梅
惟餘思婦愁眉結　無限春風吹不開

남편은 전쟁터에 나가서 돌아오지 않고 있다. 생사를 모른 채 세월만 가고 있다. 세월 속에서 온갖 소문들이 일어나고 사라진다. 소문을 듣는 사람마다 생각이 다르다. 소문의 진위를 아는 사람도 없다. 소식을 모른 채 기다림이 깊어가는 사람만 아프고 슬프다.

계절이 바뀌면 그때마다 계절은 제 모습을 드러내지만 남편을 기다리는 아내에겐 늘 걱정뿐이다. 꽃이 피어도 울음이 나오고, 새가 울어도 목이 멘다. 꽃 떨어지면 또 울고, 바람에 꽃잎 휘날려도 눈물이다. 피는 꽃 지는 꽃도 반갑지 않다. 꽃과 계절을 넘어 국가의 어떤 위로의 말이나 이런저런 일들도 잠시 한때의 일일 뿐 돌아오지 않고 있는 남편을 애태우며 기다리는 아내를 어쩌지 못한다. 오직 남편이 살아서 돌아오거나 아니면 전사했다는 통지를 해줌으로써 기쁨이든 슬픔이든 분명해야 한다. 그것이 안 이루어진다.

국가는 백성들로 이루어졌다. 그런데 그 백성이 국가를 위해 전쟁터로 나갔는데 왜 국가는 백성의 생사를 확인도 안 해주는가. 과연 국가라는 것이 있기나 한 실체인가. 백낙천의 시는 깊은 호소력을 지니고 있다. 구체적이고 사실적이다. 그러면서도 인간과 국가의 관계, 인간이 한 국가 구성원으로 살 수밖에 없고 그래서 겪어야만 하는 고통과 책임을 말하고 있다.

전쟁은 누구를 위하여 치르는 것인지에 대한 본질적인 질문도, 전쟁이 왜 필요한 것인지도, 사람이 사람을 사랑하는 까닭이 무엇이며 사랑이 무엇인지에 대해서도 백낙천은 짙은 서정성으로 깔아놓았다.

장계향의 「학발시」와 좋은 대조를 이루고 있는 백낙천의 「사부미」는 시가 지닌 세계성을 논외로 치더라도 겨우 열 살 남짓의 소녀와 당나라 한 시대를 풍미했던 백낙천이라는 남자 시인의 전쟁과 시대상황에 대한 인식방법과 인식의 깊이를 비교해볼 수 있기도 하다.

장계향의 시는 퍽 이채롭다. 조선시대 양반 계층에서 여성들이 쓴 시는 더러 있다. 여류 시인들은 대개 자연, 효도, 님에 대한 그리움이나 지나간 시절에 대한 추억 등을 주제로 삼았고, 그 주제를 통하여 자신의 감정을 매우 은밀하게 표현한 것이 대부분이다.

장계향은 그런 면에서도 다른 여류 시인들과는 사뭇 다른 모습을 보여준다. 철학적 사색과 학문에 대한 감회를 표현하고 있으며, 자신과는 상관없어 보이는 계층들의 모습을 보고 그들의 슬픔과 고단한 삶을 노래하면서 자신과 그들의 삶이 놓여 있는 시대의 동일성과 고통과 슬픔의 동질성을 확인하면서 시의 세계성을 심화시키고 있다.

장계향의 시는 인류애를 갈망하는 높은 인간정신을 담고 있다.

제 5 장

천지와 만물이 나와 한몸이니

경광서당의 시대가 열리다

춘파마을에 경광서당이 들어선 것은 1569년이었다. 금제 일대에 사는 어른들이 자제들에게 글을 가르칠 수 있는 서당과 읽을 책을 모아 보관할 집이 없음을 걱정해오다가 몇 사람이 나서 서당 짓는 일을 시작하였다. 풍광이 빼어난 춘파 언덕에다 터를 잡고, 가운데는 서당을 앉히고 곁에는 재齋를 짓고 동서에다 방을 마련하여 유생들이 거처하면서 공부할 수 있는 규모였다.

'경광'鏡光이란 이름은 주자의 말씀을 인용한 것인데, '지수止水는 물결이 없고, 명경明鏡은 먼지가 없나니' 공부하는 학자로 하여금 거울의 청명함을 본받아 마음의 본체를 밝힌다는 뜻이었다.

선비인 권호문·남형·권덕윤·신내옥이 발기인이 되고, 운영위원은 앞의 4명 외에 이재·정휘조·권흥서·김윤명·권겸·장팽수·이응복·하련 등이었다. 장흥효도 이곳에서『소학』을 읽었고, 학봉도 여러 차례 다녀간 곳이다. 장흥효가『대학』을 읽기 시작할 무렵부터 서당이 쓸쓸해졌다. 연달아 몰아친 흉년의 여파 때문이었다.

1570년 이른 봄부터 시작되어 조선 전역에 걸쳐 참담한 재앙으로 확산된 흉년과 가뭄은 무서운 기근을 낳았다. 또한 유례없이 긴 장마와 태풍의 잦은 급습이 더해지면서 온 나라가 굶어 죽은 사람 시체로 뒤덮였다는 말이 떠돌아다닐 정도였다. 재앙은 2~3년에 걸쳐 반복되었는데, 겹쳐서 흉년을 겪은 마을은 좀처럼 회복되지 못한 채 살림살이는 점점 궁핍해지고 삶은 황량해졌다. 어지러운 세상이 더욱 혼란으로 치닫게 된 것은 어려운 시대를 걱정하면서 백성들의 의지처가 되고 버팀목이 되어주었던 어른들이 세상을 떠난 것과도 관련이 있었다.

1570년 겨울에 퇴계가 죽고, 두 해 뒤에는 남명이 타계했으며, 그해 겨울에는 또 호남지방을 지켜오던 기대승까지 떠났다. 이 셋은 난세 한가운데서 선비들을 가르치고 정치를 바로하여 도탄에 빠진 백성들을 구제하는 도리를 일깨워주던 큰 스승들이었다. 이제 남은 사람은 율곡뿐이라 했는데, 율곡은 조선이 고칠 수 없는 집과 같아서 '나라가 나라가 아니다國非其國'[1]며 절규했다.

> 오늘의 나라 형세는 마치 오랫동안 고치지 않고 방치해둔 만간대하여러 칸의 큰 집에 비유할 수 있습니다. 크게는 대들보에서 작게는 서까래에 이르기까지 썩지 않은 것이 없어 근근이 날만 넘기며 지탱하고 있는 형국입니다. 동쪽을 수리하면 서쪽이 따라 기울고, 남쪽을 뜯어 고치면 북쪽이 휘어 넘어져서 어떤 장인도 손을 댈 수가 없습니다. 오직 날로 더 썩어 붕괴할 날만 기다리는 그 집과 오늘의 나라꼴이 무엇이 다르다 하겠습니까.[2]

> 지금 직분을 맡고 있는 자가 적당하지 않다 해서 갈아치우면 그 다음에 들어오는 인물 역시 그보다 나을 바가 없습니다. 보다 나은 현명한 인재를 별안간 어디서 찾아옵니까. 또 법이 엄하지

않다 해서 형벌을 무겁게 하면 간사한 무리들만 더 불어나게 할 뿐 엄한 법 또한 폐단을 구제하는 계책이 못 됩니다. 이러지도 저러지도 할 수 없다 해서 방치하면 백 가지 폐단이 날로 더하고 이룩하는 일은 날로 실패해서 백성들의 생활은 날로 힘들어 마침내 뒤따라 나라는 어지럽고 망하게 될 것입니다.3

혼란 속에서도 경광서당의 명맥이 유지되다가 퇴계가 타계한 두 해 후부터는 글 읽는 소리가 점점 그치고 유생들 모습도 보기 어려워졌다. 장흥효 부친은 이제 자신의 사랑채에서 아이들에게 글을 가르치게 되었고 경광서당은 차츰 폐허로 변했다.

임진왜란이 일어나자 온 나라가 일본군의 소란에 도망을 다니고, 장흥효의 집안사람들도 피난길에 올랐다. 일 년 만에 돌아와보니 경광서당은 완전히 허물어져 있었다.

장흥효는 연달아 덮친 초상과 뒤이은 3년상을 치르느라 다른 일을 돌아볼 겨를이 없었다. 사랑채에다 연 서당도 당분간 쉴 수밖에 없었다. 더구나 임진왜란 중에 학봉마저 운명을 달리하고 보니 안동지방 유생들은 의지할 데 없는 외로운 처지였다. 7년 동안의 전쟁이 겨우 그치고 사람들은 무너지고 잃어버린 삶의 터전을 다시 일으켜 세우려고 애를 썼다.

피해가 너무 커서 한두 해 노력으로는 복구가 불가능했다. 그렇게 세월을 보내다가 1607년 봄 안동 서쪽 송파松坡에 사는 권산립이 허물어진 잔해들을 철거하고 새롭게 서당을 지었다. 장흥효에게 서당의 당장堂長을 맡아 옛 명성을 찾아줄 것을 간청했다.

경광서당의 문을 열면서 장흥효는 「경광서당의 여러 유생들에게 알리노라」諭鏡光諸生文는 제목으로 긴 글을 발표했다.

서당이 세워진 것은 그 유래가 오래되었지만 임진년 여름에 섬 오랑캐가 갑자기 소란을 일으킴에 온 나라 사람들이 피난을 간 사이, 당우堂宇가 무너져서 글 읽는 소리가 그친 지도 16년이나 되었다. 정미년1607, 선조 40년 봄에 송파의 권공權公이 무너진 것을 철거하고 새로 지었는데 옛 모습 그대로였다. 재사齋舍와 담장은 그 바른 모습을 찾지 아니한 것이 조금도 없었으니 권공께서 학자들을 위하여 도움 준 바가 깊고도 두터웠던 것이다. 그런데도 오히려 학자들의 늠름한 풍채를 볼 수 없고, 또 글 읽는 소리의 성대함을 들을 수 없다면 어찌 이렇게 재우齋宇를 우뚝이 세울 필요가 있었겠는가.

무릇 일찍이 듣건대 하늘은 사람을 낼 때 그들에게 성性을 주어 오상五常의 윤리를 갖게 하였다고 하는데 이른바 민이民彛, 사람이 지켜야 할 도리라는 것이다. 생각건대 사람들은 기품이 같지 않기 때문에 유학의 선배들과 군자들은 학교를 세워서 가르쳤고, 가르치는 데는 반드시 물 뿌리고 청소하는 예절과 효도하고 공경하는 근본부터 가르치기를 시작하여 이에 어긋남이 없게 된 이후에는 이어서 문예를 학습할 수 있게 가르쳐, 학자들로 하여금 그 성을 잃지 않게 하는 데 두루 미치게 하여 윤리를 어지럽지 않게 된 이후라야 그쳤던 것이다. 지금에 이르러서는 가르치는 사람들이 이러한 데 힘을 쓰지 아니하고 세월을 즐기며 하는 일도 없이 시간만을 보낸 나머지 그 성을 잃어 윤리를 어지럽게 하는 데 이르렀음에도 깨닫지 못하니 또한 슬픈 일이 아니겠는가. 지금 학자들을 위하여 생각한 것으로는 매월 초하루와 보름날에는 46세에서 65세 이하까지 존장尊長들을 자리에 초청하여 예를 행하게 하고, 그 다음 45세 이하의 여러 사람들에게는 각기 글을 읽는 정도에 따라 외우기를 끝내면 나가게 하려고 한다. 만약 외우기를 끝내지 못한 사람이 있으면 20세 이하에게는 회초리벌을 주고, 30세 이하에게는 자리에 앉은 모든 사람들이 직접 꾸짖고, 40세 이하에게는 주요 책임자가 직접 꾸짖고, 45세 이하에게는 당장이 직접 꾸짖는 것으로써 한다면 서당을 다시 새로 지은 뜻에 저버림이 없게 될 것이다. 무릇 이와 같이 한다면 학자들의 날로 새롭게 하는 공도 앞으로 이 서당과 함께 새로워지게 될 터인즉, 여러 유생들의 생각이 어떠한지를 알지 못하겠노라. 재물과 곡식 등의 일은 권·김 두 사람이 이미 맡아서 다스리고 있으니 내가 할 일은 날로 여러 유생들과 함께 조용히 가르치는 일 이외에 할 것이 없음에 이같이 번거로이 알리노라.[4]

장흥효가 경광서당의 어른으로 추대된 1608년 무렵엔 안동 일대에서 가장 존경받는 학자 중 한 사람으로 널리 알려져 있었다. 1607년 서애가 타계하고, 마치 그 빈자리를 채우듯 한강 정구가 안동도호부사로 부임하여 잠시 숙연해져 있던 안동 유생들의 기개를 일깨웠다.

장흥효도 안동관아로 정구를 찾고 온 뒤부터 더욱 정진하며 자

광풍정. 장흥효가 제자들을 가르치던 곳으로,
경북 안동시 서후면 금계리에 있다.

신을 곤추세웠다. 장계향은 아버지가 사랑채에 서당을 열고 가르치다가 경광서당으로 추대되어 나가는 것을 큰 기쁨으로 알았다.

남녀가 유별한가

열 살을 전후한 시기에 몇 편의 시와 그림으로 타고난 재능을 드러내 보였지만 이를 기뻐하지만은 않는 아버지 모습에서 장계향은 느낀 것이 있었다. 아버지의 그런 모습을 어머니에게 여쭈었더니 『예기』의 「내칙편」5을 읽어보도록 권했다. 내칙은 가정 안에서의 예의범절을 뜻한다. 가정에서 남녀 간에 알아두어야 할 일, 부모와 시부모에 대한 예의, 아들의 출산에 관한 의식과 자녀 양육방법, 귀인貴人의 상식常食 등을 적은 것이다.

여자아이는 열 살이 되면 규문閨門 밖에 나가지 아니하며, 여교사가 유순한 말씨와 태도 그리고 어른의 말을 잘 듣고 이에 순종하는 법을 가르친다. 삼베길쌈을 하고 누에를 길러 실을 뽑으며, 비단과 명주를 짜게 한다. 이렇듯 여자의 일을 배워 이로써 의복을 공급하게 한다. 또 제사에 참관하여 술과 초와 대나무 제기와 나무 제기 및 침채와 젓갈을 올려서 제례의 거행을 돕게 한다.

여자 나이가 열다섯 살이 되면 곧 비녀를 꽂고 스무 살이 되면 출가한다. 만일 사정이 있어 출가할 수 없을 때에는 23세에 이르러 출가한다. 그러나 출가라 할지라도 예로써 맞아들여지는 자는 처라 칭하고 그렇지 않은 자는 첩이라 칭한다.

제5장 천지와 만물이 나와 한몸이니

무릇 여자로서 절할 때에는 오른손을 위로 한다. 무릇 남자는 절할 때에는 왼손을 위로 한다. (…)

아이가 성장하여 능히 스스로 음식을 먹을 수 있게 되었을 때에는 오른손으로 먹도록 가르치고 (…) 일곱 살이 되면 남녀가 자리를 같이하여 앉지 않으며, 음식을 함께 먹지 않는다. 여덟 살이 되면 (…)
음식을 드는 데 있어 반드시 어른보다 나중에 들도록 하는 등 겸양하는 예법을 가르친다. (…)

예는 부부 사이의 도리를 삼가는 데에서부터 시작된다. 그러므로 집을 지을 때에는 안과 밖의 구분이 있게 한다. 남자는 밖에 거처하고 여자는 안에 거처한다. 남자는 안에 들어가지 않으며 여자는 밖에 나오지 않는다. 남녀는 옷을 거는 횃대를 같이 쓰지 않는다. 아내의 옷을 감히 남편의 옷걸이에 걸지 못하며 감히 욕실을 같이 쓰지 못한다. (…)

효자의 몸이 끝날 때까지라는 것은 부모의 명이 다할 때까지 효도를 다한다는 것이 아니며, 그 효자 자신의 목숨이 다할 때까지 효도를 다함을 말하는 것이다.

대체로 음식의 용도는 봄처럼 따뜻하게 해야 하고, 국물은 여름처럼 더워야 하며, 장은 가을처럼 서늘해야 하고, 마실 것은 겨울처럼 차야 한다. 무릇 조미료는 봄에는 신맛이 많아야 하고, 여름에는 쓴맛이 많아야 하며, 가을에는 매운맛이 많아야 하고, 겨울에는 짠맛이 많아야 한다. (…)

음식물에는 그 종목이 매우 많다. 소라로 젓국을 담고, 고미苽米로 밥을 짓고, 꿩고기로써 국을 끓이며, 보리밥에는 포와 닭고기국을 곁들인다. 찹쌀밥에는 개고기와 그 속에 쌀가루를 넣고 휘젓는데, 여기에는 여뀌를 가하지 않는다. 돼지를 삶는 데는 이것을 여뀌로 싸고 그 배 속에 여뀌를 채우며, 닭을 삶는 데는 젓국을 쓰며 여뀌를 배 속에 채운다. 또 불고기를 삶는 데는 난장卵醬을 쓰는데 여뀌를 그 배 속에 채우며, 자라를 삶는 데는 젓국을 쓰되 여뀌를 그 배 속에 채운다. 이것은 모두 그 냄새를 제거하고 맛을 아름답게 하기 위해서라. (…)

모든 며느리들은 그들의 방으로 물러가라는 시부모의 명령이 있기 전에는 감히 물러나지 못하며, 며느리에게 사사로운 일이 있으면 큰일이거나 작은 일이거나 반드시 시부모에게 아뢰어 지시를 받아야 한다.

아들과 며느리는 사사로이 가지는 재물이 없으며, 사사로이 저축하는 것이 없으며, 사사로이 가지는 기물이 없는 법이므로 감히 마음대로 남에게 빌려줄 수도 없고 임의로 주고자 하면 반드시 그 전에 간직해두었던 것을 다시 시부모에게 청하여 허락이 내린 뒤라야 부모·형제에게 준다. (…)

아들이 그의 아내를 좋게 여기더라도 부모가 그를 싫어하면 내보내야 하고, 아들이 그의 아내를 싫어할지라도 부모가 말하기를 '이 며느리가 나를 잘 섬긴다'라고 하면 아들은 그녀와 부모의 도리를 지켜서 몸이 마칠 때까지 변하지 말아야 한다. 부모가 비록 돌아가셨다 할지라도 장차 착한 일을 하려고 할 때에는 부모에게 어진 이름이 돌아갈 것을 생각하여 반드시 실행하며, 장차 착하지 못한 일을 하려고 할 때에는 부모에게 부끄러움과 욕됨이 돌아갈 것을 생각하며 하지 말아야 한다. (…)

아들이나 며느리가 부모나 시부모를 공경하고 효도하는 자는 명령을 거역하지도 않고 게으름도 피우지 않는다. 만일 부모가 음식을 주며 먹으라고 하면 가령 먹고 싶지 않더라도 조금은 입에 대고 다음 명령을 기다린다. 가령 의복을 주시면 가령 그것이 마음에 들지 않더라도 그것을 입고 다음 명령을 기다린다. 만일 어떤 일을 시키고 다시 다른 사람에게 그 일을 시키면 자신은 비록 그렇게 하고 싶지 않더라도 잠시 그에게 주어서 얼마 동안 시켜본다. 그런 다음에 그가 잘하지 못하면 다시 자신이 맡아 한다.

아들이나 며느리가 아직 공경이나 효도하는 마음이 부족하더라도 부모나 시부모는 그것을 미워하거나 원망하지 않고 우선 가르친다. 그리고 만일 가르쳐도 안 될 때에는 꾸짖는다. 꾸짖어도 안 되면 아들이면 내쫓고, 며느리면 내보낸다. 그러나 그 아들이나 며느리의 잘못된 죄과를 외부에 알려서는 안 된다. (…) 부모가 성을 내어 지팡이나 회초리로 때려 피가 흘러도 참고 견디며 미워하거나 원망하지 않고 한층 공손히 받들어야 한다.

남자는 집안의 일을 말하지 않으며, 여자는 밖집이나 국가정치의 일을 말하지 않는다. (…) 또 집안의 말이 밖에 나가지 않게 하며, 밖의 말이 안으로 들어오게 하지 않는다. (…)

여자는 집 밖에 나갈 때에는 반드시 얼굴을 가린다. 밤에 밖으로 나갈 때에는 등불을 사용하고 그것이 없으면 나가지 않는다. 길에서 남자는 우측통행을 하고 여자는 좌측통행을 한다.

부모나 시부모가 계신 곳에 있을 때에는 부모가 어떤 명령이 있으면 즉시 "예" 하고 나서 공손히 응대한다. 몸을 움직여 앞으로 나아가고 뒤로 물러나며, 돌거나 돌아설 때에는 삼가 동작에 조심해야 하며, 계단을 오르고 내리거나 방에 들어가고 나갈 때에는 몸을 굽히고 펴는 것을 법도에 맞게 해야 한다.

감히 트림이나 재채기, 헛기침, 하품 및 기지개를 켜지 않으며, 한쪽 다리에만 의지하여 몸을 기울여 서거나 비스듬히 곁눈질로 보거나 하지 않으며 코를 풀거나 가래침을 뱉지 아니한다.

또 추위도 너무 옷을 껴입지 않고, 가려워도 보기 상스럽게 긁지 아니한다. (…) 부모가 가래침을 뱉거나 코를 풀 때에는 자녀가 즉시 뒤처리를 해서 사람의 눈에 띄지 않게 한다. 부모의 갓과 띠에 때가 묻었으면 잿물을 타서 씻기를 청하고, 의복에 때가 끼었으면 잿물로 빨기를 청하며, 옷이 터지거나 찢어졌으면 바늘에 실을 꿰어 꿰매기를 청한다.

5일마다 물을 끓여서 목욕을 청하고, 3일마다 머리 감기를 청하며, 그 사이에도 얼굴이 더러워지면 쌀뜨물을 데워서 세수를 청하고, 발에 때가 끼었으면 물을 끓여서 발 씻기를 청한다.

부모나 시부모의 대敦와 무乎와 치䙎와 이匜 등의 식기류는 부모가 먹다 남은 음식을 받을 때가 아니면 이를 사용하지 않도록 한다. 또한 사용하는 음식물이라 할지라도 먹고 남은 것이 아니면 (자녀는) 함부로 먹거나 마시지 않는다. 부모가 계시는 동안 아침저녁의 상식은 아들이나 며느리들이 시중 들어 많이 자시게 하고, 식사가 끝난 뒤에 남은 음식을 아들과 며느리가 모두 먹는다.

며느리가 시부모를 섬기려면 친가에서 부모를 섬기는 것과 같이 한다. 며느리들은 첫닭이 울면 모두 일어나 세수하고 양치질하고 머리 빗고 (…) 부모 혹은 시부모에게로 가는데, 가면 마음을 가라앉히고 목소리를 부드럽게, 입은 옷의 춥고 더움 또는 아프고 가려운 점 등을 물어 공손하게 긁기도 하고 문질러 드리기도 한다. 부모가 출입하실 때에는 앞서거나 뒤서거나 하여 공손히 붙들어 모신다. (…)

음식은 무엇을 자시고 싶으신가를 물어 그 원하는 것을 공손히 올리되 얼굴빛을 부드럽게 하여 뜻을 받들어 거행한다. 된 죽과 묽은 죽, 술, 단술과 나물을 섞어 끓인 고깃국과 콩·보리·대마열매·벼·메기장과 기장·차조 등 그 어느 것이나 먹고 싶어 하는 것을 올린다.

그 맛을 내려면 대추·엿·꿀 등으로 달게 하고 씀바귀나 부추는 햇것과 묵은 것을 섞어 쌀뜨물로 매끄럽게 하거나 혹은 유지油脂를 사용해서 입에 맞도록 한다. 그리고 권해 올린 것은 반드시 시부모가 입에 대는 것을 본 후에 물러가도록 한다.

『예기』는 특정한 시기의 역사적 조건이 반영되어 만들어진 것이다. 유교적 여성관 형성에서 유가경전인 『예기』가 갖는 의의는 거의 절대적이었지만 윤리나 도덕은 영구불변이 아니라 인류의 역사와 함께 변화하고 발전하는 그 시대의 산물이다. 그런데도 『예기』가 갖는 절대적이라 할 만큼 강한 힘은 생물학적 차이로 인한 성의 구별이 사회적인 차별, 즉 성차별로 전도되어 남성에 의한 여성지배가 역사시기 이후 오늘날까지 꾸준히 진행되어왔기 때문이다. 역사의 시작과 함께 수천 년 동안 누적되어 우리의 의식과 생활 속에서 너무나 자연스럽게 녹아들어 그것이 모순이라고 생각되지 않았기 때문이다.

한 성에 의한 다른 한 성의 지배가 인류사회의 본질인지, 불변하는 것인지는 논란이 계속되고 있다. 프리드리히 엥겔스는 『가족, 사적 소유 및 국가의 기원』에서 인간에 의한 인간의 지배, 남성에 의한 여성의 지배는 역사적인데 그렇게 된 바탕에는 사적 소유와 계급국가의 발생에서 연유된 것이라는, 즉 여성이 경제적 기반을 갖지 못한 것을 가장 큰 원인으로 꼽고 있다. 여성에 대한 남성의 지배든, 남성에 대한 여성의 지배든 간에 인간에 대한 경제적 지배는 원시사회의 본질적 성격은 아니라고 한다.[6] 결국 여성에 대한 남성의 지배는 어느 한 시대의 정치 또는 정책의 한 방법으로 시작된 것이라는 것이다.

실제로 유교 문화권이 가지는 남성에 의한 여성지배의 특유한 형태는 유교적 예지와 도덕론을 통해 전개되었다. 선진시기에 실천적이고 습속적이던 남녀유별과 여성의 지위 낮음은 한나라 초 통일국가시기의 사회상황이 반영되어 더욱 개념화되고 이념화된 단계에서 확립된 것이 『예기』라는 것이다.[7]

> 악樂은 같음을 위함이요, 예禮는 다름을 위함이다. 같다는 것은 서로 친하게 하고, 다르다는 것은 서로 공경하게 한다. 악이 심하면 질서가 없어지고, 예가 극에 달하면 이질감을 낳는다. 그러므로 적당히 사용하여 인정人情에 맞게 하고, 예의禮儀로서 몸에 붙게 하는 것이 예와 악의 효용이다. 예의가 지켜지면 귀

천의 구별이 명확해지고, 악으로 같게 하면 아래위가 서로 친하게 된다.[8]

「악기편」樂記篇은 결국 예와 악은 인간사회에서 자연발생적인 것이 아니라 이러한 목적에 의해 그 의미와 효용이 재편된 것임을 말해주고 있다. 결국 예는 지배귀족 사회의 위계질서를 유지하고 통치계층 내부의 분열을 막기 위하여 적용되었으며, 형刑은 평민을 비롯한 피지배 대중을 통치하는 수단으로 사용되었다. 따라서 예는 정권유지와 상대세력을 견제하기 위한 장치로서의 내용을 가지고 있었다는 것이며, 하늘이나 신의 뜻이 아니라 사회생활의 산물이며 실제 사회의 경제·정치생활로부터 종합적으로 추출해낸 원칙이라는 것이다.[9]

이와 같은 『예기』의 역사적 의미와 사뭇 동떨어져서 장계향의 『예기』 공부는 꽤 오랜 시일 동안 정밀하게 이루어졌으며, 하나하나 실천을 통하여 나름대로 의미를 체계화해 나갔다. 열 살을 넘길 때부터는 대부분 혼자서 공부했다. 어머니와 대화를 나누면서 실천에 따른 어려움과 이해하기 힘든 부분도 하나씩 깨우쳐 갔다.

「곡례편」曲禮篇은 '경례經禮 3백, 곡례曲禮 3천'이라 했다. 여기에는 여러 가지 예의범절이 상세하게 기록되어 있고, 예의 정신이나 의의가 해설되어 있으며 『예기』 전체에서 가장 중요한 부분이기도 하다.

곡례에 이르기를, 공경하지 않는 것이 없어서, 단정하고 엄숙

하기를 무언가 생각하는 것같이 하며, 말을 안정하게 한다면 백
성을 편안케 할 것이다.[10]

딸을 제자로 삼다

주자는 군자가 수신함에서 그 목적이 이 세 가지에 있고, 그 효
과는 백성을 편안케 하는 것과 연결되어 있다고 하였다. 이것이 곧
예의 근본이기 때문에 편篇의 첫 머리에 실은 것이라 했다. 어떤 사
물에나 또는 누구에게나, 언제, 어디서나 항상 공경하는 마음으로
임한다면 그것이 곧 예의 근본이라는 것이다.

모든 예는 공경하는 마음을 근본으로 삼는다. 공경심을 지니고
있으면 자연히 교만하거나 난폭해지지 않고 성실할 것이다. 의젓
하고 단정한 낯빛과 태도는 늘 뭔가 생각하는 사람처럼 침착하고
고요할 것이며, 그의 말은 부경浮輕하거나 급거急遽하지 않고 안정
감을 주어 듣는 사람에게 믿음을 갖게 할 것이다.

오만은 공경하는 마음을 죽이며, 교만은 남을 업신여기게 한다.
교오驕傲한 마음을 싹트게 하고 자라게 하면 선함이 소멸된다. 사
람은 스스로 존대한 체하고 자기가 제일이라는 마음을 가져서는
안 된다. 어떤 훌륭한 재지才智가 있고 어떤 큰 공적이 있더라도 그
것을 스스로 자랑하여 가득 찬 기분이 되어서는 안 된다. 가득 차
면 넘치게 마련이고 넘치면 기울어지게 마련이다.

또한 즐거움도 지나치게 누려서는 안 된다. 즐거움이 지나치면
반드시 슬픔이 오게 마련이다. 어떤 즐거움이든 항상 조심해서 받
아들이고, 어느 단계에 이르면 반드시 억제할 줄 알아야 하는 것이

다. 슬픔 또한 마찬가지이다.

현자는 사람에 대해서 친해져도 공경함을 잃지 않으며, 두려워하나 사랑하며, 사랑하나 그의 악함을 알며, 미워하나 그의 선함을 알며, 재물을 쌓아서는 흩어 쓸 줄 알며, 편안한 곳을 편안하게 여기지만 옮겨야 할 때에는 능히 옮길 줄 안다.

재물에 대하여는 구차하게 욕심내지 않으며, 어려움을 당하여 구차하게 모면하려 들지 않으며, 싸워 이기려 하지 않으며, 자기 몫을 많이 가지려고 하지 않으며, 의심스러운 일에 대하여 자신이 바로 잡아 결정을 내리려고 해서는 안 되며, 자신의 의견을 정직하게 개진할 뿐 자신의 견해를 고집해서는 안 된다.[11]

친밀한 사이일수록 더욱 오래도록 서로 공경하는 마음을 갖는 것이 그 친밀을 오래도록 지속시킬 수 있음이다. 부부 사이가 그러하다.

두려워하는 사람에 대하여는 그 두렵다는 마음 때문에 그를 사랑하는 마음의 여유를 갖지 못해서는 안 된다. 아버지와 자식의 관계가 그러하다. 누군가를 사랑하게 되면 그 사람의 결점에 대하여 맹목적이 되기 쉽다. 또한 누군가를 미워하면 그 사람의 좋은 점을 알려고 하지 않는데, 이는 현명하고 공정한 태도가 아닌 것이다.

군자도 근검하고 노력한 결과로 정당하게 얻은 재물이면 그것을 축적한다. 성현, 군자라 하여 무조건 부富를 거부하는 것은 아니다. 다만 욕심의 노예가 되어 부정한 재물을 모으지 않을 따름이다. 모은 재물은 쓰기를 잘해야 한다.

어진 사람은 자신의 분수를 알며 스스로 안주해야 할 곳을 안다. 그러나 옮겨야 하는 것이 옳다면 그 옮겨가야 할 곳이 비록 고난의 길일지라도 서슴지 않고 과감하게 옮겨간다는 뜻이다.

재물을 대하고도 구차하게 얻으려 하지 않음은 이利를 보면 의義를 생각하기 때문이며, 어려움을 당하여 구차하게 모면하려 들지 않음은 선을 지키려 함이다.

남과 싸워서 반드시 이기려고 하지 않는 것은 분노했을 때에 화남을 생각함이고, 남과 무엇을 나누어 가질 때 자신의 몫이 남보다 많기를 원하지 않음은 적음을 근심하지 않고 오히려 균등하지 않음을 걱정하는 것이다.

이것은 모두 현인군자의 의젓하고 신중하고 정당한 생활태도를 말하는 것이다.

> 예는 친소에 따라 정하고, 혐의가 있으면 해결하며, 같고 다른 것을 구별하고, 옳고 그른 것을 밝히는 것이다. 예는 망령되이 남을 기쁘게 하지 않으며, 말을 많이 하지 않는다. 예는 언동에 있어서 절도를 유지하는 것이며, 남을 침노하여 업신여기지 않으며, 친압함을 좋아하지 않는다.[12]

남의 비위를 맞추는 것부터가 이미 올바른 마음가짐이 아니다. 더구나 망령된 언동으로 남을 기쁘게 하는 일이야말로 예가 아닌 아첨이다. 조급한 사람은 말이 많다. 쓸데없는 말이 많으면 번거로워서 듣는 사람이 반드시 싫어한다. 그러므로 군자의 말은 자기의 사를 전달하면 그만이다. 절도를 넘으면 욕됨을 자초하고, 남을 침노하고 모욕하며, 사양하는 마음을 없애며, 친압하기를 즐기며, 공경하는 마음을 잊어버리게 된다.

수신하고 말을 실천하는 것을 선행이라 한다. 행동을 바르게 하고, 말을 도리에 맞게 함이 예의 본질이다. 예는 남이 와서 나를 본받게 되는 것이고, 남이 오지 않는 것을 내가 끌어오는 것은 아니다. 예는 와서 배우는 것이지, 가서 가르치는 것은 아니다.[13]

예라는 것은 자신을 낮추고 남을 존중하는 것이다. 비록 천한 사람일지라도 반드시 존경함이 있어야 한다. 가난하고 천해도 예를 좋아할 줄 알면 마음에 겁냄이 없을 것이다.[14]

『예기』는 『소학』 공부와 관계된 바가 많아서 비교해 읽고 생각했다. 마음에 깊이 새겨서 어른이 된 뒤에도 잊지 않아야겠다고 다짐을 거듭하면서 여러 번을 고쳐 읽고 뜻을 되씹어보며 실생활과의 관계도 따져보았다. 집안 살림살이는 비록 넉넉하지 못했지만 아버지의 삶 어느 한구석에도 궁핍의 흔적은 없었다. 『소학』과 『예기』에서 읽은 대로 아버지는 재물 앞에서 항상 의義를 생각했다. 아버지는 장계향에게 살아 움직이는 유교경전 속의 현인, 군자 그 자체였다.

딸의 『예기』 공부를 지켜보던 아버지는 아침, 저녁 여가 때마다 공부를 점검하고 나서 성현들의 말씀을 들려주면서 딸을 칭찬했다. 시나 그림을 대했을 때와는 확연하게 다른 모습이었다. 글자마다 뜻을 풀어주고 글귀마다 해석하여 한 글자도 대충 지나쳐버리는 일이 없었다.

독서를 귀하게 여기는 까닭은 이것을 몸에 체행體行하기 때문이니 만일 그렇지 않는다면 책을 읽지 않은 것과 무엇이 다르겠느냐. 사람이 도를 떠나 살 수 없는 것은 마치 물고기가 물을 떠나 살 수 없는 것과 같으니 물고기가 물에서 나오면 죽고, 사람이 도를 떠나면 귀신이 된다.

너는 어찌하겠느냐. 물고기가 큰 강에서 마음껏 헤엄치는 것을 배우지 않고 물에서 나와 죽는 것을 배우겠느냐. 오늘날 배우는 자들이 자기를 의식하는 사사로움에 빠져서 이치가 한 근원인 줄 모르는 것은 큰 병통이다.

천지와 만물이 본래 나와 한몸이다. 나도 이치를 가지고 있고 남도 또한 이치를 가지고 있으니, 나를 옳다 하고 남을 그르다고 하는 것이 어찌 남과 나를 모두 잊어서 나의 몸을 보지 않고 나의 이치만을 보며, 남의 몸을 보지 않고 남의 이치만을 보는 것만 하겠느냐.

남과 나는 물건이다. 물건이 있으면 반드시 이치가 있게 마련이니, 물건은 보지 않고 이치만 볼 뿐이다. 자기가 많기를 바라고 남은 적기를 바라는 것은 자기를 의식하기 때문이니 자기가 염두에 없다면 누가 많기를 바라고 누가 적기를 바라겠느냐.

자기가 이기기를 바라고 남이 이기지 못하기를 바라는 것 또한 자기를 의식하기 때문이니 자기가 염두에 없다면 누가 이기기를 바라고 누가 이기지 못하기를 바라겠는가.

크게 보면 이 몸도 또한 남이고, 남도 또한 나이니 어찌 사랑하고 과시함이 있을 것이며, 나 또한 하늘이고 하늘도 또한 나이니 어찌 원망하고 탓함이 있겠느냐.[15]

장흥효는 딸을 제자로 여기기 시작했다. 어떤 날은 학문하는 데서 가장 중요한 태도에 대해서 말해주었다. 근독謹獨에 대해서였다. 근독은 홀로 삼가는 것인데, 남이 보지 않는 곳에서 조심하는 것과 남은 모르고 자신만 아는 은미한 마음을 삼가는 것을 말한다. 숨겨진 곳보다 더 잘 드러나는 것이 없고, 세미한 일보다 더 잘 나타나는 것이 없다고 했다. 또한 뜻을 성실히 한다는 것은 자기自欺함이 없는 것이며, 선을 좋아하며 미색을 좋아하는 것을 자겸自謙이라 했다. 그 때문에 군자는 반드시 홀로 삼가는 것이라 했다.

자기란 선과 악을 알면서도 제대로 이행하지 못하여 자신의 양심을 속이는 것이고, 자겸은 훌륭한 일을 실행하고 스스로 느끼는 쾌하고 만족스런 마음을 이른다는 말도 자주 들려주었다.

장계향은 '홀로 삼가'는 것에 대하여 거듭 물었다. 아버지는 송나라 때 채원정蔡元定이 귀양지에서 생도들에게 가르쳤던 실화를 예로 들어 자세하게 설명해주었다.

홀로 길을 갈 때에는 그림자에 부끄럽지 않고

홀로 잠을 잘 때에는 이불에 부끄럽지 않아야 하나니
내가 죄를 얻었다고 하여 해이해지지 말라[16]

이렇듯 부끄럽지 않은 삶을 살아야만 하는 이유는 오직 사람이기 때문이라 했다. 자기와 자겸으로 늘 자신을 점검하여 경敬을 닦아야 사람과 하늘이 하나임을 알고 그 안에서 모든 것과 함께 잘 살아갈 수 있다고 했다. 실제로 장흥효의 경론敬論은 경의 네 조목인 주일무적·상성성·심수염불용일물·정제엄숙을 잘 녹여 넣고 있다. 특히 그는 경의 외적 의미인 정제엄숙, 즉 정좌靜坐공부 혹은 명상을 강조하고 평생 실천했다. 정좌와 명상공부법은 '바깥'을 바르게方 하는 것이 '안'을 곧게直 하는 길인즉, 이를 '직방'直方의 공부라 했다. '하나'정제엄숙整齊嚴肅를 잡아 '셋'으로 들어간다는 주자와 퇴계의 공부법을 떠올려보면, 경당의 경사상은 주자에서 이어지는 퇴계의 전통을 누구보다 잘 계승하는 것으로 평가할 수 있을 것이다.[17]

청년 이시명의 방문

선조가 죽고 광해 원년이었다. 경광서당은 안동 일대에 이름을 떨치기 시작했다. 권사막權思邈·변희일邊喜一·변중일邊中一·권정립權庭立·권태정權泰精·유의남柳義男·권형權泂·하진웅河晉雄·남진유南振維가 장흥효 문하에 와서 묻고 배웠다.

봄이 한창일 때 장흥효는 낯선 손님 한 사람을 맞았다. 스무 살의 청년이었다. 정중하게 인사를 올린 청년은 찾아온 까닭을 밝히면서 자신에 대한 간략한 소개를 했다.

이시명李時明이란 청년이었다. 고향은 안동에서 2백 리쯤 동쪽으로 가야 하는 영해 나랏골이고 재령이씨였다. 안동 서쪽 예안의 광산김씨 문중으로 장가를 들었는데, 처가에 와서 지내던 중에 경광서당의 장흥효라는 학자를 칭송하는 말을 듣고 인사드리러 왔다 했다. 장흥효는 반갑기도 했지만 멀리 떨어진 곳에 사는 젊은 선비의 방문이라서 조금은 뜻밖이기도 했다. 그때 장흥효는 서당이 아닌 사랑채에서 독서하던 중이어서 잠시 뒤 맛질댁이 진달래화전을 내왔다. 화전을 나눠 먹으면서 손님과 대화를 나누었다.

청년은 예안의 광산김씨 문중을 대표한다 할 수 있는 근시재近始齋 김해金垓, 1555~93의 딸에게 장가를 들었다. 장가든 지 3년이 지났고 그의 부친은 의령현감을 지낸 운악雲嶽 이함李涵이라고 했다.

장흥효는 깜짝 놀랐다. 영해에 사는 운악이라면 오래전 학봉 생전에 학봉 사랑에서 인사를 나눈 적이 있었고 그 뒤로도 몇 차례 더 그곳에서 함께 강학을 듣기도 했던 터였다. 장흥효보다는 열 살이 많았지만 같은 학봉 문하로서 좋은 기억들로 남아 있었다.

운악은 고향 영해가 벽지여서 견문을 넓힐 기회가 적었기 때문에 일찍이 안동의 유서 깊은 전통 위에 세워진 퇴계의 가르침을 받기 위해 2백 리 길을 마다 않고 자주 안동을 방문했다. 그러나 퇴계 생존 시에는 어리고 여건이 맞지 않아서 직접 사사하지 못하고, 퇴계의 큰 제자인 학봉의 형제들을 찾아가서 교유하면서 군자의 처신과 수양하는 방법을 듣고 배웠다. 그러던 중에 장흥효라는 선비를 만날 수 있었다. 학봉의 각별한 가르침을 받은 제자라는 사실도 알았지만 사는 곳이 서로 멀리 떨어진데다 연배 또한 차이가 커서 별다른 인연은 잇지 못했다.

운악은 영해를 훌륭한 문화전통의 고장으로 만들어야 한다는 남다른 포부를 지니고 있었다. 그 포부를 이루자면 무엇보다 좋은 인재를 길러낼 수 있는 학문하는 바탕을 만들어야 했다. 학문의 향기를 맡아 고루하고 옹졸하며 무지함을 털어내자면 뿌리 깊은 학문전통의 물줄기를 끌어다 이어서 흐르게 해야 한다는 신념이 있었다.

조상들이 물려준 튼실한 재력만으로는 불가능했다. 그리하여 자신부터 적극적인 삶을 살기 시작했다. 안동 퇴계 집안인 진성이씨 이희안李希顔의 딸과 혼인한 인연으로 안동 선비들과의 교류가 자연스럽게 트였다. 20세 이후부터 향시鄕試에도 여러 번 합격하여 이름이 안동지역에도 알려져 있었다.

1591년에 어머니 상을 당하였는데 기근이 들어서 영해지방 사람들도 참담한 지경에서 고통을 받았다. 사람이 사람을 잡아먹는다는 흉흉한 소문이 그치지 않았다. 운악은 어머니 상중이었으나 세상이 이 지경으로까지 된 데 대하여 눈물을 흘리면서 무슨 대책이든 세워야 한다고 생각했다.

우선 자신의 집 곳간 문을 열고 굶주려 죽어가는 사람들 목숨 구하는 일이 가장 급하다고 판단했다. 상복을 입은 채로 집안의 일꾼들과 함께 곳간의 곡식을 나눠주기 시작했다. 소문은 금방 퍼졌다. 몰려드는 빈민들이 하도 많아서 곡식은 얼마 지나지 않아 동이 났다. 그런데도 빈민들 행렬은 줄어들지 않았다. 도토리를 주워다 삶아 놓고는 빈민들을 도왔다. 소문은 점점 먼 곳까지 퍼졌다. 어린 아이를 업은 사람들이 하루에도 수백 명이나 찾아왔다.

그런 중에 순찰사巡察使 한효순韓孝純이 군사를 거느리고 안동과 진보지역으로 와서 주둔하고 있었는데 군사들이 끼니를 굶주린다는 소문이 나돌았다. 한효순은 임진왜란 초기에 영해전투에서 왜군을 격파한 후 경상좌도 관찰사로 특진하여 순찰사를 겸임하고 있었는데, 절대량이 부족한 군량미 조달을 위하여 경상좌도 지역 사람들에게 호소하고 있었다. 운악은 곳간에 있던 곡식 중에서 식솔들의 끼니를 위해서 식량을 약간 남겨두고 있었다. 나라의 위기가 이와 같은데 자신의 식구들 양식을 걱정하여 전쟁터의 군사들 굶주리는 모습을 외면할 수가 없었다. 쌀 수십 섬을 가져가서 군사들의 위급함부터 해결해주었다.

그 무렵 명나라 지원군이 조선을 돕기 위해 왔는데 나라와 백성들의 곳간이 모두 텅 빈 상태에서 지원군의 군량미 조달이 난감해졌다. 한효순은 운악에게 도움을 청했다. 동해 염전을 관장하여 수익을 내서 군량미를 마련해보라는 것이었다. 운악은 거절하지 않고 도왔다.

체찰사體察使, 지방에 전쟁이 일어났을 때 임금을 대신해 그 지방에 가서 전쟁과 관련된 모든 일을 통괄하는 직책으로 영의정이 겸임했다. 이원익李元翼이 운악의 이 같은 공로를 알았다. 이원익은 이 사실을 공로자 명부에 올리기 위해 사람을 보내 확인하려 했으나 운악은 극구 사양했다. 백성으로서 마땅히 할 일을 했을 뿐인데 공로자라는 말은 마땅하지 않다며 사양하였다. 이원익은 조정으로 돌아와서 운악의 재능과 인품이 한 지역의 행정을 맡길 만하다고 추천했다.

운악은 김천金泉 찰방察訪에 임명되었다. 김천은 영남의 중간지점인데 임진왜란을 겪은 뒤부터 공사公私 모든 것이 흩어지고 없었다. 운악이 부임하여 밤낮 쉬지 않고 혼란을 수습해나갔다. 먼저 백성들의 놀란 마음을 진정시키고 상처를 어루만지며 위로했다. 없어진 것을 되찾아 일으키는 것을 일로 삼아서 하나씩 회복시키고 안정을 찾아가자 달아났던 관리들이 돌아오고 피난을 떠났던 백성들도 돌아오면서 사람과 가축들이 함께 번성하게 되었다.

그즈음 명나라 구원군의 장수인 남유격覽遊擊이 성주星州에 진을 치고 있었는데 그 군인들의 횡포가 극심했다. 성주목사가 이를 견디지 못하고 관직을 버린 채 달아났다. 아전과 백성들도 도망쳐 숨어버렸다. 명나라 군인들이 끼니를 거르자 생긴 기막힌 사태였다.

순찰사가 운악에게 성주목사의 일까지 겸직하라는 격문檄文을 보냈다. 운악이 성주로 가서 사태의 진상을 정확하게 조사하여 보고서를 만들고, 책임자인 남유격에게 편지를 보냈다. 그는 편지를 읽고 찾아와서 사과했다. 운악도 고마운 사람들에게 대접을 제대로 못하여 미안하다며 사과했다. 그때부터 사태의 진상을 파악한 데 따른 조치들이 뒤따랐다.

성주목사와 아전들은 명나라 군사들과 말이 안 통하는데다 굶주린 병사들의 거친 항의에 겁부터 먼저 먹은 사정을 남유격에게 알렸다. 남유격 쪽에는 매일 필요한 군량과 군마의 먹이를 정확하게 알려달라고 했다. 나무조각을 다듬어서 그 위에다 장교 몇 명, 군사 몇 명, 하인 몇 명, 말 몇 마리라고 적고, 하루에 필요한 양식과 찬거리, 말여물과 기타 필요한 물량을 정확하게 적어서 주면 굳이 말이 통하지 않아도 충돌 없이 본연의 업무를 원만하게 볼 수 있지 않겠느냐고 해결책을 내놓았다.

사태는 일단 진정되었다. 그런 다음 운악은 성주고을의 공문서를 조사했다. 관청 물건을 사사롭게 가져간 것을 차례로 거둬들이고, 법을 어긴 자는 모두 엄하게 죄를 물었다. 그리고 지식을 갖춘 선비들을 불렀다. 나라가 위급한 사정이니 뜻을 모아 위기를 극복하자고 호소했다. 백성들이 잘못을 뉘우치면서 관청을 돕기 시작했다. 텅텅 비었던 창고가 채워지고 물자와 인력이 모여들었다. 명나라 군사들도 금방 진정되었다.

1600년 운악은 과거시험에 응시했다. 46세 때였다. 궁궐에 들어가서 임금 앞에서 시험을 치렀다. 답안지의 글이 매우 간절하고 곧아서 시험관들이 장원으로 뽑으려고 했다. 선조가 읽어보고는 내용 중에 『장자』를 인용한 것을 발견하고는 합격자 명단에서 삭제시킴은 물론 파직시키라고 했다. 문신들은 모두 억울하게 여겼다.

당나라 문종 때 사람으로 과거시험 답안지에 당시 횡포가 심하였던 환관들을 비난한 구절이 있었는데, 시험관들은 그 글을 보고 탄복하면서도 환관들의 보복이 두려워 급제시키지 못한 일이 있었다. 당시의 선비들은 감격하여 눈물을 흘릴 정도로 빼어난 문장이었다. 그 사람이 유분劉蕡이라는 자인데 운악을 그에 비유하면서 안타까워했다.

1603년 대신의 추천으로 의금부도사가 되고, 1605년에는 사재감직장司宰監直長에서 다시 주부主簿가 되고, 1607년에는 의령현감으로 나갔다. 1609년 두 번째 문과에 급제하여 명성이 자자했는데 운악은 벼슬살이가 싫어졌다. 또한 고질병이 있기도 하여 벼슬을 버리고 전원으로 돌아와 살고 있었다.[18] 그때 나이 55세였다.

이시명의 장인이 되는 김해는 관찰사를 지낸 김연金緣의 손자이고 부의富儀의 아들이다. 예학에 조예가 깊어 조신朝臣의 천거를 받아 1589년 광릉참봉에 제수되었으나 사양하여 나가지 않았다. 이듬해 사직서참봉社稷署參奉으로 사마시에 합격하였다. 1589년 연은전참봉延恩殿參奉으로 증광문과에 을과로 급제하여 승문원 정자를 지내고 한림翰林에 선발되어 예문관 검열에 제수되었다.

그해 10월 정여립의 모반사건이 일어나고, 11월 사국史局에서 사초史草를 태운 사건에 연루되어 면직되었다. 임진왜란이 일어나자 고향인 예안에서 의병을 일으켜 영남의병대장으로 추대되었다. 안동·군위 등지에서 분전하였다. 이듬해 3월 좌도병마사 권응수와 합세하여 상주 당교의 일본군을 공격하여 큰 전과를 거두었다. 5월에는 양산을 거쳐 경주에서 이광휘와 함께 합세하여 싸우다가 진중에서 병사하였다.[19]

이시명은 1590년 11월 영해 인량리에서 태어났다. 어릴 때부터 뜻이 굳고 기개가 있어서 의로운 일에 과단성을 보였다. 나이 12, 13세 때는 벼슬살이하는 아버지를 따라 서울에 가 있었는데 시장 근처에 집을 빌려 살면서 글을 읽었다. 아침저녁으로 글 읽는 소리가 시장골목까지 낭랑하게 들렸다.

어느 날 호방하고 의협심이 있는 사내 십여 명이 골목을 지나가다가 그 소리를 들었다. 그들은 걸음을 멈추고 한참 동안 서 있다가 이렇게 시끄러운 시장골목에서 저토록 열심히 글을 읽고 있는 서생書生이 있다니 쉬운 일이 아니라며 소매 안에서 복숭아를 꺼내주고 갔다. 1607년 아버지가 의령현감으로 내려오자 따라왔다. 현감의 아들이었지만 방탕하게 놀거나 함부로 행동하는 일이 없었다. 힘써 노력하여 스스로를 향상시키던 어느 날 시명이 아버지에게 아뢰었다.

아버지께서는 오랫동안 외지에서 벼슬살이를 하고 계십니다. 저는 그 동안 어떤 사람을 쫓아 구두법句讀法을 배워 조금이나마 글 짓는 법을 이해할 수 있었습니다. 하지만 몸가짐과 행실을 다스리는 데는 아직 많이 부족하고 어둡습니다. 하여 『소학』을 배워 하학下學, 인사人事를 배우는 것의 기초를 닦고 싶습니다.

아버지가 기뻐하면서 허락해주었다. 그 무렵 시명은 의령 자굴산에 들어가 종일토록 꼿꼿이 앉아 글을 읽었다. 『장자』・『이소』・『좌전』・『태사공』太史公・『반고』班固 등이었다. 내용 중에서 글을 가려 뽑아 책을 엮어 다시 읽으면서 진부한 말을 없애는 데 진력하여 문장이 속되지 않도록 하는 공부를 했다. 그러다가 예안 광산 김씨 가문으로 장가를 들었는데, 이는 아버지 운악의 깊은 배려 덕이었다.

운악은 자신을 따라 여러 곳으로 옮겨 다니는 동안 시명이 학문을 이끌어줄 스승을 원하고 있음을 알았으나 쉽지 않아서 늘 안타깝게 여기고 있었다. 마침 의령현감으로 오자 그 기회를 마련하기 위해 애썼다. 운악은 부임한 뒤 먼저 그 고을에 향교가 없음을 알고 이 일부터 시작했다. 학생과 선생이 거처할 곳이 없었다. 사랑집과 학당건물이 알맞게 세워졌다. 운악은 틈이 직접 향교에 가서 생도들에게 『소학』과 사서를 강론해줌으로써 의령 땅에 학문하고 행실 닦는 선비들이 차츰 불어나게 되었다.

그러는 중에 시명이 장가들 혼처가 나타났다. 무엇보다 안동 땅이라는 데서 호감이 갔고, 근시재 같은 존경받는 어른의 문중이라는 사실이 더없는 인연이구나 싶었다. 시명이 광산김씨 문중으로 장가들면 분명 시명이 갈망하는 스승을 만날 수 있으리라는 기대도 있었다. 결국 이시명이 예안 처가에 머무르는 동안 경광서당으로 장흥효를 찾았고, 장흥효는 기꺼이 이시명에게 가르침을 주겠다고 하였다.

이시명은 이때부터 학문에 진전을 보이기 시작했다. 처가에서 영해로 돌아간 뒤에도 학구열은 식지 않아서 자주 춘파에 있는 장흥효의 사랑으로 찾아와 며칠씩 머물다 가기도 했다. 그때 이시명은 아들을 본 뒤였고 곧 이어서 딸까지 얻었다.

1612년 향시에 합격하여 성균관에 유학하기 전까지 이시명의 얼굴을 몇 번 본 장계향은 아버지의 사랑채를 드나드는 수많은 제자 중의 한 사람으로 밖에는 생각하지 않았다. 이시명이 서울 성균관 유학길에 오른 뒤로는 볼 수가 없었다.

홀로 있음의 뜻을 알다

장계향은 열두 살을 넘어서면서 아버지가 자식한테 주고 싶은 것이 무엇인가를 조금씩 알아갔다. 아버지는 꼭 할 말이 아니면 대개는 침묵하였다.

장계향이 홀로 있음에 대하여 다시 물었을 때 아버지의 대답은 좀 더 구체적이었다. 홀로 있음이란 모든 것은 모든 것과 관계가 있음을 깨닫게 되는 수신·수양의 극치를 뜻한다. 모든 것의 은혜 한가운데 내가 있음을 아는 것이다. 더불어 존재함을 아는 것이다. 혼자 길을 갈 때에 그림자에 부끄럽지 않아야 하는 이유는 인간은 어느 한순간도 혼자서는 태어날 수도 살아갈 수도 없다는 것을 잊어서는 안 되기 때문이다.

아버지는 역사 속의 인물들을 예로 들어 설명했다. 송나라 때 구양수歐陽脩, 1007~72는 1036년 상소문사건으로 호남성의 하급관리로 강등 좌천되었다. 그런데 그는 좌천된 것을 불만스럽게 여기면서 자신을 모함한 자들을 원망하며 복수할 생각으로 시간을 보내지 않았다. 오히려 번잡한 정치권에서 벗어나 한적한 곳에서 지내게 된 것을 다행으로 여겼다. 이곳에서 그는 거의 천 년에 이르는 정치적 혼란시대를 다룬 역사서 『오대사기』五代史記 집필에 착수했다. 모두 74권으로 구성된 이 책에서 구양수는 엄격하고 공정한 사관에 입각하여 정치적 소외세력인 순교자·반란자·매국노 등에 대해서도 별도의 지면을 내어 다루고 있는데, 이것은 지난 시대의 역사가들로서는 생각도 할 수 없는 파격이었다.

중국 역사에서 오대라 부르는 시대는 당나라가 멸망한 907년에서 송나라가 건국한 960년까지의 다섯 왕조와 그 과도기를 말한다. 이 시기에 중국 북부에서는 중앙왕조를 지칭하는 5개 나라가

흥망성쇠를 거듭했고, 중국 남부에서는 10개의 나라가 분할통치를 하고 있어서 정치적으로 매우 불안정했다. 그런데도 문화적 활동은 활발하여 이 시기에 목판인쇄술이 눈부시게 발전, 953년 유교경전이 처음으로 모두 인쇄되었다. 구양수는 송나라의 문화적 기틀이 되고 자양분이 되어준 오대의 정치적 혼란을 유배지에서 정확하고도 새로운 시각으로 정리함으로써 중국 역사 기록의 전형을 보여주었다. 모든 권력과 명예로부터 소외된 상태에서 오직 자신의 존재와 세상이 아무 장애도 받지 않고 자유롭게 소통할 수 있는, 그래서 자신과 세상의 관계를 깨달을 수 있는 여유와 지혜를 얻게 된 것이다.

홀로 있음이란 이렇듯 나와 나 이외의 모든 것과의 관계를 깨달을 수 있는 조건을 의미한다고도 볼 수 있다. 그 조건은 인간이 염원하는 걱정 없고 잘사는 일과는 반대쪽에서 성립되는 것일지도 모른다. 온갖 상념과 그에 따라 일어나는 소유와 상실, 생로병사와 희로애락에서 한 걸음 벗어난 자리를 뜻하는 것이기도 하다.

장흥효는 천명天命의 오성五性, 즉 인仁·의義·예禮·지智·신信이 본래부터 자신에게 갖추어져 있음을 능히 알아서 그 도덕법을 높이고 이러한 이치를 믿고 따르면 인간은 존귀함을 잃지 않게 된다고 보았다.[20] 그렇게 하는 것이야말로 인간이 자신의 사명을 완수하며 또한 천지의 조화에 참여하여 만물의 화육化育을 돕는 일이라고 보았다.[21]

성리학적 이론을 삶 속에서 구체화하고 실현하기 위해서는 반드시 지경持敬의 삶을 살아야 함을 강조하는 장흥효는 그 길만이 사람이 사람답게 사는 것이라 자주 말했다. 홀로 있음은 '천명'天命이 자신에게 '본래부터 갖추어져 있음'을 알게 되는 그 자리, 혹은 그 시간일 수도 있고, '천지의 조화에 참여하여 만물의 화육을 돕는' 그 일 혹은 그 순간을 뜻하기도 하고, '성리학적 이론을 삶 속에서 구체화하고 실현하는' 그것 자체를 말하는 것이기도 하다.

'천명'을 환하게 보고 듣고 깨닫기 위하여 인간이 꼭 준비해야 하는 것이 '경'敬이라면 천명이 본래부터 자신에게 갖추어져 있음을 알 수 있는 구체적인 방법 또한 '경'인데, 흔히 '지경'은 이를 말하며, '천지의 조화에 참여하여 만물의 화육을 돕는' 것은 위기지학爲己之學과 수신으로 욕심을 떠나는 순간이라는 말이다. 욕심을 지닌 채로는 '만물의 화육을 돕는' 것이 아니라 모든 것을 자신의 욕망으로 덮어싸서 소유하려고 할 뿐이라는 말이다.

장계향은 나름대로 아버지가 말씀하는 '홀로 있음', '경', '만물의 화육을 돕는 일'을 이해할 수 있는 방법을 고안했다. 결국 아버지가 강조하는 천명, 인간의 존귀함, 천지조화에 참여하여 만물의 화육을 돕는 것은 나와 관계된 모든 것들과의 관계에서 예를 따라 그 관계를 이어가고, 돕고 사랑하는 것이라고 생각했다. 더욱 선명하고 간결하게 정리하면 아낌없이 나누고 보살펴주는 삶을 살아가는 것이라고 할 수 있었다. 그리고 가장 중요한 것은 아는 대로 모두 실천하는 것이었다. 실천으로 인해 실천하기 이전에는 나타나지도 않고 알 수도 없는 힘이 끊임없이 생겨났다.

어머니가 앓아눕다

어머니는 몹시 병약했는데 자주 질병을 앓아서 그런 것이 아니라 무엇보다 몸이 허약했다. 낯빛은 늘 창백하고 기력이 없었다. 음식을 먹어도 소화를 잘 못 시키기 때문에 되도록 먹는 것을 삼갔다. 잠을 깊이 자지 못해 늘 두통이 있었고 귀울림과 현기증도 자주 있었다.

땀을 많이 흘리는 날엔 그 다음날 거동이 어려웠다. 진맥을 잘 한다는 의원의 얘기로는 소음인 체질이어서 땀 흘리는 일은 되도록 하지 않아야 한다고 했다. 피가 모자란다며 해당 음식을 먹어서 피 만들어내는 기능을 하는 장기들을 도와야 한다고 했다.

어머니는 한여름에도 손발이 시려 버선을 신고 지내는 날이 많았다. 평소 식사 때 국물 있는 반찬보다 대개 마른 반찬을 좋아했다. 그런 몸으로도 아버지 받드는 일은 단 한 번도 소홀한 적이 없었다. 돌아가신 시부모를 섬김에는 효도하고 근신하는 절차를 갖추었으나 아들을 낳기는커녕 임신조차 못하고 있다가 임진왜란 중에 모두 세상을 떠나셨으니 늘 어머니는 장씨 가문에 죄인이라며 마음 아파 했다.

어머니와 같이 아버지 또한 어머니를 귀한 손님 대하듯 했다. 아버지의 예우가 지극할수록 어머니는 얼핏얼핏 깊은 그늘을 비칠 때가 많았다. 아들을 낳지 못한 죄의식 때문이었다. 아버지의 몸짓이나 언사에서는 어머니의 그런 깊고 무거운 죄의식을 염두에 둔 것은 없었으나 어머니는 자신의 죄가 무거워서 하늘이 은총을 거두었다고 느꼈다.

어머니의 삶은 간곡한 기도와 자신을 의식하지 못하는 진지한 열중의 점철이었다. 기도의 주된 내용은 아들을 점지해달라는 것이었다. 아들을 점지받기 위해서는 어떤 무거운 형벌도 달게 받겠다는 신념이 살얼음 위를 걸어가듯 혼신을 다해 아버지를 모시는 헌신으로 드러났다.

장계향은 어머니의 모습에서 '경'敬의 실체를 볼 수 있었다. 남자들이 입으로 말하고, 행동의 궁극이 '경'을 항상 지녀서 한시도 '경'이 몸을 떠나지 않도록 해야 한다는 수천 수만의 서책 내용보다 어머니의 진지한 삶이 훨씬 더 직접적인 '경'의 실천인 것 같았다. 아니 어쩌면 아버지의 '경'과 어머니의 '경'이 비록 그 본질은 같을지라도 삶을 실천하는 방법은 조금 다른 것일지도 모른다고 생각했다.

어머니의 삶에는 늘 슬픔 같은 것이 고여 있었다. 기도와 염원의 밑자락에는 늘 울음의 기척이 느껴졌다. 기도가 진지하면 할수록 울음의 기척은 슬픈 색채로 응어리진 침묵임을 알 수 있었다. 거기서 슬픔은 만물의 관계를 잇는 연결고리 같았다. 슬픔은 거룩함의 몸이 드러나는 용用일 수도 있겠다 싶었다. 아버지가 어머니의 존경을 받으심은 어머니의 그 슬픔일는지도 몰랐다.

슬픔의 근원은 홀로 있음이며 홀로 있음의 몸이 세상에 드러나는 것이 자비였다. 모든 것의 관계요 관계의 공정함이며, 말 없는 말이고 드러남이 없는 드러남이었다. 아버지가 어머니를 대하는 목소리는 늘 편안했고, 바라보는 눈길은 온화했다. 밥상을 받으면 언제나 어머니에게 고맙다는 말부터 했다. 집을 나설 때는 어머니에게 걱정 말라 했고 다녀와서는 또 잘 지냈는지 챙겼다.

장계향은 나이 들어가면서 차츰 어머니가 해오던 집안일을 한 가지씩 이어받았다. 맛질 아주머니의 헌신이 있었기 때문에 가능했지만 어머니의 기력이 점점 떨어지고 있어서 아버지의 수발을 드는 일들이 자연스럽게 넘겨지는 것 같았다.

그때부터 부엌살림을 익히기 시작했다. 어머니는 자신의 생이 녹아 있는 살림살이에 대한 모든 지식과 지혜를 딸에게 넘겨주려고 작정한 듯싶었다. 어머니는 봉화 명호 맛질현재의 경북 봉화군 법전면 어지리 안동권씨 문중에서 전해오는 음식들을 잘 배워서 안동으로 시집온 뒤로 춘파의 장씨 문중에 옮겨 심었다.

사람들은 안동권씨가 만드는 음식을 봉화 맛질 방문方文이라 불렀다. 방문은 흔히 약방문藥方文처럼 비법으로도 볼 수 있고, 음식의 재료나 만드는 방법을 가리키는 말이기도 했다. 맛질은 예천 맛질과 봉화 맛질이 있는데 둘 다 안동권씨 문중의 귀한 유산이었다.

장계향은 디딜방아 찧는 일이 즐거웠다. 떡쌀이든 술쌀이든 디딜방아를 거쳐야만 되었다. 떡쌀을 디딜방아에 빻고, 시루에 찌는 일이 즐거웠다. 술쌀을 물에 담갔다가 시루에 쪄서 고두밥으로 만들고, 누룩이 될 밀을 빻고 찌고 틀에 넣어 밟고 따뜻한 방에 넣고 수건을 덮어 띄워 말리고 또 절구통에 넣고 찧는 과정들도 재미가 있었다.

어머니가 마침내 앓아눕게 되었다. 온 마을의 돌림병으로 걱정하던 아버지였다. 돌림병의 이름이 윤감輪感인데, 글자 그대로 돌아가면서 병을 앓는 것이었다. 주된 증상은 높은 열이었다. 현대인들이 장질부사, 장티푸스라 부르는 급성전염병이었다.

오늘날 장티푸스균은 '살모넬라'salmonella균으로 부르지만, 이 병에 걸려 제대로 치료하지 못하면 약 25퍼센트 정도의 환자가 사망한다. 주로 감염된 음식이나 물을 통해 입으로 들어가서 장腸의 벽을 뚫고 림프 조직 안에서 증식한다. 그 다음 24~72시간 안에 혈류로 들어가 패혈증과 전신감염을 일으킨다. 평균 10~14일의 잠복기가 지난 뒤부터 두통·무력감·몸살·고열·수면을 방해하는 안절부절 등의 초기증상이 나타난다. 동시에 식욕감퇴·코피 출혈·기침·설사와 변비가 중복되어 나타난다. 열은 보통 단계적으로 계속 오르다가 점차 떨어진다. 7~10일이 지나면 체온이 40도로 최고에 달하고, 그 다음 10~14일 동안은 아침에만 열이 약간 내리는 현상이 계속된다. 2주째로 접어들면 많은 양의 세균이 혈류에 남는데, 이때부터는 장밋빛을 띠는 작은 반점이 전신에 나타나 4~5일 정도 지속되다가 점차 없어진다. 고열이 계속되면 증상은 매우 심해지고 정신혼돈과 섬망이 나타나기도 한다. 3주가 끝날 때쯤엔 급격하게 쇠약해진다. 복부증상이 두드러지고 정신혼란이 뚜렷해진다. 제대로 치료하면 대개 4주째부터 열이 내리기 시작하여 증상이 가벼워지면서 차츰 회복할 수 있다.

어머니는 본래 허약한 몸인데다 윤감이 들어 시작부터 몹시 고통스러워했다. 밤에는 거의 잠을 이루지 못했다. 꼬박 뜬눈으로 지새기 일쑤였다. 그렇게 열흘쯤 지나면서부터 딸의 손을 붙잡고는 말하기 시작했다.

딸을 임신하면서 하늘과 조상님에게 빌었다. 부디 아들을 점지해달라고. 배가 불러오자 기도 중에도 혹시 딸이면 어떻게 하느냐는 두려움으로 손발끝이 화끈거렸다. 기다림과 두려움 끝에 아이를 낳았고, 딸을 낳았다는 것을 알고는 눈앞이 캄캄해졌다. 그때 그만 죽고도 싶었으나 혹시 다음번엔 아들을 볼지도 모른다는 소망으로 국물을 마시고 아이에게 젖꼭지를 물렸다.

그러나 딸 하나 점지해준 뒤로 하늘과 조상님은 안동권씨를 외면해버렸다. 딸이 자라면서 영특한 재주를 보일 적마다 저것이 아들이었으면 얼마나 좋을까 하며 속으로 뜨거운 울음을 삼키며 죽은 듯이 살았다.

장계향은 어머니 가슴 속에 얼마나 큰 아픔의 덩어리가 들어 있는지 헤아리지 못한 것이 부끄러웠다.

어머니는 점점 기력을 잃어갔다. 아버지도 초조해하는 모습이 역력했다. 온 마을이 윤감 앓는 사람들로 넘쳐났다. 길에는 통행이 뚝 끊어지고, 여기저기서 죽어난 사람을 초상 치고 매장하는 공포가 무겁게 마을사람들을 짓눌렀다.

초상집에는 문상객이 없었다. 죽은 사람들은 변변한 관도 없이 멍석이나 거적때기에 둘둘 말려서 상여가 아닌 가족의 지게 위에 얹혀서 산으로 가 매장되었다. 한 집에서 두 명이 연달아 죽은 일도 생겼다.

장계향은 어머니 간호에 혼신을 기울였다. 곁에서 한시도 떨어지지 않았다. 한 달 가까운 투병생활이었다. 열이 조금씩 가라앉았다. 어머니 몸은 뼈만 앙상했다. 아버지는 그동안 지난날 임진왜란 중에 염병으로 돌아가신 부모님과 아우의 죽음을 떠올리며 걱정이 깊었다.

뜬눈으로 밤을 지새우는 날이 길어지자 아버지가 아내를 간호하면서 혼잣말로 되뇌곤 했다.

아들자식 보지 못한 것이 당신 책임만은 아니다. 아들 없어도 얼마든지 괜찮다. 열 아들 안 부러운 계향을 얻었고, 수많은 제자들이 자식이나 진배없지 않느냐. 오히려 가난뿐인 살림에 이만큼 집안 다독이고 그 많은 손님 대접하느라 밥상 술상 차려내느라 고맙고 미안하다. 어느 밥상 어느 술상에도 단 한 번 소홀했던 적 없이 내 체면 지켜주고 존경받게 해준 고마움을 어찌 잊고 살겠느냐. 넉넉지 못한 살림살이에도 많고 많은 조상들의 제사 받들기에 효행과 공경을 소홀히 한 적 없었으니 그만하면 효자였지 않느냐.

어머니의 윤감으로 부부 사이에 소통의 길이 만들어졌고, 어머니와 딸 사이에도 침묵과 인내로만 서 있던 인륜의 무거운 벽이 허물어지고, 소통의 문이 만들어져 서로를 깊이 이해하게 되었다. 장계향은 어머니 손을 잡고 나즉나즉 고백하듯 얘기하던 아버지를 보았다. 어머니는 혼돈에 빠져 있어서 그 얘기를 들을 수 없었겠지만 그 대신 장계향이 들을 수 있었던 것은 오히려 더 잘 된 일인지도 몰랐다.

무엇보다 장계향을 감동시킨 것은 아버지가 자신의 학문이 비록 높고 많은 이들의 존경을 받고 있다 하지만 어머니의 아픔과 슬픔을 껴안아주고 치유시킬 수 없다면 무슨 소용이 있겠느냐는 혼잣말이었다. 바른 학문은 곧 좋은 인간을 만들어내고, 세상의 어려운 일을 해결하여 세상 사람을 모두 편안하게 한다는 수신과 애민이 구체적 실천으로 드러나야 한다는 것이었다.

어머니가 사경을 헤매는 동안 전해진 아버지의 그 말은 장계향에게 그 어떤 서책보다 절절한 감동과 깨달음으로 온몸과 정신에 녹아들었다. 아버지 학문의 본질은 성리학에 있었다. 성리학과 인간의 삶을 연결시켜 모든 인간의 내면에 들어 있는 성인聖人이 될 수 있는 천리天理, 즉 하늘의 참뜻이 온전하게 세상으로 드러나게 하는 것이 경이었다.

아버지는 이 경을 사람을 사랑하고 세상일을 바르게 꾸려갈 수 있는 가장 인간적인 능력의 바탕이라고 믿고 있었다. 하늘이 곧 사람이며, 사람은 만물의 관계를 깨달아 그 끈을 계속 이어가는 일을 즐거움의 근본으로 삼으며, 그것이 곧 학문이라 했다. 결코 종교가 될 수 없고 신의 계시나 능력으로 되는 것도 아니며, 오직 사람마다 균등하게 함유되어 있는 평등과 자비의 하늘 종자가 바른 공부를 자양분 삼아서 무럭무럭 자라나 사람을 하늘같이 섬기고, 만물을 사람같이 섬겨 마침내 공존의 아름다움에 도달하는 것이 아버지가 꿈꾸는 학문이었다.

어머니의 병환을 통하여 장계향은 뜻밖의 깨달음을 얻었고, 아버지 또한 어머니를 향한 배려와 함께 살아가는 깊은 의미를 느꼈다. 어머니는 거의 두 달 가까이 병석에 누웠다가 일어났는데 새 삶을 얻은 것 같다며 소녀처럼 웃었다. 아름다운 그 공존의 근본은 철저한 홀로 있음이었다.[22]

음식에는 하늘의 이치가 들어 있다

맛질 아주머니는 자식을 낳지 못했다. 봉화 맛질에 살 때 한 번 혼인한 몸이었는데 남편이 병으로 죽은 뒤로 내내 혼자 살았다. 안동권씨 집안의 노비였지만 안동권씨하고는 친동기처럼 지내는 사이였다. 어릴 적부터 한 지붕 밑에서 살았고 나이도 엇비슷하여 안동권씨를 누구보다 잘 알았다. 거기에다 부지런하고 손끝이 야무졌다. 주인을 섬기는 정성이 비굴하지 않고 자연스러워서 안동권씨의 각별한 아낌을 받았다. 길쌈이며 부엌살림 솜씨도 반듯했다. 문맹을 떨쳐내도록 도와준 안동권씨를 따르는 모습은 예사 노비들과는 크게 달랐다.

길쌈은 대개 맛질 아주머니가 혼자 다했다. 베틀 일이 그랬고, 농사와 땔감 장만하는 머슴 한 사람 부리는 일도 안주인처럼 꼼꼼했다. 사랑채에 드나드는 그 많은 손님들의 밥상과 술상 차림에 드는 음식 장만의 경우에도 디딜방아·절구질, 심지어 떡메 치는 일에 이르기까지 애써 힘들이는 노동도 그녀의 몫이었다. 다만 맛질방문으로 빚고 다스리는 음식과 바느질은 안동권씨가 직접 도맡았다. 윤감을 앓고 난 뒤부터 장계향이 맛질방문을 배우기 시작했다.

장계향은 일단 독서보다 어머니의 맛질방문 솜씨를 잇는 일에 더 많은 정성을 기울였다. 눈썰미가 놀라웠고 음식 맛에 대한 미감이 정교했다. 어머니는 딸을 가르칠 때 손놀림보다는 범절과 정신을 더 자주 언급했다.

사람이 먹는 음식이든 가축이나 짐승들이 먹는 먹이거나 할 것 없이 음식의 재료가 되는 것은 모두 생명체이기 때문에 재료를 대하는 정신은 언제나 생명체의 존귀함을 잊지 말아야 한다. 생명인 이상 어느 것이 더 높고 낮으며, 크고 작지 않아 평등하다. 풀잎이든 뿌리나 열매든, 네 발 달린 짐승이든 두 발로 사는 짐승이든, 물에 사는 것이든, 하늘로 날아다니는 것이든 똑같은 생명이다. 다만 사람을 제외한 다른 모든 것은 사람이 먹는 음식의 재료가 되는데, 이때 사람은 측은지심惻隱之心, 즉 불쌍히 여겨서 언짢아하는 마음을 잃지 말아야 하는 것이다.

생명을 지녔던 것으로 만들었기 때문에 그 음식에는 맛이나 향기, 영양분 같은 것 말고, 먹는 사람의 성격이나 인격을 형성하는 데 절대적인 영향을 끼치는 것이 들어 있음을 알아야 한다. 이를테면, '당신이 먹은 것을 나에게 이야기해보라, 그러면 당신이 어떠한 사람인지를 말해주리라'는 독일 속담은 이렇게도 표현한다. 사람은 그 사람이 먹은 것 자체이다.Der Mensch ist was eript.23 그렇기 때문에 재료를 장만하여 다듬는 단계에서부터 바른 마음가짐이 필요한 것이다. 그 음식을 먹을 사람을 미워하거나 저주하는 마음을 가져서는 안 되며, 너무 슬픈 일을 겪고 있거나 고통을 참으면서 먹거리를 손질하면 좋지 않다. 또한 필요 이상으로 재료를 마련하지 말고 꼭 알맞은 만큼만 장만함으로써, 재료를 낭비하지 말아야 한다. 자칫 재미삼아 생명 지닌 것을 죽여 내버리는 짓이 될 수도 있기 때문이다.

정성을 들여 청결하게 장만하고 다듬은 재료는 그 성질에 맞도록 가공하는 순서를 밟는다. 데치기 · 덖기 · 삶기 · 찌기 · 볶기 · 굽기 · 튀기기 · 절이기 · 우리기 · 담그기 · 익히기 등을 거쳐서는 다시 무치기·끓이기·부치기를 하면서 갖은 양념을 넣고, 간을 맞춘 다음 그릇에 담아 상차림에 들어간다.

가공법은 재료마다 다르기 때문에 방법이 알맞지 않으면 그 재료는 음식이 되지 못한다. 여기에 다시 재료의 성질을 살려서 맛과 향과 기운을 나게 하는 양념이 더해지고 간이 맞춰지면 음식이 된다. 이때 완성된 음식은 재료와는 전혀 다른 생명체로 탄생하는 것이다.

음식 장만하는 과정은 힘든 노동을 필요로 하지만 이때의 노동은 정녕 신성한 것이며, 마치 어머니가 자신의 맨살을 찢고 아이를 분만하는 것과 다르지 않다. 인간만이 가능한 생명 창조인 것이다. 본래의 생명과 창조가 아니라 그 생명을 지혜의 손길로 다스려 인간을 인간답게 하는 문화의 생명으로 다시 빚어내는 것이다. 그 안에는 천리天理와 인간의 지혜가 한데 어우러져 음식이라는 생명이 탄생하는 것이다. 자연의 속살인 생명을 인간의 두 손과 정성으로 받들어 인간의 삶에 필요한 양식으로 바꿔내는 일이 부엌에서 일어나는 또 하나의 생명 짓기인 것이다.

나물을 맛있게 무치고, 김치를 간이 맞게 절이고 담그며, 콩을 삶아 메주를 쑤고, 메주를 띄워서 간장을 담아 익혀내는 발효 과정은 자연 속에 감춰진 신비를 인간의 지혜로 재발견하여 인간의 문화로 만들어내는 것이다.

어머니는 장계향에게 이따금씩 얘기했다. 먹지 않고 영원히 모셔둘 것처럼 온갖 정성 다 들여서 만든 음식이나, 대물림해온 청자며 백자에 탑 쌓듯 온 정성으로 담아 진설한 것일지라도 기껏 몇 차례 숟가락질과 젓가락질로 쑤시고 떠서 파헤쳐버리고 먹어 치워버리면 끝장이 나고 만다.

몇 날 몇 밤 장만한 것들도 눈 깜짝할 사이에 금방 먹어치워버리고 빈 그릇만 덜렁 남아서 식어빠지고 무질서하게 흩어져 말라붙은 찌꺼기만 덕지덕지 붙은 빈 그릇들의 을씨년스런 버려짐을 위하여 그 긴긴 시간을 숨죽여 정성 쏟아야 하는 것이 남의 집 며느리된 여자의 삶이다. 그 귀하고도 소중한 곡식과 채소들과 육류와 어물들로 만든 밥과 떡과 술과 반찬들을 마련하는 일에 육신을 허물어 주름살지고, 정성을 녹여 넣어 빈껍데기만 남아도 그냥 그러려니 해야 하는 것이 여자의 일생 중 절반도 넘는 시간들이 소멸된 궤적이다.

여자란 밥상 차리고, 빈 그릇 씻고, 빨래하고, 아이 낳고 늙어가다가 죽어서는 성만 덩그러니 남고 제 이름조차 챙기지 못하는 존재인 것이다. 그래서 더욱 허망한 것도 같다. 하지만 정녕 그 정도뿐인 것 같지는 않다. 만일 여자도 남자들처럼 자신만의 이상을 설정해, 그 이상을 실현시킬 수 있는 방법으로서의 수신과 애인愛仁과 애민을 할 수 있다면 얼마나 좋겠는가. 너는 타고난 재주를 죽이지 말고, 어떻게든 살려서 여자의 몸이지만 남자들이 누리고 펼치는 세상맛을 보고 죽어라.

어머니가 정색을 하면서 덧붙였다.

"계향아, 홀로 자신만을 위해서 배불리 먹는 것은 천하인天下人을 아울러 배불리 먹게 하는 것만 못하고, 홀로 그 자신만을 선하게 하는 것은 천하인을 아울러 선하게 하는 것만 못하다. 사람이 선하게 되고 불선不善하게 되는 것은 오직 마음에 관계되는 것이니 마음을 다스린다면 어찌 불선하겠느냐. 심心이란 대야에 담긴 물같이 붙들어두기 어렵고, 선이란 바람 앞의 촛불같이 보존하기 어렵다고 하더구나. 네 아버지께서 나한테 자주하시는 말씀인데, 네 생각은 어떠냐?"

장계향은 잠시 어머니를 바라보다가 대답했다.

"천하인이 다 배고프면 나 혼자 어찌 배부를 수 있겠으며 천하인이 다 악하다면 나 혼자 선하기는 어렵겠지요. 천하인이 모두 굶주리는데 나만 배부르다면 부끄러운 일이고, 천하인이 다 선하다면 비록 나 혼자 악하더라도 끝내는 선으로 교화되겠지요."

"네 타고난 재주가 여자 몸이 아니라면 한 세상 떨치고도 남을 일인데, 네가 여자로 태어났으니 그 재주 다 어찌하겠느냐. 생각할수록 미안하구나."

"별것도 아닌 것을 재주는 무슨 재주이겠습니까. 만일 그것이 옳은 것이라면 아무리 제가 여자로 태어났지만 남자 여자 아닌 인간의 재주가 되어 세상의 귀한 약이 되고 밥이 되겠지요. 아버지께서 하신 말씀으로는 세상이 정녕 필요로 하면 쓰이고 한갓 인간의 재주일 뿐이라면 그 자신 한 사람에게도 소용 닿기 어렵다 하셨습니다."

"음식을 배우기는 해야겠지. 여자로 살아가자면."

"어머니, 음식은 남자 여자의 문제가 아니라고 봅니다. 음식에는 하늘의 이치가 들어 있다고 하시지 않았습니까. 남자 여자도 하늘의 이치인걸요. 음양의 모습이 남자와 여자이고, 빛과 그늘이고,

밤과 낮이고, 따뜻하고 추운 것으로 드러날 뿐, 음만으로나 양만으로는 온전할 수 없다 하셨습니다. 남녀도 그러리라 생각합니다. 음식은 그 음양을 각각 자라게 하고, 모자라면 채워주고, 넘치면 덜어내는 것이라고 아버지가 말씀하셨습니다. 입으로 먹는 것만 음식이 아니라는 것도 가르쳐주셨습니다."

"네가 너무 빨리 어른이 되는 것 같구나. 너무 서두르는 것이 오히려 마음 아프다. 내가 부실하여 너에게 자꾸 짐이 된다."

"어머니, 저는 효를 생각하게 됩니다. 육신 가진 이가 병 없기를 바라는 것은 여름철이 무덥지 않기를 바라는 것만큼 어리석다고 들었습니다. 몸이 있으니 병이 따라 사는 것이고, 병을 이기려 하기보다 몸과 더불어 살아갈 생각을 하면 병도 좋은 길동무가 된다는 글귀도 읽었습니다. 효는 어버이의 근심 걱정을 자식이 부모 마음을 알아볼 수 있도록 하는 가르침이라고 여기는 것과 같다 했습니다. 저는 아직 어머니의 근심 걱정을 다 헤아릴 수 없습니다. 다만 어머니를 따라서 사는 일을 배우고 가르침을 받아야 합니다. 어머니께서 편찮으신 것도 저를 가르치기 위함이라고 생각하려 합니다."

"내 딸 기특하구나. 고맙고 또 자랑스럽구나. 쉽지는 않겠으나 음식 만드는 일을 소홀하게 여기지 말거라. 내 잠깐 푸념했다만, 내가 사는 재미 중에는 내가 만든 음식을 맛있게 먹고 좋은 일 하는 선비들을 바라보는 것도 있단다. 차려진 음식상 하나는 그 밥상 받은 사람한테는 한 끼니의 식사이겠으나 차려낸 나에게는 작은 한 생애이기도 하니라. 잘 차려진 밥상은 그만큼 내 정성과 소망이 더해진 생애의 한 조각이 아니라 또 하나의 생애라고 생각될 때가 있느니라. 차려낸 밥상만큼 많은 생애를 살았다고 생각하기도 했고, 그 밥상들마다 부족한 데가 늘 있었으니 많은 생애를 살았다고는 해도 그 생애 또한 모자란 것을 끝내 고치고, 바로 잡아 온전하게 채우지 못했다고도 생각하면 슬프구나. 나는 여자로 태어났으니, 내 소망과 정성을 들인 것은 밥상 차리는 것이었다 해도 크게 틀린 말은 아닐 것이다.

네 아버지께서 이룩하신 것의 절반은 내 몫이라는 말이기도 하단다. 내 몫은 눈에 안 보이는 것이고, 네 아버지 몫은 겉으로 드러난 것이라서 세상은 눈에 보이는 것만 있는 것이라고 하더구나. 하지만 네 아버지께서는 눈에 안 보이는 것이 있기 때문에 보이는 것이 있는 것이라 하시니, 내 살아온 것이 허망한 것만은 아닐 성도 싶구나.

계향아, 잘 새겨 듣거라. 목숨 지닌 것은 그 종류가 어떠하고 생김새가 어떠하든 간에 눈에 안 보이는 끈으로 이어져 있는 것임을 알아야 하니라. 그러면 덜 외롭고, 덜 아프고, 덜 슬프니라."

어머니가 주신 선물

말하는 것은 그럴듯하면서도 그를 실천하지 않는다면 마음에 부끄러운 일이 아니겠는가. 세월은 지나간다. 세월은 나를 기다려주지 않는다. 지금부터 말을 할 때면 반드시 행동할 것에 대하여 돌아봐야 하고, 행동을 할 때면 반드시 말을 한 것에 대하여 돌아봐야 할 것인바, 경敬과 의義로써 좌우에서 돕게 하기를 중단함이 없으면 그렇게 되기를 바랄 수 있다.[24]

경광서당의 명성이 날로 높아지면서 모여든 유생들에게 장흥효가 해준 권학문이자 격려사였다. 장흥효는 그즈음 제월대霽月臺에 오르는 일이 잦았다. 서당 뒤쪽 언덕에 있는 널찍한 바위를 제월대라 이름 지은 것은 장흥효가 학봉 문하에 들어가 글을 읽은 지 10년째 되던 1585년 22세 때였다.

제월이란 비 그치고 갠 하늘에 뜬 달을 뜻하는 말로, 『송사』宋史의 '흉회주락여광풍제월'胸懷酒落如光風霽月에서 빌린 것이다. '가슴 속 걱정을 술 한잔으로 씻어내니 비 그치고 갠 하늘에 뜬 달 같은' 맑고 고요한 경지를 누릴 수 있는 언덕이란 뜻으로 '제월대'라 했던 것이다. 공부가 끝나면 제자들과 함께 천천히 걸어 오르기도 하고, 혼자서 오를 때도 있었다. 제자들과 오를 때는 시를 읊기도 하고, 공부에서 의심나는 구절을 풀어주거나 읽어야 할 책을 추천해주기도 했다.

혼자 오르는 날은 꽤나 긴 시간 동안 꼿꼿하게 앉아서 깊은 명상에 잠겼다. 이곳에서의 명상은 장흥효 공부 방법 중에서 중요한 부분을 차지했다. 마음 챙기기는 이 명상으로 터득하고, 정리하고 버리고 또 깨달아간 바가 많았다. 퇴계와 학봉, 서애의 심학이 장흥효에 와서 더욱 구체적으로 체현되며 그 이후 퇴계학파의 학자들에게서 공통적인 특징이 된 지경론持敬論의 발전을 가져온 것도 깊은 명상과 관련이 있을 것으로 본다.[25]

1613년 장흥효는 학봉문집의 편집에 착수했다. 정월에 편찬 책임자 중 한 사람이 되어 경광서당에서 일차 정리를 한 다음, 그해 겨울엔 봉정사에서 구체적으로 일을 시작했다.

장흥효는 열두 살 때 학봉 문하에 들어가 18년 동안 배웠다. 학봉의 사후에도 선생에 대한 꿈을 자주 꾸었다. 1608년 그 기록인 「몽견시」夢見詩를 썼을 정도로 스승의 영향을 크게 받았다. 스승이 타계한 지 15년 뒤에 꿈에서 뵈었다는 기록으로 학봉이 가장 큰 영향력을 미친 스승이었음을 알 수 있다.[26] 이는 곧 학봉을 통하여 퇴계학에 접맥했음을 뜻하고, 퇴계 심학의 큰 줄기는 학봉·서애를 거쳐 장흥효에게 온 것임을 알 수 있다.

1613년 여름부터 안동권씨가 다시 앓아누웠다. 돌림병이 아니었다. 거동이 불편하기도 했지만 의식을 잃고 혼수상태가 되기도 했다. 장계향은 거의 하루 종일 어머니를 보살피는 데 시간을 썼다. 열여섯 살이 된 장계향의 본격적인 집안살림 꾸리기가 시작되었다. 아버지를 만나기 위해 찾아오는 손님들이 계속 불어나고, 하루나 이틀 또는 여러 날씩 묵어가는 사람도 따라 늘어났다. 그만큼 밥상과 술상이 늘어나고, 상 위에 올릴 음식도 끊임없이 늘어났다. 비록 넉넉지 않은 살림이었지만 서당에 배우러 오는 사람들이 가져오는 곡식 주머니들이 살림살이의 한 축이 되어주었다. 사랑채는 항상 북적거렸다.

끼니때도 그러려니와 입가심거리며 새참의 가짓수와 맛이며 모양새, 차려내는 매무새, 담는 기명器皿들에 이르기까지 안주인의 범절이 묻어나는 것이어서 부엌살림은 하면 할수록 어렵고 또 신기하며 놀라운 깨달음이 깃든 공부방이기도 했다. 조반을 마치면 상에 올랐던 그릇들을 씻고, 기명물통의 물기가 채 가시기도 전에 점심과 저녁을 준비해야 하는 나날들이 숨 가쁘게 이어졌다.

장계향은 당황스럽기도 했고 허망한 생각이 들기도 했지만 이제는 피할 수 없이 경당가 안주인 노릇을 할 수밖에 없었다. 피할 수 없다면 즐겨야 한다고 했다. 새삼스럽게 어머니가 했던 부엌살림살이와 여자의 운명에 대한 탄식 아닌 고백들이 떠올랐다.

과연 여자의 일생 가운데서 부엌살림이 차지하는 비중의 무게와 크기는 다른 영역과 비교해 어떻게 말할 수 있을까 싶었다. 이를테면 길쌈과 바느질과 의복에 관련된 부분, 자식을 낳아 기르는 부분, 부엌살림을 제외한 집안의 대소사를 관장하는 부분으로 네 등분해보면 부엌살림은 그다지 크지 않은 것처럼 보일 수도 있을 것 같았다. 여기에다 집 바깥의 들살림, 즉 농사까지를 포함시키면 부엌살림은 사소한 것처럼 여겨지기도 한다.

한 가정에서 여자로 산다는 것, 그것도 안주인으로 산다는 것은 어느 부분 할 것 없이 모두 중요했다. 먹어야 살고 살기 위해서는 우선 먹어야 했다. 아이 낳고 기르는 일, 길쌈해서 옷 지어 입고 때 묻은 옷 빨래해서 입는 일, 사람 사는 집에 사람 드나들고 길흉사 생겨 잔치 벌이는 일들이 먹는 일과 서로 꼬리에 꼬리를 물고 돌아가는 것이어서 그 먼저와 나중 따지는 것이 큰 의미가 없다. 그러나 한 집의 안주인으로 살아가려면 이 모든 일들의 질서를 훤하게 꿰뚫고 있어야만 집안에 예의범절이 제자리를 지켜서 사람의 생활을 이어가게 한다.

그중에서도 부엌살림의 위치는 단연 맨 먼저 자리이고 또한 맨 나중 자리이기도 하다. 밥상과 술상 곁상차림에 오르는 온갖 음식들이 오랜 공력들인 끝에 제 모습 갖추고 기명 위에 얹혀서 손님 앞에 나온다. 길어야 한 시간 안에 대부분 사라지는 속절없는 물건처럼 여겨진다. 그래서 허망한 것인가.

영원의 역사 위에서 한 인간의 삶도 보기에 따라서는 한 접시 위에 담겨 있던 떡이나 나물과 흡사하게 단순하고 짧고 속절없어 보일수도 있다. 하지만 떡 한 접시 나물 한 그릇에 들이는 정성과 노동 아니고는 인간의 향기로운 목숨이 가치와 의미를 지니고, 가르치고 이어내는 숭엄한 존재임을 누가, 무엇이 그 일을 대신하겠는가. 목숨을 이어내고 키우고 지키는 근본이 부엌살림 철학인 것이다.

경敬이 위기지학의 근본이라면 경을 실천하여 의義를 밝히고 키우는 용用은 부엌살림에서 생기는 것이다. 지경持敬과 거경居敬의 실용철학이 부엌살림에도 들어 있다는 것을 깨달은 것은, 어머니의 병환이 장계향에게 준 값진 선물이었다.

운명의 소용돌이

부엌살림의 묘미에서 경의 몸과 그 효용인 용을 깨달아가면서 장계향 나름의 심학공부가 깊어가던 1614년 겨울 문턱, 부엉이 울음소리가 싸락눈 내리는 소리를 헤아리고 있었다. 밤새도록 내린 싸락눈은 새벽 먼동 틀 무렵부터는 함박눈으로 바뀌고 있었다. 아침이 되자 눈이 그치고 하늘이 드러나고 해가 솟았다. 마을이 흰 눈에 덮인 그날 오전 장흥효는 반가운 손님을 맞았다. 손님이 왔다는 기별을 안채까지 들고 온 자순은 발이 시리다며 동동걸음이다. 맛질 아주머니가 데려온 자순은 친정조카였다.

경당가 안주인 안동권씨가 자리보전하게 되고, 사랑손님은 날로 늘어나자 아직 살림솜씨가 서툰 장계향의 힘겨워하는 모습을 보다 못한 맛질 아주머니가 장흥효에게 승낙을 받아 데려온 잔심부름하는 아이였다.

손님은 영해 나랏골에서 온 이시명이었다. 장흥효는 이시명의 인사를 받고 나서 그간의 안부를 물었고, 이시명은 잠시 머뭇거리다가 조심스럽게 얘기를 꺼냈다. 성균관에 유학하여 대과大科를 준비하던 중 아내 광산김씨가 죽었다는 것이다. 기별을 받고 돌아왔는데, 아내는 그동안 속병을 앓다가 숨을 거둔 것이었다. 이제 겨우 스물한 살이었다.

장흥효는 무척 당황스러웠다. 몇 년 전 처음 찾아왔던 이시명으로부터 평소 무척 존경하며 따랐던 근시재 김해의 사위라는 얘길 들었을 때는 마치 자신의 사위가 된 것처럼 좋아했다.

김해는 태어난 지 7일 만에 어머니가 돌아가 세모世母 하씨河氏의 손에서 자랐다. 퇴계 질손녀인 단인이씨端人李氏와 혼인하여 아들 넷, 딸 셋 7남매를 두었다. 부인 단인이씨는 근시재보다 한 달 먼저 죽었는데 42세였다. 근시재의 막내딸이 이시명의 아내였는데 이시명이 혼인할 때 장인 장모는 돌아가신 지 십 년도 더 지난 뒤였다.[27]

돌아가는 길에 스승에게 문안인사라도 드리고 가야겠다 싶어서 걸음한 것이었다. 광산김씨는 8월 27일에 숨을 거두었다. 양반가문의 상례喪禮에 따라 석 달의 유월장을 치러주었다. 하루가 되더라도 사망일이 든 달을 한 달로 계산하는 예법절차에 따라 8월 한 달로 치고, 9월은 온전한 날짜로 계산하며, 석 달째 되는 달은 15일을 넘기면 온전한 달로 치는 계산법에 따라 장사를 지낸 것이다.

장흥효는 안에서 내온 술상으로 상처한 제자를 위로했다. 술은 장계향이 어머니한테서 배워 담근 점감청주였다.

한동안 침묵이 흐른 후 장흥효는 어린 자식들을 누가 거두는지, 부친 운악의 근심은 또 얼마나 큰지를 안부 겸 물었다. 이시명은 창졸간에 겪게 된 슬픔과 충격을 소상하게 얘기했다.

"저의 집안 사정을 말씀드린다는 것이 적잖이 외람된 일인 줄 압니다만 스승께서 물어주시니 말씀올리겠습니다."

이시명이 들려준 가족사는 파란만장 그 자체였다. 죽은 광산김씨가 낳아 기르던 여섯 살 난 아들 상일尙逸, 1611~78과 네 살 난 딸 순오는 지금 할머니인 진성이씨와 백모 무안박씨가 돌봐주고 있었다.

운악은 아들 넷을 낳아 길렀다. 시청時淸, 1580~1616, 시형時亨, 1586~1612, 시명時明, 1590~1674, 시성時成, 1594~1682이다.

시청은 무안박씨와 혼인하여 아들 둘, 딸 셋 5남매를 두었다. 첫째는 신일莘逸, 1598~1658, 둘째는 부일傅逸, 1601~78이다. 시형은 무안박씨와 혼인하였으나 자식이 없어서 시청의 둘째 아들 부일로 대를 이었다. 시명은 광산김씨와 혼인하여 상일과 딸 하나를 두었다.

시성은 창원황씨1592~1668와 혼인하였으나 아직 자식을 두지 못하고 있었다. 형제들 중 백씨伯氏 시청과 중씨仲氏 시형은 과거시험을 보기 위해 몇 차례 서울을 다녀왔다. 1612년 봄 두 형제가 과거보러 가던 중 상주에서 동생 시형이 갑자기 죽었다. 시청이 동생의 시신을 안고 돌아왔다. 시청의 둘째 아들 부일이 양자가 되어 시형의 집에서 살던 중이어서 시형의 주검이 돌아왔을 때 보여준 슬픔과 예는 천륜의 지극함이었다.

저희 선대는 무류 월성月城에서 나왔는데, 시조인 알평謁平은 신라 개국공신이었습니다. 고려 때의 우칭禹稱이 재령군載寧君에 봉해졌는데 지금의 본관이 되었다고 합니다. 저로부터 5세 위의 조상들은 함안 모곡에 살았는데, 조부이신 애 자 어른의 숙부 되시는 중현이 영해부사로 부임할 때 영해로 함께 오셔서 울진현령 겸 강릉진관 병마절제도위를 지내셨다 합니다. 그때 조부께서는 미성未成이셨는데 마침 읍중邑中의 대성大姓인 진성백씨眞城白氏와 혼인하게 되었고, 그 뒤로 저희 집안이 영해사람이 되었다 합니다. 조모이신 진성이씨가 시집오면서 물려받은 재산이 상당하였고, 조부님과 부친께서 그 재산을 토대로 경영을 잘하신 덕택으로 인근의 어려운 사람들에게 인색하다는 말은 듣지 않게 된 것 같습니다.[28]

그날 뒤로 이시명은 자주 경당의 사랑에 와서 묻고 배웠다. 어떤 때는 여러 날씩 묵어가기도 했다. 그러는 동안에 장계향과 자연스럽게 낯이 익어갔다.

이시명이 아내인 광산김씨의 3년상을 마친 것은 1616년 봄이었다. 그해 7월에 있는 알성시謁聖試를 보기 위하여 이시명과 백부 시청은 여러 해 동안 준비를 해왔다. 이시명은 경당의 가르침으로 학문에 큰 진전을 보고 있었고, 시청은 5년 전 동생 시형과의 일을 늘 아파해오다가 이번에는 기어코 대과에 급제하여 동생의 한을 풀어주리라 다짐하고 있었다. 형제가 길을 떠나기로 한 것은 그해 7월 16일이었다.

이시명은 경당으로부터 이번 과거에 임하는 마지막 가르침을 마저 받은 다음 안동에서 서쪽으로 30리 가량 떨어진 풍산에서 만나기로 약속했다. 영해 인량리 집에서 출발한 이시청은 이틀 뒤인 7월 18일 오후 땅거미가 질 무렵에야 길에서 기다리던 아우와 만났다. 무더운 날씨를 무릅쓰며 서울로 향했다. 형제는 한 이불 속에서 자고, 밥도 한 그릇에 담아서 먹고, 길을 갈 때는 손을 내밀면 금방 붙잡을 수 있는 가까운 거리를 두고 앞뒤로 혹은 나란히 걸었고, 쉴 때는 나란히 앉아서 서로의 땀을 닦아주고 격려했다.

시청은 시명보다 열 살 위이기도 했지만 참으로 넉넉한 품성과 후덕함으로 동생들을 끔찍하게도 사랑하는 맏형이었다. 사실 4년 전에 시형이 죽은 뒤로 부친 운악은 지병인 소갈병이 악화되어 위급한 지경에까지 이르렀다. 그러자 시청이 밤낮 안 가리고 부친 곁에 머물면서 좋다는 약이란 약은 다 구해 와서 병을 치료하느라 애를 썼다. 허리띠 풀고 편안하게 잠자리에 들지 않고 부친 곁에 앉아 잠시 눈을 붙였고, 맛있고 좋다는 음식을 입에 대지 않았다. 그러기를 4년 꼬박 지내다보니 운악의 병세가 현저하게 나아졌다. 그제야 시청은 항상 마음속으로 잊지 못하고 다짐해왔던 죽은 동생과의 약속을 지키겠다며 서울길에 오른 것이었다. 평소의 우애로 서울 가는 멀고도 험한 길 위에서 새롭게 짙어지고 간절해진 것이다.

문경새재를 넘고 있을 때 시청에게 갑자기 기비氣祕 증세가 나타났다. 기가 통하지 않아 무력감이 나타나는 증세이다. 이시명의 생각에는 무더위에 계속하여 걸었기 때문에 날씨 탓으로 몸의 기 조절기능이 약해진 것으로 여겼다. 하룻밤 잘 쉬고 나면 괜찮으리라 여겼다. 그러나 날이 갈수록 나빠지기만 했다. 이시명은 날씨도 덥고 병도 심해지고 있으므로 목적을 포기하고 돌아가자고 권했다. 시청은 이번 알성시가 중요하다며 길을 재촉했다. 조금만 더 가면 서울에 닿을 터이고, 이까짓 작은 불편 따위로 오래 기다려온 알성시를 포기해서야 되겠느냐며 재촉했다.

결국 서울에 도착했다. 서울에서 의원을 찾아 치료한 지 며칠 만에 시청의 정신은 맑아지고 안색도 회복되어 과거장에 들어갔다.

형제는 무난하게 답안을 작성했다. 특히 시청의 답안은 문체가 매우 돋보이고 글의 정신이 빼어나서 틀림없이 좋은 결과가 있을 줄 알았다. 그러나 두 사람 다 낙방이었다.

시청은 안타까워했다. 아버지의 병환을 과거 합격으로 말끔하게 털어내고 싶었는데, 도리어 무거운 병을 얻게 되었다. 시청은 어버이를 떠나 천릿길 밖에 와 있어서 오래도록 뵙지 못하자 밤낮 애를 태우며 눈물짓곤 했다. 아우의 손을 붙들며 말했다.

"죽고 사는 것은 명命에 달렸지만 자꾸 슬퍼지는 것이 아낙네 마음같이 되는구나. 내 어찌 고향 멀리 병든 어버이께서 마을 동구에 나와 기다린다는 『전국책』戰國策의 고사를 모르겠느냐만, 인정이 이러한 데까지 이르고 보니 슬픔을 참기 어렵구나."

이시명은 울음을 속으로 삼키면서 형을 격려했다.

"형님의 병이 저의 병이요, 형님의 마음이 저의 마음입니다. 오직 믿는 것은 형님뿐입니다. 형님의 모습, 기상을 보아도 요절할 사람이 걸리는 병도 아니고, 고칠 수 없는 병이 들어 치료하지 못할 것도 아닙니다."

이시명은 형을 위로하면서 그 말에 자신도 위안을 삼고 싶었다. 서울에서 병 조섭을 잘하여 회복 기미가 보이면 집으로 돌아갈 계획이었으나 병은 자꾸 더 깊어졌고, 떠날 수도 머물 수도 없어 전전긍긍하다가 시간만 끌었다. 수레를 구하여 시청을 태우고 서울을 떠났다. 이틀 만에 경기도 용인에 도착하여 고을 원이 찾아준 처방서를 보고 약을 구해 와서 닷새를 머물 때 추석을 맞았다. 7월 16일에 집을 떠났으니 한 달이 지난 것이다. 객지에서 병을 얻어 명절을 보내자니 고향 생각과 병의 무거움이 겹쳤다.

가을 기운이 완연해졌다. 추풍령을 넘어서면서 시청의 기력이 점점 떨어지고 음식 양도 줄어갔다. 한밤중에 일어나 앉아 시명의 손을 잡고 울면서 말했다.

"내가 집으로 돌아가 병드신 어버이를 뵙지 못하겠구나."

이대로 길을 떠나는 것은 위험하므로 며칠 만이라도 안정을 취한 뒤에 떠나자고 권했으나 시청은 서두르자고 한다. 그러면서 안동 부근에서 의원을 하는 집안의 동생인 이중명李仲明에게 가면 치료할 수 있을 것이라고 했다.

이시명은 형의 말을 거스를 수 없어서 길을 재촉했다. 이중명의 집에 도착했을 때 시청의 병은 깊어진 뒤였고, 기력은 바닥을 드러냈다. 새벽닭이 울자 이중명이 달려가서 약을 처방해 왔으나 시청은 이미 의식을 잃은 뒤였다. 아무리 불러도 대답이 없었다. 남겨진 자식이며 아내, 그리고 무엇보다 존경하며 따르고 우러렀던 부모에게 무슨 말을 하고 싶은지 물어도 끝내 대답하지 않았다.

먼동이 터오지 않은 첫새벽에 시청은 눈을 감았다. 두 형제가 천리 밖 서울까지 과거시험 보러 갔다가 형은 길 위에서 죽고 동생만 살아남은 것이다. 4년 전에도 두 형제가 서울로 과거보러 가던 중 동생이 길 위에서 죽고 죽은 동생의 시신을 안고 돌아왔던 그 형이 다시 길 위에서 죽어, 이번에는 동생이 형의 주검을 안고 죄인처럼 돌아온 것이다.

이시명은 그토록 의지하고 따르던 두 형을 길 위에서 잃었다. 이시명의 통곡에는 두 형의 요절을 안타까워하는 아쉬움과 영별을 슬퍼하는 사정 말고 꿈의 좌절과 상실의 비탄이 내재해 있었다.[29]

이시명이 다시 경당의 사랑채에 온 것은 장사를 마친 10월 중순이었다. 경당은 이시명이 전해준 기구한 사연을 듣고 있다가 문득 운명에 대한 생각이 스쳤다. 경당은 『주역』을 깊이 읽었지만, 어떤 구절에도 운명에 대한 말은 나오지 않는다. 어쩌면 운명이란 '천명'이 아닐까 싶었다.

서애가 경당에게 큰 영향을 주었던 부분은 존심양성存心養性의 수양론이었다. '이른바 심이라 하는 것은 비록 일신 가운데 있을지라도 사실을 천하의 이理를 통해 통섭한다. 우주 안의 상하사방도 모두 심의 경계'라고 했다. 그러면서 마음의 수양은 마음에 주재가 있도록 하라고 가르쳤다.

마음의 주재란 무엇인가. 공자의 천天, 맹자의 천, 주자의 천, 퇴계의 천, 서애의 천은 모두 마음의 주재와 같은 인격화된 주재자를 인정하고 있지 않았는가. 그래서 종교적인 사상으로도 볼 수 있지 않았던가. 경당은 이 천을 경과 관계시켜 공부했던 것이다. 경당은 『중용』의 제23장, '경하면 마음이 비고, 마음이 비면 알차다. 알차면 나타나고, 나타나면 뚜렷해지고, 뚜렷해지면 밝아지고, 밝아지면 움직이고, 움직이면 변하고, 변하면 화化하게 할 수 있다. 오직 천하의 지극한 정성됨이 있어야 화하게 할 수 있으니'라는 구절을 좋아하고 자주 가르쳤다.

'변하면 화하게 할 수 있다'는 것을 경당은 중요하게 여겼고 딸에게 때때로 말해주었다. 경당은 운명이라 말하는 것을 수동적으로 끌려가고 받고 당하기만 하는 것이 아니라, 능동적이고 적극적으로 변화시켜 갈 수 있는 것이라고 여겼다. 이시명에게도 이 어려운 상황을 적극적인 자세로 변화시켜 갈 수 있다는 자신감을 갖게 도와주고 싶었다.

이시명이 당면하고 있는 집안 형편을 떠올려 보았다. 운악은 오랜 지병으로 누워 있고, 두 아들은 어버이보다 먼저 죽었으며, 며느리 두 사람은 어린 자식들을 데리고 과부로 남았다. 더구나 두 사람은 같은 무안박씨로 4촌 간이었다. 친정의 부친들은 모두 임진왜란 중에 활약했던 이름난 의병장들이었다. 셋째 아들과 혼인한 광산김씨의 친정아버지도 의병장이었다. 그 광산김씨가 스무 살을 갓 넘긴 나이로 죽고, 어린 두 자식을 껴안은 채 흐느끼는 셋째 아들의 모습은 더욱 처량했다.

첫째 며느리 무안박씨는 남편을 객지에서 죽게 한 책임이 자신에게 있다며 괴로워하였다. 장사 지낸 그날부터 남모르게 굶기 시작했다. 3년상 끝나는 날 자신도 이승을 떠날 계획을 세우고 있었다. 자결은 친정과 시댁 모두에게 부끄러운 죄를 짓는 것이어서 굶어 숨이 다하도록 준비하고 있었다.

살아남은 둘째 며느리 무안박씨도 무겁게 짓누르는 침울한 분위기를 극복하기 위해 애쓰지는 않았다. 손위 동서이자 사촌 언니가 괴로워하는 모습을 보면서 자신의 미래가 어떠해야 하는지를 골똘히 생각하고 있었다. 장계향은 아버지한테서 이시명의 가족사를 전해 들으면서 왜 자신이 그런 기구한 얘기를 듣게 되었는지 잠시 숙연해졌다.

운명의 소용돌이를 느꼈다.

제 6 장

나랏골의 꿈

나랏골에 터전을 잡다

이시명의 아버지 운악 이함은 꿈이 있었다. 외지고 척박하여 거친 고을 영해를 문화전통을 가진 곳으로 거듭 태어나게 하기 위한 꿈이었다. 운악의 할아버지 애1480~1561는 무안현감·함창현감·경주판관을 거쳐 울진현령을 지냈다. 영해의 큰 부호이자 대표적 지도자인 진성백씨眞城白氏 백원정白元貞의 무남독녀와 혼인한 뒤로부터 그 자손들이 영해에 터를 잡고 살게 되었다.

재령이씨 영해파의 출발이다. 애와 혼인한 진성백씨1485~1567는 친정아버지로부터 큰 재산을 상속받았다. 대략 1만 석 가량의 토지였는데 이 재산을 토대로 삼아 후손이 번창할 수 있었다.

애의 아들은 은보殷輔, 1520~80이다. 음직蔭職으로 부사직副司直을 지냈는데 첫 번째 부인 영가김씨永嘉金氏는 자식 하나를 낳은 뒤 일찍 죽고, 두 번째 부인 전의이씨全義李氏가 낳은 자식이 함이다. 운악의 꿈은 자신의 대에서 나라와 백성에게 좋은 업적을 남기는 인재를 키우는 일이었다.

운악의 어머니 전의이씨는 순응의 딸인데, 순응은 충의위忠義衛를 지냈다. '충의'란 공신의 자손으로 조직된 군대로서 3품까지 승진할 수 있었다. 운악은 어릴 적부터 어머니로부터 '충의'라는 말이 지니고 있는 뜻을 배우면서 자랐다. 나라 있는 백성이 얼마나 복된 것이며, 백성이 제가 태어나 사는 나라를 위해 일하는 것이 충이며, 나를 낳고 길러주신 부모의 은혜를 아는 것이 효라는 가르침을 받아왔다.

 백성을 편안하게 살도록 하는 것이 임금이요, 그 백성은 임금과 나라의 은혜를 잊지 않는 것을 충이라 하고, 자식을 낳아 잘 길러서 나라에 충을 바치도록 가르치는 것이 부모요, 그 부모의 은혜를 알아 형제와 이웃을 편안하게 지켜주고 헌신하는 것을 효라고 배웠다. 운악과 충효의 만남은 그렇게 이루어진 것이다. 은보는 평소 병을 앓았는데, 소갈증消渴症이라 부르는 병이었다. 목이 말라서 물이 자꾸 먹히는 증세를 보이는데 요즘 당뇨병과 같았다.

 아버지가 병석에 누우면 아들은 곁에서 떠나지 않고, 옷을 벗고 한가롭게 쉬는 적도 없었으며, 병에 좋다는 약을 구해 와서는 손수 달여 봉양하는 데 소홀함이 없었다. 아버지가 돌아가시자 묘소 곁에 움막을 짓고 3년 동안 여묘살이를 했는데, 이는 집안의 내림이 되었다.

 제 부모에게 지극한 효성으로 나고 들며, 이웃의 배고픔과 어려움을 못본 척하지 않고, 나랏일을 맡게 되면 정직과 성실로써 제 몸 돌보지 않고 헌신하는 것을 보람으로 아는 것도 이 집안의 전통이었다. 그럴 수 있었던 데는 넉넉한 살림이 큰 힘이 되어주었다. 재산이란 다스리는 사람의 마음가짐에 따라 독이 될 수도 있고 약이 되기도 한다. 운악은 효험이 좋고 누구나 구하기도 쉬운 약이 되게 하는 꿈을 꾸었다. 세상에 도움이 되는 인재가 되려면 재력보다 더 귀하고 소중한 것이 스승을 구하는 일임도 알고 있었다. 좋은 스승을 알아보기 위해서는 학문의 전통을 잘 익히는 것보다 중요한 것이 없음도 일찍부터 깨닫고 있었다.

영해에는 이 같은 꿈을 이루는 데 필요한 학문전통이 너무 빈약했다. 그런 사정을 극복하기 위하여 그 스스로가 일찍부터 안동 퇴계의 태산 같은 그늘로 들어가려 애쓴 것이다. 아무리 길이 멀어도 바른 학문의 전통에 맥이 닿아야만 사람다운 사람이 될 수 있다는 깨달음을 실천하기 위해서 2백 리 길을 걸어서 학봉의 형제들과 교류하기 시작했던 것이다. 그 과정에서 장흥효도 만날 수 있었고, 김해도 만날 수 있었다.

큰아들 시청은 박홍장朴弘長, 1558~98의 딸에게 장가들었다. 박홍장은 본래 무관이었다. 1596년 대구부사大邱府使로 있을 때 유성룡의 추천으로 통신부사가 되어 정사正使 황신黃愼과 함께 강화의 중책을 띠고 일본에 갔다. 도요토미 히데요시가 조선 사절을 멸시하여 국서에 답을 하지 않았으나 조금도 굴하지 않고 국가의 체면을 욕되지 않게 행동하여 칭송받았다.[1]

둘째 아들 시형은 박홍장의 형 박의장朴毅長, 1555~1615의 딸과 혼인했다. 박의장은 1579년 무과 급제자이다. 김언기의 제자로서 경사經史에도 밝은 문무를 겸한 인물이다. 1588년 진해현감, 1592년 경주판관을 지냈는데 이때 군사를 이끌고 병마절도사 이각李珏과 함께 동래성 탈환작전에 참전했다. 이각이 퇴각하자 그의 비겁함을 준엄하게 꾸짖었다. 결국 이각이 처형되자 대신 박진朴晉이 병마절도사로 파견되어 전투를 지휘했다. 이때 박의장은 박진을 도와 경주성 탈환작전에 참전했다.

1593년 대구 파잠전투·울산전투에서 승전하여 경주부윤 박진

이 초산전투·안강전투를 거쳐 1594년 양산전투·언양전투·기장전투를 이끌었다. 1597년에는 다시 영천전투, 1598년 박도산전투를 승리로 이끌어 1600년에는 경상좌도 병마절도사가 된 뒤에 안동부사·경상좌병사를 거쳐 경상수사를 지냈다. 다섯 차례의 병사를 지내는 동안 청렴하고 근신하기가 한결같았다.[2] 박홍장과 박의장은 모두 영해 사람이다.

셋째 아들 시명은 안동 예안의 이름 있는 문중이자 퇴계 학맥의 향기를 지닌 김해의 막내딸과 혼인시켰다.

넷째 아들 시성은 사재감정司宰監正 황대인黃大仁의 딸과 혼인시키면서 가문의 문화와 학문전통을 세우기 위한 노력을 기울여왔다.

운악의 가문 중흥을 위한 계획은 치밀하고 은밀했다.

나랏골에다 터전을 닦은 것은 입향조入鄕祖 애였다. 아름드리 소나무가 울창한 뒷산을 등지고 툭 트인 들판을 향하여 마흔 칸을 품은 집을 지었다.[3]

집은 마치 부챗살처럼 펼쳐진 곡식창고 같은 들판을 호령하는 부채 손잡이 자리에 자리 잡은 것처럼 보였다.

나랏골이란 이 마을 뒷산의 생김새가 학이 날아가는 모습이라 하여 나랫골 또는 익동翼洞·비개동飛蓋洞이라 하다가 그 음이 변하여 나랏골 또는 국동國洞이라 하였다는 설과 관련된 것으로 보인다.[4]

나랏골에다 터전을 마련한 애는 여덟 살 때 아버지를 여의고 중부仲父이신 중현仲賢이 영해부사로 부임할 때 책방冊房으로 따라왔다. '책방'이란 조선왕조 때 고을 원의 비서 사무를 맡아보던 사람을 말하는데, 『경국대전』 등 관제官制에 공식적으로 편제되어 있는 것이 아니고 사사로이 임용하였다. 책실冊室 · 책객冊客이라고도 불렀는데 그때 나이 16세였다.

중현이 영해부사로 부임한 해는 연산군 3년1497인데 그 당시 시행된 사만제도仕滿制度에 의하면 수령의 임기는 5년, 방백方伯은 1년이었다. 따라서 중현이 임기를 마치고 영해를 떠난 것은 1년 만인 1498년이었고, 영해부사 재직 중에 영해의 부호인 백원정에게 조카를 사위로 들이도록 주선한 것이다.

중현이 내직으로 옮겨간 뒤 백원정의 사위가 된 애는 처가에 살면서 벼슬길에 나갔다. 중현은 조카에게 나랏골에 마을을 이루면 장차 번창할 것이라고 당부했고, 그리하여 나랏골을 개척하게 된 것이다.

운악이 성장한 뒤인 1602년, 그의 조부가 지었던 마흔 칸짜리 낡은 건물을 허물고 그 위에다 다시 앉힌 것이 지금의 충효당이다. 이때 운악은 48세였고 벼슬길에 나가 있었다. 이 건물을 완공한 것은 착공 2년 뒤인 1604년인데 이로부터 3년 뒤 운악은 의령현감으로 부임했다. 그때 충효당을 한가운데 앉히고, 왼쪽에는 사랑채, 오른쪽에다 안채를 앉혔다. 사랑채 뒤쪽 비탈에다 사당祠堂을 배치하고 주위에는 대밭과 소나무 숲을 둘렀다.[5]

충효당이란 이름은 운악이 지어 불렀고, 글씨는 중국 명나라 태조太祖, 1328~98인 주원장의 글씨라고 전해지고 있다. 입에서 입으로 전해진 것처럼 명나라 태조가 친필로 쓴 것이 아니라 태조가 쓴 글씨 중에서 한 자씩 집자하여 재구성한 것으로 보는 견해도 있다.

나랏골. 지금의 경북 영덕군 창수면 인량리이다.
철탑이 있는 능선 오른쪽으로 뻗어내린 두 번째와
세 번째 봉우리 아래에 충효당이 있었다.

충효당 앞의 은행나무는 운악이 심은 것으로 전해진다.

재구성한 '충효당'은 다시 인본印本되었는데, 이것을 운악이 중국 사신으로 가는 사람에게 부탁하여 손에 넣은 것으로 보는 것이다. 인본 '충효당'은 서당栖堂 북쪽 벽 위에 붙어 있었는데, 세월을 타서 종이가 낡고 글자 획이 훼손되자 6세손 일송一松이 선본善本을 찾아 새롭게 각을 해서 당堂에 걸고는 운악의 증손 재栽, 1657~1730가 기문記文을 써서 함께 달았다.6

이렇듯 운악은 집안을 번창시키기 위한 계획을 실천했다. 자손들에게 충군효친의 마음을 지니고 살도록 '충효당'이라 이름한 다음, 자손들의 교육을 위해 만 권의 책을 모으기로 하고 '만권당'萬卷堂이란 이름을 사랑채의 당호로 삼았다. 책을 만드는 데 드는 종이를 마련하기 위하여 수십 마지기의 밭에다 닥나무를 심었다. 그곳을 저곡楮谷이라 하여 넷째 아들 시성이 관리하게 했다.7

사위가 되어주기를 청하다

그런데 일이 틀어지고 있었다. 그토록 남모르게 기원하며 애써왔던 가문 중흥이 위기를 맞은 것이다. 이시명은 스승인 경당한테 그의 아버지가 꾸어온 꿈을 얘기했다. 아들들의 혼인을 통해 가문의 문화전통의 깊이와 폭을 더해가려던 아버지의 꿈이 좌절되고 있다면서 눈시울을 적셨다. 만권당에 대한 집념, 닥나무골을 가꾸어가려던 원대한 소망, 도토리나무를 심어 흉년을 대비하고 있는 인간에 대한 아버지의 깊은 사랑이 흔들리고 있다며 안타까워했다.

경당은 그 꿈이 정녕 옳고 바른 것이라면 반드시 이뤄질 날이 있지 않겠느냐며 제자를 위로했다. 그리고 겨울이 깊었다. 인욕人欲

은 막기 어렵고 천리天理는 잃기 쉽다. 이利를 따르기는 매우 어렵고 욕欲을 따르기는 매우 쉬운 것이다. 욕심을 항복받을 수 있다면 그 자체가 하늘의 이치를 실천하는 것일 터이고, 하늘의 이치를 깨달아 실천한다면 욕심은 아예 생겨나지를 않을 것이다.

경당은 이시명을 마음에 두고 있음이 욕심인지 천리를 따르는 데서 생겨난 것인지를 생각해보았다. 우선 이시명의 맑고 깨끗한 기질은 쉽게 만날 수 없는 사람이다. 영특하면서도 강건한 성품을 대하니 학문하는 사람으로서는 곁에 두고 가르쳐보고 싶었다. 그리고 장계향을 떠올려 보았다. 이시명이 상처한 사내가 아니라면 감히 엄두도 낼 수 없었을 텐데, 그에 대한 욕심이 마음 한자락에서 생겨나고 있었다.

생각은 빠르게 나아가고, 오르고 넓어졌다. 장계향의 나이 벌써 열아홉 살, 아내 안동권씨가 근년 들어 줄곧 병석을 떨쳐내지 못하여 딸의 혼기가 늦어지고 있었다. 아내는 딸자식한테 못할 일 한다며 애를 태웠다. 지금 장계향을 출가시키면 집안일이 곤경에 놓일 것이다. 그렇다고 해서 언제까지 붙들고 있을 수만은 없는 것도 사실이었다. 영민하고 고요하며, 천리를 궁구하고 경을 아는 딸이어서 가능하다면 사윗감을 제자로 삼아 한집에서 데리고 살았으면 싶을 때도 많았다.

사람 일엔 욕심이 앞서기가 쉬운 법. 자신을 나무라면서도 이시명에 관한 상념이 끊이질 않았다. 좀 더 적극적으로 생각해보았다. 운악이 지금껏 펼쳐온 생각들은 경당이 보기엔 욕을 따르기만 한 것이라고는 보지 않았다.

충효당. 경북 영덕군 창수면 인량리에 있다.

충효당.

심오하고 치밀한 인생 계획임이 분명했다. 만약 두 아들이 길 위에서 객사하지 않고, 이시명이 상처하지 않았으며, 두 아들이 모두 대과에 급제하여 벼슬길에 나가고, 이시명이 형들 뒤를 밟아 나갔더라면 분명 나라 안에서도 손꼽히는 명문가 반열에 올랐을 것이다.

절반은 넘게 오른 산봉우리에서 그만 굴러떨어진 형국이었다. 남의 일이지만 안타깝고 또 억울했다. 아들자식 키워보지 않았지만 웬만한 재능을 지닌 사람이라면 쉽게 공감이 가는 일이기 때문이다.

만권당, 닥나무 밭, 충효당, 그리고 노장사상에 능통하며 성리학의 폐단인 공리공담과 관념적 이상론에 대한 해결방안을 제시하여 배척을 당했던 과거시험 답안지를 썼던 운악은 정녕 실사구시 철학이라 할 수 있는 큰 지혜를 터득한 인물임이 분명했다.

현실 정치는 강을 어떻게 말할 수 있는가 하는 것보다 강에 사는 물고기를 어떤 방법으로 잡아서 먹을 것이며, 물고기를 계속 잡기 위해서는 강을 어떻게 관리해야 하는가를 궁리하고 실천하는 것이다. 운악은 이상적인 사람이면서도 그 이상을 현실화시키는 방법을 운용할 수 있는 사람인 것 같았다. 분명 따르기 쉬운 인욕을 선택하여 천리를 가벼이 여기는 사람이 아니었다.

인욕에 이끌려서 살아온 사람이 아니라면 지금 당장 슬픔을 겪고 있을지라도 천리가 펼쳐지는 기쁨이 반드시 있을 것이라 여겨졌다. 아내 안동권씨에게 이시명 얘기를 건네봤다. 아내는 남편을 믿고 살았다. 남편은 있는 것은 있다 하고, 없는 것은 없다 하며,

작은 것은 작다 하고, 큰 것은 크다고 했다. 그다지 틀리게 말하거나 행동한 적이 없었기에 믿고 살았다. 아내는 이시명이 어떤 사람으로 보이더냐고 물었다. 경당이 아내와 어떤 사람을 평가할 때 늘 예로 드는 세 가지 품品 중에서 어디에 비교할 만하느냐는 것이었다.

기氣는 청淸한 것과 탁濁한 것이 있고, 질質은 수粹한 것과 박잡駁雜한 것이 있다. 청한 것이 지극한 사람은 나면서 절로 아는 사람이며, 청한 것이 많고 탁한 것이 적은 사람은 배워서 아는 사람이며, 탁한 것이 많고 청한 것이 적은 사람은 막히게 되자 비로소 애써서 아는 사람이다.

수한 것이 지극한 사람은 편안하게 행하는 사람이며, 수한 것이 많고 박한 것이 적은 사람은 유리하게 행하는 사람이며, 박한 것이 많고 수한 것이 적은 사람은 힘을 써서 행하는 사람이라는 경당 특유의 철학이 있었다.[8]

아내는 경당의 대답을 듣고 싶어 했다. 경당의 대답을 따를 터였다. 경당은 망설여졌다. 그렇게 사흘이 지났다. 안동권씨는 딸에게 이시명에 관한 얘기를 들은 대로 했다. 한 가지 덧붙인 것은 이시명이 본댁과 사별한 것이 마음에 걸린다는 말이었다. 장계향은 아무 말도 하지 않았다. 사흘 뒤 경당이 아내에게 대답했다. '배워서 아는 사람'이고 '유리하게 행하는 사람'으로 보이더라는 것이었다.

그날 경당은 딸과 아내에게 다시 이시명에 대해 얘기했다. 이번에는 기량, 즉 재간과 도량론이었다. 교만이 많으면 그 기량이 좁고 작으며, 겸손하여 마음을 비우면 그 기량은 넓고 크다. 기량은 네 등급으로 나눈다. 하늘과 땅 같은 기량, 큰 강 같은 기량, 못 같은 기량, 술잔 같은 기량이 있다. 현사賢士에도 네 등급이 있다. 천하의 현사, 한 나라의 현사, 한 고을의 현사, 한 동네의 현사.

이시명은 큰 강 같은 기량이요, 한 나라의 현사 정도는 됨직해 보인다. 그리고 무엇보다 운악이 준비해놓은 꿈을 담을 그릇이 웅대하고 욕심이 없어 보인다. 욕심을 가두기 위한 연못이 아니라 현자를 키울 큰 강을 열어두고 있다. 연못에는 밖에서 새로운 물을 흘려 넣지 않으면 반드시 썩게 되지만, 큰 강은 제 스스로 흐르면서 바다에 가 닿는 것이다. 그러면서 딸에게 시간 말미를 줄 터이니 생각해서 답해주면 좋겠다고 하며 방을 나가기 전에 이런 말을 덧붙였다.

"고인古人의 시에 이런 말이 있다. '성문聖文의 사업은 원대하여 붙잡기 어려우니 입지立志하기를 반드시 옛날 공자 문하의 안연 같게 해야 할 것이다. 샘물이 나기도 전에 우물 파기를 포기한다면 산을 만들다가 한 삼태기의 흙이 모자라서 산을 만들지 못하는 것과 같다'고 했다. 네가 고인같이 입지하기를 나도 바라고 너도 바라야 할 것이다."[9]

이 말은 경당이 딸에게 여러 번 들려준 것이었다. 경당이 평생을 통하여 경을 실천하려던 자기 자신에 대한 격려이자 최면과도 같았다.

동짓달 초순에 이시명이 또 왔다. 운악에게 경당 이야기를 하였더니 놀라워하면서 정중한 안부를 물어달라고 했단다. 좋은 시절이 오면 영해로 초청하고 싶다는 인사도 전해 받았다.

그날 경당은 이시명에게 혼담을 먼저 꺼냈다. 이시명은 당황해 아무 말도 못한 채 묵묵히 듣기만 했다. 경당은 솔직하게 말했다. 계향이 외동인데다 내외의 나이도 많아 제자 한 사람을 집에 들이면서 사위로 삼는 복이 있었으면 하는 소망을 가져왔노라고. 뜻대로 되는 일이 많지 않듯이 자신도 그 일로 걱정하고 때로는 비애감을 맛본 적도 있다 했다. 이시명을 경당 문하에 들인 제자 신변에 사변이 생겼으니 그 대책으로 경당의 마음이 제자의 혼사로 기울고 있으며, 부디 허물이 아니기를 바란다고 했다.

이시명은 고개를 들지 못한 채 돌아가서 운악의 대답을 듣고 따르겠다고 했다. 이틀 뒤 운악이 사람을 보냈다. 간략한 인사편지를 부쳤는데, 학봉의 존귀한 인연이 어려움을 당한 동문을 구원해 주어 고맙기 그지없으며, 혼담에 관한 일은 너무나 황감하여 아무 말도 할 수 없다고 했다. 심부름 온 사람은 곧 중매인인 셈이었다. 그가 돌아갈 때 경당도 답신을 보냈다. 오고 간 두 장의 편지는 조선 중기의 혼인제도에서 정하고 있는 '의혼'議婚으로 볼 수 있을 것 같다.[10]

조선의 혼례

의혼은 사례四禮, 즉 의혼議婚·납채納采·납폐納幣·친영親迎으로 구성되는 혼인의 첫 단계이다. 주혼자가 중매인을 통해 피후견인의 배우자를 선정하고, 양가의 주혼자가 혼인을 구두로 약정한다. 의혼은 납채·납폐·친영과 달리 혼인의식의 하나라기보다는 혼인 과정의 한 단계일 뿐이어서 구체적인 절차나 형식을 지정하기는 어렵다. 납채·납폐·친영은 마땅히 의혼을 전제로 한 것이므로 사례를 바탕으로 한 것이라 볼 수 있다.[11]

17세기 혼인제도는 그 이전과 이후로 상당한 변화가 있었다. 조선왕조의 혼인제도는 근본적으로 『주자가례』朱子家禮에 의존하여 시작되었다. 『사례편람』四禮便覽·『국조오례의』國朝五禮儀 등에서 중국과 조선 풍속의 차이를 들어 『주자가례』의 규정과 다른 조선 특유의 풍속을 더 소중하게 여긴 제도들이 시행되기도 했다.

조선의 전통 혼인제는 '남귀여가제'男歸女家制였다. 이 제도의 가장 큰 특징은 혼례 첫날 저녁에 신랑이 처가로 가서 동침한 후 3일째 되는 날에야 부부가 상견례를 하고, 남자는 처가에서 혼인생활을 시작하는 것이다. 그래서 이 제도를 '서류부가제'壻留婦家制, 즉 사위가 부인의 집에 머물러 사는 제도라고도 불렀던 것이다.

이와는 달리 『주자가례』에서 정하고 있는 것은 '친영례'親迎禮인데, 이는 신랑집에서 혼례 첫날 상견례를 하고, 그곳에서 혼인생활을 하는 것이다.

남귀여가제 전통은 16세기까지도 존속되었는데 16세기 말을 고비로 17세기 이후에는 혼인 습속에 변화가 일어났다는 것이 종래의 공통된 견해였다. 명종 대에 나타난 '반친영'半親迎제도는 남귀여가제도와 뒤섞인 것이다. 성리학을 신봉하는 사대부들이 처가에서의 신혼생활을 전제로 하여 『주자가례』의 친영례를 접목시키려는 방도로 나타난 것이었으나 끝내 정착되지 못했다.[12]

일단 조선 사람의 전통혼례를 대표하는 '남귀여가제' 혹은 '서류부가제'의 혼인 절차를 살펴보기로 하자. 『경국대전』, 「예전」, 혼가조; 『연려실기술』, 「별집」, 권120; 『대동야승』, 권57; 『증보문헌비고』, 권89 등

남귀여가제

혼인 첫째 날

1. 사위가 종자를 데리고 처가에 도착한다. 이 장면을 '혼석'昏夕·'영서지석'迎壻之夕·'길석'吉夕 등으로 표현한 것으로 보아 보통 저녁 무렵에 도착했을 것이다.
2. 사위는 자신의 아버지와 함께 온다.
3. 혼인 첫날 저녁 처가에서 성찬을 차려 종자를 대접한다.
4. 신랑은 부부를 상징하는 기러기 한 쌍을 가져오며, 횃불을 여기저기 설치하는 것 말고 별다른 의식을 치르지 않았다.
5. 사위는 은으로 장식한 허리띠를 두르고, 신방에는 담요와 자리를 깐다.
6. 신부와 동침한다.

혼인 둘째 날

1. 처가의 친척들, 신랑의 친구, 기타 하객에 대한 잔치를 벌인다.
2. 고려 말부터 시작된 의식으로 '남침'覽寢이라 부른다.

혼인 셋째 날

1. 신랑 신부를 위해 유밀과상油蜜菓床을 차려 연향한다. 이것을 '대탁'大卓이라 부르며 음식의 높이가 거의 한 자에 이르게 한다.

2. 이날 비로소 부부가 상견례를 한다.
3. 상견례는 합환주를 함께 드는 '합근례'合卺禮, 함께 음식을 드는 '동뢰연'同牢宴과 같이 이루어진다.
4. 3일 만에 부부가 비로소 얼굴을 마주보고 음식을 함께 든다. 이를 '삼일대반'三日對飯이라 한다.
5. 신랑과 신부에 대한 연향을 마치고 남은 음식은 시댁에 보낸다.

3일 동안의 혼인 절차가 모두 끝나면 신부가 시부모를 찾아뵙는다. 이 날은 '초알구고지일'初謁舅姑之日이라 한다. 문제는 이 '초알구고지일'이 구체적으로 언제쯤인지는 규정하지 않고 있어서 지방·가문에 따르거나 또는 사정에 따라 달라질 수 있었던 것으로 보인다.[13]

신부가 시집에서 살기 위하여 시댁으로 들어가는 '신행'新行에서의 '구고지례'와는 별개의 의식이다. 따라서 '초알구고지일'에는 대규모의 거마와 종복들을 거느리고 술과 찬거리를 비복들이 이고 가는데, 시댁에서도 지대支待에 상당한 비용을 들이는 등 가세를 과시하기 위해 재력을 들이기도 했다.『세종실록』, 권36, 9년 4월 임술조

이러한 제도에 따르는 성혼 절차는 16세기에 이르러 일부 양반 사대부층에 의해 '반친영'이라는 이름으로 조금 변형되어 치러졌다. '반친영'이란 것도 친영례 의식 일부를 채용한 것일 뿐이다. 신부가 계속 친정에 거주하고 신랑도 신부를 따라 처가에 거주하는 거주제와는 무관하여 내용으로 볼 때는 '서류부가제'를 부정하는

것은 아니었다.

여기서 서류부가혼의 특징을 좀 더 선명하게 정리해보면서, 친영례와 비교해보기로 한다.

서류부가혼

1. 여자 집에서 혼례를 치를 뿐 아니라 남자가 여자 집에서 거주한다.
2. 부부로서 동침을 하고 향연을 베풀고 난 3일째 되는 날에야 혼례상견지례를 치른다.
3. 혼례가 끝난 후 날을 정해 음식과 노비를 갖추어 '구고지알'을 한다.

친영례

1. 남자 집에서 혼례를 치르고 남자 집에서 혼인생활을 한다.
2. 혼인 당일에 상견지례를 하고 동침한다.
3. 혼례 다음날 '구고지알'을 하는데, 이때 신부집에서 찬을 갖추어 와서 시부모를 공궤한다.

반친영

1. 여자 집에서 혼례를 치르되, 서류부가혼에서 3일째에야 행하던 상견지례를 혼인 당일에 한다.
2. 혼인 3일 후 적당한 날을 잡아 행하던 '구고지알'을 혼인 다음날 한다.

조선 중기의 혼례기록

시기	혼례형태	혼인 당사자	근거	혼인 후 거주지
명종 12년	3일 상견례	율곡 이이	『묵재일기』, 권7	처가 거주
중종	당일 상견례	화담 서경덕의 아들	『매은집』, 권5, 예제	처가 거주
명종~선조	당일 상견례	남명 조식의 자녀	『춘관통고』, 권52, 가례사혼례	친영례로 점점 회복됨
중종~명종	당일 상견례	퇴계 이황의 자녀	『퇴계집』, 권39, 서답정도가문목	사람들이 옛 풍속을 버리려 하지 않는 덕을 지니고 있음
선조 12년	친영례	한강 정구의 질녀	『귀암집』, 권7, 여헌 장선생 행장	친영례에 따름
선조	친영례	근시재 김해의 딸	『근시재문집』, 권4, 근시재 김선생 행장	친영례를 따르지 않은 세속의 폐단을 꾸짖고 선생은 개연히 친영례를 행하였음

중종 때부터 일부 성리학자들에 의해 남귀여가제의 3일 상견례를 당일 상견례로 바꾸어 시행하는 경우가 있었다. 큰 틀에서의 조선 전통혼례방식인 남귀여가제 혼례를 그대로 따르면서 당일 상견례를 중요시하는 친영례로 바꾸는 데 영향력을 미친 것이다.

이 과정에서 명종 4년 예조판서 윤개가 남귀여가제 혼례절차인 3일 상견례가 오래된 풍속이므로 이를 국가에서 새로 법령을 만들어서라도 당일 상견례로 바꿀 것을 청했다.『명종실록』, 권9, 4년 4월 신축조 그러자 이황은 3일 상견례가 오래된 습속이어서 당일 상견례로 바꾸려 해도 따르지 않으려는 자가 많을 것임을 걱정했다.『퇴계집』, 권33, 서답구경서 결국 조선 중기 이후 서서히 3일 상견례 대신 당일 상견례로 변해갔다. 이 같은 변화의 조짐 속에서 당시 조선의 대표적인 인물들은 어떤 방식으로 자식들의 혼례를 치렀는지 기록을 보기로 하자.[14]

명종 때 이후의 혼례 형태는 남귀여가제가 지속되는 가운데 3일 상견례가 당일상견례로 바뀌는 추세였다. 친영례의 핵심 중 하나인 '구고지례'는 거리와 의식에 따른 물심양면의 부담 때문에 실현되지 못했던 것으로 보인다. 이 문제는 개인 사정에 따라 혼인 3일 뒤 곧바로 신행을 하게 됨으로써 해결되었다. 양반 사대부들이 남귀여가제를 고치자고 한 가장 큰 이유는 '개인의 사정을 앞세우고 예의는 뒤로 한' 3일 상견례가 무례하기 그지없는 것이라고 본 데 있었다. 여자한테 예절도 안 차린 채로 동침을 하고, 그것도 사흘이나 지나서 상견례를 한다는 것은 예의에 안 맞다는 것이다. 따라서 혼인 첫날 상견례를 마치고 동침을 한다면 예절에 어긋나지 않는다는 것이었다.

혼례를 올리다

장계향은 아버지와 어머니 앞에서 이시명과 결혼하겠노라고 말했다. 아버지가 이시명을 제자로 받아들인 것은 스승과 제자 간의 일이지만, 이 관계에서 비롯된 혼인이기 때문에 아버지가 가질 수도 있는 딸에 대한 미안한 마음을 해소시켜야 한다고 여겼기 때문이다. 또한 어머니가 속마음에 담고 있는 재취혼인에 대한 아쉬움도 위로해야 했다. 무엇보다 장계향 자신이 이시명과의 혼인을 어떻게 받아들이고 있는지를 밝혀두는 것이 중요했다. 부모의 뜻이기 때문에 무조건 따르는 것이 아니라 자신의 마음이 먼저여야 한다고 여겼다.

인간의 외로움을 예로 들었다. 대개 사람은 혼자 있을 때 외로움을 느낀다. 외로움을 덜거나 잊어버리기 위하여 사람을 만난다. 그러면 조금은 덜하거나 해소되기도 한다. 사람을 만나는 것으로 외로움이 완전히 없어지는 것은 아니다. 그런데도 사람들은 외로움 때문에 사람을 사귀거나 부부가 되기도 한다. 부부가 된 뒤에도 외로움은 그대로일 경우가 많다. 사람을 만나고 있는 중에도 외로움을 느끼기도 한다. 수많은 군중 속에서도 외롭고 고독한 마음은 생긴다. 오히려 그 강도가 더 클 수도 있다. 결국 외로움이란 마음의 문제이다. 마음은 사람과의 관계로 인해 영향을 받는 것은 틀림없지만 마음 그 자체는 변하지 않는다. 두려움·증오심·존경심·만족감·상실감·기억·소유욕·좋고 나쁜 판단 등 인간 내면세계를 움직이는 마음은 몸이나 인간관계만으로는 정확한 파악이 불가능한 것이다.

심학의 핵심은 바로 그 문제라고 생각했다. 성리학자들은 국가·정치·제도·왕·사대부·백성·토지·기후·음식·신분·성인군자·역사·천문 등을 대상으로 삼아 인간이 편안하고 행복할 수 있는 최적의 요건이 무엇인지를 연구해왔다. 그 연구방법 중 한 가지가 심학, 즉 마음의 본질을 탐구하는 것이다. 그 마음을 어떻게 보고, 어떻게 뜻대로 움직이고, 관리할 수 있을 것인지 그 방법으로 생각해낸 것이 경敬의 문제였다. 경의 철학은 묘용妙用함으로써 인간이 어떻게 변화하며, 그 변화는 유교경전들이 지닌 학문적 효용을 어떻게 발전시키고 인간생활을 편안하게 해줄 수 있는지를 생각하는 것이 심학의 궁극 목표이다.

혼인은 인간의 역사에서 가장 먼저 문화를 만들어냈다. 부부·자식·가정·사회·국가로 이어지는 윤리·도덕의 체계를 만들어낸 것도 혼인이다. 문제는 남자와 여자라는 몸의 결합과 떨어짐이 아니라 각각의 마음이다. 몸은 마음의 움직임에 따라 반응하는 생물체이기 때문이다. 따라서 혼인 상대자와 관계된 모든 조건, 즉 신분, 재산, 가문의 역사, 가족 구성의 실제 등 주로 외부로 드러나 있는 것들을 혼인의 조건으로 삼는 것은 곧 외부의 것들과 거래하는 것이지 마음의 문제는 아닌 것 같다는 뜻을 말했다. 그러니 남은 문제는 이시명이라는 사람에 대한 것이었다.

장계향은 이렇게 생각했다. 어두운 밤에 길을 가는 경우를 예로 들었다. 캄캄한 밤길에는 주변이 안 보인다. 등불을 들었더라도 아주 가까운 곳만 간신히 볼 수 있다. 그런데도 밤길을 가는 이유는 목적이 있기 때문이다. 이시명과의 혼인을 밤길 가는 이유와 연결시켰다.

"모든 것은 저 자신에게 부끄럽지 않으면 된다고 봅니다."

이제 혼인절차를 밟는 일만 남았다. 나랏골의 운악과 춘파의 경당은 굳이 시대의 습속이나 제도의 찬·반 입장을 떠나 혼인하는 두 사람의 행복을 위해 꼭 필요한 일들만 챙기고 따르며 함께 기뻐했다. 다만 성혼의 절차는 뒷날 후손들의 존엄을 생각하여 그 당시 사대부들이 지향하는 당일상견례를 따랐다.

이시명이 광산김씨와 혼인할 때는 『근시재문집』에 기록된 것과 같이 친영례를 따랐다. 혼인 첫날 이시명이 예안 근시재 댁으로 와서 신부를 데리고 영해 나랏골로 가서 상견례를 올리고 나랏골 충효당 오른쪽 안채에서 첫날밤을 맞았다. 그리고 다음날부터 충효당 생활이 시작되었다. 혼인 사흘 뒤에 근시재 댁의 어른들을 충효당으로 초청하여 잔치를 벌였는데 이 또한 친영례에 따른 예법대로였다.

그날 신랑과 신부는 근시재 댁에서 온 어른들에게 인사를 하고, 특히 광산김씨의 친정 부모 위치에 있는 어른들은 광산김씨로 부터 이별의 인사를 받았다. 그 자리는 운악이 마련한 자리로서 사돈을 위로하는 뜻을 지닌 매우 각별한 자리였다.

춘파 경당가에서 올린 혼례는 퇴계의 경우를 따랐다. 혼인 첫날 상견례를 치르고 신부가 태어난 방에서 첫날밤을 보냈다. 3일 동안의 혼례가 끝난 다음날 신랑 신부가 영해의 나랏골로 '신행'길에 올랐다. 1616년 동짓달 스무닷새 날이었다.

충효당 시대를 열다

시집 간 지 사흘 만에 부엌에 들어가서
손 씻고 국을 끓였는데

아직 시어머님 식성을 몰라서

소부를 먼저 보내 맛을 보시게 하였네[15]

三日入廚下　洗手作羹湯

未諳姑食性　先遣少婦嘗

당나라 시인 왕건王建, 768~830이 지은 「신가랑사」新嫁娘詞, 새색시의 노래를 장계향이 인용한 것이다. 네 번째 줄의 네 번째 글자인 '부'婦는 왕건의 시에서 '고'姑로 된 것을 장계향이 바꾼 것이다. 왕건의 시는 '소고'少姑라 되어 있어서 '시누이'가 되는데, 장계향이 바꾼 시에는 '소부'少婦라 했다. 여기서 '소부'란 시댁 며느리 중 한 사람을 가리킨 것은 분명한데 누구인지는 분명하게 밝혀져 있지 않다.

일단 장계향 자신은 제외된 것이 분명하다. 그렇다면 시댁의 며느리 중 누구일까. 장계향이 나랏골 충효당으로 시집갔을 때 충효당에는 세 명의 며느리가 있어서 장계향을 포함하여 모두 4명이었다. 큰 며느리 무안박씨, 둘째 며느리 무안박씨, 그리고 죽은 시청의 큰아들 신일의 아내인 한양조씨가 먼저 시집을 와 있었다. 신일은 장계향과 나이가 같았다. 이 세 사람 중에서 누가 장계향이 끓인 국을 시어머니 진성이씨에게 들고 가서 사정 얘기를 아뢰고 국의 맛을 보도록 하는 임무를 맡았을 것인지 궁금하다. 큰며느리 무안박씨는 그때 몹시 예민한 상태로 음식 먹는 것을 기피하는 중이어서 부탁하기 어려운 실정이었고, 둘째 며느리 무안박씨도 손윗 동서였으므로 쉽지 않았을 것이다. 거기에 비해 신일의 아내 한양

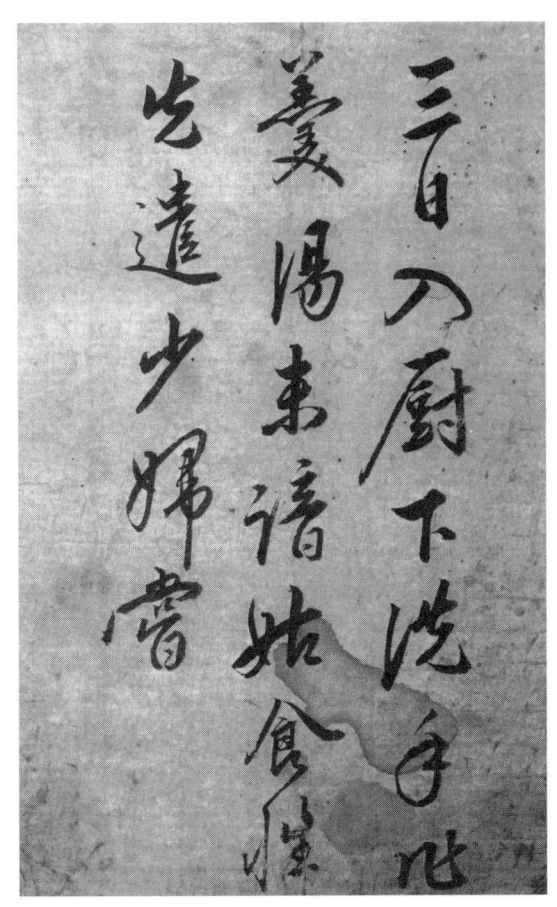

왕건의 「신가랑사」를 장계향이 인용한 시.
『음식디미방』에 수록되어 있다.

조씨는 손아래 조카며느리가 된다. 숙모 장계향으로서는 손위의 두 동서보다는 나았을 것으로 짐작된다.

이 시에서 쓴 '소부'는 비록 왕건의 시를 인용하면서 고쳐 쓴 글자이지만 상징성은 크다. 원래의 시는 새댁이 처음으로 시댁 부엌에 들어가서 겪게 되는 미묘한 감정을 소박하면서도 간명하게 드러낸 아름다운 작품이다.

시인 왕건은 사회적 모순과 인민의 질고를 반영한 시를 즐겨 썼다. 자연스럽고 통속적인 언어와 현실적인 악부시樂府詩 외에 아름답고 짧은 시, 흔히 '소시'小詩라고도 부르는 시들은 많은 사람들에게 널리 암송된 것으로 유명하다.

장계향도 한때 읽었던 시편들 중에는 왕건의 「망부석」·「아무리 베를 짠들」·「십오야 밝은 달」·「쌀쌀한 가을」·「늙은 농부의 노래」 등을 즐겨 외웠다. 「신가랑사」도 그때 외웠던 것 중 하나이다.[16]

다시 '소부' 문제로 돌아가보자. 장계향이 살짝 고쳐 넣은 '부' 자는 새댁의 부엌에서의 미묘한 감정을 원시에서 그대로 끌어와 자신의 입장에서 응용하면서도 왕건의 시를 이용했다는 느낌을 거의 주지 않는다.

한 가정에서 부엌이라는 공간이 지니는 상징적 의미는 다른 공간에 비해 큰데, 공동체의 필요성과 본능 충족을 토대로 하여 식구들 간의 소통과 가족의 문화전통을 만들어내는 작은 국가의 소박한 정치를 뜻한다. 음식이 지닌 영양학적 의미와 정치·사회적 가치는 인류와 음식의 관계가 문명사의 핵심이 되고 있다는 점에서도 그 중요성이 입증된다.[17]

운악은 참으로 기뻤다. 꿈으로도 그릴 수 없는 사람이 며느리가 되어 충효당으로 온 일도 그랬지만 경당 같은 맑고 큰 학자가 사돈이 되어 교류할 수 있게 된 것 또한 영광이며 자랑이었다.

운악은 유서 깊은 전통을 지닌 학자 집안과의 교류를 오래전부터 꿈꾸어왔으나, 권세와 재산을 지닌 집안보다 만나기 어려웠다. 후손들이 좋은 학문전통의 내림을 받아야만 가문이 융성해질 수 있다고 여겼기 때문이다. 훌륭한 학문으로 인품과 덕성을 잘 갖추면 그것이 곧 존경받는 정치가가 되는 바탕이었고, 그런 인격자라야만 조선사회를 이끌어갈 지도자가 될 수 있다는 것이 오랜 신념이기도 했다.

지난 십여 년 사이 두 아들의 죽음이 몰고 온 충격으로 집안은 바닥 모를 심연으로 가라앉았다. 나랏골 쉰여 집 가까운 재령이씨 일가들도 함께 침통해했다. 그 비통함의 검붉은 먹구름이 순식간에 소멸되는 것 같았다.

장계향의 시집살이는 시작되었다. 잠시도 놓을 수 없는 긴장의 끈과 아픔의 그림자가 집안 구석구석에 드리워져 있었다.

큰 동서 무안박씨는 비록 남편을 먼저 보냈지만 두 아들과 딸 셋이 있어서 위안이 되었다. 큰아들 신일, 둘째 아들 부일, 그 아래로 세 딸들도 머잖아 혼인할 나이로 자라고 있었다. 부일은 자손 없이 죽은 시형의 양자로 입적되었다.[18]

둘째 동서 무안박씨는 부일을 아들로 받아들여 살고 있었는데 손윗동서 겸 사촌언니의 집요한 굶주림이 의미하는 행동으로 하여 몹시 예민해졌다. 그리고 이시명의 첫째 아내였던 광산김씨가 낳은 아들 하나와 딸 하나는 장계향이 길러야 하는 자식이었다.

아들 상일은 열아홉 살의 새색시가 보듬기에는 너무 많이 자란 여섯 살의 잘생긴 아이였고, 그 아래 딸 하나는 네 살 난 아이였다. 그 딸은 할머니 진성이씨가 거두고 있었는데 상일한테는 사촌형수가 되는 신일의 아내 한양조씨가 마치 어머니처럼 먹이고 씻기고 입혀주고 있었다. 다행인 것은 아직 한양조씨가 아이를 갖지 않아서 젖먹이는 무겁고 적막한 집안에서 유일한 웃음거리였다.

충효당에는 식구가 많았다. 운악 내외를 맨 위에 모시고 큰 동서 식구 다섯, 둘째 동서 식구 둘, 이시명의 식구 넷, 시동생 시성과 그의 아내 창원황씨까지 모두 충효당 지붕 아래서 한 솥밥을 먹고 살았다. 거기에다 머슴이 셋인데 머슴의 식구들도 충효당 식솔로 쳐야 하고 집안 노비가 스무 명이었다.

운악이 조상으로 물려받은 논과 밭이 1만 석지기인데다 땔감과 목재 공급을 해주는 산이 논밭 넓이만큼 되어서 머슴 외에 토지를 도맡아 관리하는 마름이 다섯, 마름이 주로 관리하는 소작인이 쉰 명을 넘나들었다.

그들 중에서 충효당의 솥에서 익혀낸 밥과 국을 함께 먹는 사람은 머슴과 노비들인데, '만권당'이란 현액이 내걸린 사랑채에 머물거나 드나드는 재령이씨 문중의 어른들과 손님들 숫자도 결코 만만치 않았다. 보통 끼니때마다 부엌에서 차려내야 하는 밥상만 스무 상이 넘기 예사였다. 영해에서 이름난 부잣집임은 분명했지만, 일찍부터 굶주린 사람을 외면하지 못한 운악 내외의 인심이 배고픈 나그네와 드난살이꾼, 비렁뱅이들을 밤낮없이 모셔 들이고 있는 셈이었다.

　장계향은 한 달 가까이 충효당 생활을 하는 동안 친정에서는 상상할 수도 없는 거대한 살림살이에 놀랐다. 워낙 분주한 살림이었지만 친정 생각에 아파하고 궁금해지는 심정은 날이 갈수록 더했다.

　친정어머니 걱정은 밤낮없이 불쑥불쑥 파고들었다. 혼인을 결심하고 시집으로 떠나올 때까지의 시간은 매우 짧았다. 벼락치기라고 했을 정도였다. 그때는 아버지가 왜 그렇게도 급히 서둘러 몰아치는지 야속한 마음도 있었다. 친정어머니는 그 뜻을 알고 있었지만 딸에게는 한 마디도 내비치지 않았다. 어머니는 뚜렷한 병은 없었지만 늘 기운이 없어 환자 같았다. 맛질 아주머니가 있어서 그나마 다행이긴 했으나 장계향은 그런 어머니를 두고 오는 것이 큰 죄를 짓는 심정이었다.

　짧은 혼인 준비기간을 보내고, 충효당으로 시집와서 시댁의 녹록치 않은 며느리 노릇 하는 일이 두렵지는 않았다. 다만 친정 생각에 가슴이 아팠다.

　이시명은 맑은 심성과 금강석 같은 지조를 지닌 사람이었다. 겉은 부드럽고 반듯했으며, 안은 곧고 맑으며 매우 강직한 성품을 지녀서 누구하고도 쉽게 친해지기 어려우나 한번 친해지면 오래 지속되는 사람이었다. 무엇보다 성리학적 가치관이 뚜렷하고 이를 실천하려는 의지가 강한 나머지 잘못된 일에 대하여 질책하고 바로 잡으려는 성정이 불 같아서 주변 사람들이 쉽게 다가서지 못했다.

장계향은 이시명의 그런 모습이 믿음직했다. 장계향보다 먼저 경당 내외를 걱정하고 챙기는 모습에서 조금씩 믿음과 존경이 싹텄다. 충효당으로 시집온 지 보름 남짓 됐을 때 이시명은 사람을 시켜 스승에게 안부 편지와 영덕 바다에서 나는 마른 해산물들을 챙겨 춘파로 보냈다. 나중에야 사실을 알게 된 장계향은 이시명에게 고마운 뜻을 전하면서 처음으로 눈물을 보였다. 겨울이 깊어지면서 그런 일은 자주 있었지만 장계향에게는 거의 알리지 않았다. 스승에게 해야 하는 당연한 일일 뿐이라는 게 이시명의 간단한 대답이었다.

 시댁 생활은 비교적 빠르게 적응할 수 있었다. 장계향이 잠시도 마음을 놓지 못하는 것은 큰 동서 무안박씨의 일이었다. 장계향이 시집왔을 때 무안박씨는 남편을 장사지낸 지 한 달 가량을 넘기고 있었다. 사랑 채 뒤쪽 사당 옆에 빈소를 차려놓고 하루 두 번 아침저녁으로 영좌靈座에 상식上食을 올리면서 곡을 했다.

 큰아들 신일은 아버지가 죽기 전인 지난 초봄에 장가를 들어 빈소 상례喪禮는 아들 내외가 주로 치르고, 박씨는 상복 입고 빈소를 드나드는 의례만 따랐다. 어린 며느리 앞에서 울음소리 토하는 것이 여법如法하지도 않았던 것이다. 더구나 예순을 넘긴 시부모가 살아 계시고, 친정 사촌동생이자 시댁에서는 손아래 동서가 되는 작은 박씨는 자식도 없이 과부가 된 몸으로 한집 지붕 아래서 살고 있는데, 내 남편 객사한 가련하고 아픈 사정 사무치다 하여 곡소리 내는 것이 쉬운 일은 아니었다. 박씨는 안으로 울음을 삼키고 있었다.

한 마을에서 태어나고 자라나 부부가 된 남편은 박씨를 많이도 아껴준 참 좋은 남자였다. 체격도 당당했고 목소리는 장군 같았다. 사대부 가문 출신답게 무술과 병법 공부도 남달랐고, 책 읽는 그 낭랑한 소리는 들을 때마다 가슴이 훤하게 열리는 것 같았다. 무슨 음식을 상에 올려도 고마워했고, 입던 옷 빨아서 풀을 먹이고 다림질하여 동정 달아 입힐 때마다 새 옷 입혀줘서 고맙다고 아내를 꼭 껴안아주었다. 어른들 보시면 어쩌려고 그러시느냐며 부끄러워하면 할수록 안아주는 그의 품에는 맑고 형언할 수 없는 진솔하고 기쁜 사랑의 향내가 있었다.

먼 길 다녀올 때마다 한 번도 잊지 않고 아내한테 선물도 사다주었다. 부모에게 바치는 효도는 이미 인근에 널리 소문난 효자였던 만큼, 부모가 좋아하는 과일이나 귀한 과자를 사가지고 와서 무릎 꿇고 내놓고 맛보시기를 기다렸다. 그런 뒤 아내에게는 아무도 몰래 따로 준비해온 선물을 건네주었다.

몸집에 어울리지 않는다 싶을 만큼 아내 앞에서는 소년처럼 청순하고 부드러운 남편이었다. 아내를 기쁘게 하면 자신은 열 배나 더 행복해진다며 해맑게 웃던 그 남편의 마음을 살았을 때는 그냥 그러려니 했다. 그러다가 객지에서 식은 주검으로 돌아와 관속에 누웠다가, 다시 석 달 만에 땅속에다 파묻고 돌아와서야 그 남편의 절절한 사랑을 떠올렸고, 그때부터 미안하고 또 후회되기 시작했다.

또 하나, 신일을 임신하고 있을 때 남편은 아내에게 말했다. 충효당의 맏며느리로 살아갈 수 있도록 지켜주겠노라고. 아내도 남편의 충효당 종손으로 살 수 있도록 도와달라고 했다. 아내는 그리하겠노라 약속했다. 그런데 그 약속은 서로 지켜줄 수 없게 되었다.

장계향이 처음으로 박씨가 거처하는 안채로 인사하러 갔을 때 박씨는 이미 곡기를 끊을 작정을 한 뒤였다. 누구도 그런 결단을 눈치채지 못했다. 끼니 때마다 몇 숟갈 뜨다 말았고, 그냥 속이 좀 불편해서 그런다고 했다. 그렇게 시간이 흘렀다. 남편 장사를 끝마치고 겨울로 들어서면서 박씨의 얼굴이 초췌해지기 시작했다.

운악은 의원을 불러 진맥을 시키고 약 처방을 구했다. 의원은 기력이 쇠진할 따름이지 불치의 병은 아닌 것 같다고 했다. 하루 두 끼니를 다 보태도 겨우 두어 숟갈 남짓밖에 먹지 않았다. 장계향은 아무래도 박씨 일이 계속 마음에 걸려서 남편에게 의논을 했다. 이시명은 박씨 친정아버지의 강단을 말하면서, 그 아버지의 그 딸이라면 무슨 작정을 한 것이 분명하고, 그 일은 누구도 막을 수 없지 않겠느냐 했다.

박씨는 자신의 안에다 죽음을 키우고 있었다. 남은 날을 최소한의 곡기로 버티면서 아주 천천히 죽음을 만들고 있었다. 정확하게 남편의 3년상이 끝나는 시간과 자신의 삶이 끝나는 시간을 일치시키기 위해 숨 쉬고 있을 따름이었다. 충효당의 맏며느리로 사는 것만큼 죽는 것도 결코 쉽지 않거니와 그저 목숨 끊는 것으로 죽음을 말하려 한다면 그것은 먼저 간 남편을 욕되게 하는 것이라고 여겼다.

참으로 갈망하는 일이 무엇입니까

한편 이시명은 장계향과 혼인한 그해 겨울 내내 여러 가지 생각으로 골똘했다. 지켜만 보다가 아내가 먼저 물었다. 무슨 일인지 함께 생각할 수는 없겠느냐고 말문을 연 것이다. 남편도 아내의 물음을 고마워했다.

이시명은 장래문제를 생각하고 있었다. 조선왕조는 선조가 죽고 광해군이 등극해 있었다. 하지만 광해군은 소북파와 대북파로 분열되어 대립과 정쟁으로 치닫는 혼란 속에 놓여 있었다.

1608년 선조는 병이 위독하자 둘째 아들인 광해에게 선위하는 교서를 내렸다. 이때 정권을 장악하고 있던 소북파 유영경이 이 사실을 감추었다가 대북파 정인홍 등에 의해 음모가 탄로났다. 왕위에 오른 광해는 유영경을 죽였다.

그후 이언적·이황의 위패를 문묘에 올리는 문제를 두고 정인홍이 반대하자 성균관 유생들이 들고 일어나서 유적儒籍에서 삭제해버렸다. 광해는 성균관 유생들을 모조리 쫓아내는 초강수로 맞섰다. 그 무렵에 이시명은 성균관 유생으로 공부하던 중이었고 당쟁의 폐해가 어느 정도인지를 온몸으로 실감하고 있었다.

또 하나의 사건으로 과거를 포기하고 싶은 충동을 강하게 느꼈다. 그 사건이란 이명준李命俊, 1572~1630과의 일이었다. 이명준은 성혼成渾 우계牛溪, 1535~98의 제자였다. 성혼은 율곡과 함께 성리학의 큰 학자로 많은 제자를 길러냈다. 퇴계의 학설을 이어받았다. 이명준은 문과에 장원하여 호조·형조좌랑을 지냈다. 광해군 5년1613 계축옥사癸丑獄事에 연루되어 영덕으로 귀양을 갔다가 다시 영해로 유배지가 바뀌었다. 1614년 영해로 와서 유배생활을 하던 중 운악을 알게 되어 찾아왔다. 운악은 그를 정중하게 대접했

고, 그 일로 자주 운악의 사랑채를 드나들며 친교했다.[19]

그때 이시명은 향시에 합격하여 성균관에 유학 중이었는데 운악은 이시명이 지은 글을 이명준에게 보여주었다. 이명준은 "고작자古作者의 풍風이 있다"는 칭찬을 하면서 서울로 돌아가면 반드시 이시명을 챙겨보겠노라 했다.

이명준은 얼마 뒤 유배에서 풀려 서울로 돌아왔다. 돌아오자마자 성혼과 이이를 문묘에 올려 제사해야 한다는 의론을 일으켰다. 성혼과 이이의 제자들이 나서서 스승을 문묘에 종사從祀시키기 위한 치열한 경쟁이 벌어졌다. 전국적 명성을 가진 유생들의 지지 서명을 더 많이 받은 사람이 문묘 종사로 추대될 터였다.

이명준은 운악에게 약속한 대로 성균관으로 이시명을 찾아가 영해에서의 일을 말하며 자신의 권유를 받아달라고 했다.

"나의 동료는 33명이 있는데 그 중에서 30명은 급제를 했고 그 나머지도 다른 길을 좇아 모두 벼슬길에 들었네. 그들이 유능하다고들 말하지만 자네에게 필적할 수는 없을 것이네. 자네가 지금 우리들과 함께할 것이라는 말 한 마디만 한다면 한림원에 급제하는 것은 문제없을 것이네. 자네는 영해 출신인데다 그다지 이름도 없는 집안이어서, 이번에 우리와 뜻을 같이하게 됨으로써 과거에 급제해 장래가 촉망받는 벼슬길에 오른다면 서로 좋은 일이 아니겠는가. 자네 부친한테 들었네만 자네 형제들이 벼슬길에 나가기 위해 온갖 고초를 겪었지만 실패하여 상심이 크더군. 어떤가, 내 제의를 받아줄 텐가?"

"막히는 것과 통하는 것은 천명이지 사람이 능히 할 수 있는 바가 아니거늘, 어찌 감히 모르는 것을 억지로 안다고 할 수 있겠소."

이시명의 반대의사를 듣자, 이명준은 한동안 이시명을 바라보기만 했다.

"영남인의 고집은 늘 이렇다니까."

그것으로 이명준과의 관계는 끝났다.[20]

이시명이 첫 번째 아내 광산김씨가 죽기 전 성균관에서 있었던 그 사실을 뒤늦게 전해 들은 장계향은 처음으로 이시명의 인품과 성격을 이해하게 되었다.

장계향은 물었다. 참으로 갈망하는 일이 무엇이며, 왜 그 일을 하고 싶은지 말해달라고 했다. 이시명은 혼자서만 고민하던 일을 아내에게 털어놓았다. 처음으로 향시에 합격하여 진사 참봉이 되었을 때만 해도 이제 벼슬길에 나아갈 수 있고, 성균관에 들어가서 대과에 합격하면 조선 사내로서 청운의 꿈을 활짝 펼쳐 군자 반열에 오를 날이 머지 않다며 몹시 흥분했으며, 주위로부터 부러움과 칭찬을 한몸에 받았다.

성균관에 들어가는 날의 기쁨은 컸다. 조선의 사내 몇백만 명 가운데서 수십 명 안에 뽑혀 장차 나라 일을 좌우하게 될 위치에 올랐다는 것이 자랑스러웠다. 성균관에서의 공부는 한마디로 치열했다. 무엇보다 성균관 유생들의 높고 곧은 기개와 천재적 두뇌에서 섬광처럼 번쩍이는 문장과 새로움을 향한 개혁의지에 불타는 상소문을 지어, 임금을 비롯, 조정에 올려 나라의 바른 지향을 주장하는 일은 정녕 가슴 벅찬 경험이었다.

그러나 젊고 곧은 기개를 지닌 유생들의 주장과 건의들은 예외

없이 기성 정치인들의 당쟁 논리 앞에서 물거품이 되어버렸다. 더 충격적인 것은 성균관 유생들이 기성 정치인들에게 온갖 방법으로 접근하여 벼슬길에 나아가려고 몸부림치는 공공연한 작태들이었다. 중앙 고위직에 있는 사람과 연줄을 대어보기 위한 협잡과 은밀한 거래가 성균관 젊은 유생들의 본분처럼 되어 있는 현실을 본 것이다. 심지어는 과거시험에 출제되는 문제를 미리 알아내거나 감독관에게 뇌물을 주고 대리시험을 보는 일도 있었다. 과거시험을 아예 거치지 않고 벼슬길에 나아가는 일이 더 유리하기도 했다.

이시명은 죽은 형님들의 비애를 말해주었다. 특히 중형이었던 시형은 뛰어난 수재여서, 세 차례의 과거시험 때 써낸 답안은 장원을 하고도 남을 만했는데, 뇌물을 주지 않아서 낙방했다는 소문이 두 형님들을 죽음으로 몰아갔다며 눈물을 보였다.

맏형의 일은 이시명도 함께 참가했던 과거시험장에서 벌어졌다. 합격자를 미리 정해둔 것이다. 아무리 훌륭한 대책문을 답안으로 써내더라도 합격은 불가능했다. 훌륭한 인재를 뽑기 위한 것이 아니라 자기편 사람을 뽑는 시험이었기 때문에 이시명 형제들은 울분을 참지 못했다. 그래서 차라리 과거시험을 그쯤에서 포기하고 싶다는 것이었다. 그런데 연로하신 부모의 한결같은 소망이 자식의 과거 합격을 통한 가문의 흥륭興隆임을 외면할 수가 없다고 했다. 사실 조선 땅에서 사대부 신분으로 살아가려면 그 길 말고 다른 길은 없었다.

장계향은 다시 질문했다. 아무리 현실이 그러하더라도 당신이 정말로 원하는 삶이 있을 것이며, 그를 위해서 필요한 것이 무엇인지를 아는 것이 중요하지 않겠느냐고. 그러면서 퇴계의 경우를 말했다. 인격적 하늘에 경배하는 마음으로 자신의 인격을 닦는 것이 수신修身이고, 명덕明德으로 백성을 새롭게 함으로써 편안함과 행복을 누리도록 하겠다는 것이 치인治人의 궁극적 꿈이다. 아무리 수신과 명덕을 강조하더라도 결국 자신을 닦고 다스리는 수기修己에서 시작되어야 옳은 것이 아니냐고 물었다.

이시명은 깜짝 놀랐다. 스승한테서 독서가 좀 있었다는 말은 얼핏 들었지만 정작 이 정도일 줄은 몰랐다. 혼인한 지 불과 몇 달밖에 안 된 시점에서 이시명이 느끼는 것은 아내가 나이 어린 여자가 아니라 이시명이 긴장하지 않으면 안 되는 유학자 같다는 것이었다.

"퇴계 선생도 수기치인의 도리를 잊은 적은 없으셨을 것입니다. 하지만 남을 다스리기 위한 몸 닦기란 결국 정치를 뜻하는 것이 아닙니까. 퇴계 선생은 그런 정치를 통해서는 치국도 평천하도 한갓 구실에 지나지 않는다는 것을 알고 있었다는 것을 아버지께서 말씀하셨습니다. 도학 정치의 꿈이 그래서 안타깝다고도 하셨습니다. 그보다는 자신의 무지를 철저하게 깨달아서 지혜로 바꾸는 수기修己와 위기지학爲己之學으로 구성성인救聖成仁함이 끝내는 세상을 편안하게 하는 데 더 좋은 공부라고 들었습니다. 바깥도 중요하지만 그보다 더 중요하고 시급한 것이 자신의 내면 아니겠습니까. 하오니 부디 안을 살피는 데 더 분발하셨으면 싶습니다."[21]

이시명은 거듭 놀라고 있었다. 지금껏 여러 사람을 만나서 어떻게 사는 것이 올바른 삶인지 토론도 많이 했지만 장계향처럼 말한 사람은 경당 말고는 처음이었다. 참으로 묘한 기분이었다.

전처 자식을 업고 다니다

이시명은 서울 나들이를 삼가면서 독서에 열중했다. 충효당은 조금씩 안정을 되찾아가는 분위기였다. 다만 무안박씨의 식사 거부가 어떤 비극으로 귀착할지가 잠재된 불안이었고, 다른 일들은 안팎으로 평정을 회복해갔다.

장계향은 광산김씨가 낳은 두 자식을 가슴으로 품는 일을 시작했다. 우선 상일을 가르치는 일부터 시작했다. 상일은 아직 『소학』을 읽기에는 이르고 『천자문』에서 시작하여 『동몽선습』童蒙先習을 잇따라 가르치는 것이 바른 순서였다.

상일을 직접 가르치고 싶었으나 그래서는 안 될 것 같았다. 남의 눈을 의식해야 했다. 직접 가르치면 훨씬 더 효과를 볼 수 있을 터였지만 그 결과의 좋고 나쁨을 떠나 이웃 사람들은 물론 충효당 식구들 중에서도 오해할 가능성이 있음을 알았다.

시집오기 전날 저녁 아버지가 해준 말을 잊지 않고 있었다. '군자주이불비소인비이부주'君子周而不比小人比而不周였다. '군자는 두루 펼쳐 한쪽으로 치우치지 않는다. 소인은 한쪽으로 치우쳐서 두루 펼치지 않는다'는 말씀이었다. '두루 펼침'은 평등철학을 뜻하고, '한쪽으로 치우침'은 차별을 뜻했다. 장계향은 어떤 말보다 실천이 중요한 것임을 어릴 적부터 배워 몸에 배어 있었다.

나랏골에서 남쪽으로 5리쯤 되는 곳에 남경훈이란 선비가 있었다. 동몽훈도童蒙訓導였는데, 조선시대 때 각 지방에서 사사로이 학동들을 가르치던 유생이다. 각 군현에 사학私學을 설치하고 향교에 들어가기 전의 어린 학동들을 모아 가르치던 사람을 말한다.

나라에서는 사학을 장려하는 의미에서 그들의 근무 태도를 살펴 성과를 거둔 사람에게는 관직을 주어 그 공로를 포상하기도 했는데 대표적인 인물로는 정언正言을 지낸 정극인丁克仁을 꼽을 수 있다. 동몽훈도를 선발하는 법에 따라서 1월, 4월, 7월, 10월 네 차례 도목都目 때마다 왕에게 보고하여 뽑았다.[22]

상일을 가르치는 일로 시아버지 운악을 뵀다. 운악은 겨울철 추위가 물러나면 내년 봄에나 가서 해도 괜찮지 않겠느냐고 했다. 시어머니의 뜻도 그러했다. 하지만 남들은 그렇게 보지 않을 수도 있을 것이다. 계모니까 추위를 핑계로 자식 공부를 소홀히 한다고 흉을 볼 수도 있을 것이다. 남의 눈이 어떠하든 상일은 장계향의 자식이고 어머니가 안채에서 직접 가르쳐야 하는 나이였다. 먼저 남경훈에게 상일의 교육을 부탁하는 편지를 써서 아랫사람을 시켜 보냈다. 가르치겠다는 대답이 왔다.

장계향은 상일에게 공부하자는 얘기를 했다. 순순히 따랐다. 따뜻한 수건을 덮어 상일을 업었다. 어머니는 열아홉 살이고 아들은 여섯 살이었다. 겨우 열세 살 차이였다. 하인을 시킬 수도 있었으나 그것도 흉이 될 수 있을 것이다. 추운 겨울철에 하인을 시켜서 훈장한테 보내는 것을 두고 한시라도 곁에서 멀리 떼어 놓으려는 수작이라고 흉을 볼 수도 있을 것이다. 이제 시집온 지 두 달밖에 안 되는 사람한테 내뱉는 흉과 허물은 곧 충효당 어른과 식구들에게 또 하나의 고통스럽고 모욕적인 짐이 될 것이라 판단했다. 나랏골에는 재령이씨 아닌 사람이 별로 없었다. 같은 문중 일가라는 것이 오히려 더 어려울 수 있었다. 상일을 업고 가면서 얘기해주었다. 부지런히 배우고 바르게 익혀서 어진 사람 되는 것을 죽은 어머니도 좋아할 것이고 충효당 큰 어른도 칭찬하실 것이며, 아버지는 더욱 사랑해주실 것이라며 격려했다.

공부가 끝날 때쯤 훈장댁으로 가 다시 상일을 업고 돌아온다. 아랫사람들이 서로 맡겨달라 애원했지만 웃으면서 그 이유를 설명해주었다. 상일과 살을 맞대고 체온을 나누고 싶다는 얘기를 들은 하인들은 눈물을 글썽였다.

집으로 돌아온 뒤에는 따뜻한 꿀물과 과자를 주고 훈장한테서 배운 내용을 차근차근 물어보았다. 상일은 영민하고 온순했다. 배운 대로 또박또박 대답했다. 그때마다 칭찬을 아끼지 않았다. 대답이 제대로 안 될 때는 훈장님이 아마 다음번에 더 잘 가르쳐주려고 오늘은 조금 밖에 안 가르쳐준 것이라며 상일을 격려했다.

그렇게 겨울이 가고 있었다. 상일의 입에서는 "어머니" 소리가 끊이질 않았다. 아직 어린 딸 순오도 장계향의 품에서 자고 먹고 그늘 없이 컸다.

그해가 저물고 있었다. 시부모에게 아침저녁 문안인사를 할 적마다 운악은 빠짐없이 어려운 일 없느냐고 물어주었다. 간단한 그 물음 안에 어린 며느리에 대한 시아버지의 간곡한 애정이 담겨 있음을 장계향은 알고 있었다. 그래서 이른 아침 문안인사는 빠뜨리지 않으려고 했다.

종종 시어른 거처하는 방문 앞에서 큰 동서의 며느리이자 장계향한테는 조카며느리가 되는 신일의 아내와 마주쳤다. 신일 내외도 조부모에게 문안인사 올리려던 길이거나 마치고 돌아가는 길이었다. 신일 내외와 장계향은 동갑이었지만 손위 어른에게 대한 예의는 정중하여 믿음이 갔다. 운악의 따뜻한 격려를 받을 때마다 친정 부모를 생각했다.

상일 남매가 장계향을 어머니라 부르면서 따르게 되자, 이시명의 시름도 차츰 가라앉았다. 섣달 그믐을 며칠 앞두고 있을 때였다. 운악이 장계향 내외를 불렀다. 네모난 작은 상자를 비단 보자기에 싸서 내놓으면서 친정에 다녀오라고 했다. 해가 바뀌기 전에 잠깐이라도 다녀오고, 새해가 되거든 넉넉하게 시간을 내어 다녀오라고 했다.

눈발이 희끗희끗 날리는 가운데 윤기가 흐르는 백마 위에는 이시명이 타고, 장계향은 순하고 걸음이 날랜 암나귀 등에 앉아서 길을 나섰다. 영해에서 청송·영양을 거쳐 안동 춘파까지는 2백 리가 좋은 길이었다. 들판과 산자락으로 휘둘린 길이 나서자 이시명은 아내를 백마 위로 옮겨 앉혔다. 아내는 담비 털로 만든 덧저고리를 입었고, 이시명은 호랑이 가죽으로 만든 방한용 조끼를 걸쳤다. 눈발이 자욱하게 흩날리는 산모퉁이를 지나 들길에 나서면 어느새 눈이 그치고, 깊어가는 겨울의 침묵이 내려앉은 마을에서 개 짖는 소리가 아득하게 들려오곤 했다.

사람도 재물도 흐르는 물과 같구나

혼인한 이듬해부터 이시명은 만권당에서 독서에 열중했다. 간간이 말을 타고 경당에게 가서 묻고 배우다 돌아오곤 했다. 운악은 참으로 오랜만에 충효당이 고요하고 평온하다며 기뻐했다. 한 해가 잘 지났다.

1618년 정월에 신일의 아내 한양조씨에게 입덧이 있었다. 운악의 기쁨이 컸다. 작은아들 시성을 분가시킬 계획을 세웠다. 이제 때가 왔다고 판단한 것이다.

재령이씨 영해파를 발원시킨 운악의 조부 애는 은보·은좌 두 아들을 두었다. 맏아들 은보는 외동아들 함을 두었으며, 함은 아들 넷을 두었다. 함의 호가 운악이다.

운악은 외로운 가문을 번창시켜야겠다는 꿈을 꾸었다. 그래서 아들 넷을 모두 한 지붕 밑에 거느리고 살았다. 그러다가 두 아들의 죽음을 맞았다. 운악은 맏이의 죽음을 보면서 깨달은 것이 있었다. 그러나 운악 자신만 그 깨달음을 씹고 또 씹으면서 철저하게 후회하고 반성해왔다. 작은아들의 분가를 위해 가족들을 모두 충효당으로 불러 모았다. 시성의 분가가 지닌 마땅함에 대해 말했다. 늦었지만 흐르는 물은 막지 않아야 하고, 그릇에 흘러든 물이 그릇을 넘치면 넘치는 대로 두어야 더 큰 그릇이 생길 수 있다고 했다.

자식이 태어나고 성장하는 것, 재산이 늘어나고 불어나서 더 큰 규모가 되는 것은 흐르는 물과 같고, 자식과 재산을 소중히 여겨 가르치고 지키는 것은 그릇과 같다고 했다. 운악은 집안을 위해 이제 나랏골 충효당이라는 그릇이 만들어질 수 있기를 바란다고 했다. 두 아들을 잃게 된 것은 흐르는 물을 억지로 막으려 했던 자신의 지나친 욕심 때문이었다는 말도 했다.

물은 만물을 윤택하게 하지만 만물과 다투지 않고, 모두가 싫어하는 곳에 머문다. 그러므로 도에 가깝다.[23]

꽉 잡고 가득 채우려고만 하는 것은 적당한 때에 멈추니만 못하다. 칼끝을 드러내 보이면 그 날카로운 힘이 오래 갈 수 없다. 금과 옥이 집안에 가득해도 그것을 끝까지 지니고 있을 수 없다. 부귀하여 교만해지면 화를 자초하게 된다. 업적이 완성되면 물러나는 것이 자연의 이치에 부합하는 것이다.[24]

운악이 자녀들 앞에서 얘기한 『노자』老子의 한 구절이다. 운악은 노자와 장자철학에 심취하여 큰 지혜를 얻은 사람이었다. 지난날 과거시험 때 대책론을 제시하여 합격했다가 뒤이어 취소당한 원인도 노장사상 때문이었다. 하지만 운악은 그 일을 억울해한 적이 없었다. 왜냐하면 자신의 합격을 취소시킨 선조와 그를 에워싸고 도는 자들의 그 권세도 때가 되면 물이 되어 흘러간다는 것을 알았기 때문이다.

그릇에 소리 없이 흘러든 물이 가득 차오르면 소리 없이 넘치고, 넘친 물은 다시 일정 공간을 소리 없이 적시고 차올라서 더 큰 그릇을 만들며, 아무리 넓고 깊은 그릇도 꼭 필요한 만큼만 채운 뒤에는 다시 흘러가게 마련이다. 사람이든 재물이든 모두 물의 이치를 지닌 것이다. 충효당이라는 그릇에 넘치는 물을 막아서는 안 된다고 하면서, 그 넘치는 물로 더 큰 그릇을 만들기 위한 일이 시성이 살림을 나가는 것이라 했다.

신일은 운악의 맏아들 시청의 큰 아들이자 충효당의 대통을 이어받을 장손이었다. 신일이 충효당 장손으로서 일가를 통솔해갈수 있도록 준비를 시켜야 할 때가 다가오고 있었던 것이다.

시성이 이사 갈 곳은 저곡이었다. 나랏골에서 반나절 서쪽인데 운악의 계획 아래 마련한 토지가 있었다. 만권당을 짓고 책을 모으면서 계획한 것이 닥나무 재배였다. 종이를 스스로 생산하여 책을 만들자는 계획이었다.

저곡은 그 일대 토지 대부분이 충효당 소유여서 주민 거의가 운악 가문 소작인이었다. 영해에서 청송을 거쳐 영양까지 가는 사람이 운악 가문의 땅을 밟지 않고는 걸음을 떼어놓기 어렵다는 말도 그래서 생겨났다.

이제 시성이 저곡 일대 땅을 직접 관리하는 새 주인이라는 뜻도 있었다. 다만 걱정은 시성 내외가 자식을 두지 못하고 있는 것인데, 장차 신일이나 이시명의 자식이 많으면 그 중 한 명을 시성의 양자로 들여 대를 잇게 해줄 참이었다.

운악은 손자며느리의 임신 소식을 듣자 기뻐하면서도 탄식을 숨겨 씹었다. 그릇에는 새로운 물이 차오르고 있었고, 오래된 물은 새로운 물로 바뀌고 있음을 알았다.

그렇게 집안이 나고 드는 물로 잠시 술렁이는 중에 시청의 3년상이 끝났다. 빈소를 허물고, 상주가 입었던 상복도 벗어 빈소의 짚과 나무기둥들을 태우는 연기가 나랏골을 천천히 빠져나가고 있었다. 햇수로 3년 동안 충효당 식구들과 함께했다고 여겼던 시청의 영혼이 그 연기로 변하여 사라지고 있는 것이다. 연기는 충효당의 역사의 내력을 어루만지는 듯 집안 곳곳을 지나 운악이 심은 충효당 담장 바깥 너른 마당가의 은행나무를 안았다가 천천히 사라졌다.

그렇게 소멸되고 있는 연기를 바라보면서 하염없이 숨죽여 울고 있던 무안박씨가 숨을 거둔 것은 이틀 뒤였다. 오래도록 삶의 숨결 속으로 스며들어와 예비되어온 죽음이었다. 친정 가문의 명예와 시댁의 자존심 둘 다 욕되게 하지 않으려고 소리 없이 닦아온 무안박씨 삶의 존엄과 남편을 향한 사랑이 그렇게 연기처럼 소멸되었다. 살기보다 어려운 죽음의 한 방법이기도 했다.

운악은 어느 정도 예견은 했지만, 사람 힘으로는 어쩔 수 없었던 며느리의 죽음도 자신의 잘못된 생각 때문이었다며 몹시 괴로워했다. 사당 옆 시청의 빈소가 있던 자리에 다시 빈소가 지어졌다.

장계향은 무겁고 두려운 마음을 가까스로 다스리며 시부모를 위로하고 조카 내외를 격려해야 했다. 시집오던 날부터 보아온 빈소와 음식과 울음소리, 빈소를 허물어낸 자리에 다시 지은 빈소, 슬픔과 기쁨이 뒤섞여 흐르는 집안에서 밤과 낮이 오고 갔다. 때가 되면 끼니를 먹고, 새 옷을 입고, 아이들은 태어나 자라고, 어른은 늙어갔다.

다시 꽃 피는 봄이었다. 운악은 장계향을 불렀다. 친정에 다녀오라면서 경당에게 보내는 편지를 주었다. 이번에는 장계향을 따르는 노비 둘과 짐 지고 갈 노비 한 명을 데려가도록 했다. 친정 나들이 할 때마다 타고 가는 노새의 등에 새로 만든 안장까지 얹어주었다.

이시명은 달구벌로 여행을 떠난 뒤였는데, 며칠 뒤 춘파로 오기로 했다. 친정집은 그늘과 햇살, 두 극단이 교차하고 있었다. 어머니는 더욱 병약해졌고 그 대신 아버지는 학문이 무르익어 밀려드는 손님들로 사랑채는 객이 끊이질 않았다. 어머니가 아직은 집안일을 맡고 있었지만 갈수록 어려워지는 사정이었다. 맏질 아주머니의 고생이 그만큼 많았다.

경당은 이제 쉰다섯이었다. 학봉문집 편찬 책임을 맡은 뒤로 바깥나들이도 잦았다. 학봉 행장을 정구한테 부탁해두고 있어서 간간이 문안편지도 올리고 행장 진척에 대한 의논도 했다.

장계향은 열흘 동안 친정에 머물며 어머니의 기력을 회복시키기 위해 애를 썼다. 이시명이 대구에서 오면서 귀한 약재를 구해와 달여주었더니 닷새쯤 지나자 한결 좋아 보였다. 어머니는 딸이 어서 아기를 가져야 한다고 걱정을 했다.

이시명을 만난 경당은 무척 기쁜 것 같았다. 그동안 있었던 일들을 얘기하느라 여러 날을 함께 지낼 정도였다. 장계향이 시댁으로 떠나던 날 어머니는 또 당부했다. 다음 친정 올 때는 홀몸으로 오지 말라는 말이었다. 걸음마다 어머니의 초췌한 모습이 발목을 휘감았다.

봄 가뭄이 시작되었다. 지난 겨울부터 비나 눈이 귀해 가뭄 조짐을 보이다가 초봄 들어 한 차례 제법 촉촉히 비가 내린 뒤 한 달 넘게 비가 내리지 않았다. 그 정도로 가뭄이라 말하기는 어렵지만, 그보다 걱정에는 다른 이유가 있었다.

하늘에서 일어나는 괴기스런 변화가 조선 여러 곳에서 나타나자 소문은 곧장 널리 퍼졌고, 동해를 끼고 있는 동네에서도 이상한 불기둥을 닮은 것이 하늘을 날아다녔다는 소문이었다.

저녁 열시쯤 날아가는 별이 보였다. 굽은 화살처럼 생겼는데 길이는 대략 어른 키보다 약간 컸다. 점점 커지더니 마치 아름드리 기둥처럼 변했다. 서쪽에서 생겨 커진 것이 동북 방향으로 날아가 떨어졌다. 잠시 뒤에 우레 같은 소리가 들리다가 그쳤다. 그런가 하면 날이 맑게 개어 구름 한 점 없는데 동편 하늘에서 대포 소리가 나서 보니, 짚단같이 생긴 불덩어리가 섬뜩한 소리를 내면서 하늘을 날아갔다. 더욱 괴기스런 것은 해무리가 네 겹으로 보이기도 하고, 한밤중에 대낮같이 붉고 밝은 불빛이 하늘의 갈라진 틈으로 쏟아지면서 대포같이 크고 무거운 소리가 천지를 진동시키기도 했다.25

이시명은 『주역』을 깊이 연구한 경당을 찾아가서 이런 현상을 어떻게 설명할 수 있는지를 여쭈었다. 경당은 천지의 이치가 큰 변화를 일으키는 주기가 있는데, 그것이 나타난 것이라고 보았다. 태백성太白星이 대낮에 나타나는 것은, 즉 음성陰星인 태백성이 밤이 아닌 낮에 나타나는 것은 중양重陽인 태양 기운이 약해졌기 때문이라는 것이다. 그것을 일변日變이라 했다.

현대의 천문학자들이 말하는 것처럼 1600년대에는 태양의 발광과 발열이 약해진 것이 사실이었다고 한다. 수많은 작은 유성들이 대기권에 돌입하면서 전리電離의 미립자들이 증가되고, 대유성인 운석이 대기권에서 폭발하며 타고 부서지면서 생기는 먼지가 많기 때문에 태양의 빛과 열을 차단시켜버린 것이다. 그래서 태양이 하루종일 빛을 잃고 벌겋다던가, 두 개로 보이기도 하고, 흔들리는 것처럼 보이기도 한다고 한다. 아무튼 원인을 알 수 없는 하늘의 변괴로 사람들은 두려움에 떨었고, 더욱 걱정스런 일은 가뭄 말고도 봄꽃이 제대로 피지 못할 정도로 춥고 햇빛이 희미한 날들이 계속되는 것이었다.

운악은 또 흉년이 들 조짐이라며 걱정을 했다. 못자리 장만해야 할 시기인데도 얼음이 얼고 대지는 메말라갔다. 햇볕이 온기를 지니지 못하자 기침을 하거나 신열이 나고 몸살 앓는 사람도 늘어났다. 보리가 익지 않고 시들거나 말라 죽었다. 들판의 쑥이며 나물들도 자라지를 못했고, 개구리들이 낳은 알은 시냇물이 말라버리는 바람에 올챙이로 자라지 못했다. 배가 고픈 능구렁이들이 방안 천장이나 마구간 천장에 나타나서 쥐를 잡아먹는 일도 생겼다.

결국 흉년이 닥쳤다. 가난한 사람들의 고난은 이제 한 계절에 그치지 않고 일 년 또는 더 긴긴 날을 배고픔과 질병으로 고통받으며 죽어가야 할 것이다.

나눔을 실천하다

4월 중순부터 굶주리는 사람들이 충효당 앞 타작마당으로 모여들었다. 처음에는 30~40명 정도이더니 그믐께쯤 되자 100명 넘게 모여들었다.

운악은 집안 식구들을 불러 모았다. 흉년에 대비하기 위해서였다. 임진왜란 때에 겪었던 일을 먼저 얘기했다. 전쟁 때도 겪었으니 운악은 두려움과 걱정이 없었다. 그러나 진성이씨도 나이 들어 기력이 부치고, 어려운 시대를 경험해본 사람이 없는 점을 걱정했다.

장계향에게 빈민구제를 맡으라고 했다. 집안 식구들과 노비들, 필요하면 나랏골에 사는 집안 사람들의 도움을 청하기도 해서 큰일을 치러보라는 것이었다. 어차피 조선 땅에서 백성으로 살아가야 할 터이고, 나아가 충효당의 며느리로 살아가자면 한두 번으로 그칠 일이 아닐 것이라고 말했다.

장계향은 겁이 났다. 많은 사람들이 끼니를 때우기 위해 몰려드는 것을 처음 보았고, 그들에게 일일이 끼니를 해결해주는 것도 처음 보았기 때문이다.

시어머니가 며느리를 데리고 곳간으로 가 문을 열었다. 4월 그믐인데도 곡식이 절반 가량 쌓여 있었다. 곳간 한쪽에 짚으로 엮어 만든 섬이 쉰 개 정도 따로 쌓여 있었다. 섬에는 도토리가 들어 있었다.

장계향이 도토리를 어디다 쓰려고 저렇게 많이 모아두었느냐고 물었다. 흉년을 대비하여 한밭골 산에서 주워다 쌓아둔 것이라 했다. 임진왜란 때 피난민들과 인근 사람들이 몰려와서 죽이며 밥을 해서 먹였는데, 한 달뒤 곡식 3백 섬이 바닥이 나더라는 것이다. 그래도 굶주리는 사람은 계속 몰려들었고, 나중에는 양식이 동이 났다고 하자 자기들을 업수이 여긴다며 집단으로 행패까지 부리는 자들도 있었다고 한다. 마침 가을로 접어든 때여서 산의 도토리를 주워다가 먹거리로 만들어 먹이고 나서야 겨우 진정이 되었단다.

그때부터 한밭골 일대 참나무숲에서 도토리를 주워다 곳간에 쌓아두는데, 어쩐 일인지 임진왜란 이후 한 해도 안 거르고 배고픈 이들이 봄철만 되면 모여든단다. 그러면서 도토리를 이용하여 먹거리 만드는 법도 가르쳐주었다.

장계향은 굶주리는 사람들을 직접 만났고, 그들과 부딪치면서 또 다른 세계를 확인하고 공존하는 방법도 체득해갔다.

날씨는 가물고 춥고, 흙바람이 불었다. 바다 쪽에서 부는 것이 아니라, 서북쪽 대륙에서 부는 바람 속에 검붉은 흙먼지가 섞여 있어서 수건으로 코와 입을 막지 않고는 길을 나다니기도 어려울 정도였다.

처음 십여 일 동안에는 쌀과 콩가루를 섞어 죽을 끓였다. 운악이 심은 은행나무 옆에다가 큰 가마솥 두 개를 내다 걸고 시작한 일이 5월 중순에는 네 개로 늘어났다. 하루 한 번 죽을 끓이는 일이 한 달 가까이 계속되자 장계향은 몸을 가누기 어려워졌다. 일을 돕는 식구들 모두 기진맥진했다.

장계향은 방법을 개선해야겠다고 생각했다. 노인이나 임산부, 젖먹이를 데리고 있는 여성과 환자들에게는 죽을 끓여 먹이고, 나머지 사람들한테는 도토리를 삶아서 말려두었다가 자루에 넣어 나눠주었다. 가져가서 맷돌에 갈아 죽을 끓여 먹으라고 했다. 언제까지 구걸하거나 빌어먹으려고만 하지 말고 도토리를 주워다 끼니를 만들어 먹는 방법을 가르쳐준 것이다.

장계향은 난생 처음 겪는 일에서 많은 것을 배우고 깨달았다. 굶주리는 사람들의 허기와 고통은 비슷하겠지만 임신을 했거나 젖먹이를 가진 여성들의 고통이 가장 크다는 것을 알았다. 임신한 여성이 끼니를 구하러 왔다가 출산한 경우도 있었다. 장계향은 출산이 가까워진 여성을 안채로 데려가 아이를 낳도록 도와주었다.

시어머니의 승낙을 얻어 출산한 여성은 하루를 쉬어가도록 하고 미역국과 쌀밥을 차려주기도 했다. 너무나 초라한 모습이 안타까워서 자신의 옷 몇 가지와 무명베 한 끝을 주어 보낸 적도 있었다. 너무 다급하게 아기를 낳는 바람에 미처 손 쓸 겨를이 없어 마당가 거적 위에서 몸을 푼 사람도 있었다. 그때 장계향은 운악에게 임산부만큼은 집안에 들어와서 잠시라도 편안하게 쉬면서 하룻밤이라도 재워 보내면 어떻겠느냐고 물었다. 운악은 그리하라고 승낙했다.

예상치 못한 일이 생겼다. 출산이 가까워진 여성들이 늘어나기 시작한 것이다. 5월 중순 무렵에는 하루에 세 명의 임산부가 충효당 옆 안채에서 출산하는 일이 벌어졌다. 장계향은 손수 물을 끓여다가 아이 목욕을 시키고 임산부를 돌봐주었다.

소문은 빨랐다. 끼니를 구하러 온 사람 중에는 굶주린 나머지 죽을 급히 먹다가 질식하여 위기를 맞은 사람도 있었다. 나랏골에서 200리도 넘는 먼 곳에서 온 사람도 있었다. 나랏골에 가면 목숨을 건진다는 소문을 듣고 여러 날 밤낮을 걸어온 사람들이었다.

임신한 여성 중에는 아이 하나는 등에 업고, 하나는 보듬고, 둘은 걸리고 온 사람이 있는가 하면, 젖먹이를 업고 오다가 아이가 죽어서 길섶에다 파묻어주고 혼자 와서는 죽을 미친 듯이 먹다가 토하면서 통곡하는 사람도 있었다. 어디서나 마찬가지겠지만, 오랜 병을 앓으면서 치료를 받지 못해 참혹한 모습으로 끼니를 구하러 온 사람은 바라보는 것으로도 민망했다. 경기가 난 젖먹이를 업고 온 사람, 오랜 위장병으로 뼈만 앙상하게 남은 사람, 천식이 심해 죽 그릇을 앞에 받아놓고도 먹지 못하는 사람들을 볼 때마다 안타까움으로 애를 태우곤 했다.

도토리를 나눠주다가 좋은 생각이 떠올랐다. 기왕 나눠줘야 할 일이므로 도토리를 얻어 가는 사람들이 덜 미안하도록 배려해줘야겠다고 여겼다. 그들이 가져온 부대나 그릇에 담아주다보니 그들끼리 다툼을 했다. 조금이라도 더 많아 보이거나 덜 받았다고 여기는 사람들이 서로 말다툼을 하기도 했고, 결국엔 도토리 몇 개 나눠주면서 사람 차별한다는 엉뚱한 불만을 터뜨리는 것이었다.

장계향은 자신이 경솔했다고 판단했다. 오죽하면 구걸하러 왔으며, 구걸하는 사람도 인간이 지녀야 할 수치심과 자존심은 있는 법인데, 그것까지 헤아리지 못한 것은 자신의 불찰이라고 인정했다. 그리하여 운악에게 또 건의했다. 똑같은 분량이 들어가는 베 주머니를 만들어 삶은 도토리를 넣어두었다가 나눠주자는 것이었다. 운악은 며느리의 지혜에 거듭 놀라면서 곡식 나눠주는 일을 앞으로는 도맡으라고 했다.

인간이라는 그릇은 지혜가 크면 클수록 그 쓰임새가 여러 가지로 변한다는 『논어』와 『도덕경』의 '군자불기'君子不器를 며느리한테서 발견하고 있었다. 며느리는 도토리를 삶아서 말려두었다가 일정 크기의 주머니에 넣어서 빈민들에게 나눠주고 있었다. 사람들이 도토리를 삶는 이유를 물었다.

도토리를 날것으로 먹으면 목이 메이고, 좀더 많이 먹으면 설사를 하며, 계속 먹으면 위장이 헐기도 하며, 때로는 변비를 일으키기도 한다는 대답이었다.

친정어머니가 가르쳐준 것이었다. 배가 고픈 사람은 먹거리가 생기면 허겁지겁 먹기부터 한다. 다급함에 도토리를 껍질째 덥석 깨물어 절반으로 으스러뜨린 뒤 반쪽으로 쪼개진 것을 다시 어금니로 깨물어서 도토리 살점을 씹어 삼킨다. 껍질은 내뱉는데, 더 서두르는 사람은 껍질도 씹어 먹는다. 장계향은 그런 모습을 처음 보았다.

가난한 이들이 충효당으로 몰려드는 그 시기는 4월이나 5월, 어느 해에는 3월부터 시작되기도 했다. 그때는 웬만한 부잣집이 아니고는 지난해에 수확했던 벼가 거의 바닥을 드러내게 마련이었다. 남의 땅을 소작하는 사람들 중에는 가을추수 때 주인에게 그해 소작료를 떼어주고, 남은 곡식으로는 그해 겨울 넘기기도 빠듯한 사람이 많았다. 새해 들어 소작 계약을 하면서 또 곡식을 빌렸다. 이자와 원곡을 그해 농사 지어 갚기로 하고서였다. 그렇게 해마다 빌린 곡식의 이자와 원곡에다 그해의 소작료를 합쳐서 갚다보면 또 양식이 모자라고 또 빌리는 악순환이 계속되었다.

거기에다 아들자식 둔 사람은 한 명당 베 두 필의 군포를 바쳐야만 한다. 숫자가 많으면 많을수록 군포도 그만큼 많아진다. 문제는 군포로 낼 베를 어떻게 마련하느냐였다. 토지가 없는 사람은 베를 짤 목화를 심을 수 없기 때문에 자신의 몫으로 매겨진 양만큼 무명 베를 사서 바쳐야 한다. 정남丁男 1명이 해마다 베 두 필을 바쳐야 하는데 베 두 필을 사려면 쌀 12말 가격과 맞먹었다.

토지가 없는 사람은 식구들 양식 마련하는 것만 해도 목숨을 걸다시피 해야 하는데 일정한 연령에 도달한 아들의 군포를 마련하

기 위해 또 빚을 얻어야 할 판이었다.[26]

몰려드는 빈민들

이렇듯 17세기 조선의 빈민들은 구조적 궁핍 속에서 굶주림과 무거운 세금, 헤아리기도 어려운 각종 노동에 시달렸다. 그런 가운데 빈번하게 닥치는 흉년은 지옥이었다. 정부에서도 달리 해결책이 없었다.

임진왜란의 참화가 극심했기 때문에 전쟁이 끝난 지 20여 년이 지나도록 회복하지 못하고 있었다. 양반 사대부들의 관심은 줄곧 당쟁에 머물러 있었다. 당파 싸움에 이겨야만 권력을 쥘 수 있고, 그 권력은 곧 토지라는 절대적인 재산과 온갖 세금의 면제 등을 가져다주었다.

빈민들의 생활은 갈수록 나빠졌다. 임진왜란이 7년 동안 계속되자 토지제도와 세금제도가 붕괴되고, 신분제도마저 무너져버렸다. 토지제도의 문란은 가난한 사람일수록 그 피해가 더 컸다. 전쟁이 오래 계속되다 보니 농민들이 전쟁을 치렀고 그 동안 농사는 폐허가 되고, 많은 농민들이 전사하거나, 포로로 끌려갔고, 중상을 입어 농사지을 사람이 절대 부족해졌다. 그나마 지은 농사도 일본군의 군사작전으로 불태워졌고 농민들은 피난길에서 돌아오지 않은 채 유민이 되어버렸다.

농토는 황무지로 변했다. 전쟁이 끝났을 때 농사지을 수 있는 토지면적은 전쟁 이전의 3분의 1에도 미치지 못했다. 경작지의 격감은 일본군의 피해를 가장 많이 입은 조선 남부지방이 심했으며, 특히 경상도에서는 전쟁 이전의 6분의 1로 감소되었다.[27] 이러한 상황은 국가의 세입을 감소시켜 재정위기로 이어졌다. 세금을 매길 수 있는 호적과 토지대장이 모두 없어졌고, 그것을 다시 정비하는 데는 오랜 시일이 필요했다.

이와 같은 경제 상태의 악화와 재정 궁핍은 한편으로 양반 사대부들의 정권 획득 욕구를 더욱 자극했다. 토지를 소유하려는 욕심을 가열시킨 것이다. 그리하여 당파 분열은 격화되었다. 임진왜란 뒤에 우세했던 북인들은 여러 분파로 갈라졌다. 토지를 더 많이 소유하기 위해서였다.[28]

충효당으로 몰려드는 빈민의 숫자가 줄어들지 않는 이유도 여기 있었다. 경상도의 슬픔과 모순이 커지고 깊어진 데는, 경상도 양반 사대부들의 권력을 이용한 토지 장악과 의무를 면제받기 위한 정치적 이유가 있었다. 그만큼 경상도에서 가난에 시달려 집을 버리고, 한 가족이 모두 유랑민이 되거나 굶어 죽는 사람이 많았던 것이다. 사회 상황이 나빠질수록 양반 사대부들의 당쟁은 극심해지고 비인간화되었다.

장계향은 충효당을 학교라고 여기게 되었다. 어떤 책으로도 배울 수 없고 어떤 스승한테서도 배울 수 없는 인간의 삶과 죽음을 배울 수 있는 곳이라고 여겼다. 안동지방이나 경상도 어느 곳에서도 이토록 생생하고 절절한 인간생존의 민얼굴을 볼 수 있는 곳이 많지 않으리라 생각했다. 친정에서 자라며 보고 듣고 배우고 깨달았던 것들이 충효당에 와서 응용되고, 실천을 통해 경험으로 바뀌자 예상하지 못했던 지혜의 빛으로 장계향은 성숙해졌다.

세상이란 함께 만들어가는 것이지 소수의 특별한 힘에 의하여 이룩되는 것이 아니라는 것을 느꼈다. 함께 만드는 세상이기 때문에 평등해야 한다고 생각했다. 평등이 현실에서 실현되려면 인간에 대한 믿음이 필요했다. 실제로 존재하는 것만으로는 모자라는 것을 믿음이라는 마음을 냄으로써 모두가 넉넉해지는 것임을 알았다.

  사람은 대개 선행을 좋아한다. 다만 좋지 못한 사회적 제도와 관습이 사람을 멸시하고 차별해온 탓으로 사람들이 더욱 거칠어지고, 모질어진 것이지, 본래부터 그런 사람은 없다고 여겼다. 선행 의지가 행동으로 드러나도록 도와주어야 하는 것이 많이 배우고, 가진 자의 도리이자 책임이라고 생각했다. 도움이 필요한 사람들과 끊임없이 소통하는 것은 현실의 여러 가지 한계를 극복하는 지혜를 터득하는 길임을 깨달았다.

  장계향은 충효당으로 와서 도움을 청하는 사람들을 대하는 몇 가지 원칙을 정하여 노비들과 심부름을 하는 사람들에게 거듭 일러주었다. 얻으러 온 사람은 누구든지 빈손으로 돌려보내서는 안 된다는 것, 그들의 자존심을 다치는 말이나 행동을 하지 말라는 것, 작은 것이나마 도움 받는 이들이 진심으로 고마워하는 마음이 생기고 자신감을 키워 돌아가도록 진심어린 말과 행동을 하도록 가르쳤다. 얻으러 온 사람들에게 어쩔 수 없이 내준다고 여기지 말고, 기꺼이 나눈다고 여기면 더 좋다는 것을 알았다. 나눈다는 것은 소유의 탐욕에 갇혀 사는 독선의 불행에서 벗어나는 것으로 느껴졌다. 또한 기꺼이 나눔은 나누는 것만큼 깨끗하고 존경받는 기쁨이며, 무한한 영혼의 성장을 돕는 것임도 거듭 느꼈다.

나누는 일은 자유를 알게 하며, 세상을 함께 산다는 것이 얼마나 좋은지도 깨닫게 해주었다. 무엇보다 세상을 살맛나게 하는 것이었다.

충효당에서 보낸 21년은 곧 장계향이 나눔의 철학을 온몸으로 실천하고, 깨닫고, 또 모자라는 부분을 채워 나눔의 철학자가 될 수 있었던 귀하고 소중한 시기였다. 여기에 더하여 시아버지 운악의 인간 사랑이 지닌 가식 없는 철학이 장계향에게 원대한 꿈을 꾸게 도와주었다. 특히 운악의 『노자』 제8장 '물의 도'에 대한 굳건한 믿음이 보여준 빈민구제철학은 장계향의 생애를 통해 끊임없이 성장하고 분출했다.

물은 만물을 윤택하게 하지만 서로 다투지 않고, 모두가 싫어하는 곳에 머문다. 그러므로 도에 가깝다.

물은 어머니와 같아서 모든 자식들에게 젖을 먹여 키워주지만, 그 자식들의 성공과 거두는 이익에 대하여 은혜의 대가를 원하지 않는다. 그러면서도 자식들이 원하고 자식에게 도움되는 일이라면, 아무리 어렵고 힘든 것도 기꺼이 해낸다. 자식은 어머니를 부르면 언제 어디서나 대답한다는 뜻으로 읽혔다. 그보다 더 위대한 어머니의 사랑이 거기 있었다.

제 7 장

베를 짜 가난을 구제하다

여자에서 어머니까지

 1618년, 나랏골로 시집온 지 3년째로 접어들었다. 결코 길지 않은 시간인데도 장계향이 겪은 일들은 참으로 다양했다. 어떻게 지나왔는지 돌아보기도 두려웠다. 그런 중에도 장계향을 소리 없이 격려해주고 버팀목이 되어준 것은 시아버지와 남편이었다. 이시명은 짓궂은 운명 같은 자신의 모습을 냉철하게 바라보면서도 시대와의 관계를 늘 아프고 불편하게 이어갔다.

 운악이 젊은 시절은 물론 장년 이후에도 노자와 장자철학으로 시대와의 관계를 부드럽게 풀어온 것과는 달리, 이시명은 젊은 탓도 있었지만 성리학 공부 방법 중 하나인 도학적 입장에서 현실정치와 권력의 도덕성을 더 중시했다.

 이시명의 이런 성향은 경당의 질문에 대한 대답에서 엿볼 수 있다. 광산김씨가 생존해 있을 때 경당 문하에 들어가 공부할 무렵이었다. 경당이 물었다.

 "건괘乾卦와 구이효九二爻에서는 어찌하여 경敬을 말하였는가?"[1] 성誠은 『주역』, 「문언전」文言傳의 건괘 구이의 효를 풀이한 가운데 '간사함을 막고 그 성실함을 보존한다'고 한 것의 성을 말한다. 「문언전」은 건괘와 곤괘를 종합적으로 풀이한 것인데 글월文과 말씀言, 즉 괘효卦爻의 말씀을 다시 문장으로 덧붙여 설명한 것이다. 이렇게 「건괘문언전」과 「곤괘문언전」을 별도로 붙인 것은,

천지의 이치를 설명한 건괘와 곤괘가 워낙 설명할 내용이 많은데다 모든 괘를 대표하는 부모괘이므로 다른 괘들처럼 간단하게 말할 수 없었기 때문이다.[2]

경은 「문언전」의 곤괘육이의 효를 풀이한 가운데 '군자는 공경으로 내면을 정직하게 하고, 의리로 바깥을 방정하게 하여, 공경과 의리가 서서 덕이 외롭지 않다'고 한 것을 가리키는 것이다.

경당의 질문에 이시명은 대답했다.

"성誠이란 가득 찬 것입니다. 건의 체體는 가득 찬 것이므로 성으로써 말한 것이며, 경에는 비어 있고 곧다는 뜻이 있으니 곤의 체는 비어 있으므로 경으로써 말한 것입니다."[3]

경당이 칭찬하면서 좀 더 구체적으로 일러주었다.

"성性이란 도의 몸이요, 도란 성의 작용이다. 크게는 천지에 있고 작게는 사물에 있다. 미세하기로는 이 도 가운데 하나도 갖추어지지 아니한 것이 없으니, 반드시 경으로써 안을 곧게 하여 큰 근본을 세워야 하며 의義로써 밖을 반듯하게 하여 본체를 드러나게 하면 그 몸과 작용이 나에게 있게 되고, 하늘과 사람이 간격이 없게 되어 이理와 심心이 모인다. 이것이 덕을 닦고 도를 이루는 큰 단서인 것이다."[4]

이시명의 마음속에는 스승의 이 가르침이 굳건하게 간직되어서 성명인의性命仁義의 설이 한시도 자신에게서 떨어져 나가지 않도록 하였다. 경당은 이시명이 광산김씨과 부부로 지내던 시절 장차 어떤 삶을 살고 싶은지를 물었다. 과거시험을 거쳐 세상에 나간다면 어떤 일을 하고 싶은지를 물은 것이다. 이시명은 주저 없이 대답했다.

"임금의 마음속 그릇된 것을 바로잡는 일을 먼저 할 것입니다. 도의 말미암음이 어디에 있겠습니까. 임금을 도에 이르도록 인도하는 데 있을 것입니다."

경당은 달리 말을 덧붙이지 않고 그냥 빙그레 웃었다.[5] 이런 기록들을 미루어볼 때 이시명은 영남사림학파의 큰 전통인 도학정치철학의 도도한 흐름 위에 있었던 것이 분명하다.

셋째 아들 이현일이 지은 행장에서 아버지를 '타고난 품성이 호탕하고 인품이 뛰어났으며 사소한 의리에 얽매이지 않았다'고 적고 있다. 여기에 더하여 '효성스럽고 자애로우며 어질고 덕이 도타웠던' 것으로 증언한다. 이런 점들로 미루어보면 영남사림의 역사를 그대로 이어받고 있음이 분명해진다.

정몽주 · 이숭인 → 길재 → 김숙자 → 김종직 → 김일손 · 김굉필 → 정암 · 조광조 · 이목으로 이어져 오면서 네 차례 사화를 겪는 가운데 거의 모든 사림학파들이 죽음을 당하였다. 영남에서 경과 의를 근본으로 하여 임금을 바로 가르쳐야 백성과 나라가 바로 설 수 있다는 도학 정치철학자의 씨가 말라버렸다는 말이 생겨났을 만큼 참혹한 탄압을 받았다. 그 결과 훗날 퇴계가 배울 만한 스승을 찾지 못하여 고생하는 참담한 역사가 생겨났던 것이다.

퇴계는 학문을 성취한 뒤 제자들에게 영남사림 철학의 중요성을 깨우쳐주었다. 그리하여 김성일과 유성룡은 지난날 참화를 겪은 영남사림과 선비들의 역사기록 정리에 심혈을 기울여 철학적 소명의식을 후학들에게 심어주는 다리를 놓았다.

김성일이 1584년 나주목사로 부임했을 때 이곳 금성산 기슭에 대곡서원大谷書院을 세우고 그곳에다 김굉필·정여창·조광조·이언적·이황을 제향하고, 그 지역 선비들을 이곳에서 공부하게 한 사실이 그 증거이다.[6]

또한 유성룡이 이언적의 『중용구경연의』에 발문을 짓고, 정몽주의 문집을 교정해 발문을 지었으며, 길재의 지주중류비砥柱中流碑의 음기陰記를 지은 것이 그러하다.[7]

이렇듯 이시명의 개성은 강하고 거침없는 행동과 안쪽을 맑게 비우고 닦아내는 공부의 조화에서 형성된 것이었다. 얼핏 보기로는 외향적으로 여겨지기도 했는데, 옳지 않은 일을 거절하는 단호함이 강한 데서 비롯된 오해였다. 그동안 벼슬길에 나아갈 수 있는 좋은 기회가 몇 차례 있었지만 모두 거절했다. 그런 다음에는 또 보란 듯이 향시에서 절묘한 대책문을 답안으로 제시하여 조선의 내로라하는 선비들에게 이름과 학문적 성취를 보였다.

과거 때마다 이름이 거론되고, 합격자 발표가 있고 나면 어김없이 낙방한 답안지가 화제로 떠오르게 되었는데, 이런 사실이 그에게는 오히려 불행의 씨앗이 되고 있었다. 다만 모르고 있을 뿐이었다.

이시명의 개성과 대조되는 것이 장계향의 성향이었다. 장계향은 내면세계를 더 중요하게 여겼다. 여자이기 때문에 그럴 수밖에 없었던 것은 아니었다. 장계향은 그 시대의 여성이 숙명처럼 안고 살아가야 하는 내면세계로의 함몰과 체념에 찌든 삶을 한탄하거나 마지못해 하는 소극적이고 수동적인 삶을 살지 않았다. 오히려 적극적이고 능동적으로 내면화를 시도하고 그런 삶을 통하여 획득할 수 있는 장점과 지혜를 발견했다. 즐긴다 하여 쾌락적이고 몽환적인 생활을 추구하는 것이 아니라, 이웃을 돕고 보살핌을 실천하는 것을 즐겼다. 거스를 수 없다면 즐기는 것이 지혜임을 안 것이다.

돕는 데도 예의가 필요하다

굶주린 사람들이 충효당을 찾아오는 행렬은 그 숫자가 줄어들었을 뿐 그치는 날은 없었다. 장계향은 운악에게 빈민들을 돕는 방법을 개선하자는 제안을 했다. 운악은 며느리의 생각을 듣고 싶어 했다. 장계향은 빈민구제를 충효당이 존재하는 이유 중의 하나로 설정하자고 말했다.

인량리仁良里라는 마을이름은 어진 사람이 많이 나온다는 데서 붙여진 것이었다. 임진왜란 때 조선에 온 명나라 장군 이여송李如松은 나랏골에 왔을 때 인량리 주변 산세를 유심히 살폈다. 앞으로 훌륭한 인물이 태어날 것을 예감하고는 즉시 이를 막는 비법을 썼다. 인량리 주변 산의 기운을 끊어버리기 위해 군대를 동원하여 세 곳을 자르는 대규모 역사를 벌였다.

장계향은 이 이야기를 시어머니한테서 전해 들었다. 시아버지는 이 일을 알고 나서 이여송이 자르고 들어낸 세 곳을 잇고 메웠다는 것이다. 사리목고개 · 목애고개 · 쟁이골 세 곳을 많은 인부를 동원해 본래대로 맥을 이었다는 것이었다.[8]

"그토록 충효당의 번성을 위해 숨은 정성을 들였음을 어머님한테서 듣고는 큰 감동을 받았습니다. 인仁이 어찌 사람만의 일이겠습니까. 마땅히 하늘·땅·사람의 조화로 나타나는 가장 아름다운 일을 두고 인의 실현이라 하는 것도 그 때문이라 생각됩니다. 이렇듯 우리 가문에서 어진 사람이 많이 나고, 그 인물들이 집안 재물을 잘 간수하고 좋은 말을 많이 들어온 것도 바람직한 일이겠지요. 하지만 아버님께서 평생 소망해오신 바는 우리 가문을 지키는 일에 그치지 않고 나라 일에 참여하여, 바른 정사를 돌보고 백성들이 행복하게 살 수 있는 큰 정사를 베푸는 인재가 많이 나는 것이었으리라 믿습니다. 그러려면 성인 군자의 길을 주저없이 나아가도록 해야 할 것인데 그 길은 소망한다고 해서 이룩되는 것이 아니라 세상 사람들이 도와주어야만 가능할 것입니다."

운악은 물었다.

"수기지학修己之學하여 구인성성敎仁成聖하는 것 외에 세상 사람들로부터 도를 열어가는 도움을 받아야 한다는 말이냐?"

"성인의 도는 세상 사람을 편안하게 하는 데 그 궁극이 있는 것이지, 도를 닦는 한 개인의 성취에 그치는 것이 아니며, 그것은 이미 도가 아니라 욕심이라 배웠습니다."

"어떻게 하면 우리 가문이 사욕私欲을 여읜 의인義仁을 행할 수 있겠느냐?"

"베푸는 일을 상례常禮로 하고, 그 내용을 더 성실하게 갖추어야 할 줄 압니다."

"더 자세하게 말해보거라."

"우리가 매일 끼니를 거르지 않듯이 저들에게도 먹을 자리를 마련해주는 것이 좋겠습니다. 그냥 주는 것이 아니라 예절을 지켜서 주며, 먹는 것에 그치지 말고 입고 신는 것도 챙겨주며, 병든 이한테는 약을 주고, 오갈 데 없는 사람들은 머물러 살 수 있도록 하면 좋겠습니다. 대가를 바라지 않고 정녕 어진 마음에서 우러난다면 이 또한 충효당의 광영이 아니겠습니까."

운악은 며느리의 지혜에 또 한 번 감탄했다. 구빈사업을 충효당의 존재 이유로 삼자는 말은 운악도 미처 생각지 못했던 것이었다. 하지만 그 일은 간단한 문제가 아니었다.

운악은 며느리에게 한번 시작해보라고 승낙은 하면서도 마음 한구석에서 걱정이 일어서는 것을 느꼈다. 끼니를 굶는 자가 없어지는 세상이 실현되지 않는 한 충효당을 찾아오는 사람의 발길은 이어질 것이고, 그들을 계속 대접하자면 어떤 재산이 남아날 것이며, 재산이 줄어들면 집안 사람 중에서 반대하는 목소리도 생겨날 것이며, 더 나빠지면 집안에 분쟁도 생길 수 있으리라는 걱정이었다. 그런데도 며느리의 생각을 존중해주고 싶었다.

장계향은 이시명에게 이 일을 물었다. 남편은 운악의 뜻을 따르라고 했다. 시어머니도 승낙했고 장손인 신일 내외도 기뻐하며 돕겠다고 했다. 신일은 숙부 이시명을 아버지이자 스승처럼 존경했고, 신일의 아내는 장계향을 신일이 이시명에게 하듯 따르며 의지했다.

장계향은 충효당의 노복 수백 명을 불러 모았다. 충효당에서 살면서 실질적인 살림살이를 돕는 안쪽 노비가 서른 명쯤이고, 바깥에 살면서 농사와 땔나무 장만, 소금 일, 어부 일, 대장장이 일 등을 하는 외거 노비는 그보다 많았다. 그 중에서 장계향이 직접 가르치거나 일을 시킬 수 있는 안쪽 노비만 불러 모았다.

"너희는 이 충효당의 식솔들이다. 너희의 손과 발과 생각과 말이 충효당의 명성에 보탬이 되고, 눈에는 안 보이지만 큰 힘이 되고 있다. 날마다 오가는 걸인들이나 식량을 구하러 오는 사람들을 돕는 일은 매우 중요한 것이다. 너희가 하는 말 한마디, 손짓 하나는 곧 충효당 큰 어른의 뜻이 되기 때문이다. 또한 너희의 뜻이기도 하고, 그들을 대접해주는 예의가 되기도 하기 때문이다."

노비들의 손으로 음식이나 곡식을 빈민들에게 나눠주기 때문에 그 태도가 중요했다. 마지못해 하거나 빈민들을 업신여기는 몸짓을 예사로 하는 것을 장계향은 보고 있었다.

비록 끼니를 때우고 양식을 구하러 왔지만 신분은 농사짓는 양민인데, 충효당 노비들한테 모욕적인 대우를 받을 적마다 서운해하는 것을 자주 목격했다. 그래도 대놓고 불만을 토로할 수는 없다는 것도 알았다.

장계향은 노비들을 가르칠 필요가 있다고 여겼다.

"너희의 말 한 마디가 충효당의 칭송이 되는가 하면 능멸을 자초하기도 한다. 너희 스스로 귀하고 고마운 사람이 되게도 하지만, 저러니까 천박한 인간일 수밖에 없다는 말을 들을 수도 있다. 너희들이 세상 사람들로부터 업신여김을 당하지 않으려면 제 발로 얻으러 오는 사람들을 업신여기지 말아야 할 것이다. 나는 너희들을 충효당의 식구들이라고 여긴다."

노비는 주인 소유의 물건이며 재산으로 취급을 받던 시대였다. 돈으로 사고파는 물건이었고 인권은 무시되었으며, 짐승보다 못한 존재로 여겨지기도 했다.

　장계향은 친정에서 자라는 동안 경당이 자주 들려준 유성룡의 속오군제도가 지향했던 인간평등 정신을 충효당 생활을 하면서 절실하게 느끼고 있었다. 유성룡은 인간평등 정신이 관념적 유희가 아니라, 국가가 안고 고뇌하는 국방을 튼튼하게 하면서 인간 개개인의 능력과 자질을 이용함으로써 모두가 편안하게 살아갈 수 있는 구체적이고 실질적인 해답이라고 보았다.9

　적어도 유성룡이 속오군제도를 실현시켰던 사실은 조선의 역사에서 최초의 인간평등 정신을 향한 개혁정책임에는 틀림없었다. 그런데 이 정책은 유성룡이 정권에서 밀려난 뒤 양반 사대부들의 집단 이기주의 때문에 폐지되고 말았다.

　장계향은 이 정신을 충효당의 노비들과 관련시켜보고 싶었다. 그들을 해방시켜 주는 것은 아닐지라도, 노비 자신들 안에 내재되어 있는 어진 마음을 깨닫게 해주고 싶었다. 빈민들 또한 순간순간마다 도움에만 의지하지 말고, 스스로 해결할 수 있는 일이 무엇인지를 깨닫도록 해주어야만 옳다고 생각했다.

　비록 생존의 위협 때문에 충효당에 와서 구원의 손길을 내밀고 있지만, 그들 안에 들어 있는 인간으로서의 존엄과 가치까지 능멸당해서는 안 된다는 것을 알도록 해주고 싶었다. 도와주는 사람도 도움 받는 사람도 서로 인간의 존엄성까지 짓밟아서는 안 된다는 것이었다.

　장계향이 생각해낸 것은 노비들이 음식이나 곡식을 빈민들에게 나눠줄 때 반드시 두 손으로 건네고 편안한 표정으로 인사하도록 하였다. 죽 그릇을 한손으로 건네주면서 엄지손가락을 그릇 안쪽에다 밀어넣은 채 집어던지듯 하는 버릇을 고쳐보겠다는 생각이었다. 고함을 지르고 반말투에다 박대하는 행동을 고쳐야 한다, 자신들이 권력이라도 행사하듯 하고, 빈민들을 아무렇게나 해도 괜찮다고 여겨온 버릇을 고쳐야 한다고 생각한 것이다.

인간 본연의 모습을 보게 해서 노비들이나 빈민들이 더 이상 그 잘못된 버릇의 감옥 안에 갇혀 살지 않도록 도와주고 싶었다. 그 방법은 따뜻하고 부드러운 행동으로 실천하는 것인데, 죽 그릇이나 식량 주머니를 두 손으로 공손하게 건네주면서 격려의 말을 해준다, 그 실천과 말 한 마디가 국가의 제도보다 훨씬 아름다울 수 있기 때문이다.

그 다음은 노비들의 재능을 알아보는 일이었다. 바느질 솜씨가 좋은 사람, 베틀 일을 잘하는 사람, 부엌 일을 잘하는 사람, 집안 청소를 말끔하게 잘하는 사람, 빨래를 잘하는 사람을 비롯하여, 저마다 좋아하고 남보다 더 잘할 수 있는 일이 어떤 것인지를 알 필요가 있었다.

가장 필요한 것은 베틀 일을 잘하는 사람이었다. 나이가 든 여자 노비 다섯 사람의 베틀 솜씨가 빼어나다는 사실을 알았다. 그보다는 못하지만 다섯을 더 찾았으나 집안에는 없었다. 충효당 밖에 사는 외거노비 중에는 여럿 있음을 알았다. 열 명의 솜씨 좋은 베틀꾼을 찾아냈다. 베틀 다섯 채를 놓고 베를 짜게 할 생각이었다. 베틀 하나에 두 명씩 조를 이루어 교대로 일을 하면, 능률도 낫고 일하는 사람의 고통도 덜 수 있기 때문이다.

빈민들을 먹일 식량은 한계가 있지만, 그들에게 줄 옷가지 만드는 일은 얼마든 가능했다. 식량만큼은 아닐지라도 입성옷의 속칭은 입성대로 소중했다. 가난한 사람일수록 옷이 귀했다. 삼베든 무명이든 옷감을 만들려면 삼이나 목화를 심을 밭이 있어야 한다. 가난한 사람이 그럴 수밖에 없는 이유는 농사지을 토지가 없다는 것이다. 설혹 좀 있다 하더라도 작물재배가 먼저였기 때문에 삼이나 목화를 심을 수는 없었다.

삼베나 무명은 곧 돈이나 다름없었다. 국방의무를 이행하는 대신으로 내는 군포軍布가 한 필에 쌀 12말 값이었다는 사실로 옷감의 중요성을 짐작할 수 있다.[10] 쌀 12말은 방아를 찧지 않은 껍질벼 24말이 있어야 한다. 그것도 잘 여문 경우라야 가능하다. 땅심이 좋은 논 2백 평에 벼를 심어 잘 가꾸면 벼 한 섬石, 즉 열 말을 수확할 수 있다. 쌀 12말은 논 4백 평에 지은 농사로도 가능하지 않은 것이다. 그래서 헐벗고 사는 것이다.

빈곤한 형편을 상징하는 말이 '헐벗고 굶주리는' 것이다. 식량은 목숨 연명할 정도는 구할 수 있어도 옷가지는 사정이 달랐다. 그런 사정 때문에 모진 추위가 닥치면 길에서 얼어 죽는 사람이 많았던 것이고, 굶어 죽는 사람보다 많을 때도 있었다. 장계향이 베틀 일을 중점적으로 시작한 것도 그 때문이었다.

삼베·모시·명주·무명을 짜는 모든 과정을 일컫는 말이 길쌈이다. 베길쌈은 삼베길쌈을 말하는데 가장 흔한 것이었기 때문이다. 여기서 베란 삼베를 뜻한다. 베·모시·명주길쌈은 삼한 이전부터 있었으나, 무명길쌈은 고려 말부터 시작된 것으로 알려져 있다. 모시는 여름철 옷감이고 명주는 겨울철 옷감인데, 두 가지 다 서민이나 천민들이 이용하기는 어려웠다. 겨울철이 되면 서민과 천민들은 삼베옷을 입고 생존의 벼랑에 서야 했다.

'삼동에 베옷'은 곧 가난하고 차별받는 신분을 상징하는 어두운 역사의 유산이기도 한 것이다. 추위에 얼어서 죽는 사람이 많이 생길 수밖에 없었던 이유였다.

장계향은 그런 현실을 눈여겨보았다. 겨울철에도 얻어먹으러 오는 사람은 끊이질 않았다. 고려 말 이후 목화 재배가 점점 일반화되면서 겨울철에 얼어서 죽는 사람은 많이 줄어들었지만 가난한 자들은 존재했고 그들은 여전히 추위가 먹는 것보다 더 무서운 저승사자였다.

조선시대 들어 목화 재배가 권장되어 형편이 다소 나아졌으나 임진왜란의 참화가 극심하여 사정은 또 나빠졌다. 충효당으로 구걸 온 빈민들은 겨울철이 되면 보기에도 애처로운 몰골이었다. 걸치고 있는 옷은 땟국물에 절어서 반질반질했고, 누덕누덕 덧대어 기운 곳에도 때가 쌓여 있었다. 홑껍데기지만 그래도 베옷보다는 나았다. 추위에 시퍼렇게 얼어 벌벌 떨면서 허겁지겁 국물이나 죽을 삼키는 모습은 처절했다.

충효당 소유지에서 수확하는 목화 양은 상당했다. 솜으로 쓰기 위한 것 외에는 모두 무명베를 짜는 데 썼다. 장계향은 빈민들의 입성을 돕기 위해 베틀 일을 더 늘이면서 목화 심는 면적도 더 넓혔다.

영해에서는 목화가 잘 자랐다. 3월 하순이나 4월 초순에 씨를 파종하는데 종자는 오줌통에 잠깐 담갔다가 꺼내어 아궁이의 재를 묻혀서 비빈 다음 말려서 뿌린다. 7월 중순 이후부터 꽃이 피는데 8월 중순을 넘어서면서 다래목화의 아직 피지 않은 열매가 성숙하여 면이 터져 나오기 시작한다. 목화송이에서 면을 채취하기 위해서는 씨를 뽑아내야 한다. 목화씨를 면과 분리시키는 기구가 씨아틀이다. 각차攪車라고도 부른다. 오른손으로 씨아틀 꼭지마리를 바깥 방향으로 돌리고, 왼손으로는 이와 반대 방향으로 맞물려서 돌린다. 꼭지마리 회전에 따라 도는 수카락과 암카락 사이에다 목화송이를 끼워 넣으면 씨는 씨아틀 앞으로 떨어져 나오고 솜은 뒤로 떨어진다.

솜은 다시 잘 부풀려주어야 다음 작업 과정으로 옮길 수 있는데 솜 부풀리는 일을 솜타기라 하고, 기구를 솜활이라 부른다. 솜활은 약 2센티미터 지름의 대나무를 휘어서 솜을 펴놓고 막대로 고루 두들긴 다음, 오른손에 활을 잡고 왼손으로 활끝을 잡아당기면 솜이 피어오른다. 이때 솜타게 하는 활은 화궁花弓, 잘 타여진 솜을 탄화彈花라고 부른다.

솜활로 탄 솜은 고치말이라는 작업과정으로 옮겨진다. 솜을 말판이라 부르는 판자 위에 얇게 쫙 편다. 대나무나 수수깡으로 만든 말대를 솜 위에 얹고 서너 번 바깥으로 살짝 살짝 밀면서 감으면 둥근 모양이 된다. 잘 말리면 말대를 빼내는데 구멍이 뚫린 기다란 둥근 솜을 고치라 부른다. 실을 뽑아내기 위한 것이다.

그 다음 작업은 실잣기 혹은 물레질이라 부른다. 고치에서 실을 뽑아내는 과정이다. 실잣기는 물레손을 잡은 오른손과 고치를 쥔

왼손이 벌이는 상하운동의 절묘한 긴장과 균형에 의하여 이루어진다. 다시 뽑기·날기·매기 과정을 거쳐 온전한 실이 만들어지면 이것이 씨줄이 된다. 세로로 고정되어 있는 씨줄은 가로로 드나들면서 베옷을 만드는 꾸리라 부르는 실을 감아 북 속에 넣는다.

모두 아홉 단계를 거치는 작업이 완성되면 열 번째가 베짜기이다. 베틀 일이 시작되는 것이다. 베틀은 다섯 개의 작업 도구를 차례대로 움직이며 직물을 짜는 일이다. 열 가지로 엄격하게 나눠서 진행되는 각 단계는 모두 일손을 많이 필요로 한다. 솜씨가 좋은 사람이라도 많은 시간과 집중을 필요로 하는 고되고 지루한 작업이다. 이 일의 대부분이 여성들만으로 이루어지는데 수천 년 동안 여성들의 피눈물과 땀으로 짠 베로 남자와 조선의 역사에 옷을 입히고 단장하여 매무새를 지켜온 셈이다.

마직물麻織物로 부르는 삼베 또한 여섯 단계를 거쳐 옷감이 된다. 대마 종자 파종, 삼 삶기와 껍질 벗기기, 삼째기, 삼 삼기, 베 날기와 매기, 베짜기를 거쳐 삼베가 된다.[11] 그해 겨울철에 입을 옷을 지으려면 늦어도 초가을까지는 베짜기를 끝내야만 한다. 여름철에 입을 삼베와 모시베는 삼과 모시가 다 자라는 초여름과 한여름에 일을 해야 하지만, 무명베는 겨울철에서 봄 사이에 집중되는 것이 보통이었다.

장계향은 처음 시도하는 일이기도 했고, 아직은 노비들과의 관계가 주인과 종복이라는 관습의 틀 안에서 이뤄지고 있어서 자신의 뜻이 종복들에게 충분히 전달되는 것 같지 않았다.

무명베 짜기는 정월 중순부터 시작되었다. 그렇게 마련된 무명

베로 남자와 여자 어른의 옷을 많이 만들어두었다가 겨울이면 어김없이 찾아올 가난하고 외로운 사람들에게 입혀줄 것이라는 사실에 종복들은 감동했다.

일은 생각보다 빠르게 진행되었다. 베틀에서 내려진 무명베는 한 번 삶아서 말린 뒤 옷감으로 썼다. 노복들 중에는 바느질 솜씨가 빼어난 여성들이 여럿 있었다. 마흔두 살 난 점복이란 노비는 할머니 때부터 충효당 식구들의 옷을 지어온 내력이 있었다. 3월 말쯤 무명베 짜기가 마무리되었다.

이제 옷 짓는 일만 남았다. 운악은 며느리의 계획을 듣고 무척 좋아했다. 아무리 많아도 어떻게 쓰느냐에 따라 재물의 진정한 가치와 효용이 생긴다는 것은 누구나 아는 사실이지만 정작 사용방법은 그 사람의 생각에 따라 생겨나는 것임을 깨닫는다며 기뻐했다.

생물학적인 여성에서 철학적 존재인 어머니까지의 시간과 공간에서 가장 귀중한 것은 나누고 돌봐주는 지혜임을 확인하게 되었다며 환하게 웃었다.

첫 아이를 낳다

1618년 윤사월, 명나라는 조선에게 병마兵馬 7천을 내놓으라 요구했다. 만주를 떠돌던 여진족이 성장하여 금金이라는 나라를 세워 위협하자 다급해진 명나라가 조선에 구원병을 요청한 것이다. 지난 임진왜란 때 명나라 군대가 조선을 도와주지 않았느냐는 것이다. 그때 명나라 군대가 조선에 온 것은 사실이다. 하지만 그 속셈은 조선을 일본군 침략으로부터 지켜주는 데 있지 않고, 일본군이 명나라를 공격하지 못하도록 하기 위한 방어선을 자국이 아닌 바깥의 조선 땅에다 구축하자는 것이었다. 그 속셈을 간파한 것이 유성룡이었고, 그래서 명나라를 주인으로 섬기고자 하는 정치인들로부터 미움을 받고 끝내 밀려났다.

명나라는 일본군을 두려워하고 있었고 또 하나 두려운 적은 바로 명나라의 심장을 겨누고 있는 금나라 군대의 창검이었다. 명나라는 기울고 있었다. 그런 명나라를 성인聖人의 나라로 착각한 조선 지식인들만 그 사실을 모르거나 알면서도 모른 척하고 있었을 뿐이다. 조선 지식인들의 이 같은 사고방식은 장차 조선 운명의 목을 조르는 자해행위를 구국이라 외치는 착란의 시대를 열게 될 터였다.

그해 5월, 이항복이 병으로 죽고 8월에는 허균이 광화문에서 여섯 갈래로 찢어 죽이는 육시六屍 처형을 당했다. 이항복은 유성룡을 존경하여 따랐던 청백리였고, 허균은 그 문하에서 학문을 배운 제자였다. 허균은 서얼·천민의 신분차별제도를 철폐하자던, 당시로서는 위험한 평등철학을 주창한 양명학자였다.[12] 허균의 사상은 유성룡이 그토록 열정을 쏟아 추진했던 천민들의 국방복무와 신분해방론과 닮은 데가 있었다.

장계향이 운악가문으로 시집와서 시작한 빈민구제와 유성룡·허균의 신분철폐론 사이에 과연 어떤 연관성이 존재했는지 혹은 존재할 가능성이 있는지, 그 어떤 증거나 연구는 아직 나타나지 않고 있다. 하지만 둘 사이에는 양명학적 철학과 신념이 존재할 수 있을 것이다.

1619년 1월, 명나라의 장군 양호楊鎬는 총을 잘 쏘는 자를 보내라고 강압하여 조선 정부에서는 평양 포수 400명을 보내 금나라와의 전쟁에 투입하였다. 2월엔 명나라를 도울 지원군 1만 명이 압록강을 건너갔다. 3월엔 마침내 조선 지원군 사령관 강홍립이 금나라 군대에 항복했다. 4월이 되자 금나라는 조선 왕에게 동맹을 맺자는 외교문서를 보냈고 7월에는 다시 조선을 압박해왔다.

임진왜란 후유증에서 벗어나지 못하고 있던 조선은 명나라와 금나라의 협박과 강요 앞에서 쩔쩔매고 있었다. 다시 조선의 백성들은 생사의 갈림길에 놓여 있었다.[13]

1618년 11월과 1619년 1월 사이의 겨울은 유달리 춥고 길었다. 온 나라가 전쟁이 일어날 것이라는 공포에 휩싸였다. 유달리 빨리 닥친 겨울 추위 속에서 가난한 사람들은 또 다시 배고픔과 추위로 고통받기 시작했다.

충효당으로 몰려드는 사람들 숫자는 점점 불어났다. 영남 외에 충청도에서 온 사람들도 있었다. 북쪽에서 전쟁이 터진다니까 미리 피난길에 나선 것이었다. 피난은 이제 조선 백성들의 일상처럼 되어갔다.

장계향이 예견이라도 한 듯 무명베 70필로 지은 옷은 놀라운 선물이 되었고, 충효당 노복들의 예의 반듯한 행동 또한 가련한 사람들에게 따뜻하고 넉넉한 위로가 되었다.

겨울 바람이 아직 매서운 정월 그믐 무렵, 장계향이 첫 입덧을 했다. 운악과 충효당 모든 식구들이 기뻐했다. 이시명은 하루에도 몇 차례 안채를 다녀가거나 마당에서 빈민들을 돌보고 있는 아내를 찾아와 웃었다. 정녕 기쁜 일이었다.

살구꽃이 지고 봄이 무르익을 무렵 나랏골 재령이씨 집안에 큰 잔치가 있었다. 어머니가 칠순을 넘기고 있었는데 자식들이 잔치를 열고 친척과 인척은 물론 멀리 사는 사람들까지 초청하였다.

장계향은 충효당 며느리로서 당연히 참석했다. 잔치는 성대했다. 기생들이 불려 와서 가야금을 곁들인 노래와 춤을 추었다. 이어서 처용무가 펼쳐졌다. 귀신 얼굴 탈을 쓰고 추는 처용무는 손님들을 즐겁게 해준다. 익살스런 동작이 나올 때는 탄성을 지르며 좋아했다.

장계향은 그 자리를 떠날 수 없다는 것을 알았다. 잔치를 연 주인은 충효당 며느리가 잔치판에 나와 앉아 있다는 것을 상당한 긍지로 여기고 있음을 알기 때문이다. 문중의 권위이자 주인의 자랑이기도 했다.

잔치에 오기 전 『열녀전』을 읽었다. 한나라 유향劉向이 지은 중국 역대 여인들의 전기였다. 모의母儀・현명賢明・인지仁智・정신貞愼・절의節義・변통辨通・폐얼孼孼 일곱 항목으로 나누어 쓴 태교를 위한 책이었다.

장계향은 자리를 떠날 수는 없었으므로, 그 자리에서 임산부가 할 수 있는 행동을 하고자 하였다. 머리를 낮게 숙이고 마음이 춤이나 노래에 쏠리지 않도록 단속하며, 눈을 들어서 보고 즐기지 않는 것이었다.[14] 임신한 뒤 시작한 태교는 잠시도 그치지 않았다. 일상생활이 곧 태교여야 한다는 친정어머니의 말씀을 하나하나 실천해갔다.

임신 후 출산까지 태아는 정서적・심리적・신체적으로 모체의 영향을 크게 받으므로, 임산부는 모든 일에 조심성을 가지고 나쁜 생각이나 거친 행동을 삼가야 하며, 편안한 마음으로 지내야 하는 것이 태교이다.

태교가 중요하다는 생각은 인류에게 공통적으로 존속되어온 것이다. 보다 훌륭한 후손을 출산하고자 하는 바람은 역사 이래로 계속된 본능이어서 나라마다 임신 및 출산에 따른 여러 가지 민속과 금기, 지침이 다양하게 발달해왔다.

> 아이를 가졌을 때 옆으로 누워 잠자지 말며,
> 한쪽에 앉지 말며,
> 텁텁한 음식을 입에 대지 말며,
> 바르게 끓인 것이 아니면 먹지 말며,
> 바르지 않은 자리에 앉지 말며,
> 눈으로 옳지 않은 빛을 보지 말며,
> 귀는 음란한 소리를 듣지 말며,
> 밤이면 소경으로 하여금 시를 외우게 하여 이를 듣고 항상 바른 일을 말하라.
> 이렇게 하여 아이를 낳으면 얼굴과 모양이 단정하고 재주가 뛰어나다.
> (…)

자식을 가르친다는 것은 자손을 가르쳐 깨우친다는 것이다.

사람이 태어날 때는 모태에서 10개월 동안 있기 때문에 그 용모, 성품이 어머니와 비슷하다. 성인聖人이 태교를 말하는 것은 진실로 이 때문인 것이다.

삼가야 할 행동이 있다.

간사하거나 남을 속이는 일, 탐내거나 부당한 욕심, 화를 내거나 모진 말을 하는 것, 말할 때 손짓하는 것, 웃을 때 잇몸을 드러내 보이는 것, 남을 꾸짖거나 타인을 헐뜯는 일, 귓속말을 하거나 모여서 수다를 떨지 말아야 한다.

근신해야 할 일이 있다.

옷을 너무 덥게 입지 말고, 너무 배부르게 먹지 말고, 차거나 더러운 데 앉지 말고, 산이나 들로 쏘다니지 말고, 우물을 들여다보지 말고, 옛 무덤엔 들어가지 말고 사람을 흘겨보지 말며, 약을 함부로 먹거나 침이며 뜸을 함부로 맞지 말고, 몸을 숙여서 앉지 말고, 모로 눕거나 엎드리지 말고, 왼쪽에 있는 것을 오른손으로 집거나 오른쪽에 있는 것을 왼손으로 집으려 말고, 어깨 위로 돌아보지 말고, 높은 곳에 있는 것을 내리거나 선 채로 땅에 있는 것을 집지 말고, 추위와 한더위 낮잠을 자지 말고, 해산달에는 머리를 감거나 발을 씻지 말아야 한다.

먹어서는 안 될 음식이 있다.

모양이 바르지 않은 것은 먹지 말고, 벌레 먹거나 썩어서 떨어진 과일은 먹지 말며, 참외 · 날채소 · 찬 음식은 먹지 말며, 냄새가 고약하고 색이 나쁜 것은 먹지 말며, 설 익거나 제철이 아닌 과일·채소·고기류·우렁·가재·나귀·물고기는 먹지 말며, 비늘이 없는 물고기는 먹지 말며, 엿기름·마늘·메밀·솟구치는 샘물·복숭아·순무·마·개고기·양의 간·닭고기를 먹지 말며, 알을 찹쌀과 함께 먹지 말며, 오리고기와 알을 함께 먹지 말며, 알·참새고기·생강·비름나물·미역귀·산양고기·버섯·계피·노루고기·말밑조개·쇠무릎·괴상하게 생긴 과일은 먹지 말아야 한다.

가까이 두고 보아야 할 것이다.
귀인貴人·모습이 온전하고 바른 사람·백벽옥白璧玉·공작·빛나고 아름다운 것·성현께서 훈계한 글·신선·관대·패옥그림·난봉과 주옥이다.

보거나 들어서는 안 되는 것이 있다.
광대·난쟁이·원숭이·서로 희롱하거나 다투는 모습·병신이나 몹쓸 병이 있는 사람·무지개·벼락·번개·일월식·유성·별똥·혜성·물이 넘치는 모습·음란하거나 병이 든 새와 짐승·더럽고 애처로운 벌레·굿거리·잡노래·시장에서 떠들썩한 소리·서러운 울음소리는 듣지 말아야 한다. 술주정 부리는 소리·잔격정 소리·욕하는 소리도 듣지 말아야 한다.

태교는 아이의 아버지되는 남자에게도 책임이 있고 사명이 있다.[15]

친정어머니는 딸에게 가르쳤다. 임신 중 하루의 태교는 태어난 뒤 십 년의 교육보다 중요하며, 임신 중 태아에게 한 말과 약속은 아이가 태어나 살아가는 동안에는 정신을 키우는 보약이 되고, 부모 죽은 뒤에는 은혜의 씨앗이 된다. 태아가 어머니 자궁 밖으로 나온 뒤의 가르침은 겉모양을 꾸미는 데는 어느 정도 효험이 있지만, 사람의 내면세계에는 거의 효험이 없다. 따라서 태교는 한 인간의 미래를 결정하는 강력한 가르침이며, 태어난 뒤에는 다만 더 나빠지지 않기를 바라는 가르침이지만, 사람은 태어난 이후의 교육으로는 근본 기질을 바꾸기는 쉽지 않다는 것이 경당의 철학이었다.

태아는 어머니 자궁 안에서 우주와 교감하고, 우주의 모든 것이 태아에게 녹아 들어가기 때문에 인간을 작은 우주라 하며 사람 안에서 핀 우주의 꽃이라 말하는 것이다.[16]

장계향은 태아에게 얘기했다. 인간의 몸으로 세상을 살아가면서 가장 먼저 해야 하는 것이 관계에 대한 이해인데, 인간은 관계의 시작에서 비롯되어 관계의 변화 속에서 죽음을 맞이하는 끊임없는 관계의 고리와 같다는 생각을 묵언으로 건넸다. 관계에 대한 이해 없이는 독단·아집·편견·오만을 삶의 수단으로 삼기 쉽다. 모든 것을 자기 중심으로 생각하는 것이다. 이는 자타공멸의 불행이다. 관계에 대한 이해란 자기 중심의 계산·노림수·억지·모순을 키우는 것이 아니라, 너와 나 사이에 존재하는 관계라는 끈을 알게 되는 것이다. 그 끈이 끊어지면 자신의 안에다 자신을 가둬버리게 된다. 폐쇄·단절·격절이다.

이해가 전제된 삶은 서로 소통하게 된다. 마음을 활짝 열어두면 언제 어디서나 서로 오고갈 수 있다. 필요한 것을 주고받으며 필요하지 않은 것은 주지도 받지도 않아서 그대로 소멸한다. 오해하거나 원망하고 저주와 증오가 생기지 않거나 생겨나더라도 해소시킬 수 있다. 소통이란 마음과 몸 안에 질병 같은 단단한 응어리를 만들지 않는 지극히 자연스런 흐름 위에 자신을 얹어두는 것이다. 응어리가 없기 때문에 서로에게 집착하지 않고, 집착이 없으므로 소유로 인한 고통도 없다. 이 같은 이해와 소통의 다음 단계가 공감하는 것이다. 함께 사는 것이다. 함께 사는 것이 우주의 질서이다. 함께 사는 최고의 도덕률은 나누고 돌봐주는 것이다.

장계향은 나누고 돌봐주는 삶을 점점 키워가는 시간을 맞이하고 보내고 싶었다. 태어날 아이가 이런 마음을 닮아주기를 염원했다.

조선사회는 관계의 평등을 오해하거나 부정하는 모순들이 서로 피를 흘리며 싸우고 죽고 죽이는 역사를 반복했다. 관계를 부정하고 불신하기 때문에 오로지 자신만이 옳고 자신이 속해 있는 편만 정당하며 진리라고 여기는 것이다. 상대는 그 사실을 부정하고 있다. 그리하여 왼쪽과 오른쪽, 앞과 뒤, 위와 아래가 불통에 갇혀 있다. 부패하고 무능하면서도 그 사실을 모르는 것은 자기 고집에만 갇혀서 남을 보지 못하기 때문이다. 어쩌면 보지 않으려고 하는 것일지도 몰랐다. 불통의 세상이 어찌 함께 기쁨을 알 수 있겠는가.

소통을 근원적으로 차단하는 것이 '천경지의'天經之義라는 유교 사상이고, '만민평등'을 최악의 역모라고 주장하는 집권자들의 웅변이 허균을 여섯 갈래로 찢어 죽인 것이다.

장계향은 생각했다. 그런 세상을 좋다고 말할 수 없고, 그런 세상이 계속되는 것을 바람직한 미래라고 할 수 없다. 태어나게 될 아이가 살아가는 세상은 관계에 대한 넉넉한 이해 위에서 자연스런 소통이 이루어지고, 함께 살아가는 기쁨을 최고의 가치로 여기는 세상이기를 소망했다. 그 소망은 마음에 담아두기만 해서는 안 되고, 실천을 통해 소망이 뿌리내리고 자라나도록 보살펴야 할 것이다.

가을이 왔다. 거의 해마다 불어닥치는 태풍이 그해 여름에는 쉬는 것 같았다. 그다지 순조로운 날씨라고는 볼 수 없었지만 때를 맞춰 내린 비와 부지런한 농부들의 손길로 들녘은 또 한 번 희망을 잉태하고 있었다.

가을이 깊어질 무렵 운악은 며느리에게 친정에 가서 몸을 풀도록 배려해주었다. 임산부가 친정에 가서 출산하는 것은 양반 사대부 가문의 오랜 전통이기도 했다. 이 습속은 남자가 여자 집으로 장가를 드는 이른바 남귀여가제男歸女家制의 연장선상에 놓여 있는 것이기도 했다. 더 근원적으로는 모권사회의 한 특성이기도 했다. 모권사회에서 출발한 고대 중국은 주周나라에 와서 이를 개혁하고 가부장제로 변화시켰다. 그때부터 여성의 삶이 남성에게 종속적인 형태로 바뀌면서 여자에게 금기가 많아졌다.

공자는 『논어』에서 '그 중에 한 명은 부인이니 9인이 있었을 뿐이다'라고 했다. 또한 '여자와 소인은 대하기 어렵다. 가까이 하면 불손하게 굴고, 멀리하면 원망한다'고 했다.[17]

조선에서는 고대로부터 자리 잡아온 모권사회의 특성이 많이 유지되어왔다. 이른바 '데릴사위'제도를 약간 변형시켜 남자가 여자 집으로 장가들고, 첫날밤을 여자가 태어난 방에서 치르며 혼인 뒤에는 처가에 머물도록 했다. 이 제도에 중국의 남성중심제도를 섞은 것이 조선 사대부의 혼인제도였고, 시집 온 며느리가 친정에 가서 출산하도록 한 제도는 모권사회의 유습이었다.

10월 21일, 안동 금계리 친정에서 첫 번째 아이를 낳았다. 사내아이 휘일徽逸이었다.

살기 위해 인仁을 해치지 않는다

충효당으로 돌아온 장계향을 가장 기쁜 마음으로 맞아준 사람은 단연 운악이었다. 며느리의 인사를 받고 나서 운악은 상기된 모습으로 말했다.

"이 아이한테 별호를 하나 붙여주려 한다. 삼달三達이란 이름인데, 아가 네 생각은 어떠하냐."

재령이씨 영해파 5세손 휘일은 본명이고, 어릴 때 부르는 자字도 아니며, 더욱이 호號도 아닌 별명을 지었다는 것이다.

"아버님, 달達이라 하셨는지요."

"그렇단다. 『중용』에 이르기를 '지인용삼자 천하달덕야'智仁勇三者 天下達德也라 했느니라. 천하고금을 통하여 사람이 마땅히 행하여야 할 덕을 지知 · 인仁 · 용勇 셋이라 했는데, 나는 이 아이를 그 셋을 능히 행할 수 있는 삼달이라 하고 싶구나."

그날부터 아이는 '달'이라고 부르고, '삼달'이라고도 불렸다. 손자가 잘 자라서 충효당의 꿈을 실현시켜줄 인재가 되기를 소망하는 운악의 기원이 담긴 별명이었다.

어질어서 근심하지 않고,
지혜로워서 유혹되지 않고,
용감하여 두려워하지 않음이다.

'살기 위해 인仁을 해치지 않으며, 죽음으로써 인을 이룬다'는 공자의 말은 사람 목숨보다 귀한 것이 인이라는 것이다. '살고 싶은 욕망과 의리를 지키고 싶은 욕구를 함께 이룰 수 없을 때는 살기를 버리고 의리를 택하라' 한 맹자의 말도 사람 목숨보다 귀한 것이 의義라 했다.

운악은 곁을 떠난 자식들이 남긴 비통함을 증손자와 손자를 얻음으로써 조금은 다독거릴 수 있었다. 떠난 자식이 기운 저녁 해라면 태어난 손자들은 떠오르는 아침 해라 여기며 자식을 묻은 가슴을 진정시켰다.

장계향의 일상은 다시 제자리로 돌아왔다. 상일은 이제 혼자 걸어서 서당엘 다녔다. 거의 하루도 빼놓지 않고 장계향이 챙기는 복습에 상일은 재미 이상의 감정을 느꼈다. 존경과 믿음이었다.

1620년 봄에는 큰동서 무안박씨의 3년상이 끝났다. 사촌 언니의 탈상 때 슬피 울던 둘째 동서 무안박씨가 방안에서 잠든 채 죽은 것은 얼마 뒤였다. 시청의 둘째 아들 부일이 양자가 되어 초상을 치르고 상복을 입었다.

벌써 5년째 계속되는 초상과 장사, 3년상과 탈상에도 불구하고 충효당 분위기가 침울하지만 않은 것은 새로 태어난 아이들 울음 덕이었다. 또 장계향이 빈곤에 빠진 사람들을 돕는 일로 인한 사람들의 칭송과 덕담의 힘이 컸다. 죽은 자를 위한 일도 산 자의 일상이었고, 산 자를 위한 일도 일상의 하나였다.

 노비 점복이는 어머니와 딸이 모두 충효당 노비문서에 올라 있었다. 점복의 남편 대상은 어려서부터 운악이 글을 가르치고 숫자와 셈법도 가르쳐 드러나지 않은 운악의 지시를 받고 이행하는 일을 도맡고 있었다.

 사랑채 곁방에 사는 도식은 중인 신분의 의원이었다. 침을 놓아주고 약처방전을 써서 주로 안채 식구들의 건강을 돌봤다. 그 밖에 네댓 명의 심부름하는 이들이 운악의 지시를 받고 바쁘게 드나들었다.

 갈천 한밭大田 일대 산의 나무와 도토리를 관리하는 외거노비인 을태 식구들과 돌석이 식구들은 임진왜란 때 운악이 거두어들인 노비들이었다.

 을태 식구 일곱 명은 울산의 한 양반집 노비로 살다가, 그 주인이 겉 곡식 두 말에 노비 한 명씩 값을 쳐주면 팔겠다며 내놓았고, 이를 알게 된 운악이 다 받아들여서 산지기를 겸하여 땔감을 장만하는 일을 맡겼다.

 을태 부모는 벙어리였고 아내는 곱추였다. 을태는 부지런하고 정직했다. 운악에게 은혜를 갚겠다며 일을 성실히 해주었다. 운악은 논 닷 마지기와 밭 닷 마지기를 소작료 없이 부쳐 먹으라고 주었다.

돌석이는 포수질도 하고 돌을 깨 석물을 만지는 솜씨를 지닌 노비였다. 그도 전의 주인이 논 일곱 마지기에 내놓았다. 이때도 운악이 거두어들여 을태와 함께 수십만 평 산의 관리를 맡았다. 산에서 해마다 도토리를 주워 모아 빈민구제 양식으로 사용했다.

장계향은 다시 베짜는 일을 시작했다. 노비들도 지난 겨울에 있었던 그 감동을 생각하며 고된 일을 마다하지 않았다.

점복이는 태어난 이후 자신이 한 일이 그토록 사람을 감동시킬 수 있다는 것을 처음 알았노라며, 그 일을 시켜준 장계향에게 고맙다는 말을 반복했다.

이런 일은 자리를 잡기란 쉽지 않지만, 그치지 않고 계속 하면 더 많은 나눔의 기회를 갖게 될 것이고, 그런 일들을 통해 충효당의 재물과 인심이 노자가 말했던 그 물이 되어 꼭 필요한 사람의 갈증을 적셔주게 될 터이다.

봄이 무르익던 어느 날 안채 왼쪽 허드렛방에서 불이 났다. 베틀 다섯 틀을 차려놓고 노비들이 베를 짜고 있었다. 하루 종일 일을 하던 노비들이 베틀 옆에서 잠이 들었다. 밤이 이슥해지자 방안에 한기가 스며들었다. 잠이 깬 점복이 부엌으로 나가 군불을 지폈다. 마른 삭정이에 불을 붙여놓았다. 장작 몇 개를 아궁이 안으로 던져 넣고 방안으로 들어와 잠이 들었다. 아궁이에서 타고 있던 불길이 그만 아궁이 밖으로 번져나와 부엌에 쌓아둔 땔감에 옮겨 붙었다. 방에서 잠을 자던 사람들이 매캐한 연기에 일어났을 때 불길은 부엌 안에 쌓아둔 나뭇단을 지나 지붕으로 옮겨 붙었다. 온 식구들이 달려와서 간신히 불을 껐다. 허드렛방의 베틀도 모두 불에 타버렸고 짜다 둔 베와 실타래들도 재로 변했다.

 이튿날 장계향은 화재의 책임을 자신의 탓으로 돌렸다. 그 일을 생각해내고 베틀을 짜 맞추고 일할 사람을 밖에서 데려와, 자신의 책임 아래서 진행한 것임은 분명했다. 운악은 며느리의 그런 행동이 한층 미더워서 일체 책임을 묻지 않고 넘어갔다. 장계향은 노비들에게 말했다.

 "어디까지나 내 불찰로 일어난 일이니, 내가 자네들한테 용서를 구하겠네. 내 욕심이 지나쳤고 자네들을 혹사시켰네."

 노비들은 이 말에 감동했다. 다시 일을 시작했다. 노비들도 새로운 기분으로 베를 짜기 시작했다.

 여름은 덥고 요란하게 시작되었다. 장마가 오면서 태풍이 덮쳤다. 태풍은 한 해에 서너 차례 올 때도 있고 한두 차례로 그치기도 하며 어떤 해는 한 차례도 오지 않을 때도 있었다. 하지만 태풍의 파괴력은 컸다. 초가지붕이 날아가고 아름드리 나무가 뿌리째 뽑혀 나갔다. 그보다 눈을 뜰 수 없이 퍼붓는 비가 더 무서웠다. 강이 범람하는가 하면 온 사방이 물바다로 변해 모조리 쓸어가버릴 때도 있었다. 그해에는 태풍이 세 차례 급습했다. 바닷가 마을들을 해일이 덮쳐 집이 흔적도 없이 사라진 데도 있었다.

 태풍이 지나간 삭막한 광경에 사람들은 또 절망했다. 아직 벼들은 이삭이 패지도 않았고 밭곡식들도 알이 들지 않아 양식이 귀할 때였다. 큰바람과 큰비가 훑고 지나간 뒤엔 어김없이 불볕더위가 찾아왔다. 살이 타들어갔다. 허물어진 집이며 논밭을 손보느라 뙤약볕을 쬐다보면 살갗이 벌겋게 익어서 물집이 생기고 허물이 벗겨졌다. 저녁이면 모기떼가 극성을 부린다. 햇볕에 입은 화상의 통증으로 밤새 잠 못 드는 사람도 있었고 굶주림 끝에 죽은 노부모의 시신을 붙들고 오열하는 소리에 뒤척이는 이들도 있었다.

장계향은 운악에게 또 한 가지 더 승낙을 받았다. 도토리가 아닌 쌀을 나눠주는 일이었다. 노인을 모시고 사는 가난한 집, 임산부와 젖먹이들이 있는 집, 자식 없이 혼자 사는 노인, 자식을 군대에 보내 놓고 어렵게 사는 사람들에게 쌀을 담은 주머니를 나눠주었다.

운악의 젊은 시절 흉년 때면 해오던 것인데, 새 며느리가 온 뒤로 그 방법이 바뀌었다. 똑같은 양이 들어가도록 만든 주머니에다 쌀을 넣어, 충효당에서 보냈다는 것을 알리지 않고 갖다주는 방법으로 바뀌었다. 주로 한밤중 울타리 안에 살짝 던져 넣었다.

병 들어 누워 있는 독거 노인의 경우 장계향이 직접 죽을 끓여서 갖다주라고 심부름을 시키되, 반드시 다 먹는 것을 보고 오라는 당부를 했다. 양식이며 사는 형편을 알아오도록 시키기도 했다. 삼베로 적삼을 만들어 보내기도 하고, 반찬을 만들어 보내는 집도 있었다. 이웃에 사는 외로운 이와 나누고 돌봐주는 일은 재물이 많이 축나는 일은 아니지만, 정성을 더 많이 들여야 하는 일이어서 재물을 나눠주는 것보다 더 어려웠다.

가난에 빠진 사람이 가장 싫어하는 것은 가진 자들이 거들먹거리면서 교만을 떠는 일이다. 가진 자와 그런 자를 증오하는 사람들이 같은 시대를 살아가는 것은 참으로 힘든 일이다. 모두가 가진 자가 될 수 없고 모두가 가난한 사람이 되지 않는 한, 그것은 고통 그 자체이다. 인간의 사회는 그런 고통의 현장인지도 모른다. 나

나눔은 그래서 인류 최초의 소망이고, 인류 최후의 소망인 것이다. 그렇다면 '나눔'은 '인仁'의 실체가 아닐까 싶기도 하다.

'인'에 대해서는 뒤에 자세하게 살펴보겠지만 다양한 시대, 서로 다른 학파에서의 '인'을 단일한 현대어로 결론내리는 것은 불가능하다고 본 중국의 철학자 진영첩陣營捷의 견해를 살펴보자.

그는 중국철학사에서 '인'을 ① 사랑 ② 보편적 사랑博愛 ③ 내재적 덕성 ④ 세계와의 일체의식 ⑤ 생성과 재생성의 과정 ⑥ 마음의 특성이면서 사랑의 이치 등 6가지 의미의 다양한 차이를 가진다고 보았다.[18]

이 같은 견해를 아우를 수 있는 말이 '나눔'일 수 있겠다는 것이다. 아무튼 장계향이 1620년에 들면서 실천하기 시작한 이 나눔의 철학은 그의 생애 전편을 통하여 쉼없이 펼쳐지면서 조금씩 성장하고 차츰 심화하는 것을 알 수 있다. 또 하나 특별한 점은 그런 나눔을 너무나 당연하게 여기는 것이다. 이를테면 충효당 밖 가난한 사람들이 충효당 안 사람들의 삶을 어떻게 보고 있는지 늘 생각하는 삶을 살았다. 바깥의 평가를 의식하여 계획적으로 움직이는 것이 아니라, 바깥세상의 고단하고 절망적인 모습을 보면서 안쪽 생활이 부끄럽지 않아야 된다는 것을 알았다는 것이다. 그렇게 되기 위해서는 바깥세상 사람들의 생존과 안쪽의 삶은 필연적 관계를 지니고 있으며, 그 관계를 훼손시키거나 외면하거나, 의도적으로 매몰시키지 않고 똑바로 인식하는 이해가 필요한 것이다.

노복의 처소에 간 안주인

17세기 초의 조선사회는 크게 세 가지 문제를 안고 있었다. 첫째는 임진왜란 때 파괴되고 해체된 조세·토지·신분제도가 회복되지 못하고 있었고, 둘째는 명나라와 후금의 전쟁상태로 인해 조선의 위기가 커지고 있다는 것이었다. 셋째는 당파싸움이 점점 혼돈상태로 빠져들어 민생문제를 걱정하는 지식인의 목소리가 역모로 내몰리면서 가난한 사람들의 생존이 점점 더 나빠지고 있다는 것이었다.

장계향은 그들 부부가 조선 사회의 모습과 어떤 관계를 가져야만 부끄럽지 않은 삶을 살아갈 수 있을지 숙고했다.

장계향은 충효당이라는 공간을 자신의 철학과 사상에 대한 성장과 깨달음을 체득하는 수신의 학교로 여긴 측면도 있었던 것 같다.

그해 초겨울에는 또 하나의 사건이 생겼다. 바느질 솜씨가 좋고 행동이 무겁고 반듯하여 충효당 살림살이에서 분명한 역할을 해 오던 점복어멈이 자리에 누운 것이다.

장계향이 그 일을 알게 된 것은 한참 지나서였다. 손위 동서 둘이 살았을 적에는 집안 노복들을 챙기는 일은 큰동서의 본분 중 하나였다. 큰동서가 타계한 뒤로 이 역할은 한동안 맡은 사람이 없이 지냈다. 손위 동서 둘이 죽고 나자 장계향이 맡아야 했는데, 어쩌다 그 시기를 놓쳐버린 것이다. 베틀 일에만 관심을 쏟다보니 그렇게 된 측면도 있었고, 시어머니가 아직 정정하기 때문에 믿고 있었던 탓도 없지 않았다.

그런 중에 점복어멈이 앓아 누웠고, 점복이나 다른 노비들도 그다지 심각하게는 여기지 않아서 시일이 지난 것이다. 고열로 의식을 잃기도 하고 기침과 동시에 객혈을 보이기도 할 때쯤 장계향이 알게 된 것이었다. 장계향이 시어머니에게 그 사실을 알렸다. 시어머니는 안타까워했다. 도식이한테 일러서 진맥하게 하고 약첩이라도 달여 먹이도록 도와주라 했다.

장계향은 어떻게 하는 것이 좋을지 궁리를 거듭했다. 이시명한테도 도움을 청했다. 이시명도 같은 견해였다. 하지만 그 방법은 마음에 들지 않았다.

직접 노복들의 처소로 갔다. 지금껏 충효당 안주인이 그곳으로 직접 들어온 적은 없었다. 간혹 노복들이 죄를 지었거나 추궁당할 일이 있을 때, 사랑채의 집사가 그들 처소 앞에 가서 불러내는 것이 전부였다. 특히 여자노비들의 처소는 집사도 가본 적이 없었다.

장계향이 나타나자 노복들은 긴장부터 했다. 점복어멈이 누워 있는 방을 물어서 들어섰다. 방문을 여는 순간 악취가 코를 찔렀다. 방안은 어둡고 좁았다. 늙은 노비는 요강을 끌어안고 앉아서 피 묻은 가래를 내뱉고 있었다.

머리는 헝클어지고 얼굴엔 피와 가래가 묻어 있었다. 바닥은 차갑진 않았지만 삿자리가 깔렸는데 군데군데 뭉개진 구멍에서 흙먼지가 폴삭거렸다. 늙고, 초라하고, 악취를 풍기는 늙은 노비는 작은 비둘기만 하다는 말이 어울릴 듯했다.

장계향은 몹시 부끄러웠다. 충효당 안에 이런 곳이 있고, 이런 모습으로 살아가는 사람이 있었다는 것이 미안하고 부끄러웠다.

친정아버지는 대낮에 혼자 길을 갈 때는 그림자에게 부끄럽지 않아야 하고, 밤에 홀로 잠을 잘 적엔 이불에게 부끄럽지 않아야 한다고 가르쳤다. 그런데 이것은 정녕 부끄러운 일이다. 충효의 고색창연한 위엄과 권위, 존경과 긍지가 깃들어 있다고 믿어온 충효당이 거느리고 있는 식솔치고는 너무 안타깝고 외면된 모습이었다.

당장 안채의 목욕간으로 데려갔다. 점복이가 업었다. 목간물을 끓여 손수 씻기기 시작했다. 그 몸은 마르고 작았다. 저 몸으로 바느질한 옷을 떨쳐 입고 사대부 양반가문 사람으로 대접받고 살았구나 싶으니 눈물이 왈칵 솟구쳤다. 낯을 들 수 없도록 미안했다. 머리를 감기자 그는 울음을 터뜨렸다. 충효당 작은 마님 장계향의 마음이 전해진 것이다. 한바탕 요란을 떨며 목욕을 마치고 안방으로 데려갔다. 우선 자신의 옷을 입혀놓고 말했다.

"다 내 탓이네. 미안하고, 부끄럽네."

늙은 노복이 거처하던 방을 서둘러 도배를 하고 새 자리를 깔면서 다른 노복들의 방도 손질을 시켰다. 하룻밤을 장계향과 한방에서 자는 동안 열 번도 넘게 고맙다며 눈물을 보였다. 도식이를 불러 진맥을 했다. 기력이 많이 떨어진데다 폐가 나빠져 있고 위장도 성치 못한 것 같다 했다. 일단 약을 지어오게 하여 장계향이 손수 달여 먹였다. 새로 단장한 방으로 돌아간 뒤에도 하루 두 번은 꼭꼭 약을 달여 들고 가서 챙겨 먹였다. 그리고 새로운 처방 하나를 손수 내어서 약을 만들었다.

누렁이를 삶아 먹여 기운을 북돋우는 처방이었다. 먼저 누렁이한테 누런 닭 한 마리를 먹여 닷새를 지냈다. 엿새쩨되는 날 그 개를 잡는다. 뼈를 발라 버리고 고기를 여러 번 물에 씻었다. 그런 다음 진하지 않은 간장 한 사발과 참기름 다섯 홉을 타서 개고기와 함께 작은 항아리에다 담았다. 항아리의 아가리를 김이 새나가지 않게 잘 봉하여 중탕을 시작했다. 저녁 으스름 때부터 다음날 아침까지 삶았다. 충분히 삶기면 초간장에 파를 넣고 완성시킨 보약이었다.

열흘 뒤 점복어멈은 기운을 회복했다. 충효당의 남녀 노비들이 안채로 찾아와서 큰절을 올렸다. 장계향은 겨울에 입을 옷 한 벌씩을 선물로 주면서 말했다.

"이 모든 것이 다 내 탓이었네. 미안하고 부끄럽네. 용서들 하시게."

친정어머니가 돌아가시다

삶에서 지혜를 얻는 데는 슬픔만한 것도 없다. 뭔가를 안다는 것은 지혜를 터득하는 데 오히려 장애가 될 수 있다. 비워내고 또 비워서 아무것도 없다는 생각마저 끊긴 데서 지혜를 볼 수 있기 때문이다.

지혜는 천리天理와 한몸이 되는 것이다. 지식이 지혜를 얻기 위한 방편일 수는 있어도 지혜가 될 수는 없다. 지식을 털고 태워 없앤 자리라야 지혜가 비치고 생겨난다. 지혜는 우주의 구성원리여서 인간이 짓거나 움직일 수 있는 것이 아니다. 슬픔은 아는 것을 지우고 내보내고 변하는 것이다.

1622년, 장계향은 25세가 되었다. 그때 상일은 12세, 휘일은 4세가 되고 이시명은 33세였다. 친정아버지 경당은 59세였고, 시아버지 운악은 68세였다.

나이는 변화이다. 우주의 본질은 변하는 것이어서 생겨난 것은 반드시 소멸한다. 생성과 소멸의 흔적이 나이인지 모른다. 생성인

동시에 소멸임을 보여주는 시계바늘인 것이다. 낮은 데서 높은 데로, 적은 데서 많은 데로 변화하는 것은 곧 높은 데서 낮은 데로, 많은 데서 적은 데로 변하기 위한 정해진 움직임이다. 그래서 변하지 않는 것이 없음을 무상無常이라 하고 생생生生이라 하는 것이다.

그해 4월에 장계향은 두 번째 임신을 했다. 이시명은 과거시험을 거쳐 현실참여를 하고 싶어했고, 운악은 늙어가는 자신의 모습을 보면서 충효당의 꿈을 되씹었다.

친정아버지 경당은 많은 이들의 존경 속에서 학문의 진전을 이루어갔다. 경광서당에서 공부하는 경당의 문인들은 제월대 앞 빈터에다 집을 한 채 지어서 서당과는 별도로 강론을 듣는 장소로 쓰고 싶어했다. 농사짓던 곳이었으나 버려진 지 오래되었어도 조금만 손질하면 작은 집터로는 손색이 없었다. 뜻을 둔지 일 년 만에 집이 완공되어 경당은 그곳을 광풍정光風亭이라 이름 짓고 경전을 강의했다.

경당의 나이가 이미 예순에 가까워지고 있어서 평소 그가 의지하고 존경해온 사람들이 하나둘 타계하고 있었다. 정구가 죽었다. 경당은 귀의할 곳을 잃었음을 슬퍼하면서 석 달 동안 육식을 끊고 채식을 한 뒤 3년 심상心喪을 하여 스승에 대한 효를 다하였다.

심상은 복服 입을 의무가 없는 사람이 망인의 죽음을 슬퍼하며 마치 직계존속의 거상居喪처럼 근신하는 일인데, 일찍이 길재가 스승인 권근이 죽었을 때 심상의 예를 행한 바 있었다. 길재는 조선의 선비들은 임금이나 부모의 초상에는 3년 상복을 입으면서 정작 임금과 부모를 가르친 스승의 3년 상복을 입지 않음은 한탄

할 일이라며 모범을 보였다. 이렇듯 경당은 길재의 법도를 따랐던 것이다.

장계향이 친정어머니 안동권씨의 병이 위중하다는 소식을 들은 것은 장마가 한창 기승을 부리던 7월 초였다. 두 번째 아이를 가진 지 넉 달째였다. 장마가 조금 누그러지면 서둘러 병문안을 가리라 초조한 마음을 달랬다. 그런데 장마는 수그러들지 않았다. 사방에서 물난리 소식이 들려왔다. 그렇게 하루 이틀 조바심을 내던 중에 친정어머니가 돌아가셨다는 부음이 왔다.

운악은 이시명에게 문상 채비를 시켜 며느리와 함께 서둘러 떠나도록 했다. 억수같이 퍼붓는 장맛비 속으로 걸음을 놓으면서 장계향은 울었다. 만약 딸자식이 위독하다는 소식을 들은 어머니였다면 악조건을 무릅쓰고라도 왔을 것이라는 생각을 하면서 자신의 불효를 후회했.

2백 리 길은 멀었다. 오랜 장마로 군데군데 길이 끊기고 막혀서 더욱 멀었다. 친정에 닿았을 때 경당은 우두커니 서서 먼 산을 바라보고 있었다.

딸과 사위가 닿자 초상집 같은 분위기로 바뀌었다. 장계향은 구슬피 울었다. 태중의 아이를 생각해야 했지만 북받쳐 오르는 슬픔을 어찌할 수가 없었다. 장계향의 곡성이 들리는 사랑채에서 경당은 이시명을 만나고 있었다. 외동딸의 남편인 사위에게 안동권씨 상례 절차를 모두 맡겼다.[19] 이시명은 큰아들 노릇을 했다. 춘파 서쪽 장곡에다 무덤을 짓기로 결정하고, 모든 절차를 예법대로 따랐다.

7월 25일에 숨을 거둔 안동권씨의 장사는 10월 24일로 정했다.

흔히 3개월 유월장을 치를 때 망자가 죽은 날이 포함된 그 달을 한 달로 계산하는 것이 보통이다. 비록 하루나 이틀밖에 안 되더라도 한 달로 치는 것이다. 그렇게 치면 9월 보름이 석 달이 된다. 마지막 석 달째 되는 달은 보름만 넘기면 한 달로 치는 것도 일반적인 경우였다. 그러나 이시명은 꽉 찬 석 달로 계산했다. 명분만 따르는 것이 아니라 실질적인 3개월 유월장으로 하겠다는 뜻이었다. 그래야만 아내가 불효했다는 아픔을 조금이라도 위로해줄 수 있을 것이고, 경당을 따르고 지켜보는 안동 사람들의 눈에도 허례의 식이 아니라 진정한 마음이 실린 예의 참모습을 보여줄 수 있으리란 생각에서였다.

경당도 옳은 일이라 했다. 다행히 비는 그쳤지만 7월 무더위에 푹푹 찌는 듯했다. 밤낮 없이 찾아오는 문상객들로 춘파는 술렁거렸다.

장계향은 이틀째로 접어들면서 이후의 일을 생각했다. 아버지는 비록 예순 나이를 가까이 두고 있었지만 건강한 편이었다. 그런데다 이시명이 큰아들 노릇해주는 모습에 마음이 아팠다. 초상을 당하고 보니 아들이 없다는 사실이 얼마나 허전한 것인지 알 수 있었다. 경당은 더욱 그러하리라 짐작되었다.

그럭저럭 장사까지 마치자 이미 가을도 깊어져 있었다. 빈소를 마련해놓고 나서 이시명이 먼저 영해로 돌아갔다. 문상객과 일가친척들도 돌아가고, 불빛이 우는 가운데 장계향은 아버지와 마주앉았다. 아버지는 한사코 딸의 눈길을 피한다.

맛질 아주머니도 나이가 들고 하여 더는 춘파에다 붙잡아둘 수 없었다. 당장 경당의 식사와 잡다한 수발 들어줄 사람이 없었다. 어쩌다가 이렇게도 외로운 집, 외로운 사람이 되고 말았나 싶어 또 눈물이 났다.

경당은 딸이 시댁으로 돌아가야 한다는 것을 너무나 잘 알고 있었다. 출가외인의 참뜻이 무엇인지를 모르지 않지만 눈앞에 닥친 현실을 보니 유교제도가 온당하지만 않다는 점을 깨달았다.

장계향이 충효당으로 돌아와 시부모에게 문안인사를 올리고 나자 운악이 아들 내외를 불렀다. 춘파에 혼자 남겨진 경당을 걱정했다. 자식을 낳아 기르는 까닭은 그 자식 키워 영화 보겠다는 마음이 아주 없는 것은 아니겠으나, 다만 그 이유만으로 자식과 부모 관계를 단정해서는 안 된다는 말로 시작했다.

돌아가신 부모 생각하며 정성으로 장만하여 제사도 모시는데, 하물며 살아 계신 부모를 봉양하지 않아서야 되겠느냐고 말했다.

"너희 내외의 지혜를 좀 보여줘야겠구나. 효의 이치는 하늘이 낸 것이지 사람의 욕심이 지어낸 것은 아닐 터이다. 사람 욕심 소치라면 효는 벌써 소멸되었을 것이다. 하지만 그 효의 참된 이치는 천리天理를 궁구하는 데 있지 않고, 사람이 사람답게 살 수 있도록 하는 실천궁행에 있을 것이다. 바로 알아서 바로 쓰는 것이 중요하므로 효는 그 뜻과 실천이 참으로 깊으며 광활한 것이다. 정해놓은 한계가 없다는 뜻이다. 그래서 너희 내외의 지혜를 보자는 것이다."

운악의 효도론은 사람과 경우에 따라 응용을 달리할 수 있고, 바른 생각으로만 추구한다면 형식이나 내용은 얼마든지 확장시킬 수 있고, 삶의 새로운 지평을 열 수도 있다는 것이었다. 이는 마치 성리학의 폐해를 극복하기 위하여 창안된 양명학이 그 대안으로 제시한 만민평등론과도 같았다. 틀 안에 갇혀서 질식해버린 죽은 지식의 시체를 앞세워 인간을 계급화·차등화시키는 주자학을 빙자한 과거시험에서 과감하게 노자와 장자의 자연철학을 응용하여 사회 폐단을 개혁해야 한다고 답을 적어낸 까닭에 합격을 취소당했던 운악다운 면모였다.

유교사회의 제도와 관행을 무시하겠다는 것이 아니라, 현실문제를 인간의 상식으로 풀기 위해서는 고루한 제도와 관행에 구속당하지 않고도 방법이 얼마든지 있을 수 있다는 얘기였다.

그날 저녁 장계향 부부는 경당의 미래 문제를 의논했다. 이시명은 아내가 친정 일을 먼저 꺼내기는 어려울 것임을 알고 있었다. 이시명은 먼저 얘기를 시작했다.

"아버님 말씀은 우리를 편안하게 해주시겠다는 뜻으로 들었는데 자네는 어떠신가?"

"저도 동감이기는 합니다만."

"나한테는 빙장어른이기에 앞서 스승이오. 아시는 바이지만 경당께서는 스승 한강의 3년 심상을 입으신 어른이오. 부모 3년상은 상식이지만 스승에 대한 3년 심상은 흔히 볼 수 없는 참으로 귀하고도 마땅한 도리라오. 지금 경당께서 상처하신데다 모실 자식이 지금 내 앞에 와 있어요. 이건 내가 해서는 안 될 일이오. 해서 말이오만 아버님께 우리 말씀 올립시다. 당분간 우리 내외가 춘파에 가서 머물며 일이 순리대로 정리될 때까지만이라도 경당 어른을 우리가 모시고 싶다고 말이오."

장계향은 목이 메었다. 달리 할 말이 없었다. 아내의 말 못하는 속마음을 자상하게 읽고 있는 남편, 며느리가 짊어진 무게를 넉넉하게 헤아리면서 그 짐 내려놓을 자리며 그런 뒤 해야 할 사람의 도리까지를 넌지시 보여주는 시부모에 대한 존경과 신뢰가 빛으로 차올랐다.

장계향은 선뜻 결심을 못하고 망설였다. 운악이 며느리를 또 불렀다.

"애야, 서둘러라. 여기 살림은 신일 내외에게 맡기거라. 네가 있는 것보다야 못하겠지만 말이다."

운악은 볼수록 존경심이 생기는 도량 넓은 어른이었다. 장계향이 인사를 드리러 큰방으로 갔을 때 신일 내외가 먼저 와 있었다. 신일 내외는 장계향을 위로하고 나서 충효당 살림을 믿고 맡겨달라며 웃어 보였다.

번창하는 집안

다시 춘파로 올 때는 식구가 늘었다. 휘일과 상일 형제까지 데리고 나섰다. 춘파의 시월이 깊어갔다. 상일은 외조부 밑에서 공부하게 된 것을 기뻐했고, 아직 글을 읽지는 못하지만 한 번 들으면 금방 외우기를 잘하는 휘일도 형의 손을 꼭 잡고 따라다니면서 큰 소리로 중얼거렸다.

이승을 떠난 사람만 불쌍하다는 말이 맞는 것 같았다. 춘파의 친정은 사람의 체취로 온기가 돌았다. 장계향은 어머니 빈소에 하루 두 번 상식을 올리고 곡을 했다. 임산부 모습이 완연했다. 이시명은 경당과 자주 토론을 벌이곤 했다.

장계향은 맛질 아주머니를 돌려보냈다. 이시명이 논 서 마지기를 장만해주었다.

동짓달은 지난해보다 따뜻했다. 장계향은 이시명과 의논한 끝에 아버지를 새장가 들일 계획을 세웠다. 경당의 재혼문제는 충효당에서 운악이 먼저 끄집어냈던 것이었다. 운악은 며느리에게 꼭 경당의 후실을 두라고 했다. 자식이야 뜻대로 되지 않겠으나, 혼자 늙어가도록 두면 경당의 학문이 빨리 쇠잔해진다는 말로 에둘러 재혼의 필요성을 강조한 것이다.

매파를 내세워 사람을 찾기 시작했다. 마침 사람을 찾아냈다. 나이가 장계향보다 세 살이나 적었다. 하지만 그것은 문제가 될 수 없었다. 춘파에서 그리 멀지 않은 마을에 사는 안동권씨 몽일夢日의 막내딸인데, 어릴 적에 홍역을 심하게 앓고 난 뒤로 몸이 부실해져 혼기를 놓친데다 집안이 가난하여 혼처를 못 정하고 있었다.

집안 윗대 중에는 홍원현령洪原縣令을 지낸 인물도 있었을 만큼 양반가문이었다. 문제는 장흥효가 재혼할 수 있는가였다. 양반사대부의 재혼은 『경국대전』, 「예전」 '혼가조'婚嫁條의 규정을 따져서 결정해야 하는 문제였기 때문이다.

사대부로서 처를 잃은 사람은 3년 뒤에 개취改娶를 허한다. 그러나 만약 부모의 명命이 있거나 나이 마흔 살이 넘어 아들이 없는 경우에는 기년朞年, 아내가 죽은 지 일 년이 되는 해 후에 개취를 허한다.

규정에 따르면, 경당은 아내 안동권씨가 죽은 지 1년이 아직 지나지 않았기 때문에 재혼할 수 없다. 이시명은 스승이 예를 소홀히 했다는 비난을 받을지 몰라서 고뇌했다. 그러다가 장흥효 나이가 예순에 가깝고 돌봐줄 사람도 없으며, 존경받는 학자인데다 제자들의 간곡한 권유를 뿌리칠 수 없어서 뜻을 거두어들인다는 명분을 만들었다.

장계향 내외가 재혼문제를 끄집어냈을 때 경당은 단호하게 거절했다. 아내와 사별한 지 1년이 안 되었다는 점을 지적했고, 늙은 사람이 무슨 추태냐며 꾸짖었다.

장계향이 설득했다. 그리고 운악이 했던 말을 그대로 전했다. 그제야 경당은 조금 누그러졌다. 하기야 언제까지 딸 내외가 춘파에 머물러 있을 수도 없는 일이고, 혼자서 살아갈 수도 없다는 것은 자명했다. 이시명이 장인에게 술잔을 권하면서 설득전을 폈고, 딸은 딸대로 아버지를 설득해 마침내 승낙을 얻었다. 12월 24일 장흥효는 두 번째 부인 안동권씨를 맞아들였다.[20]

일은 거기서 끝나지 않았다. 아버지를 재혼시키면 이시명 내외는 짐을 내려놓고 영해로 돌아갈 수 있으리라 여겼다. 그런데 안동권씨는 경당가의 살림을 도맡기에는 모자랐다. 밥 짓고 빨래하는 것 말고는 제대로 할 줄 아는 것이 없었다. 반찬을 만들고 길쌈을 하고 바느질하는 것은 불가능한 수준이었다. 죽은 안동권씨가 봉화 맛질의 품격 높은 음식을 만들어 경당가의 명성을 드높여왔던 사실을 떠올린다면 문제는 절망적이었다. 심지어 장을 담그고, 김장담는 것조차 익숙하지 않다는 것이 뒤늦게야 밝혀진 것이다. 하지만 이제 와서 어쩔 도리가 없었다.

이시명이 다시 아내를 격려했다. 어차피 두 번째 아이를 낳아야 하니 친정에서 아이를 낳고 몸도 추스리면서 안동권씨에게 살림을 가르쳐보라는 것이었다.

장계향은 망설였다. 하지만 시부모와 남편의 배려를 지혜롭게 받아들여서 경당가를 유지시켜야 할 책임이 자신에게 있다고 느꼈다. 1623년 1월 13일 두 번째 아이를 낳았다. 딸이었다.[21]

그해 내내 장계향은 안동권씨를 가르쳤다. 1624년 봄까지 햇수로는 3년 동안 친정에 머물면서 어머니 3년상을 마쳤다. 안동권씨가 스스로 경당가 살림을 꾸려갈 수 있는 만큼 가르쳐주었다. 그나마 다행스런 것은 경당이 안동권씨를 내치지 않고 살갑게 대하는 것이었다.

장계향은 다시 충효당으로 돌아왔다. 이시명은 조선정세의 변화를 주시해오다 정권에서 밀려나 있던 남인에게도 참여 기회가 오고 있음을 알고는 과거시험을 준비했다. 그즈음 조선의 정세는 기울어가는 명나라와 무섭게 떠오르기 시작하는 후금과의 대결구도 속에서 어느 쪽으로 외교정책을 집중하는 것이 유리한지를 놓고 저울질하는 분위기였다. 조선 정치의 방향을 돌리기 시작한 후금은 만주지방의 여진족에서 비롯했다. 임진왜란 전까지만 해도 명나라를 위협하는 변방세력은 못 되었다.

명나라가 일본군과의 전투에 집중해 국력이 급속도로 약해지는 틈을 타서 여진족의 세력은 급격하게 커졌다. 1616년 누르하치는 나라 이름을 후금이라 하고 명나라를 위협하기 시작했다. 명은 다급해졌고 조선에게 지원군을 요청하기에 이르렀다. 조선은 두 나라 사이에서 교묘한 외교정책으로 임했다.

그 무렵 선조가 죽고 광해군이 즉위했다. 광해군은 왕실을 싸고 도는 정파 간의 알력으로 왕위에서 폐위되고 정권은 다시 북인에서 서인에게 넘겨졌다. 인조반정仁祖反政을 통해 인조를 옹립한 서인은 친명정책을 택하면서 신흥 국가로 부상 중인 후금을 자극했다. 후금은 조선이 명나라와 합세하여 대항할 수 있음을 간파하고 조선에 위협을 가하기 시작했다. 이시명이 판단한 정세변화란 바로 이 같은 국제 정세 속에서 재편되고 있는 조선의 정치상황을 말했다.22

특히 이시명이 관심을 갖고 있는 것은 과거제도를 공정하게 운영하여 인재를 선발할 수 있는 양심적이고 공명정대한 시험관을 임명하는 문제였다. 지난 20여 년간 과거시험은 집권 세력이 임명한 시험관이 집권 세력의 자제들만 뽑고, 나머지는 들러리로 이용하면서 우수한 인재들이 외면당하는 폐해가 지속되었다. 심지어 감독관과 짜고 시험문제를 알아내거나 대리인을 이용하여 합격하는 등 그 폐단은 이루 말할 수 없었다. 또한 시험 책임자의 문하에 있는 자들을 주로 합격시켰기 때문에 또 다른 부패를 낳기도 했다.

인조반정 후 정권을 잡은 서인의 분열로 남인의 지도자인 이원익이 다시 영의정에 임명되는 것을 계기로 남인은 제2의 융성기를 맞았다.

이시명은 해마다 보이는 식년시式年試 외에 나라에 경사가 있거나 특별히 인재를 채용하기 위하여 임시로 시행하는 별과와 향시를 아울러 보았다. 시험관이 낸 문제는 천지만물조화지변이었다. 조예가 깊고 나이 먹은 학자나 명망 있는 학자들도 당황하여 답을 적느라 전전긍긍이었지만, 이시명은 먹물을 담뿍 적신 붓을 종이 위에 대더니 글을 써 내려갔다. 점찍을 새도 없이 거침없이 써내려가 날이 저물기도 전에 글을 완성시켰다. 답으로 제시한 증거들이 정밀 해박하고 문자가 전아하여 시험장에 나와 있던 사람들은 탄복했다. 합격자를 발표했는데 답을 써낸 두 사람 중 이시명이 일등이었다. 향시 별과는 처음이었으나, 진사로는 두 번째 합격이었다.

운악은 크게 기뻐하면서 또 한 차례의 상을 내렸다. 이 일은 「분재기」에 나타나 있지 않는데, 후손들에게 구전하여오는 것을 듣고 적은 것이다. 영해에서 서쪽으로 걸어서 하루 해 남짓한 거리에 영양 석보촌이 있었다. 영양은 일월산日月山 준령으로 에워싸인 깊은 산중이다. 예부터 때를 기다리는 현자들이 은둔하는 땅이기도 했다. 석보촌은 광려산廣麗山 자락에 펼쳐진 제법 볼 만한 땅이었다. 그 광려산의 남쪽 자락을 일찍이 사두었다가, 이시명에게 별급으로 주었다. 산자락에는 약간의 논밭도 딸려 있었다.

운악이 자식들에게 재산을 나눠주는 형태는 별급別給·금급衿給·화회분급和會分給이 있었는데, 큰아들 시청이 향시에 합격하여 진사가 된 것을 축하하여 밭 18두락과 노비 3구를 등과별급으로 준 사실이 있었다.23

두 번째로 출산한 아이를 명여明如라 불렀는데 명여가 세 살 되던 해에 또 다시 딸을 보았다. 이름을 명이^{明伊}라 지었다.

1626년 춘파에서 기쁜 소식이 왔다. 마침내 경당의 대를 이을 아들이 태어난 것이다. 장계향은 시아버지에게 친정 소식을 전하면서 큰절을 올렸다. 운악의 은혜가 베푼 경사라며 진심으로 고마워했다. 친정 동생은 철견鐵堅이라 불렀다.

얼마 뒤 장계향은 꿈을 꾸었다. 온 집안 가득히 오색 서기가 서리면서 한 대인이 문 앞에 이르렀다. 어떤 이는 소강절邵康節이라 하고, 어떤 이는 사마온공司馬溫公이라 하였다. 또 어떤 사람은 안고 있던 토끼를 건네주면서 "하늘에 사는 것"이라 하였다. 그리고 네 번째 임신을 했다.

1627년 1월 11일 인시寅時에 영해 충효당 안채에서 네 번째 자식이자 둘째 아들을 낳았다. 태몽에서 들었던 두 사람 이름을 이시명에게 말해주었다. 소강절은 송나라 유학자인 소옹邵雍의 호이다. 『황극경세서』黃極經世書를 쓴 역학의 대가였다. 사마온공은 중국의 대표적 역사서인 『자치통감』資治通鑑의 저자인 사마광司馬光의 시호였다.

이름을 현일玄逸이라 불렀다. 운악은 현일의 별명을 '사달'四達이라 지었다. 사통팔달四通八達이란 뜻이었다.

현일이 태어난 사흘 뒤에 정묘호란丁卯胡亂이 일어났다. 1627년 1월 14일 후금이 조선에 쳐들어왔다. 일찍이 광해군은 여진족의 후금이 만주에서 흥기하는 새로운 국제정세에 처하여 전란에 휘말려 드는 것을 피하였다. 그런데 인조반정의 정국을 통하여 인조를 옹립한 서인 정권은 국제문제에서 중립적 관망정책을 포기하고, 명과 가까이하며 후금을 배척하는 정책을 내세웠다. 명은 조선이 존경하고 의지해온 성인聖人의 나라이지만, 후금은 무지하고 야만적이므로 명을 따르겠다는 것이었다.

후금은 3만 명의 군대로 조선을 쳤다. 조선은 비에 젖은 흙 담장처럼 속수무책 괴멸했다. 의주를 돌파하고 파죽지세로 남하를 계속하여 안주·평양을 짓밟고 1월 25일에는 황주까지 왔다. 그제야 놀란 조정에서는 피난을 서둘렀다. 소현세자는 전주로 피난가고, 인조와 조정대신들은 강화도로 피난했다.

피난길에서도 강화도 피난처에서도 대신들은 싸우자는 쪽과 화의를 맺고 전쟁을 피하자는 쪽으로 갈라졌다. 임진왜란 때 의주로 피신가는 선조를 따라오던 신하들이 서로 책임을 떠넘기는 싸움으로 피난길이 소란스러웠다는 『징비록』의 소식이 무색해지는 참으로 무능하고 무책임한 조선의 지식인들이었다.

다행하게도 후금이 먼저 강화회담을 청했기 때문에 일단 휴전할 수 있었다. 후금은 조선보다는 명나라를 공격할 의도였으므로 조선에다 겁을 주기 위해 침략해온 것이었다. 조선은 후금과 강화하더라도 명나라와의 관계도 유지한다는 화약이 성립되어, 후금의 군대는 일단 철수했다.

그러나 이때 사대주의를 공개적으로 표방한 조선 지식인들은 꼭 10년 뒤에 병자호란을 막지 못하는 어리석음을 반복했다. 친명은 한 나라의 외교정책이 아니라, 조선의 정체성을 부정하고 명나라에 귀화하여 명나라 백성으로 사는 것이 최고의 가치라는 뜻이었다. 이 같은 일은 임진왜란 때 선조와 그를 따르던 무리들의 '걸내부론'乞內附論과 같다. 일본군을 피하여 명나라로 피난가는 것이 아니라 명나라로 망명하는 것을 뜻했다.

'피난'과 '내부'는 하늘과 땅 차이이다. 피난은 일시성이지만 '내부'는 영속적이다. '피난'은 의지 속의 독립성이고, '내부'는 의지와 함께 귀속성인 것이다. '피난'은 자기 나라가 있는 것이고, '내부'는 자기 나라가 없어지는 것이다. 당시 상황이 아무리 급박하다 해도 어떻게 '피난'이 아니고 '내부'를 생각했을까.24

이때 유성룡이 목숨을 내걸고 '내부'를 주장하는 선조와 그를 따르는 대신들을 꾸짖고 설득하여 간신히 조선의 위기를 모면했던 그때의 교훈을 조선 지식인들은 벌써 까맣게 잊어버리고 있었다. 오직 위대하고 거룩한 명나라만이 조선을 구원해줄 수 있고, 명나라의 학문과 사상만이 인류를 영원케 한다는 어리석음에서 깨어나지 못한 채, 또 다시 명과 후금 사이에서 치명적 과오를 저지르고 있었던 것이다.

명나라는 후금에 이어 나라이름을 청淸으로 바꾼 만주족들에게 멸망당했다. 조선의 후기는 청나라의 문화에 침을 뱉는 사람과, 청나라 문화를 배워야 한다는 실학파들이 싸우며 서로를 죽였다.

장계향은 남편한테서 정묘호란의 전말을 전해 들으면서 다시 한 번 유성룡을 생각했다. 명나라를 붙든, 여전히 어리석기만 한 조선 유학자들의 이름을 들을 적마다 유성룡 그 어른이 그리웠다. 유성룡은 백성의 눈물을 닦아주고, 배고픔을 해결해주고, 고통을 줄여주지 못하는 학문은 학문으로서의 존재가치도 없다는 것을 몸소 보여준 군자였음을 깨달았다.

그해 봄에 상일을 장가들였다. 장계향이 며느릿감을 직접 골랐다. 신부는 유성룡의 아들인 수암修巖유진柳袗, 1582~1635의 딸이었다. 수암은 경당 문하에서 공부하였는데, 경당이 서애의 제자라는 사실로 미루어보면 상일의 혼사에 장계향이 기울인 정성이 어떠했는지 짐작할 수 있다.[25] 그만큼 상일의 장래를 깊이 헤아린 것이다. 장계향은 이 혼사가 지닌 의미를 알고 있었다. 이시명은 아내의 혜량을 고마워했고, 시아버지 또한 충효당에서 솟아난 샘물이 담장을 넘어서 넓은 세상으로 흘러간다며 기뻐했다.

혼인잔치는 성대했는데, 나이 들어 혼자 사는 어른들을 먼 곳에서까지 초청하여 대접하고, 여름철에 입을 베옷과 모시옷 한 벌씩을 선물로 주었다. 이날 내놓은 잔치음식은 모두 장계향이 손수 만들었는데, 친정어머니로부터 배운 것과 충효당의 내림솜씨로 만든 것들이었다. 이때부터 장계향이 상차림으로 내놓는 음식들은 단순한 먹거리 차원을 넘어 정신적인 품격을 잡아가고 있었다.

스스로에게 부끄럽지 않아야

춘파 경당가에서는 두 번째 아들이 태어났다. 석견石堅이다. 1629년 3월 15일이었다. 경당은 기쁨을 감추었지만 제자들은 축하인사를 보냈다. 이제 아들이 없어 대 끊길 걱정은 않아도 될 것 같았다.

이시명은 다시 과거시험에 도전했다. 운악의 나이가 많은데다 지병인 소갈병이 언제 운악을 쓰러뜨릴지 알 수 없는 일이어서 충효당 후손의 장원급제라는 오랜 꿈을 실현해주고 싶었다. 마침 정치상황도 조금씩 좋아지고 있었고, 무엇보다 시험관리만 공정하다면 장원도 할 수 있다는 자신의 판단을 한 번 더 믿고 싶었다. 그의 나이 39세였다. 향시를 다시 보았다.

이번 과거시험을 주관한 지공거는 용주龍州조경趙絅, 1586~1669이었다. 조경은 사마시에 합격하였으나 광해군의 난정으로 문과를 단념하고, 거창에 물러나 있었다. 인조반정 후 유일遺逸, 유능한 사람으로 평가받아 등용되는 일로 천거되어 벼슬길에 나아간 뒤, 1626년 정시문과에 장원급제해 교리·이조랑 등을 지냈다.[26]

이시명이 써낸 답안은 수선首選에 들었다. 그 뒤의 성시省試에는 합격하지 못했지만, 그의 명성은 이미 널리 알려져 있었다. 이시명은 서울에 가게 되었다. 이시명이 써낸 답안은 시험 끝난 뒤에도 나돌았다. 그 내용을 줄줄 외우는 사람이 있는가 하면, 비슷하게 적어내 장원급제한 사람이 여럿이라는 소문도 나돌 정도였다.

이시명이 거듭 향시에 응시하는 것은 일종의 시위가 아니겠느냐는 사람도 있었다. 벼슬길에 나아가고도 남는 실력이라는 견해, 세력을 장악한 쪽에서 자기 사람을 뽑는 모순에 번번이 희생되었다는 견해가 널리 퍼져 있었다. 이시명은 아버지를 기쁘게 해줄 수 있는 일이었기 때문에 수모를 참으면서 기회를 기다려온 것이었다. 거듭된 낙방 이유를 그의 고집 때문이라는 사람이 많았다.

지난날 이명준이 성혼을 지지하여 문묘에 추대하려 할 때 이명준은 이시명에게 한림원 학사로 천거하겠다는 제의를 한 적이 있었는데, 이때 단호하게 거절했던 사실을 모르는 유생이 없었다. 이명준은 학문과 권력을 모두 갖춘 실세 중의 실세였다. 그런데도 정당한 일이 아니라며 거절했다.

이시명에 대한 평가는 두 가지로 나뉘었다. 너무 꼿꼿하면 부러지기 쉽다는 것이 하나이고, 마땅히 거절하는 것이 선비의 도리라는 쪽이 그 둘이었다. 계속 이시명이 향시에 이름을 올려 최종시험에서 낙방을 거듭하면 누군가 이시명을 음해할지 모른다는 소문도 있었다. 켕기는 게 있는 자들이 이시명을 가만 놔두지 않으리라는 것이었다. 그러니 늦기 전에 민심에 따르든지, 아니면 과거시험장을 흔들지 말고 깊은 산중으로 들어가 살든지 해야 할 것이라는 말이 떠돌았다.

이시명도 다 듣고 있었다. 하지만 비겁하게 피하고 싶지는 않았다. 끝까지 해보려는 생각이었다. 서울에 머물고 있는데, 이번엔 우복愚伏 정경세鄭經世, 1563~1633가 이시명을 찾았다.

정경세는 유성룡의 문인이며 상주 사람이다. 1586년 알성문과에 을과로 급제하였다. 임진왜란 때 의병을 일으켜 공을 세워 정언·사간·경상도관찰사를 지냈다. 인조반정 후 부제학·대사헌을 거쳐 1629년에는 이조판서 겸 대제학에 이르렀다. 성리학에 밝았고 특히 예론禮論에 조예가 깊어 김장생金長生과 함께 예학파로 불렸다.

이시명이 부름을 받은 것은 정경세가 이조판서 겸 대제학에 있던 1629년이었다. 정경세는 이시명을 만나자 벼슬길에 나아갈 수 있는 방안을 제시했다.

"자네의 재주가 민활함을 애중히 여기고 있네. 또한 자네 명성을 두고 이르는 말이 있다는 소문을 들은 지는 오래전부터였네. 오늘

이렇게 만나보게 되었으니 참으로 다행한 일일세. 내 오늘 자네한테 꼭 일러줄 말이 있어서 한 번 보자 한 것이네. 자네도 혹 알고 있는지 모르겠는데, 송준길宋浚吉, 1606~72이 우리 사랑에서 과거공부를 하고 있는데 내 사위일세. 자네도 내 집에 와서 공부할 마음이 없는가?"

이시명이 대답했다.

"선생께서는 유림의 사표師表이시고 동남 남인의 영수이십니다. 저 같은 소생 가운데서 누가 선생의 문하에 나가기를 바라지 않겠습니까마는, 지금 선생께서는 인재를 가려 등용하는 전형銓衡의 자리에 계시는 중입니다. 이럴 때 누군가가 사위가 거처하는 방에 들어가 과거공부를 한다면 유식자들의 비웃음거리가 될 것입니다."

"그렇기도 하겠구나. 자네 말이 옳으이. 어느 시험에선가 자네가 적어낸 답지에 '시절 운행이 그릇되고 있다'는 주제를 논한 답은 아주 훌륭하였네. 하도 빼어난 식견이어서 내가 임금을 모신 경연 석상에서 자네의 그 답변을 품달하였네."27

이 말은 많은 뜻을 포함하고 있다. 이시명이 답으로 적어낸 '시절 운행이 그릇되고 있다'는 말이 지닌 뜻도 그렇지만, 낙방한 사람의 답안을 이조판서 정경세가 알고 있다는 것도 그렇다.

답을 통해 이시명은 정치가 조선사회의 당면 문제를 제대로 인식하고, 각각의 문제를 해결하기 위해 법과 제도를 알맞게 시행하여 백성들의 고통을 덜어주고 나라를 편안하게 해야 한다고 지적하고 있는 것이다. '시절 운행이 그릇되고 있다' 함은 법과 제도를 운용하는 정부의 관리들이 부패하고 무능하여 나라 살림을 어렵게 만들고 있다는 지적이다. 또한 정부의 외교정책과 당쟁을 조정하지 못하고 계속 확대시키기만 하는 점도 폐단으로 보았던 것이다. 이같은 지방에 사는 한 지식인의 신랄한 비판을 임금이 참석한 경연 자리에서 공식적으로 언급했다는 것은 이시명의 시대 인식과 철학적 사유의 본질을 짐작하기에 좋은 증거가 된다.

송준길은 이이·김장생의 문인이다. 서인 중에서도 청서파淸西派였던 그는 1649년 효종이 즉위하자 집의執義로 기용되어 인조 말부터 권세를 잡고 있던 공서파功西派 김자점을 탄핵·파면하여 청서파가 집권하게 되었다. 효종과 함께 북벌계획을 적극 추진했으나 김자점이 이 사실을 청나라에 밀고함으로써 벼슬에서 물러났다. 1659년 병조판서가 되어 송시열과 함께 국정에 참여하던 중 효종이 죽고 현종이 즉위하면서 자헌대비의 상복 문제로 예송禮訟이 일어나자 남인의 3년설에 대해 1년설을 주장하였다. 논란을 거듭한 끝에 이겨서 이조판서가 되었으나 곧 사퇴했다. 송시열과 학문적 경향이 같은 성리학자로서 이이의 학설을 지지했다.

이시명과 정경세의 만남은 그 이후 이시명의 선비정신에 대한 찬반여론을 일으켰고, 그럴수록 이시명의 생각은 분명해졌다. 언제, 어디서나 스스로에게 부끄럽지 않아야 하고, 스스로 부끄럽게 여기는 것을 모른 척하고 시류에 휩쓸려 벼슬하고 권세를 쥐게 되면 끝내 모두에게 부끄러운 일을 저지르게 되며, 그것이 모든 사람을 불행하게 한다는 생각이었다. 모든 사람의 불행을 막기 위해서는 한때의 작은 부끄러움쯤은 무시해도 된다는 것이 그 시대의 가치기준이었다. 이시명은 인간의 불행은 크고 거창한 모순 때문에 생기는 것이 아니라 작은 잘못을 잘못이라고 인식하지 않는 데 그 원인이 있다고 여겼다. 이시명과 장계향이 부부로 살 수 있었던 공통된 가치관이기도 했다.

마음을 크게 상하여 돌아온 이시명은 한동안 두문불출했다. 얼마 후 운악을 만나 자신의 생각을 말했다. 분가를 했으면 싶다는 것이었다. 이미 큰조카 신일의 나이가 서른 살을 넘어 장년이 되었고, 신일의 자식이 얼마 뒤면 장가들 나이이니 더 늦기 전에 충효당을 나가서 사는 것이 도리에 맞는 것 같다고 했다.

운악은 아들의 생각이 옳다는 것은 알았으나 되도록 충효당에서 함께 살기를 원했다. 신일도 그것을 바라고 있었다. 굳이 분가를 할 것이면 운악 내외가 죽고 나거든 그때 해도 되지 않겠느냐고 만류했다.

이시명은 망설였다. 연로한 부모에게 걱정을 끼쳐서 안 된다는 것을 모르지 않았지만, 시대와의 불화로 인한 인간적 고뇌가 너무 컸다. 겉으로 안 드러내려 해도 이시명의 기질이 안으로 다독거려 재우는 데는 서툴렀다. 직선적이고 외향적인 성격 때문이었다.

이시명은 석보촌에 작은 정자 하나를 지어놓고, 때때로 가서 복잡한 심사를 다독거리고 수행하겠다는 쪽으로 생각을 바꾸었다. 운악도 동의해주었다.

운악이 향시 합격을 축하하는 선물로 마련해준 광려산 자락에 작은 초가 한 채를 지었다. 이시명은 아내에게 언젠가 충효당을 떠나게 되면 살 곳이라는 얘기를 해주었다. 두 사람 마음은 그때 이미 분가를 한 셈이었다. 재산은 그것으로 충분하다고 결정했다.

세상 근심 지금도 못 다 사라졌거늘

 1631년 1월 8일, 장계향은 다섯 번째 자식이자 셋째 아들을 낳았다. 숭일崇逸이다. 숭일을 낳고 나서 장계향은 심하게 앓았다. 시집온 뒤 가장 심했다. 하혈이 있고 의식이 가물거리기도 하며 먹지를 못한 채 설사와 기침을 심하게 했다. 안 좋은 일이 겹쳐 일어났다. 13살 된 휘일이 천연두에 걸린 것이다. 나랏골 아이들이 천연두에 걸려서 고생하다가 죽어나는 일도 생겼다.

 충효당은 긴장감에 휩싸였다. 운악은 상심했다. 지난 몇 년간 조용하다 싶더니 다시 불운이 덮치는 것인가 싶어 걱정되었다. 한 달 가까이 집안의 근심이 계속되는 가운데 춘파에서 안부편지가 왔다. 딸이 출산 뒤로 아파 누운데다 외손자 휘일도 돌림병으로 고생한다는 소문을 듣고 걱정이 담긴 편지를 인편에 보낸 것이다.

 운악은 고맙기도 하지만 한편으로는 미안하기도 했다. 답을 보내야 하는데 집안 우환이 좀 진정되어간다는 소식을 전하고 싶어 며칠을 기다렸다. 이시명이 대구까지 가서 약을 지어 오고, 신기하다는 봉화의 약국도 만나 약을 지어와서 달여 먹였더니 차츰 차도를 보였다. 운악이 답장을 썼다.

 장행원에게 보냄
 인편이 와서 존후尊候가 평안함을 알게 되니 못내 우러러 위로가 됩니다. 함涵은 액환厄患이 없는 해가 없어 집안에서는 서로 이어서 아파 누워 있습니다. 삼달三達은 병을 앓은 뒤끝에 큰 종기를 얻어 얼굴의 반이 곪고 터졌으니 죽지 않는 것이 다행입니다. 며늘아이는 풍한風寒에 오랫동안 고생하여 그로 인해 두통을 얻고 원기가 허약하여 위태로울 뻔하다가 소생하게 되었으니, 너무 염려하지 마십시오. 새달 초닷새 날은 곧 나의 생일입니다. 바람은 맑고 날씨는 화창하니 여행하기가 어렵지 않을 것입니다. 좌우를 모시고 평소의 회포를 한번 토로하는 것이 실로 나의 하찮은 소망입니다.[28]

운악과 경당은 그동안 여러 차례 편지를 주고받으면서 집안의 안부를 묻고, 간단하지만 사회실정에 대해 걱정하는 심정도 드러냈다. 또한 흉년에 대한 솔직한 생각과 풍속의 비루함에 대한 비판적 견해도 드러내면서, 사돈 사이라기보다 학문하는 동무로서의 담백한 사상 표현을 했다.

운악은 경당에게 편지를 보내면서 당시 경상도관찰사로 와있던 김시양金時讓, 1581~1643에게도 초청하는 편지를 보냈다. 김시양은 안동 사람이고, 자를 자중子中이라 했다. 1605년 문과에 급제하여 경상도관찰사와 병조판서를 지냈다.

김자중에게 보냄
일간에 객지살이가 어떠합니까. 함의 생일이 모레인데 안동의 명사 장행원張行源이 오고, 부사府使는 술과 안주를 싣고 피리와 거문고를 가지고서 모이기로 언약하였습니다. 이 날에 태집사台執事께서도 우리 집에 와서 하룻밤을 담소하고 즐기는 것이 어떠하겠습니까.[29]

운악이 비록 영해라는 영남의 동쪽 바닷가에 치우친 곳에 살고 있었으나 이곳 충효당에는 영남의 명사들이 빈번하게 드나들었고, 그 같은 인사들의 교류 장소로도 이름이 있었던 것임을 편지를 통해 알 수 있다.

그해 4월 5일 춘파 경당이 충효당으로 초대받아 왔다. 경당은 그때의 일을 일기 형식으로 자세하게 써서 남겼다.[30]

운악의 77세 생일잔치가 열렸다. 경상도관찰사, 영해부사, 장흥효, 이회숙 형제, 이경현, 유원정을 비롯 영남의 명사들이 모인 자리에는 진귀한 음식과 처음 맛보는 술들이 올라왔다.

사월 초순에 마시는 술 가운데서 최고로 치는 약산춘藥山春, 유공도 맹작이란 사람이 평생을 장복하여 300살을 살고 아들 서른을 낳았는데, 지금 세상 사람은 병이 있고 단명하니 온갖 일 다 버리고 만들어 먹으라는 오가피주, 그 외에도 행화춘추와 별주 등 일곱 가지 술이 나왔다. 안주로는 어만두·대합구·마른해삼요리·양숙편·동아적·연계찜·가제육 등이 올랐다. 모두 충효당 작은 안주인 장계향의 솜씨였다. 관찰사는 약산춘을 입에 침이 마르도록 칭찬했고, 영해부사는 마른해삼요리를 극찬했다.

첫날의 잔치가 끝나고 관찰사와 부사는 돌아갔다. 그날 저녁 경당은 사위와 둘이 술상을 마주하고 앉았다. 운악은 지병을 앓는 중이어서 자리에 눕고, 장계향이 남편과 함께 경당을 대접했다. 경당은 딸의 건강을 걱정했다. 경당이 운악의 초대편지를 받은 것이 3월 초순이었으므로 이미 몸은 완쾌한 뒤였다.

이튿날 운악은 경당이 가져온 「일월소장도」에 대하여 얘기를 나누었다. 「일월소장도」는 1630년 1월에 경당이 완성한 것인데 24년 동안 연구한 산물이었다. 며칠 동안 두 사람은 함께 지내면서 무슨 얘긴가를 주고받았다. 특히 퇴계문집을 읽으면서 주고받는 대화는 그들의 학문에 대한 열정과 퇴계를 향한 흠모의 진정성을 엿볼 수 있었다.

나흘째 되는 날은 날씨가 따뜻했다. 유원정, 이경현·이회숙 형제가 두 어른을 모시고 나들이에 나섰다. 관어대觀魚臺에 올라가 시를 짓고 술을 마시며 담소했다. 먼저 경당이 「관어대에 올라」를 읊었다.

> 화산華山에 올라본 사람은 산에 대하여 말하기 어려워하고
> 바다를 본 사람은 물에 대하여 말하기를 어려워함이오
> 오른 바가 더 높을수록 몸이 더 높아지고
> 본 바가 더 지극할수록 마음이 더 지극해지도다.
> 오른 바가 높고 본 바가 지극하면
> 여기서부터 천지에 동참하기를 바랄 수 있도다.³¹
> 登於華者難爲山　觀於海者難爲水
> 所登益高身益高　所觀益至心益至
> 所登高時所觀至　從此庶可參天地

운악이 화답을 했다. 「장행원의 차운을 덧붙임」이었다.

이미 나랏골 그윽한 대숲 속에서 묵었고

다시 관어대 위에 올라 노니노라.
채색 구름, 아름다운 기운 천만 가지 상태인데
눈 아래 울창한 경치 비교하기 어렵네.32

已從飛蓋幽篁宿　更上觀魚臺上遊

綵雲佳氣萬千狀　眼底蒼籠難此侔

바닷가 여행에서 돌아온 다음날은 경당이 춘파로 돌아가는 날이었다. 운악은 경당에게 다시 시를 적어주었다.

그대는 학가산에서 왔고
나는 봉래산 경내에 있네.
그대와 내가 다행히 서로 만났는데
꽃 피고 꾀꼬리 우는 좋은 경치이네.

부질없이 시들고 병든 내가 부끄럽고
좌상에서 풍채 있는 그대 훌륭하다네.
상 맞대고 즐겁게 이야기하는데
어느덧 삼경이 됨을 깨닫지 못하네.33

君從鶴駕山　我在蓬萊境

君我幸相逢　鸎花正好景

愧我空衰病　多君座上風

聯床耽晤語　不覺夜將中

경당이 운악의 시에 답을 했다. 「이운악의 시에 차운하여 드림」이었다.

당堂 앞의 성근 대숲에는 마음 씻는 소리 들리고
당 뒤의 소나무 가지 끝에는 학들이 꿈에서 깨어 놀라네.
관솔불은 사람을 고뇌케 하여 잠들지 않는데
해산海山에서 내일이면 작별해야 하네.

이미 비개동에서 나와 깊숙한 대숲 동네에서 자고
이어 관어대에 올라 노닐었네.
비단빛 구름, 아름다운 기운 온갖 모습내니
눈 아래 펼쳐지는 푸르고 푸른 무성한 초목들은 여기 견줄 수 없도다.
경당의 당주인은
속사俗事의 번뇌를 대숲 바람에 씻었노라.
세상 근심 지금도 못 다 사라졌거늘
내일 아침이면 다시 학가산을 향해 떠나야 하네.[34]

堂前疎竹洗心聲　堂後松梢鶴夢驚
松火惱人眠不得　海山明日去留情
己從飛蓋幽篁宿　更上觀魚臺上遊
綵雲佳氣萬千狀　眼底葱籠難此侔
敬堂堂上主人翁　滌蕩煩襟竹外風
塵累如今消未盡　明朝還向鶴山中

운악과 경당이 세상을 떠나다

 운악과 경당의 이별은 길었다. 경당이 인사를 하고 충효당 문을 나서려 하자 운악이 며느리를 보고 부탁했다. 술 한잔만 더 나누고 싶다 했다. 다시 충효당 문을 나서는 경당의 손을 붙들고 운악이 또 언제 보겠느냐며 아쉬워했다. 그렇게 경당과 헤어진 뒤 운악은 자리에 누웠다. 경당을 대접하느라 아픈 몸을 억지로 달래어 함께 거닐고 밤늦도록 담소했기 때문이다.

 그 길로 운악은 일어서질 못했다. 1632년 초여름 운악은 아들 내외를 불렀다. 자신은 얼마 남지 않았다며 남은 일들을 부탁했다. 이어서 상일을 불렀다. 아우들 잘 보살펴 맏형으로 존경받아야 한다고 당부했다. 휘일에게는 『맹자』를 더 정성들여 읽으라고 말했다. 이제 여섯 살 된 현일에게는 어디에도 막힘없는 군자가 되라 했다. 며칠 뒤 다시 아들 내외를 불렀다. 운악이 이루지 못한 꿈들을 이시명 내외가 꼭 이뤄줄 것을 부탁했다. 그 꿈은 충효당이 세상과 더불어 존재하는 것이었다.

 6월 15일 운악은 이승을 떠났다. 향연 78세였다.

 운악이 죽은 두 달 뒤에 경당은 세 번째 아들을 낳았다. 도견道堅이다.

 1년이 지난 1633년 정월 경당은 외손자 휘일의 편지를 받고 답을 썼다.

> 너의 편지를 보았다. 네 할아버지의 나약함도 깨우쳐주었다.
> 뜻이란 마음이 향해 가는 것이다. 뜻이 이미 서면 외물에 흔들

리거나 빼앗기는 바가 되지 아니하니 훗날에 성취할 바를 가히 헤아릴 수 있는 것이다. 인·의·예·지가 마음에서 근본하는 것은 비유하자면 만물이 흙에서 근본하는 것과 같다. 진실로 함양을 한다면 이理가 자라지 아니함이 없고 물物이 선해지지 아니함이 없지만, 함양을 하지 아니하면 이가 없어지지 아니함이 없고, 물이 사그라지지 아니함이 없으니, 정靜의 때에 존양存養하고 동動의 때에 성찰하는 공과 격물·치지·성의·정심의 공을 미리 힘써서 공부하지 아니해서야 되겠느냐. 이 같은 말과 가까운 말을 보이면서 말을 마칠까 한다. 오늘 하나의 물物을 격格하고, 내일도 하나의 사事를 행하라. 공부 쌓기를 많이 하면 지智와 행行이 함께 이루어지고, 오래고 오래도록 하면 반드시 활연관통의 경지가 있을 것이다.[35]

휘일은 경당으로부터 심학의 토대를 정밀하게 배운 어린 제자였다. 외가에서 태어난 인연도 있었으나, 휘일은 총명하고 학문을 좋아하는 천성으로 큰 스승의 가르침을 받은 경당학맥의 첫 제자였다.

1633년, 경당은 장사랑將仕郎 창릉참봉昌陵參奉에 제수되었으나 이미 때가 너무 늦은 일이었다. 1월 20일 경당은 병으로 누웠다. 문인들이 교대로 병석을 지켰다. 제자 한 사람이 무당을 불러와 빌자고 하자 경당이 듣고는 그 제자를 쫓아내라고 했다. 2월 6일, 경당은 제자들에게 말했다. "내가 밤에 꿈을 꾸었는데 하늘로부터 관이 내려왔으니 반드시 일어나지 못할 것이다." 2월 7일, 제자들이 스승을 뵙고자 하는데 부인 안동권씨가 "죽을 올려드린 뒤에 들어가

셔서 뵙도록 하시지요" 하자, 경당은 "사람 대접하는 예가 그래서는 안 된다"며 제자들을 만나보았다. 그러고는 곧 눈을 감았다. 향년 70세였다.[36]

경당은 한 그릇의 밥과 한 표주박의 물이 자주 떨어지고 비었으나 이를 개의치 않고 즐겁게 여겼다. 장계향은 아버지가 이렇게 가난을 대하는 모습을 보면서 성장했다. 특히 『논어』, 「이인편」里仁篇에서는 부귀와 가난의 문제를 딸에게 여러 번 말해주었다. 장계향의 사상 속에는 경당의 철학이 무르녹아 있었다. 부귀는 사람들이 모두 바라는 것이지만 정당한 방법으로 얻은 것이 아니라면 군자는 그것을 받아들이지 않는다. 빈천은 사람들 누구나가 싫어하지만 정당한 방법으로 그것에서 벗어날 수 없다면 군자는 그것을 버리지 않는다는 것이었다. 정당한 방법으로 가난을 벗어날 수 없다면 가난을 즐겁게 받아들이는 것이 군자의 도리라며 평생을 가난 속에서 살다간 경당이었다.

경당은 너그럽되 절제함이 있고, 사이좋게 지내되 빠져들지 않았으며, 엄하면서도 맹렬하지 않았고, 질박하며 교만한 데 이르지 않았다. 옛것을 좋아하되 크게 구애됨이 없었고, 세상을 따르되 구차하게 동화되지 않았다. 경당이 역책易簀하였을 때 큰아들 철견은 겨우 8세였기 때문에, 이시명이 모든 상례를 맡았다.

제 8 장

재물이 고르지 못함을 부끄러워하라

못다한 효를 참회하다

1632년 6월 15일 시아버지 운악이 타계한 뒤로 1634년 여름 3년상을 벗을 때까지 장계향은 충효당 큰살림을 혼자 책임져야 했다. 지금껏 모든 계획과 지시, 감독과 관리는 시아버지 운악의 뜻에서 나오고 처리되었다. 다른 사람은 다만 운악의 뜻을 받드는 협조자였다.

그중에서 1만 석지기 농사가 가장 크고 중요한 부분이었다. 충효당 큰어른의 뜻을 마름들에게 전하고 거두어들이는 소임을 맡은 집사, 집사가 전해준 계획에 따라 농사짓는 사람 3백여 명과 그들의 식솔들까지 포함하면 수천 명의 목숨이 충효당의 뜻에 따라 배불리 먹을 수도 굶주릴 수도 있었다.

집안노비와 외거노비를 다스리고 관리하는 일이 그 다음이었다. 집안노비는 이제 장계향의 의중을 파악하고 순종하며 따랐으나 외거노비들은 오랜 관습을 더 따랐다. 관습의 핵심은 피동적으로 움직이는 것이었다. 정확한 숫자를 파악하기 어려울 만큼 외거노비는 많았다. 장계향은 살림을 맡으면서 노비문서를 처음으로 보았다. 충효당에 목숨을 맡기고 있는 노비가 수백 명이었다.

그 다음 일은 충효당으로 먹을 것과 입을 것을 구하러 오는 사람들에게 음식과 옷을 나눠주는 것이었다. 평소에도 30~40명이 찾아왔다. 한 달이면 거의 천여 명이라는 계산이었다. 흉년이나 변고

가 생기면 그 숫자는 더 늘어났다. 오는 자들을 막을 수는 없었다. 그것이 충효당이 지닌 품격이고 가치였기 때문이다.

사랑채로 방문하는 손님의 접대도 예삿일이 아니다. 그들은 곧 충효당의 전통과 품격을 검증하는 사람들이라 할 수 있었기 때문이다. 때맞춰 내놓는 다과와 술상, 그에 따른 예의와 범절은 전적으로 안주인의 덕과 품성을 뜻했다. 그리고 충효당 담장 안쪽을 반듯하게 유지시켜가는 일이 또 있었다. 먹거리, 부엌에서 일어나는 일, 많은 사람들의 입성을 처리하는 바느질과 빨래, 그리고 제사가 있었다. 이제까지는 시아버지의 뜻에 따르기만 하면 그만이었다. 운악이 없는 지금 충효당의 실질적 운영자는 장계향이었다.

이시명은 운악의 묘소가 있는 한밭골에서 시묘를 짓고 시묘살이에 들어갔고, 시어머니는 남편이 타계했기 때문에 모든 것을 아들의 뜻에 따라야 하는 것이 삼종지도三從之道의 정신이었다.

장손 신일은 숙부가 계시는 한 충효당의 모든 일은 숙부의 뜻을 따르는 것이 도리라며 나서지 않았다.

시묘는 부모의 상을 당하여 묘지를 만든 뒤, 그 서쪽에 여막을 짓고 상주가 3년 동안 사는 일이다. 시묘살이는 죽은 부모에 대한 가장 효성스러운 행위로 일컬어진다. 시묘제도는 중국의 한·진나라 때 시작되었는데 경서經書에는 그 근거가 나타나 있지 않아서 올바른 예가 아니라는 주장도 있다. 그리하여 주자는 어머니 상을 당했을 때, 시신을 매장한 후 본가로 혼백을 모시고 오는 반곡返哭을 하여 신주神主를 궤연几筵, 즉 죽은 자의 혼령을 위하여 차려놓은 영좌와 그에 딸린 모든 물건을 모시고 시묘살이를 하면서 삭망朔望

운악 이함의 묘. 부인 진성이씨와 합장되었다.
한밭골로 불리는 이곳은 지금의 경북 영덕군 창수면 인천1리에 있다.

에는 궤연에 모시는 것만 같지 못하다고 하였다. 이것은 주자가 시묘살이에 대해 부정적이었음을 나타내는 증거라고 말하기도 한다. 주자의 『가례』家禮에는 여묘에 대한 언급이 없다. 다만 신주를 만든 뒤에 곧바로 반곡을 하는 절차를 들고 있다. 즉 축관이 신주와 혼백을 만들고 집으로 돌아와 빈소를 설치한 다음 상주가 이를 지키도록 규정하고 있다.[1]

우리나라에서는 정몽주鄭夢周에 의하여 시작되었다.[2] 정몽주는 여묘가 나쁜 것이 아니라 반주返主를 하지 않고 여묘하는 것이 나쁘다고 했다. 이런 여러 가지 여묘제도는 신주제도가 확립되기 전에 시신이 묻혀 있는 곳에 죽은 사람의 혼이 머물러 있다는 생각에서 비롯된 것이다.

무덤 속 시신의 영혼은 신주에 머문다. 3년 동안 시묘살이를 하는 것은 그 신주를 모시는 것이다. 자식은 3년 동안 살아 계신 부모를 모시듯 해야 한다. 첫닭이 울면 일어나 세수하고 머리 빗고 의관을 챙겨 입은 다음 부모에게 문안인사를 올린다. 끼니때마다 손수 밥과 국을 장만하여 올리고 곡을 한다. 그런 뒤 자식은 식은 밥을 먹는데 배불리 먹어서는 안 되고 고기나 맛있는 반찬을 먹어서도 안 된다. 그런 뒤의 모든 일상생활은 부모가 살아 계신 것처럼 한다. 잠깐 드나들 때마다 반드시 여쭙고 나서 행하고, 행한 다음에는 반드시 행한 일을 구체적으로 아뢴다.

이시명은 자식들을 모두 데리고 시묘살이에 들어갔다. 상일 · 휘일 · 현일 · 신일 · 명여와 동생 시성을 참여시켰고, 임시거처의 살림은 상일 아내에게 맡겼다. 바깥일은 외거노비인 을태와 돌석이

맡았다. 충효당 식구 대부분이 한밭골로 나오고, 충효당에는 장계향과 집사와 노비들만 남았다.

시묘살이는 충효당에서 하던 그대로 했다. 자식들은 각자의 수준에 맞는 공부를 했다. 이때 자식들은 아버지의 모습에서 많은 것을 보고 배우고 느꼈다.

이시명의 시묘살이는 지극했다. 그는 아버지에게 못다한 효를 참회했다. 아버지는 두 아들을 잃고 나서 이시명에게는 과거시험에 대한 부담감을 주지 않으려 했다. 하지만 이시명은 그런 아버지 마음을 읽고 있었다. 그럴수록 더 초조했다. 향시를 보아 거듭 장원을 했으나 전시殿試 때면 불합격이었다.

이시명은 분노하고 좌절했다. 아들이 상심해하는 모습을 말없이 지켜보던 아버지 마음은 더 아팠다. 시대와의 불화로 좌절한 자식의 상처가 아버지 가슴으로 옮겨져 더 큰 상처로 악화되었고, 그럴수록 아버지의 병은 위독해졌다. 아들은 아버지의 병을 자신이 키우고 악화시켜 끝내는 돌아가시게 했다며 자책을 했다. 이시명의 시묘살이는 아버지께 용서를 비는 고해의 시간이었다.

애민의 참모습

장계향은 엄청난 규모와 넓고 깊은 도량 없이는 이끌어가기 어려운 충효당의 살림살이 실체를 알게 되면서 뜻밖의 깨달음을 얻었다.

재산이라는 것의 의미를 새롭게 알 수 있었다. 영해 최고 부자라는 사실은 넓은 토지와 거기서 생기는 곡식의 수량이기도 했다. 농사에 동원되는 일손의 숫자와 양반 사대부의 체면과 권위의 상징물이기도 한 노비의 숫자와 조상 대대로 이어온 높고 낮은 벼슬 이름과 조상 산소의 크기며 사당 안에 모셔 놓은 신주의 숫자, 사는 집의 방 숫자며 당호 글씨를 쓴 사람의 유명 정도 등이 복합적으로 상승효과를 나타내는 것들을 가리키는 것이기도 했다. 그리고 이제껏 유지해온 가문의 명성을 이어 나가면서 더욱더 크고 강한 힘을 확장시켜 나가려는 욕망이 명문가의 저력이기도 했다.

실제로 충효당 안에는 담장 바깥에서는 볼 수도 상상할 수도 없이 귀하고 값진 것들도 많았다. 이를테면 만권당에 소장되어 있는 귀한 책들과 그림·글씨·벼루며 붓들과 연적이 그러했다. 금은 패물과 토지문서·노비문서도 그러했다. 사대부 가문으로서 그동안 충효당을 드나든 경향 각지의 명사들이 남긴 흔적들, 임진왜란 때부터 시작되어 40여 년 동안 거의 하루도 거르지 않고 있는 드난살이꾼·거지·빈민들을 위한 식사 대접과 옷 적선으로 쌓여가는 구빈철학도 부자의 개념에 포함될 수 있을 터였다.

문제는 왜 그렇게 해야 하는가였다. 부자이기 때문에 당연히 그래야 한다고도 말할 수 있을 것이다. 부자로 계속 남기 위한 방법이기도 할 것이다. 하지만 그렇게 적선을 하고, 도와주고 나눈다 하여 세상이 좋아질지는 누구도 단언하지 못한다. 그냥 있으니까 나눠 먹은 것일지도 모른다. 그렇다면 이렇게 하는 일이 그 재산을 수호하고 유지하기 위한 일에 그친다면 그 큰 살림살이에 참여하는 개개인은 무엇인가. 사람도 재산의 일부로서 물건에 지나지 않는다는 말일까. 인간은 무엇으로 만족하고 행복할 수 있는가.

재산이 꼭 많아야만 가능한가.

장계향은 살림의 경영에 실수를 하지 않기 위하여 혼신의 힘을 쏟았다. 그럴수록 집요하게 따라오는 생각이 있었다. 17세기 조선사회에서 가장 고통스런 것은 구조적 가난으로 인한 배고픔이었다. 신분제도의 모순이 빚어내는 소외와 착취, 불평등을 원칙으로 삼은 신분과 토지제도, 그치지 않는 가뭄·홍수·질병과 기후의 변화, 잦은 전쟁 속에서 떠도는 자들의 원망과 신음으로 가득 찬 조선사회에서 부자라는 것의 의미가 무엇인지에 대한 생각들이었다.

전체 인구의 8할을 넘는 가난한 자들로 구성된 조선사회는 언제쯤 그리고 어떤 방법으로 해결이라는 희망을 품을 수 있을지에 대한 생각이었다. 굶주리다 죽고, 죽은 사람의 살점까지도 먹어야 할 만큼 가난에 찌들려 살고 있는 사람들이 조선 인구의 태반인데, 학문이며 벼슬은 무슨 역할을 하는지, 양반 사대부가 이끄는 이 국가는 과연 이들에게 어떤 의미를 지니고 있는지 자꾸 되물어지는 나날이었다. 특히 못 가진 자들의 어려움이 더 심해지고 있음을 날마다 눈으로 보면서도 아무것도 할 수 없는 자신이 점점 싫어지기도 했다. 그런데도 날마다 충효당으로 얻어먹으려고 오는 자들이 자신들의 처지를 해결하기 위해 집단행동을 하지 않는 이유가 무엇인지 궁금하기도 했다.

물론 임진왜란 때 선조가 서울 도성을 버리고 피난을 떠나버리자 천민들이 몰려가서 노비문서와 조세대장을 보관하고 있던 건물에 불을 질러서 모두 태워버린 일이 있었다. 황해도에서는 억압받고 배고픈 자들이 모여서 칼과 활로 무장하여 정부의 양식창고를 습격하거나 악명을 떨친 부호들의 곳간을 털어 식량을 나누어 가진 사건들도 있었다. 하지만 영해지방에서는 아직 그런 일이 생겨나지는 않고 있었다.

시아버지 운악이 살아 있을 때 그런 걱정을 한 적은 있다. 언제까지나 저들은 온순하고 개인적으로 얻어먹는 데만 그치지 않을 수도 있다.

소작인이 중심을 이루는 농민들도 마찬가지였다. 평생도록 뼈빠지고 살점 허물어서 농사짓지만 배고픔은 조금도 개선되지 않는 이유가 토지제도의 모순에 있음을 알고는 있었다. 그러면서도 그 모순을 해결하기 위하여 집단행동을 하지 않는 이유가 궁금해진 것이다. 기껏해야 도적떼가 되어 가진 자의 곳간이나 나라의 곡물창고를 탈취하는 정도였다. 그러다 실패하면 죽음을 맞거나 노비로 전락했다. 어쩔 수 없이 지배 권력 앞에 순종하는 것으로 만족하는 것 같았다.

도대체 국가는 무엇 때문에 존재하고 양반 사대부의 권위와 명예는 누구를 위한 것이며, 누가 만들어주는 것인지, 학문과 향교는 누구의 무엇을 위해 있는 것인지 자꾸 의구심이 생겼다.

빈민들은 죽음만이라도 모면하기 위해서 사투를 벌인다. 그것이 그들의 일상이다. 오래 굶주리면 육신이 허약해지고 지친다. 주거 환경은 불안정하고 청결치 못하여 질병에 노출되어 있다. 옷이 없어서 추위를 저승사자로 부른다. 병이 들어도 약이 없다. 도대체 국가란 무엇인가. 그런 국가에 살면서 인간이 가질 수 있는 희망이란 어떤 것인가. 도덕이며 윤리란 누구를 위한 것인가.

충효당 살림을 맡아 살아본 3년 동안 장계향에게 남은 것은 한 가지 뿐이었다. 사람들이 충효당으로 찾아와 살려달라고 애원할 때, 그들에게 최소의 음식이나마 나눠주면서 그들의 마음을 읽어보려고 했고 읽어낸 것, 그것뿐이었다.

그들은 먹을 것을 받으면 사방을 두리번거리는데 누군가가 와서 빼앗아갈 것을 두려워하는 것이다. 배고픈 들짐승의 본능과 닮았다. 위험이 없다는 것을 알고 나서는 허겁지겁 먹는다. 이것도 들짐승의 본능이다. 강한 맹수들이 아니라 약한 들짐승이다. 그들의 모습을 두고 양반 사대부들은 저들이 무지하고 어리석기 때문이라고 말해버린다. 예의가 무엇인지 모르는 천박한 것들이라고 단정하며 더욱 차별하고 무시한다. 예의란 지배계층을 위한 것이며 피지배자들을 철저하게 차별화한 지배계급의 방어수단이라는 말이다.

그런가 하면 또 다른 모습도 보았다. 한번은 40~50명의 거지떼가 와서 이틀 밤낮 동안 충효당 앞마당에서 지내다 간 적이 있었다. 임신한 여성, 젖먹이를 둔 여성, 병이 들어서 제대로 숟가락질도 못하는 노인을 비롯하여 어린것들과 소년들을 포함하여 한 가족으로 보이는 사람들 여러 집이 모여서 함께 다니며 생존하는 것으로 여겨졌다.

죽을 끓여주었는데 죽솥과 약간의 그릇을 챙겨다 주면서 나눠 먹도록 했다. 이 방법은 장계향이 시집온 뒤에 바꾼 것이다. 비록 남이 장만해준 음식이더라도 나눠 먹을 것과 먹은 그릇을 씻어서 돌려주는 일만큼은 하도록 설득한 나머지 차츰 자리를 잡게 된 것이었다. 그래야 얻어먹는 사람도 덜 미안할 테고, 최소한의 의무와 도리까지 버리고 의지하는 것은 얻어먹는 것보다 더 나쁘다는 것을 알게 해주고 싶었다. 사람이 어쩌다 얻어먹을 수는 있다. 하지만 뭐든 할 수 있는데도 그 능력까지 포기하고서 얻어먹는 것은 스스로를 능멸하는 것이라고 장계향은 노비들에게 가르쳤다. 남이 내 안에 있는 모든 것을 지배·간섭하도록 내버려두는 것은 거지나 노예가 아니라 자신의 인간성을 포기한 사람이라고 가르쳤던 것이다.

충효당 노비들의 말을 들은 빈민들 중에서는 버럭 화를 내면서 아니꼽게 여기는 이들도 있었고, 뭔가를 생각하면서 스스로 할 수 있는 데까지 하는 이들도 있었다. 그러면서 충효당 나름의 빈민구제 철학이 생겼고, 최소한의 예의를 지키면서 함께 나눠 먹는 모습이 생겨나고 있었던 것이다.

한 임산부가 죽그릇을 들고 누워 있는 노인에게 가더니 노인을 일으켜 앉히고 죽을 떠먹였다. 노인은 몇 번 죽을 받아먹더니 곁에 앉아서 그 숟가락을 뚫어지게 바라보고 있는 코흘리개 아이를 끌어당겼다. 임산부가 들고 있던 죽그릇을 넘겨받아 그 아이 입에다 죽을 떠먹였다. 그때 저만치서 죽을 먹고 있던 여자가 다가오더니 자기 그릇의 죽을 그 노인 그릇에다 덜어주었다. 그렇게 서로 죽을 나눠주는 모습을 본 노비들이 말했다. 아마도 한 식구인 모양인데 어쩌다 저렇게 되었는지 불쌍하다면서 죽을 더 끓여주고 싶다 했다.

그들의 무의식 속에는 다른 사람을 도우려는, 즉 '친사회적 행동'prosocial behaviors을 할 수 있는 잠재력이 들어 있으며 그런 행동을 취하기 전에 비용과 이득을 계산하지 않는다. 그리고 모든 인간에게는 이타적이고자 하는 기본 동기가 있는 것이 분명했다.[3]

그들은 장계향과 혈연관계가 있다거나 도움 받는 사실을 잊지 않고 있다가 언젠가 장계향을 도와줄 것이라고 기대하기 때문도 아니었다. 즉 상호교환의 기대가 생존가치와 함께 이타주의적 행동을 할 것이라고 여겼기 때문도 아니었다.[4] 물론 인간은 누군가가 호의를 베풀면 그 호의를 갚을 때까지 심리적으로 불편한 상태에 놓이게 된다는 것을 미리 알고 있었기 때문도 아니다. 그들을 도움으로써 사람들로부터 이타적 행동과 신용으로 명성을 얻을 수 있다는 것을 인식한 데서 비롯된 것도 아니다.

친사회적 행동의 네 가지 동기 중 하나인 원칙주의principlism, 즉 도덕적 원칙을 유지하기 위해 친사회적 행동을 하는 것이며, 종교적 혹은 시민의 윤리원칙 때문에 친사회적 태도를 취했다고 보는 견해[5]에 전적으로 동의하기도 어렵다. 그러나 장계향은 그들의 행동은 그들 마음속에 인仁이 존재하기 때문이 아닐까 여겼다.

『논어』, 「안연편」에서 말하고 있다.

> 번지가 인에 대하여 물으니, 공자께서 말씀하시기를 '사람을 사랑하는 것이다'라고 했다.

가난의 질곡 속에서 허우적거리면서도 같은 처지에 놓여 있는 사람을 보면 서슴없이 돕는다. 장계향은 그것을 인의 실천이라고 보았다. 성리철학의 큰 목적인 '애민'의 참모습을 그들에게서 발견한 것이다.

장계향은 그들을 만나 깨달은 것이 또 있었다. 그들은 약간의 먹을 것과 약을 구하기 위해 돌아다닌다. 그런 그들을 보면서 가난한 사람들의 좌절과 시련을 좀 더 이해할 수 있게 된 것이다. 정말로 얼마 안 되는 아주 하찮아 보이는 것이 그들에게는 모든 것이라는 것을 알게 해주었으니, 그들이야말로 성리학의 원대한 목표인 수신과 애민을 가르쳐주는 교사이자 학교라는 생각이 번개처럼 뇌리를 스쳐갔다.

눈물이 메말라서 더 이상 울 수도 없는 사람들, 가난하고 병들고 집도 없고 의지할 곳도 없는 사람들에게 기껏 도토리 죽 한 그릇, 헌 옷가지 한두 벌, 약 뿌리 조금을 주었을 뿐인데 오히려 그들이 더 큰 선물을 준 것 같았다. 그들과의 만남에서 장계향은 나 혼자서는 아무것도 아니며 무엇도 할 수 없다는 것을 깨달았다. 양반 신분이라는 것, 한 시대 최고의 지식이라는 성리학을 조금 익혔다는 것, 재력과 명예를 지닌 큰 부잣집 며느리라는 것. 그 가당찮은 오만과 편견으로 저들을 업신여기고 차별하며 능멸하는 것이 양반의 전통이고 권위인 양 착각할 수도 있었다는 것을 부끄럽게 여겼다.

그것은 죄가 될 것이다. 저들이 아니었다면 남은 생애를 죄 짓는 데 탕진할 뻔했다는 부끄러움이 전신을 뜨겁게 달구었다. 저토록 깊은 불행 속으로 내몰린 저들이 '인'에 눈뜨게 했으며, 저들도 언젠가는 '인'을 이룰 수 있을 것이라는 믿음을 자식들에게 가르치는 삶을 살아야 한다는 전혀 뜻밖의 깨달음에 닿을 수 있었다. 그런 삶을 이시명에게 제의해야겠다고 느꼈다.

친정아버지가 하신 말씀이 떠올랐다. 정치가 불안하면 백성들 미래의 눈을 흐리게 하거나 아예 뽑아버리는 것과 같기 때문에 정치란 바르게 하는 것이며 그래서 지도자가 솔선수범하는 것이라고 했다. 정치의 그런 본질 때문에 영남사림파 지식인들은 임금을 바로 가르쳐 솔선수범하도록 하겠다는 신념에 목숨을 걸었다. 하지만 임금보다 먼저 솔선수범해야 할 사람이 한 가정의 부모이다. 한 집이 바로 서면 나라가 바로 서는 것도 가능하지만 한 집이 무너지고는 나라가 바로 서기란 어렵다. 그래서 자식 가르치는 일이 최고의 정치라고 했다.

논에서는 벼가 자라고, 밭에서 자라는 곡식들도 그대로였다. 자연은 인간의 생로병사를 바라보고 받아주고, 물소리와 바람소리, 눈과 비, 흐린 날과 맑은 날도 감싸주면서 늘 그대로였지만 인간만이 욕심으로 허덕이며 괴로워했다.

한 가지 달라진 것은 경당이 늦게 본 큰아들 장철견이 충효당으로 와서 제 누이한테서 학문을 익히고 예법을 배우고 있었다는 점이다. 경당이 돌아가실 때 자식들은 모두 어린 나이였다. 이시명은 아내의 생각을 이번에도 먼저 읽었다. 우선 큰 처남인 철견부터 데려다 기르자고 제의한 것이었다.

마침 3년 동안이나 시묘살이로 집을 떠나 있을 터여서 친정동생을 데려다 돌봐주면 좋을 듯도 싶었다. 춘파의 살림살이가 여전히 어렵기도 했지만 아이들을 제대로 가르칠 만한 여력도 없었기 때문이다. 장계향은 이번에도 자신의 아픈 곳을 먼저 짚어주고 해결책을 마련해주는 남편이 고맙기 그지없었다.

한 가지 더 달라진 것은 장계향이 넷째 아들을 낳아 충효당 식구가 또 불어난 것이다. 정일靖逸, 1635~1704이다.

이시명은 한 번만 더 과거에 응시하기 위하여 상경했다. 그런데 어머니가 몸져누웠다. 밥상을 받으면 밥상 앞에 우두커니 앉아서 눈물지었다. 부군과의 사별이 아무래도 허전하여 못내 그리워지는가 보았다. 생전에 금슬이 무척이나 좋았던 부부였다. 어머니가 몸져누웠다는 장계향의 편지를 받고 영해로 돌아온 것이 1635년 겨울이었다. 와서 보니 아들이 하나 더 태어나 있었다. 1936년 잇달아서 다섯째 아들 융일隆逸을 낳았다.

그해 12월부터 1637년 1월에 걸쳐 한 달 남짓 짧은 기간 동안 병자호란이 일어났다. 청나라 태종이 직접 12만 대군을 이끌고 조선을 침공한 이 전쟁은 비록 짧은 기간이었지만 그 피해는 임진왜란에 버금갔고 조선으로서는 한 번도 겪어보지 못한 참담한 굴욕이었다. 이 전쟁에 패배함으로써 조선은 명나라와의 관계를 완전히 끊어야 했고 청나라에 복속되었는데, 이 굴욕적 관계는 1895년 청일전쟁에서 청나라가 일본에 패할 때까지 260년 동안 지속되었다. 명나라의 역사와 문화를 숭모하던 조선 지식인들은 깊은 충격과 좌절에 빠지게 되었고 이시명도 마찬가지였다.

가장 심각한 문제는 청나라 군대에게 강제 납치된 약 50만 명의 남녀노소 양민들을 데려오는 것이었다. 청나라는 납치한 조선 양민을 전리품으로 보았다. 조선이 그들을 데려오기 위해서 지불해야 하는 배상금을 높이기 위해 왕실과 양반가 부녀자를 되도록 많이 잡아가려 하였다. 그러나 이들은 대부분 돈을 주고 위기를 모면할 수 있었다. 그 대신 배상금을 지불할 여유가 없는 양민들이 잡혀가는 바람에 울분과 슬픔이 더 커졌다. 배상금은 싼 경우 1인당 25 또는 30냥이나 대개 150 또는 250냥이었고, 신분에 따라 비싼 경우에는 1,500냥까지도 요구했다.

끌려간 이들의 통곡소리가 만주 역사의 굴곡진 페이지마다 새겨졌다. 배상금을 내지 못한 채 여기저기 끌려다니며 능욕당한 여자들은 살아서 조선으로 돌려보내졌다. 이들은 흔히 환향녀還鄕女 또는 화냥년이란 이름을 붙여 조선에서 또 차별하고 학대했다. 이 화냥년 문제는 조선이 끝날 때까지 정치·사회적 문제로 남았다.

이때 청나라 군대에 끌려가 10년 동안 볼모생활을 하던 소현세자와 봉림대군은 1645년 돌아왔으나 세자는 두 달 만에 죽고, 봉림대군은 인조의 뒤를 이었다. 왕위에 오른 뒤 지난날의 굴욕을 되새기며 재야인물을 발탁하고 군비를 확장하는 등 북벌의 원대한 계획을 세웠으나 재위 10년 만에 죽어 실행되지 못했다.

글로써 지식을 모으다

이시명의 좌절감은 엄청나게 컸다. 명나라와 국교를 단절했다는 사실을 받아들일 수가 없었다. 인류도덕의 발상지라고 여겨온 한漢 문화의 적자인 명을 배신한다는 것은 조선 사대부의 정신적 죽음과도 같다고 여기는 사람들과 이시명의 굴욕감은 크게 다르지 않았다. 그리하여 현인賢人이 숨어버린 난세로 규정하고 더 이상 목숨을 이어갈 명분이 없다고 여겨 현실에서 도피하고 싶어했다.

연로하신 어머님이 살아 계시어 걱정하시고 슬퍼할 일은 할 수가 없었다. 아버지가 안 계신 이승에서 자식의 존재는 아버지를 대신하여 어머니의 의지처가 되어야 마땅했다. 그 대신 더는 과거에 응시하지 않겠다고 결심하면서 충효당을 떠나기로 작정했다.

장계향은 남편에게 자신의 생각을 내비쳤다. 그동안 자신들은 조상이 마련해둔 풍요한 터전 위에서 모자람을 모르고 살아왔으며, 혼인하고 자식들도 풍성하게 낳을 수 있었다. 무엇보다 유장한 역사 속에서 꽃피워온 유학의 가르침을 잘 받아 인간의 도리와 만물의 천리를 배워 무지에서 벗어났다. 또 한 세상의 고마움으로 이웃과 습속이 다른 세상과 소통할 수 있는 지식도 웬만큼 닦은 것은 큰 재산이 아닐 수 없었다.

"보셔요. 당신께서는 명과 조선의 어긋나버린 일을 두고 하늘이 무너진 듯 상심하여 마치 삶을 그만 둘 것처럼 침통해하십니다. 여자인 저로서는 감히 짐작도 할 수 없는 큰 역사의 도리이겠지요. 지금 당신께서는 세속의 명리^{名利}를 얻기 위한 노력을 버리고 신도반^{申屠蟠, 후한 때 사람. 9세 때 아버지의 초상을 당하여 너무 슬퍼한 끝에 몸이 여위고, 상을 마치고도 술과 육류를 10년 동안 입에 대지 않았다. 그 시대 지성인들이 그를 신임하여 큰 벼슬을 주었으나 나가지 않고 은거하여 오경을 두루 꿰뚫었다. 한나라가 망하는 것을 보고 자취를 숨겨 숲속에 집을 짓고 살면서 여생을 보냈다.6}의 의^義를 사모하여 산림 속에 드시려 합니다. 저도 기꺼이 따르겠습니다. 다만 한 가지 드리고 싶은 말씀이 있는데 아뢰어도 되겠는지요?"

"말씀해보시오."

"당신도 익히 아시는 바이겠는데 퇴계 선생의 「도산기」陶山記가 생각나서 외워드릴까 합니다."

"고맙구려. 어디 한번 들려주시오."

"'옛 사람 중에 산림을 즐기는 사람을 보건대 두 종류가 있다. 현허玄虛를 사모하고 고상함을 일삼아 즐겨 하는 사람도 있고, 도의를 즐겨 하며 심성을 기르기를 즐기는 사람도 있다. 전설前說에 따르면 아마도 제 한몸을 깨끗이 하여 인륜을 어지럽히는 데 흘러 그 심한 자는 조수鳥獸의 무리를 함께하면서도 그르다고 하지 않는다. 후설後說에 따르면, 즐기는 바의 것은 찌꺼기일 뿐이며 그 전할 수 없는 미묘함에 이르러서는 구하면 구할수록 더욱 얻지 못할 것이니 즐길 것이 무엇이 있겠는가. 그렇다고 하더라도 차라리 후설을 따라 스스로 힘쓸지언정 전설을 따라 스스로 속이지 않을 것이다. 또 어느 여가에 이른바 세속의 명리를 구함이 나의 마음속에 들어옴을 알겠는가'라고 하셨습니다.7 이는 제 홀로 좋은 것을 따르는 독선자일 뿐이니, 산림에 은거하면서도 독서와 강학 같은 유학자의 자기 수양에 대한 뜨거운 열망을 결코 저버리지 않으셨다는 것으로 배웠습니다. 당신도 능히 퇴계 선생이 행하셨던 그 길로 가려는 것이겠지요?"

이시명은 대답하지 않았다. 명과 국교를 단절한 충격이 워낙 커서 미래까지 생각하여 현재의 일을 결정할 만한 정신적 여유가 없었는지도 모른다. 장계향은 다시 남편을 향해 말을 이어갔다. 1570년 11월 퇴계 70세 때 유응견이 정사에 있으면서 보내온 세

절구에 화답한 것 중 두 번째 시를 외웠다.

> 공자 같은 선인은 오히려 마음을 가리는 사람을 잠언箴言하셨고,
> 증자는 '글로 모여 서로 도와 인을 이룬다'文會輔成仁고 이르셨네.
> 늙어감에 다시 학문을 함에 소홀함을 깨닫고
> 헛되이 돌아온 것을 부끄러워하며 또 봄을 기다리네.[8]
> 孔聖猶箴擇里人　曾云文會輔成仁
> 老來更覺疎爲學　慚愧空還又待春

이 시에서 '증자는 "글로 모여 서로 도와 인을 이룬다"고 이르셨네'라는 것은 『논어』, 「안연편」에서 '증자는 "군자는 글로써 벗을 모으고 벗으로써 인을 돕는다"君子以文會友以友輔仁고 하셨다'는 데서 인용한 것이다.

장계향은 이 시를 인용해 '이문회자이자보성인'以文會子以子輔成仁, 즉 글로써 자식들을 모으고, 그 모인 자식들이 서로 도와 인을 이루게 하자고 했다.

실제로 장계향은 혼인하기 전, 친정에 살 때 퇴계의 시를 매우 좋아하였고 그가 써서 남긴 시편들도 퇴계의 시에서 영감을 얻은 것으로 짐작되는 것이 몇 편이다. 그리고 또 다른 얘기를 이어갔다.

『논어』, 「이인편」을 말했다.

> 부귀는 누구나 바라는 바이지만 떳떳한 방법으로 얻은 것이 아니면 소유하지 말아야 한다. 가난과 천함 또한 모두가 싫어하

지만 온당한 방법으로 벗어날 수 없다면 버리지 말아야 한다.

장계향의 생각은 치밀하고 논리적이었다. 시부모를 모시고 살 때는 조상들이 물려준 땅과 재산을 의지하여 살았는데 그때는 시어른을 모신다는 것이 의로움이어서 나름의 명분이 있었고 또한 자식을 낳아 길러야 하는 어려움도 있었기 때문에 부끄럽지 않았다.

지금은 자식들도 제법 자랐고 충효당 재산의 책임과 권리는 종손인 신일에게 있기 때문에 더는 충효당의 땅에서 생산되는 양식과 재물에 의지하지 않고 살아갈 수 있는 방법을 찾아서 이를 따르는 것이 보다 떳떳하지 않겠느냐는 것이었다. 더 중요한 것은 조선의 법제도에 토지는 모두 왕토王土를 원칙으로 하고 개인이 토지를 소유할 수 있는 경우는 매우 제한적으로만 허용하고 있었다. 조선왕조가 시작될 때 태조 이성계를 도운 공훈으로 받은 공신전을 제외하면 나라의 벼슬아치가 되면 일정한 토지에서 생산되는 곡식을 녹으로 받고, 벼슬 임기가 끝나면 다시 국가로 돌려주어야 한다.

지금 이시명은 벼슬아치도 아니고 국가의 공훈자도 아니기 때문에 토지 소유권을 갖는 것은 법에 어긋나는 것이고 부끄러운 일이다. 이보다 더 중요한 것은 조선 인구의 8할이 토지를 제 이름으로 소유하지 못했다. 그 많은 사람들이 범죄자이거나 게으르고 무능하거나 조선 사람으로 인정받지 못하는 외국인이어서 토지를 소유하지 못하는 것이 아니다.

왕토사상, 즉 토지공개념을 국가의 이념으로 하기 때문이다. 따라서 농민 혹은 양민들은 국가 소유지에서 농사지어 먹고 산다. 그러면서도 세금을 내고 남자는 병역의무도 담당하며 도로와 강을 만드는 공적인 부역도 맡고 있다.

그런데 양반 사대부 계급은 온갖 방법으로 나라의 토지를 개인 소유로 만들어 거대한 땅의 소유자가 되었다. 대부분이 법을 어긴 것이다. 이른바 '불이기도득지'不以其道得之, 즉 정당한 방법으로 얻은 것이 아니다. 따라서 조선 양반 사대부가 소유하고 있는 토지 대부분이 불법의 산물인 셈이다. 여기에 더하여 정해진 세금을 덜 내거나 안 내고 재산을 증식해 또 다른 토지를 사들여 개인 이름으로 소유하는 것이 양반 사대부의 권능처럼 되었다. 나라는 망해도 양반 사대부는 살아남는 나라가 된 것이고, 백성의 8할이나 되는 농민과 양민, 천민들은 시절만 나빠도 굶주려야 하고, 전쟁이나 풍수해를 만나면 굶다가 죽는 일이 다반사가 되었다.

이제 조선의 빈민들은 더 이상 물러설 자리가 없었고 더는 비참해질 것도 없었다. 그저 부자들 밥 먹듯이 굶고 부자들 즐기듯이 슬피 울며 죽을 수밖에 없었다. 이같이 엄연한 현실을 보면서 장계향이 생각한 것은 조상이 물려준 재산을 후손이라는 이유만으로 물려받아 소유하고 누리는 것은 부끄러운 일이 아닐까 하는 점이었다. 이는 마치 이시명이 과거시험에서 올바른 대책을 적어 냈음에도 불구하고 그 시험을 관리하는 책임자와 당시 정권을 장악한 권력 실세가 밀거나 적어도 그들 정파에 유리한 자를 장원으로 급제시킨 경우가 바로 '불이기도득지'가 아니고 무엇이겠느냐고 했다.

군자는 유교이념의 사회에서 존경받아 마땅한 인격자이며 학문하는 사람의 이상향을 제시한다고 믿는 사람이다. 그 점에서는 이시명도 예외가 아니었다. 이시명은 운악이 생존해 있을 때 두 차례에 걸쳐 진사합격을 했고 그때마다 별급 형식으로 영양 석보의 논과 밭을 축하선물로 받은 적이 있었다. 그다지 넓지 않은 논과 약간의 밭에다 산이지만 장계향은 그것만으로 살아가자고 했다. 따로 조상 재산을 상속받지 말고 살아보자는 것이었다. 이시명은 여전히 아무런 대답도 하지 않았다. 아내더러 그만하라고도 하지 않았다. 그 침묵은 아내의 말이 옳다는 뜻이었다.

재물을 구차하게 얻으려 말라

1637년 겨울 이시명은 결정을 내렸다. 그의 식구들 모두 충효당을 떠나기로 한 것이다. 마침내 분가를 결심한 것이다. 큰 조카 신일에게 충효당의 재산을 넘겨주었다. 마땅한 일이었다.

이시명의 결정을 지켜본 장계향은 감격했다. 역시 내 남편이요, 경당의 제자구나 싶었다. 그의 식구들은 일단 한밭골로 들어가서 지내다가 사정을 봐서 다시 영양 석보로 이사한다는 계획이었다.

태어나서 49년 동안을 살아온 고향을 떠나는 것이다. 조카 신일은 무척 놀랐다. 이시명이 웃으면서 조카를 안심시켰다.

"신일아. 내가 너에게 가르친 『소학』에 '임재무구득'臨財毋苟得이란 말이 있었는데 잊지 않았을 것이다. '재물에 접했을 때 구차하게 얻으려 하지 말라.' 나는 지금 다만 '임재무구득'을 실행에 옮기고 있을 뿐이니라."

이별이 아쉬워서 모인 충효당의 식구들이 귀 기울여 들었다.

이사 행렬은 간단했다. 한밭골에는 운악의 3년상을 입으면서 마련한 집칸이 있었고, 집 안은 누가 가더라도 당장 생활할 수 있도록 준비를 마쳐둔 상태였다. 외거노비 을태·돌석의 식구들이 겨울을 날 수 있는 월동준비도 해두었다.

상일 내외와 그의 딸들, 휘일·명여·명이·현일·숭일·정일·융일, 진성이씨, 이시명 내외와 장철견, 그리고 점복 어멈과 점복 내외를 비롯 열 명의 노비를 포함하여 27명이 충효당을 떠났다. 한밭골에 가서 그곳 노비들을 합치면 40여 명의 대식구였다.

그렇게 거처를 옮기다보니 살림은 단번에 곤궁한 형색이었지만 장계향과 이시명은 지난 어느 때보다 덜 부끄러웠다. 겨울 동안 자식들과 아주 흡족한 공부를 했다. 상일과 휘일이 『소학』과 『논어』 강의를 하고 틈틈이 이시명이 문답을 맡았다. 장계향의 특강은 모두가 좋아하는 강의였다.[9]

상일도 향시에 두 번 합격하여 영해에서는 이름이 난 인재였다. 현일은 12살 때부터 형인 휘일한테서 『소학』과 『논어』를 배우기 시작했다. 어려서부터 상스러운 말을 하지 않았고 독서할 때는 반드시 벽을 향하고 앉아서 정신을 집중하였고 한 번 본 것은 잊지 않았다. 클수록 공부에 심취했다.

이시명은 큰아들 상일과 부쩍 자주 이야기를 나눴다. 상일은 천성이 술을 좋아했다. 술을 마실 때는 꼭 벗들과 함께 있었고 큰 술잔에 따라 마시는 것을 좋아했다. 벗들과 어울려서 유유자적하며 가식이 없었다. 벗을 대할 때는 화락하게 친하게 지냈지만 비위를 맞추거나 아첨하는 짓을 하지 않았다. 타고난 바탕이 화평하지만 지조는 매우 강직했다. 25세 때 향거鄕擧에서 선비를 뽑을 때 태학사 채유후蔡裕後가 영남의 시험을 관장하는 사람에게 일렀다.

"이모李某의 이름을 들은 지 오래되었는데 만약 향시에 합격하면 내가 조처할 것이다. 그대는 내 말을 잊지 말라."

시험관이 영남에 도착하여 사람을 통해 이상일에게 채유후의 말을 전했다. 시권試券, 시험답안지을 바칠 때 시험관이 알아볼 수 있도록 하라는 말이었다. 그러자 상일은 얼굴을 찡그리면서 큰 소리로 말했다.

"어찌 담장에 구멍을 뚫고 서로 엿보는 처자가 있겠는가."

그러고는 시험장에서 종적을 감춰버렸다.[10]

상일의 술버릇과 친구들에게 가끔 너무 모질게 몰아치는 모습에 대하여 이시명은 진지하게 말했다. 성격은 나를 닮았는데 좋은 면도 있지만 끝내는 사람들로부터 소외되어 외롭게 된다며 나이 더 들기 전에 고쳐서 살라고 부탁했다.

상일은 아버지를 무척 따랐다. 특히 휘일이 유난히도 상일을 좋아하여 따랐기 때문에 휘일을 보면 아버지를 보는 것 같다고 했다. 상일은 그해 겨울까지만 아버지 곁에 머물다가 내년 봄에는 영해 벽수촌으로 분가를 하고 싶다고 했다. 상일은 딸만 여섯을 두었는데 두 명은 혼인을 시켰고 나머지 넷을 데리고 살았다. 운악은 상일의 앞으로 논과 밭을 약간 장만하여 벽수촌에 살림을 해도 될 만큼 해두었다. 무엇보다 상일을 낳아준 어머니 산소가 벽수촌에서 가까운 곳에 있었기 때문이기도 했다. 이시명은 승낙해주었다.

이시명은 한밭골로 들어온 뒤로 무척 밝아졌다. 이 해에 재신宰臣

의 천거로 능서랑陵署郎 벼슬을 내렸으나 나아가지 않고 어머니 모시고 사는 일에 뜻을 두었다.

1638년 1월에는 휘일을 혼인시켰다. 무안박씨 늑功의 딸1621~55에게 장가를 들고, 나랏골로 돌아가서 사는 이시명의 아우 시성과 창원황씨의 후사가 되어 양부모 집으로 들어갔다. 휘일의 뒤를 이어 상일의 식구들이 벽수촌으로 이사를 가면서 식구가 줄었다.

세상의 시기를 받다

그해 봄 이시명은 뜻밖의 사태를 맞았다. 영해의 한 양반이 그의 소작인들을 매질한 사건이었다. 그러자 아직 불려가지 않은 소작인들이 황급히 도망을 쳐버리고, 장차 이시명도 그의 소작인들을 불러 매질을 할 것이란 소문이 퍼졌다. 그러자 충효당 토지를 붙여먹던 소작인들이 놀라서 도망치는 바람에 고을이 텅 비는 사건이 터졌다.

영해부에서는 이 사건을 관찰사에게 보고했고, 관찰사는 이시명을 영해 땅 밖으로 내보내야만 백성들이 돌아와 살겠다고 한다는 내용으로 조정에 보고를 했다. 이시명은 한밭골에 있다가 들이닥친 포졸에게 붙들려 서울로 압송되었다. 포승줄에 묶여 법정에서 재판을 받기에 이르렀다. 심문 과정을 통해 이시명은 누군가가 고의적이고 계획적으로 자신을 음해하고 있음을 느꼈다. 아버지대 이전부터 외거노비와 소작인들이 경작해온 농토였고 소작료가 다른 집보다 항상 적어서 한번 충효당 농지를 붙든 사람은 대를 물리면서까지 농사를 계속하고 싶어했다. 그러다보니 다른 집 토지의

한밭골 전경. 한밭골은 약 2킬로미터의 깊은 골짜기이다.
길 양쪽은 도토리나무가 울창하다.
이 넓은 땅이 운악의 소유였기 때문에 이곳에서
도토리 열매를 주워 모아 두었다가 빈민구제에 유용하게 썼다.

소작인들 중에서 충효당 토지로 옮겨온 사람이 더러 있었다.

그러자 다른 양반가 중에는 충효당을 은근히 싫어하고, 충효당의 허물을 꺼내 소문을 만들어내기도 했다. 그래도 충효당이 흔들리지 않았던 것은 운악이 영해부사를 비롯 경상도관찰사와 늘 좋은 관계를 유지해온데다 실제로 소작인들로부터 존경받는 행동을 했기 때문에 특별히 나쁜 일이 생기지 않아왔다. 그러다 운악이 죽고 이시명이 충효당의 주인이 되자 지금껏 충효당을 밉게 보아온 자들의 모함이 이전보다 더 많고 그 행동 또한 적극적으로 바뀌었다.

이시명은 일일이 대응하지 않았다. 거기에다 장계향의 베풀고 나누는 큰 손이 웬만한 불평쯤은 느긋하게 가라앉혀왔다. 이시명과 충효당을 비난하는 사람이 있으면 항상 그 비난하는 사람을 꾸짖는 소리가 있었는데 대개는 장계향의 공덕에 은혜를 입어온 사람들의 솔직한 태도였다. 은혜를 갚지는 못할망정 배은망덕해서야 되겠느냐는 것이었다.

이시명이 또 하나 새롭게 알게 된 것은 지난날 자신을 벼슬길에 추천해주겠다고 한 몇 차례의 제의 때마다 단호하게 거절했는데 그 일을 두고 영해의 몇몇 양반들이 허물을 잡게 된 것이다.[11] 이시명이 교만하고 오만방자하다느니, 뒷배를 봐주는 음험한 세도가 있다느니, 불평불만자들을 교묘하게 조직하여 일을 도모하고 있다느니 하는 거짓을 조작하여 관찰사에 투서를 계속해왔던 것이다. 특히 불평불만자들을 은밀하게 조직하고 있다는 말은 자칫 역모로 몰고 갈 수도 있는 위험한 음모였다.

그 조작된 음모론의 핵심에는 철저하게 계산된 모함이 들어 있었다. 충효당에서 끼니와 옷을 얻은 자들을 불평불만자로 둔갑시키고, 충효당은 목적을 숨긴 채 적당한 시기를 기다려왔다는 것이었다.

이시명은 모함을 알고 나자 허탈해졌다. 분노나 치욕감보다는 세상이 싫어졌다. 마치 명나라와 청나라 사이에서 실리만을 쫓는 자들과 같은 생각을 하는 사람들이 점점 많아지고 있는 현실이 그냥 싫어졌다. 그렇게 좌절하고 있을 때 재판을 이끌던 한 대신이 영해에다 사람을 보내 다시 조사해본 결과를 보고받고 이시명이 누명을 뒤집어썼음을 밝혀냈다.

무죄선고를 받고 풀려는 났지만 이시명의 상실감은 컸다. 아버지가 영해 땅에 심은 문화의 씨앗이 이런 모함과 투서로밖에 성장하지 못하고 있다는 것이 아버지에게 불효하는 것 같아서 더욱 괴로웠다. 무엇보다 초상 때 상례喪禮를 모르기 때문에 죽은 자의 시신을 함부로 다루고 슬픔을 예의로 승화시키는 상복喪服 입는 절차와 방식이 무분별한 것을 가례家禮에 따르도록 가르친 운악의 노력은 누구도 부정할 수 없는 것이었다. 운악의 장례 때 이시명이 보여준 상례 또한 그러했다. 그런데 이런 행위들이 영해의 몇몇 양반들 눈에는 못마땅했던 것이다. 또한 아내 장계향이 지난 20여 년 동안 헌신해온 빈민구제를 불평불만자 조직과 선동으로 몰고 간 것은 영해의 수치이고 영해의 미래를 도끼질하는 야만이었다. 도저히 참을 수가 없었다.

집으로 돌아오자 아내가 간곡하게 당부했다. 시어머니가 아들이 서울로 압송된 이후 물도 제대로 못 삼킨 채 몸져누웠으니 절대로 화를 내거나 언성을 돋구지 말라는 부탁이었다. 몇몇은 그럴지라도 대부분은 이시명이 겪은 일을 미안하게 생각하고 있을 거라며 위로했다.

1639년 가을, 큰딸 명여를 안동 예안의 광산김씨 문중으로 혼인시켰다. 사위는 근시재 김해의 손자 김영金礩이었다. 무관으로 황해도에서 근무하고 있었다. 명여를 예안으로 보내려고 한 것은 장계향의 생각이었다. 이시명의 처가이고 큰아들 상일의 외가였기 때문이다. 이시명이 광산김씨 부인에 대한 반듯한 예의를 잊어버리지 않고 있음을 처가에 인식시킴으로써 재령이씨 문중의 품격을 높이는 결과도 되는 셈이었다.

석보촌으로 이사하다

1640년 봄이었다. 마침내 영해 땅을 떠나기로 했다. 굳이 영해 땅이라기보다 좌절과 수모와 무력감으로 무너져 내리는 조선의 해체되는 주체성과 이념을 새롭게 닦아 세우기 위해 수신과 애민의 바른길을 찾으러 거처를 옮기려는 것이었다. 지난해부터 그해 초봄까지 이사할 곳을 다시 손보고 정리를 해왔다. 영양 석보촌은 이미 십여 년 전에 임시 거처로 정해두었던 곳이고 그때 흙담으로 지은 초가집이 아직도 남아 있어서 그 집터 위에다 다시 손을 본 것이다. 벽은 흙담으로 쌓았고, 지붕은 기와가 아닌 억새를 엮어 덮었다. 함께 살아야 할 사람이 많았기 때문에 비록 초가이긴 했지만 다섯 채였다.

자식들이 모여서 공부할 서당은 짓지 못했다. 집 앞에는 깎아지르는 듯한 절벽 위에 오래된 느티나무가 있었고, 작은 도랑물이 흘렀다. 집 뒤에는 울창한 소나무 숲이 있고, 오른쪽은 완만한 산능선이 앞 들판을 바라보며 엎드리고 있는 소의 등처럼 순했고 왼쪽은 제법 큰 동네가 있었다.12

식구로는 어머니 진성이씨, 이시명 내외, 현일, 둘째 딸 명이, 숭일·정일·융일 그리고 장철견 외에 영해 한밭골로 따라왔던 노비들이었다. 그렇게 해도 스무 명이 넘는 대식구였다. 안채에는 진성이씨와 장계향이 어린 자식들을 데리고 머물도록 하고, 사랑채에는 이시명이 현일을 데리고 지내도록 했다. 노비들은 안채 오른쪽 집에 거처했다. 곳간을 겸한 창고와 아래채를 합쳐 다섯 채였다.

한편, 나랏골 숙부한테로 간 휘일은 부모와 형제들을 따라가지 못하는 서운함을 달래기 위해 망운당望雲堂이란 편액을 써서 거처하는 집에다 걸었다. 휘일은 숙부의 양자로 들어왔기 때문에 석보촌으로 따라가는 것은 옳지 못했다. 그리하여 70리 밖에 떨어져 사는 자신이 항상 부모와 형제들이 그리워서 멀리 흘러가는 구름을 바라보며 그리움을 달랜다는 뜻이었다.

'망운'은 중국 당나라 때 사람 적인걸狄仁傑이 고향에다 부모님을 남겨두고 병주 땅으로 벼슬을 나가다가 태항산太衍山에 올라가서 흰 구름이 외롭게 나는 것을 바라보며 부모를 그리워했다는 데서 나왔다. 『구당서』舊唐書, 권89의 「적인걸열전」에 나오는 말을 휘일이 인용한 것이다.13

장계향은 석보촌으로 이사온 날 저녁에 술상을 차려놓고 시어

흔히 '석보촌'으로 부르는 지금의 두들마을 전경.
경북 영양군 석보면 원리리가 현재의 행정구역 명칭이다.
장계향이 정부에서 선정한 '1999년 11월 문화인물'이 된 이후 두들마을이
문화마을로 지정되고, 장계향을 기리는 국책사업이 진행 중이다.

머니와 이시명에게 큰절을 올렸다. 시어머니가 굳이 외지고 궁핍해 보이는 석보촌까지 따라온 것은 이시명의 생각도 있었지만 시어머니의 결정에 따른 것이었다. 여자는 남편이 죽은 뒤엔 자식을 따라야 한다는 법도를 따른 것이다.

이시명에게 술 한 잔을 따르며 고맙다고 말했다. 자신의 권유를 말없이 들어준 것이 고맙고, 친정 동생 철견을 친자식같이 거두어서 고맙고, 아직 춘파에 남아서 고생하는 처가 식구들을 어서 데려와 보살펴주어야 한다는 말에 고마웠다. 무엇보다 재산을 고스란히 충효당에 두고 단지 십여 마지기 밖에 안 되는 땅만 가지고서 그것도 나이 50을 넘긴 나이에 홀로서기를 결심한 그 정신에 감사했다. 그때 이시명은 51세, 장계향은 43세, 둘째 딸 명이는 16세, 현일은 14세, 숭일은 10세, 정일은 6세, 융일은 5세였다.

그해 여름, 현일이 아랫마을에서 큰일을 저질렀다. 마을 들머리에 서낭당이 있었다. 서낭당 곁에는 큰 느티나무 한 그루가 서 있는데 마을사람들은 그 나무에 신령이 서려 있다고 믿어 숭배하면서 음식을 갖다놓고 절을 하기도 하고 그 나무 옆을 지날 때마다 절을 했다. 먼 길을 떠날 때나 돌아올 때는 마치 살아 있는 부모에게 하듯이 절을 했다. 그 나무는 함부로 꺾거나 상처 내는 짓을 하는 것도 금지되었다. 나뭇가지가 저절로 꺾여 땅에 떨어져도 주워다 땔감으로 쓰지도 않았고 그 위로 넘어가는 것도 두려워했다. 그런데 휘일이 그 서낭당에 불을 놓아 태워버리고 도끼로 느티나무 몸통을 찍으면서 말했다. 나무는 나무일 뿐이지 나무가 어찌하여 사람을 이래라 저래라 하며, 사람이 나무를 신령처럼 두려워하고 의지하려는 것이냐 했다. 동네가 발칵 뒤집혔다. 그런데도 현일은 태연했다. 그때부터 마을사람들은 아직 어린 현일을 함부로 대하지 못했다.

소유란 과연 무엇인가

석보촌시대가 시작되었다. 시작부터 시련이 찾아왔다. 하늘에서 대재앙이 내려 땅위에서 살아가는 목숨들을 고난으로 몰아넣었.

우박이 여름 내내 쏟아져 밭곡식을 망쳐놓기도 했고 한여름에도 서늘하여 그늘이 싫기도 했다. 누런 비가 내리기도 하고 대낮에도 안개가 짙어서 마치 연기 속을 다니는 것 같기도 했다. 안개도 누런 안개는 더 섬뜩했다. 비린내가 나면서 사방이 어두컴컴해지기도 하는데 사람들은 무서워서 벌벌 떨었다.[14]

시절은 당연히 흉년을 불러오고, 깊은 산중인 석보촌에서도 굶주리는 모습은 마찬가지였다. 이제 장계향의 식구들도 굶주림의 도도한 행렬 한가운데 놓이게 되었다. 그런 중에도 이시명은 안동 춘파의 처가식구들을 석보촌으로 데려왔다. 아내의 마음을 읽기도 했지만 스승에 대한 은혜를 잊지 않기 위함이었다. 장계향은 친정 식구들을 보살폈다. 제사와 예의는 물론 동생들에게 글을 가르치고, 독서하는 데까지 마음을 썼다.

동생들 나이가 어느 정도 되자 석보촌에서 살던 친정식구들을 다시 춘파로 돌려보냈다. 그런 뒤에도 동생들의 혼사를 챙겨주고 친정의 가문이 유지되도록 도왔다.

이사한 이듬해인 1641년 가을에 둘째 딸 명이를 안동 예안 광산

석계고택. 이시명·장계향 부부가 석보촌에 지은 초가집 자리.
뒷날 폐허가 되었다가 1880년대에 와서 후손들이
지금의 이 건물을 짓고 여러 차례 고치면서 오늘에 이른다.

김씨 문중으로 시집보냈다. 사위는 김이金怡였는데 큰딸 명여의 남편과는 사촌지간이었다.

그해 봄이었다. 해가 저물 무렵 나랏골에서 휘일 내외가 석보촌까지 왔다. 휘일이 한 자 넘는 잉어 한 마리를 망태에 넣어 가지고 왔다. 부모님이 석보촌으로 간 뒤에 휘일은 줄곧 부모님 생각으로 마음이 슬펐다. 이사한 그해 여름에 부모님을 찾아뵈었을 때 궁벽한 산골이기는 했지만 충효당에서는 상상조차 할 수 없었던 거칠고 단출한 밥상이며 집안 사정을 보고 돌아가서는 끼니때마다 부모님 생각으로 목이 메었다. 아무리 부모님이 원해서 된 일이고 자식들은 그 간곡하고 심오한 깨달음을 미처 헤아리지는 못해도 옳다는 것만은 알고서 따랐지만 정작 부모님의 밥상을 보고 나서는 그저 눈물 밖에 나오질 않았다. 봄이 되자 산 물고기를 잡아 올리고 싶었다. 그런데 계곡의 얼음장이 녹아 시냇물이 불어나 빈손으로 돌아가야 할 판이었다. 휘일은 얼음장끼리 부딪치는 소리를 내며 흐르는 시냇물가에 서서 몹시 아파오는 마음을 보았다. 자신의 부모 생각이 절실하지 못했음을 탓했다.

그때였다. 가마우지 한 마리가 시냇물 속으로 내리꽂히듯 날더니 큰 물고기 한 마리를 잡아 올렸다. 잠시 뒤 그 가마우지는 입에 물고 있던 물고기를 휘일의 곁에다 떨어뜨려 놓고 날아가버렸다.[15] 휘일은 어머니 손을 붙잡고 잉어를 가져오게 된 사정을 이야기했다.

상일 내외도 이따금씩 다녀가고 휘일은 한 달에 한 번씩은 꼭 다녀갔다. 아무리 바람이 불고 비가 오거나 눈이 퍼부어도 어김없이 왔다. 번번이 머무르면서 부모님을 보살펴드렸다. 겨울에는 따뜻하게 해드리고 여름에는 시원하게 해드리며, 저녁에는 꼭꼭 잠자리를 살피고 새벽에는 문안드리는 것을 잊지 않았다. 그 외에 자질구레한 일도 직접 하는 것을 동생들에게 보여주었는데 그냥 보이려는 것이 아니라 지극한 정성을 들이고 있음을 느낄 수 있었다.

석보촌에 머무를 때는 동생들을 모아 놓고 글을 가르쳤다. 이시명이 석계초당을 지은 뒤로는 형제들이 모여서 강론하는 일이 차츰 자리를 잡아갔다.

항상 양식이 모자랐다. 장계향은 다시 일을 시작했다. 뒷산과 집 앞 언덕배기에다 도토리나무를 가꾸는 한편 노비들을 데리고 다니며 도토리를 주워 모았다. 그런가 하면 산기슭에다 밭을 일구어 채소와 콩이며 메밀을 심고 집 주위 땅심이 좋은 텃밭에는 동아를 많이 심어 가꾸었다.

동아는 한해살이 만초이다. 줄기가 옆에 있는 다른 것을 타고 기어오르며 자란다. 열매는 호박 비슷하여 긴 타원형인데 익으면 흰 가루의 시설柿雪이 앉아 맛이 참 좋다. 속담에 '동아 속 썩는 것은 밭 임자도 모른다'는 말처럼 동아는 속살이 많고 부드러워서 음식 솜씨 좋은 사람 손에 가면 여러 가지 맛좋은 음식이 된다. 동아로는 동아적도 부쳐 먹고 늙은 동아로는 동아선을 만들고 부드러울 때는 동아돈채와 동아느리미를 만들어 먹었다.

개간으로 만든 비탈밭이 점점 넓어지자 밀을 심고 녹두도 심었다. 여름철에는 호박·오이·박을 비롯하여 가지도 심었다. 가지찜과 오이찜은 일상의 반찬이었다. 음력 2월쯤 눈 속에서 돋아나는 1년초인 산갓으로 담은 산갓김치는 이시명이 즐겨 먹었다.

그즈음 현일은 부쩍 군대놀이를 즐겼다. 이시명의 손때 묻은『손오병법』孫吳兵法,『무경』武經,『장감』將鑑 같은 책들을 즐겨 읽고 난 뒤였다. 마을아이들을 이끌고 뒷산에 올라가 단壇을 만들고 단풍나무를 꺾어서 깃발을 만든 다음 팔진八陣의 형세를 펼쳤다. 아이들이 장난으로 여겨 웃으며 따르지 않자 두세 번 다그치다가는 매를 들고 대장 노릇하는 아이를 때렸다. 그러자 아이들이 두려워하며 따랐다. 이시명이 지나가다가 이런 모습을 보고 현일을 불러 조용히 타일렀다.

"아이들이란 모름지기 남다른 기개와 웅장한 포부를 지녀야 하겠지만 이를 감추고 드러내지 않는 것이 중요하다."[16]

1642년 겨울 노비들의 처소에서 불이 났다. 추위가 심하여 방 안에 화롯불을 피워놓았는데 화로가 엎어져 갈대로 엮은 삿자리에 불이 붙은 것이다. 지붕을 억새풀로 덮었기 때문에 불길은 삽시간에 옆 지붕으로 건너뛰었다. 집 다섯 채가 모두 잿더미로 변하는 데 걸린 시간은 잠깐이었다. 바람까지 불어서 불길은 더욱 거세어졌고 얼마 안 되는 세간살이까지 모두 타버렸다. 이불과 옷가지 하나도 남아 있지 않았다. 소식을 전해 들은 나랏골에서 옷가지며 이불을 급히 보냈고, 상일과 휘일이 와서 놀란 식구들을 위로했다. 그해 겨울은 참으로 춥고도 길었다.

장계향은 흩어져 살던 자식들이 모인 것을 기뻐하며 불행 중 다행이라며 여유를 잃지 않았다. 장계향은 자식들에게 인간의 고뇌에 대하여 말했다. 사람마다 걱정 없는 사람은 없고 인간으로 생겨난 이상 걱정하지 않을 수 없다. 그러면 왜 걱정이 생기는지 설명했다.

인간은 정신적·물질적 존재로서의 측면을 동시에 지니고 있어서 고뇌가 생기는 것이다. 두 존재는 끊임없는 긴장과 갈등관계를 지속하는데 그것을 인간의 삶이라 부른다. 그것이 인간이며 삶의 본질이다.

정신적 존재로서의 인간은 선과 악·도덕규범·윤리 그리고 이런 것을 총괄하는 상위 개념으로서의 하늘을 늘 인식하고 있다. 왜냐하면 인간으로서 어쩔 수 없는 영역이 있는데 이를테면 죽음·불행·천재지변·생로병사 같은 것 때문이다.

물질적 존재로서의 인간은 지속적인 포만감과 편리함 그리고 소유와 상실의 방어에 대해서 집착하려 한다. 그래서 인간은 사회적 행위를 통해서만 삶의 정당성을 영위할 수 있는데 이를테면 예가 인간의 사회적 행위에 정당성을 부여하는 것이며, 예를 유지해 가는 방법이 경敬이라 할 수 있다.

이 같은 사회적 행위를 영위하는 데 가장 절실한 것이 물질이며 경제이다. 이때 정신적 존재로서의 가치는 사회적 행위에 선과 악, 도덕규범이 반드시 포함되어 있기를 요구한다. 이것이 긴장과 갈등의 요인이다. 『논어』, 「헌문편」이다.

자로가 전인全人에 대해 물었다. 공자가 말했다.
"이익을 보면 곧 마땅히 해야 할 것과 해서는 안 될 것을 생각하고." (…)

물질적 존재로서의 인간은 생의 많은 부분을 물질적 이익을 얻고 유지 관리하는 데 보낸다. 물질적 이익을 소유한다는 것은 동시에 누군가는 상실해야 함을 의미한다. 소유할 것이라 여겼던 자가 다른 사람 때문에 상실하게 되면 그를 미워하고 저주하거나 때로는 죽이기도 한다. 그래서 전인은 이익을 보게 되면 견리見利, 즉 그것을 갖는 것이 마땅한가 또는 마땅한 것이 아닌가를 생각하여 사의思義, 즉 마땅할 때만 가져야 한다는 것이다. '성인'成人은 '전인' 즉 완전한 사람이다. 가장 이상적인 인간, 결점이 없는 인간이 아니라 결점을 부끄럽게 여기는 사람이다.

 인간은 혼자서는 아무것도 할 수 없고 더 근원적으로 혼자서는 태어날 수도 없기 때문에 태어나면서부터 다른 사람과 관계를 반드시 갖는데, 그것이 이웃사회이며 이웃관계는 물질의 소유 문제가 가장 핵심적이다. 잘 의논하여 골고루 나눠 가지면 좋은데 인간의 근본에는 욕심이 있어서 늘 자신이 많이 가지려고 한다. 서로 많이 가지려 하지만 물질은 제한된 것이다보니 싸움이 생기는 것이다.

 공자가 이 경우를 말했다. 『논어』, 「위령공편」이다.

 공자가 진陳나라에 계실 때 양식이 떨어져 따르던 자들이 병이 들어 일어나지를 못했다.
 자로가 몹시 화가 나서 공자를 뵙고 말했다.
 "군자도 궁할 때가 있습니까."
 공자께서 대답하셨다.
 "군자는 비록 궁하더라고 견딜 수 있으나 소인이 궁하면 못하는 짓이 없게 되느니라."

장계향은 이사 오기 전 이시명이 상일에게 해주었던 그 말을 한 번 더 인용했다. '임재무구득'臨財毋苟得, 즉 '재물에 접했을 때 구차하게 얻으려 하지 말라.' 조선사회의 불공정과 불평등을 외면하지 않는 것이 군자의 도리가 아니겠느냐고 반문했다. 내가 지금 이 자리에서 가지고 있는 것, 그것이 옷이나 책이나 돈 또는 밥이나 재산이 과연 내 이웃 사람에 비교하여 마땅한 것이며 정당한 것이냐를 늘 생각해야 한다. 그 마땅함과 정당함 때문에 그의 가족들이 충효당의 명예와 자긍심만 상속받고 나머지 재산을 그대로 두고 나온 것이다. 재산의 많고 적음, 생활의 넉넉함과 모자람보다 먼저 생각하고 챙겨야 할 것이 바로 소유의 마땅함과 정당함에 대한 고뇌와 실천이어야 한다고 덧붙였다.

공자가 또 말한다. 『논어』, 「헌문편」이다.

가난하면서도 원망이 없기는 어려우나,
부귀하면서도 교만하지 않기는 쉬운 것이다.

다 어려운 일이었다. 이 날 장계향이 자식들에 말한 이익의 마땅함과 정당함은 자식들이 평생을 두고 잊지 못할 교훈으로 삼게 했던 것 같다.

나는 일찍이 세상 사람들이 물욕으로써 의리를 해치는 일을 근심하고 있었는데, 의리는 소중한 것이 되고 물욕은 가벼운 것이 되니, 어찌 소중한 의리를 버리고서 가벼운 물욕을 취할 수가 있겠는가.[17]

온 마을에 역질이 돌다

집이 불타버린 그해 겨울을 나는 동안 장계향은 또 임신을 했다. 그리고 맑고 깨끗하며 고요하고 아름다워서 결코 무너지지 않는 마음의 높은 경지를 터득했다. 그것도 생애에서 가장 견디기 힘든 가난 속에서였다.

불 타버린 지붕에 급한 대로 산에서 나무를 베어다 서까래같이 걸쳐 얽어놓고 그 위에다 나뭇가지와 마른 풀을 베어다 덮고 바람에 날아가지 않도록 칡넝쿨을 걷어 와서 묶었다. 방문을 만들지 못해서 거적때기로 바람을 막았다. 그래도 구들장은 말짱해서 따뜻하게 불을 지필 수는 있었다. 저녁이 되면 방바닥은 뜨거우나 방안에는 얼음이 얼었다. 그런 저녁에도 아주까리 기름과 관솔불을 밝혀놓고 식구들이 모여서 『소학』과 『논어』를 읽고 토론을 벌였다. 밤이 이슥해지도록 토론의 열기는 식을 줄 몰랐다. 노비들은 그런 모습을 보면서 천상의 어느 나라이거나 신선들의 모습이라며 탄복했다.

그해 겨울에 가장 큰 공덕을 지은 것은 칡뿌리였다. 산기슭에 아주 흔하게 자라는 칡은 버릴 것이 하나도 없는 하늘이 내신 물건이었다. 우선 이른 봄에 새순이 돋아나면 뜯어다 나물로 무쳐 먹었다. 여름 들어 칡꽃이 피면 따다가 말려서 물에 끓여 먹으면 갈증에 효험이 있었다. 다 자란 칡넝쿨은 걷어다 잘 사려놓고 끈으로 썼다. 칡넝쿨은 잘게 쪼개서 싸릿대를 엮어 그릇을 만들 때 유용하게 사용했다. 지붕을 갈아 이고 그 위를 가로 세로로 얽어 묶을 때도 썼고 생활도구들을 만들 때 필요한 끈으로도 그만이었다.

칡뿌리는 약이자 식량이었다. 몸살감기 때는 칡뿌리를 진하게 달여서 그 물을 마시면 효험이 있었다. 또한 칡뿌리를 짧게 토막내어 찢은 다음 햇볕에 잘 말려 절구통에 찧고 체로 쳐서 가루를 받으면 훌륭한 죽거리가 되었다. 칡가루에다 밀가루를 약간 섞고 끓이면서 쑥이나 산나물을 넣어 마저 끓이면 향기가 좋은 죽이 되기도 했다.

이시명은 진성이씨를 기쁘게 해드리려고 『논어』, 「옹야편」을 소리내어 읽었다.

장하구나, 회回야. 좋지 않은 음식과 누추한 곳에 사는 것을 다른 사람들은 모두 참아내지 못하는데 너는 용케도 잘 참아내는구나. 그리고 너는 그런 생활 속에서도 항상 즐거움을 잃지 않는구나. 정말 훌륭하구나. 장하구나. 회여.

그러면 진성이씨는 아들의 손등을 쓸어주면서 환하게 웃었다. 상일과 휘일도 그해 겨울엔 석보촌에서 지내다시피 하면서 형제들끼리 공부하는 재미를 점점 붙여갔다. 상일·휘일·현일의 학문은 날로 깊어졌고 다른 형제들의 독서도 볼 만했다.

1643년 1월 장계향은 여섯째 아들 운일雲逸, 1643~72을 낳았다. 장계향은 46세였고, 이시명은 54세였다. 석보촌으로 이사 와서 혼란을 겪는 중에 본 자식이어서 더욱 사랑스러웠다. 진성이씨는 운악이 살아 있었더라면 얼마나 좋아했겠느냐며 또 그늘이 졌다.

6월에 예안으로 시집간 명여가 친정 나들이를 했다. 혼인한 지 5년이 되도록 자식을 가지지 못해 시댁과 친정집 모두 걱정하고 있는 중이었다. 그런 명여가 친정어머니 출산 소식을 듣고도 좀체 말미를 못 잡고 있다가 신랑이 휴가를 마치고 돌아가는 길에 아내를 처가에 데려다주고 갔다. 그때 명여 남편은 군인으로 서울에서 근무하고 있었다.

장마가 시작되었다. 7월로 접어들자 장마는 소강상태로 가라앉았으나 무더위가 기승을 부렸다. 이시명이 바깥에 나갔다가 돌아와서 역질疫疾, 천연두이 돌고 있다는 소문을 듣고 왔다. 다음날 마을에서 역질에 걸린 어린아이가 죽었다는 말이 들렸다. 집집마다 역질이 난동을 부리기 시작했다.

장계향은 아이들을 먼저 피신시켰다. 현일이는 숭일을 데리고 나랏골로 보내고, 정일과 융일은 마침 다니러 온 상일한테 맡겨 벽수촌으로 보냈다. 노비들도 여기저기로 분산시키고, 집에는 장계향 내외가 시어머니와 함께 남았다. 명여에게는 서둘러 시댁으로 돌아가라고 했지만 젖먹이까지 둔 어머니와 어른들을 두고 갈 수 없다며 고집을 부리는 중에 진성이씨가 역질에 걸렸다. 갑자기 고열이 나면서 거동을 못했다. 하루 사이에 이시명 내외도 감염되고 뒤따라서 명여도 열을 앓기 시작했다. 그나마 다행인 것은 젖먹이 운일이 건강한 것이었다.

온 마을이 역질로 심각한 피해를 보았다. 주로 노인과 어린것들이 피해를 입었다. 휘일이 소식을 듣고 약을 지어 달려왔다. 장계향은 휘일에게 방안으로는 들어오지 말라고 했다. 명여가 역질을 앓으면서도 어른들을 간호하고 약이며 음식으로 봉양했다. 열흘 만에 장계향과 이시명은 쾌차했으나 진성이씨는 며칠을 더 고생하고 나서야 간신히 소생했다. 건강해진 명여가 시댁으로 돌아가고 가을이 왔다. 다시 글 읽는 소리가 집안 가득했다.

1644년 3월, 현일이 장가를 들었다. 휘일의 아내 무안박씨의 친정 동생이 현일의 신부였다. 그해 7월, 시어머니 진성이씨는 다시 역질에 걸려 끝내 회복하지 못하고 세상을 떠났다. 지난해 역질로 고생하고 나서 나랏골 충효당으로 모셔다가 좀 더 편안하게 지내도록 했지만 어쩔 수가 없었다.

1645년 11월 14일, 이시명의 56세 생일날이었다. 자식들이 모두 모였다. 상일 내외, 휘일 내외, 현일 내외, 명여 내외, 명이 내외와 막내 운일까지 모두 모인 자리였다.

"너희들이 비록 글을 잘 짓는다는 명성이 있지마는 나는 귀중하게 여기지 않는다. 다만 한 가지 선행이 있다는 말을 듣는다면 기뻐서 잊지 않는다.[18] 일찍이 말하기를 '선이란 사람이 하고 싶어하는 것이다. 지금 삼척동자를 가리키면서 '너 착하다' 하면 기뻐하고, '너 착하지 않다' 하면 화를 낸다. 선을 마땅히 해야한다는 것에 대해서는 모든 사람의 마음이 똑같다."[19]

장계향이 여기서 자식들에게 말하는 '선'은 맹자의 성선性善에서 비롯된 것이다. 맹자는 '불인인지심'不忍人之心, 즉 '차마 하지 못하는 사람의 마음'을 이렇게 표현했다.

사람에게는 차마 하지 못하는 사람의 마음이 있다. (…) 어린 아기가 우물 속으로 들어가려 하는 것을 보면서 사람이 깜짝 놀라고 측은해하는 마음이 생기는데 그것은 어린아이의 부모와 친교를 맺기 위함이 아니고, 사람들과 친구들로부터 칭찬을 듣기 위함도 아니고, 그 아이가 지르는 소리가 싫어서 그러한 것도 아니다. (…) 측은해하는 마음이 없으면 사람이 아니다.20

맹자는 인간의 성선을 자연적 성정으로 보고 있다. 그러나 성선의 천리는 자연적인 기질과 어긋나는 것이다. 즉 인간의 본성은 순선하지만 인간의 기질에는 청탁과 수박粹駁이 존재한다는 것이다. 청수한 기질을 타고난 성인은 선한 본성을 제대로 구현할 수 있지만, 탁박한 기질을 타고난 사람은 선한 본성을 제대로 구현하지 못한다는 것이다. 이 문제는 성리학의 쟁점이기도 하다.

맹자와 달리 순자荀子 사상에서 선은 사회적 사실과 연관되어 있다.

1. 순자의 선은 현실적 가치를 뜻하고 있다. 평생 도달할 수도 없고 그러다가 결국 심신이 지치고 마는 이른바 '무궁한 것'이나 '무극' 같은 형이상학적인 것의 추구가 아니다.
2. 순자의 선은 유용하고 효용적 가치를 말한다.
   순자가 "나라는 세상의 실용적인 것을 이용하는 제도이다"라고 말한 것이 그것이다.
3. 순자의 선은 사회적 가치를 지니고 있는 것을 뜻한다.

4. 순자의 선은 유기체적 가치를 겨냥하고 있다. 단독적이고 실체적인 개념과 전혀 다른 뜻에서 이해되어야 하는 것이다. 순자는 이렇게 말하고 있다.

"군자가 없다면 이 세상에 합리성도 없어지고 예외도 통솔력을 상실하고, 위로는 군사君師가 없고 아래로는 부자도 없어지니 이것을 지란芝蘭이라 한다. 군신과 부자, 형제와 부부는 시작이면서 끝이고, 끝이면서 시작이어서 그것들은 이 세상과 더불어 가는 같은 이치이고 영구토록 계속되는 것인데 이것을 일컬어 대본大本이라 한다."

5. 순자의 선은 절대적 가치를 지니는 것이 아니라 상대적 가치를 지닐 뿐이다. 순자가 생각하는 상대적 가치란 시대의 기능을 구분하고, 분화시켜 사회적 역할의 상보성을 획득하고자 하는 것이다.

6. 순자의 선은 정확한 준거가 있어서 애매모호한 성질을 지니지 않는 객관적 가치를 말한다.[21]

장계향이 자식들에게 가르친 가정교육의 핵심은 선과 행이었다. 부모가 몸소 보여주는 것, 자식들이 부모를 본보기로 학습계획을 세우고 실천하는 것, 부모는 학습계획과 실천에 대하여 토론으로 지도하는 것, 가장 기본적인 삶의 기준으로서 선행을 가르치고 이끌어주는 것이다. 선은 맹자와 순자, 그 어느 한쪽의 철학만으로는 부족한 부분이 생길 수 있으므로 이 부분을 실천과 반성으로 터득된 지혜로 채워나가야 한다고 가르쳤다. 특히 자식들이 '글을 잘 짓는'것과 '선행' 중에서 '선'과 '행'이 더 중요하고 먼저 전제된 후에 글을 잘 짓는 '일이 뒤따라야 한다'는 가르침은 장계향의 사상을 형성하고 있는 뼈대라 할 수 있다.

'글을 잘 짓는'것의 구체적 의미는 문학적 재능을 주위 사람들로부터 높이 평가받는 것이기도 하지만 궁극에는 과거시험에 장원급제하여 높은 관직에 올라 권세를 누리는 것을 의미한다. 실제로 재령이씨 가문에는 과거시험을 통한 명예 획득과 가문의 번영을 소망해온 전통이 있었다. 운악 이함은 늦은 나이에도 두 차례나 문과에서 합격한 사실이 있었으며 그의 자식들 세 명이 향시에 합격하여 진사가 되었다. 이시명은 모두 다섯 차례나 향시에서 일등을 한 이력이 있다. 이시명의 자식들은 재령이씨 문중의 이 같은 전통을 이어받아 큰아들 상일이 향시에서 두각을 나타내면서 중앙관직에 천거받을 수 있는 결정적 기회가 있었지만 '정당한 방법'이 아니라며 스스로 포기한 사례도 있었다.

장계향이 자식들에게 심어주려고 한 가치철학은 '글을 잘 짓는' 재능과 그로 인하여 축적된 지식으로 개인적 명예를 높이고 지위를 획득하여 재산을 모으는 수단으로는 삼지 말라는 것이었다.

그렇게 되지 않을 수 있는 방법도 가르쳤다. 무턱대놓고 '글을 잘 짓는' 것을 자랑하지 말라는 것이 아니라 '글을 잘 짓는' 것은 그렇지 못한 것보다 분명히 좋은데 보다 많은 사람들에게 널리 이익이 되도록 하는 데 쓰라고 했다. 이를테면 '홍범'洪範의 철학적 가치를 터득하도록 이끌어간 것이다. 그 초석이 선과 행이라는 것이다. 선과 행은 동시에 이루어져야 하는 것이다. 따로 분리되면 형이상학적·관념적인 것에 머물 수 있다. 이에 대해 공자는 『논어』, 「이인편」에서 말하고 있다.

> 군자는 도덕을 생각하지만 소인은 땅을 생각하며,
> 군자는 법도를 생각하지만 소인은 이익을 생각한다.

이때 장계향이 자식들에게 말한 선행은 맹자의 '불인인지심'과 순자의 사회적 기능이 조화로운 상태에서 실천될 수 있는 경우라고 생각된다. 따라서 장계향의 철학사상은 아버지 경당으로부터 익히고 이를 토대로 자기화된 선의 개념이 있었던 것으로 보인다. 맹자의 성선만도 순자의 사회적 기능만도 아닌 그 시대의 정신과 현실의 갈등관계를 해소시키는 데 개인의 '글을 잘 짓는' 재능이 쓰이는 것을 진정한 선의 실천이라 보았던 것이다.

나랏골 충효당으로 시집와서 20여 년 동안 몸으로 체험하며 절실하게 깨달은 것이 바로 선의 실천이었다. 이는 곧 '지행'知行을 중요하게 여기는 심학의 경과 의를 생활 속에서 자연스럽게 녹여 내는 것이었다. 그리고 생활을 통하여 자연스럽게 경과 의가 실천되었다는 점에서 이른바 남성 성리학자들이 강론과 문장을 통해 일컬었던 지경持敬과 거경居敬의 관념적인 경우와 좋은 대조를 보였다. 그렇게 보면 장계향은 생활현장에서 경과 의행義行을 더욱 심화시키는 역동성을 통하여 세상 사람이 아프면 함께 아파하고, 세상 사람이 굶주리면 같이 굶주리며, 세상 사람이 행복해하면 함께 행복해하는 나눔의 철학을 터득했던 것이다.

이 과정에서 눈여겨봐야 할 것은, 경과 의, 선과 행이 한 개인의 성찰과 터득의 경지에 머물러 있게 하지 말고 보다 많은 사람들에게 그 결과가 나눠져서 한 사람이 또 한 사람을 도우고 보살펴주는 실질관계가 확장될 수 있는 홍범철학을 자식들이 깨닫도록 하는 삶을 살았던 점이다.

두 딸을 잃다

1646년에는 현일이 처음 서울에서 치른 과거시험에 합격하여 진사가 되었다. 이 해 9월에는 현일의 첫 번째 아들 연㮒이 출생하고 10월엔 숭일이 한양조씨와 혼인하였다.

1647년 4월 21일은 석보촌으로 이사온 이후 일어난 수많은 시련 중에서 가장 아픔이 큰 날이었다. 예안 광산김씨 문중으로 시집간 명여가 오래 기다리던 끝에 임신을 했다. 해산달이 가까워져서 친정으로 와 출산일을 기다렸다. 장계향은 명여가 건강한 아이를 낳아 예안의 광산김씨 문중과 더 좋은 관계가 되기를 바라고 있었다.

그런데 명여는 출산하던 도중에 죽고 말았다. 시댁에서는 예안의 광산김씨 선영에 장사지내고자 했으나 장계향 내외는 딸의 유해를 멀리 떠나보내지 못해 딸을 집 뒷산에다 묻었다. 딸이 죽은 뒤 장계향 내외는 날로 수척해져서 희끗희끗하던 머리와 창백한 낯빛이 더 심해졌다.[22]

1648년 여름엔 또 슬픈 일이 닥쳤다. 예안으로 시집간 둘째 딸 명이가 친정으로 근친을 왔다가 급병을 얻어 죽고 만 것이다.

이 같은 불행 중에서도 현일은 다시 향시에 합격하고, 9월에는 두 번째 아들인 의檥가 태어났다.

그해 겨울 이시명은 현일을 데리고 안동 금계리에서 경당의 위패를 모시는 향사에 참석했다. 경당이 돌아가신 지 17년 만에 마을 선비들이 광풍정 쪽에 춘파리사春坡里祠를 짓고 위패를 모시는 행사였다. 이시명은 현일에게 가학家學의 연원이 경당에게서 나왔음을 알렸다. 또한 어려움에 빠진 처가를 도와 처남 세 명을 가르쳐 경당가를 유지해가도록 이끌었는데, 현일이 외가를 소중히 여기는 것도 효도라는 것을 깨닫게 했다.

1651년이었다. 상일은 단산서원丹山書院 원장을 맡고 있었다. 영남유생들을 대표하여 효종에게 올린 상소가 빌미가 되어 유적儒籍에서 이름이 삭제되는 사건이 일어났다. 유생에게는 사실상 죽음과도 같은 극단적 사건이었다. 이 사건은 매우 복잡하고, 긴 세월 동안 계속된 중앙관직자들의 명분 싸움에서 비롯된 것이었다.

1635년 황해도 유생들은 율곡 이이와 우계 성혼을 문묘文廟에 종사從祀하자는 여론이 있을 때 율곡만 모시자고 했다. 조정의 관리들은 우계까지 모셔야 한다는 소를 올렸다. 그때 인조는 그들의 도덕이 높지 못하다며 승낙하지 않았다. 1650년 효종 1년에 성균관에서 다시 그 문제를 들고 나와서 조선의 유생들이 호응하여 의견이 통일되었다고 왕에게 알렸다. 그러자 영남 유생들은 성균관의 의견에 반대하는 논의를 일으켜 유직柳稷, 1602~62이 소두疏頭로 뽑히고 유생 8백여 명과 함께 서울로 올라가서 상소했다.

유직이 쓴 상소문은 퇴계를 절대시하면서 이이와 성혼이 퇴계

석계고택의 현관. 1640년부터 1653년까지 사는 동안 장계향은
두 딸을 이곳에서 잃었다. 시어머니 진성이씨도 이곳에서 돌아가셨고,
장계향 자신도 이곳에서 운명했다.

의 학설에 비판적이었음을 비난하며 두 사람 모두 문묘에 배향되는 것이 옳지 못하다는 주장을 폈다. 이를 지켜본 성균관에서는 유직의 이름을 유적에서 삭제하고 부황付黃 벌까지 내리는 조치를 하고 나섰다.[23] 그러면서 신석형申碩亨을 내세워 유직의 상소를 비판토록 했다. 신석형은 퇴계가 조선의 주돈이, 정이·정호에 해당한다면, 율곡과 우곡은 주희·장재에 해당한다고 주장하면서 두 사람의 학문적 위치를 중시하였다.

효종은 양쪽 주장이 학문적 논쟁을 지나쳐 사적인 감정대립으로 나아가고 있다면서 논쟁 자체를 무시해버렸다. 1650년 3월 경상도 유생들은 뜻밖에 신석형을 지지하면서 전원이 과거에 응시하지 않는 시위를 벌였다.[24]

효종은 경상도의 수령들을 통해 유생들을 회유 진정시켜 사건을 일단락지었다. 이때 영남의 또 다른 유생들은 신석형을 지지한 사람들을 비판하는 소를 올리자는 뜻을 모았다. 율곡과 우계를 배척하는 내용으로 소를 적자는 데 의견을 모은 것이다. 영남 유생들은 상일을 소수疏首로 추대했다. 상일은 이를 승낙했다. 그렇게 쓴 것이 「우율척향소」牛栗斥享疏이다. 우계와 율곡의 향사享祠를 배척한다는 뜻이었다.

효종은 이 상소를 읽고 비답批答을 내렸다. 상일이 뭇사람의 생각과 말을 모았는데 상소의 내용이 명백하고 가리키는 뜻이 전아하여 우악優渥, 은혜가 넓고 두터움한 비답이었다. 앞서 신석형을 지지했던 영남 유생들이 실세였기 때문에 상일에게 상소장을 쓰게 한 유생들을 협박하여 상일에게 응징하도록 했다. 결국 분란이 일고

큰아들 상일이 분가하여 살았던 영해 벽수촌.
지금의 경북 영덕군 창수면 신리이다. 상일의 아내 유씨는 서애 유성룡의
셋째 아들 유진의 딸인데, 시집오면서 상당한 재산을 자져왔다.
그 재산으로 비교적 넉넉하게 살았다.

상일은 유적 삭제라는 조치를 받았다.[25]

상일의 일을 마음 아파하는 장계향 내외를 위로하고 사죄하기 위하여 휘일이 상일과 함께 석보촌으로 왔다. 장계향은 상일에게 술상을 차려주었다.

그들이 돌아간 뒤 이시명은 아프고 허전한 마음을 진정시키지 못했다. 마치 자신이 걸어온 그 길을 상일이 따라오면서 겪는 것 같아서 더 아팠다. 그날 밤 이시명은 두 아들에게 편지를 썼다.

아들 상일·휘일에게 부친다

작별을 하고 나니 마음이 슬프고 슬퍼지는구나. 내, 바람을 무릅쓰고 밖을 나갔는데 탈은 없었다. 겨울철 밖에 나다니는 것은 조금도 착실한 일이 못 되니 우리들이 다 함께 조심해야 하는 것이다. 잠깐 나갔다가 들어오는 사이에도 항심恒心이 한 번 흩어지면 앞서 한 공이 모두 버려지니 어찌 마음 다스릴 때가 이를 수 있겠느냐. 분함을 누르기는 더욱 어려운 일이다. 젊은 사람이나 어린 사람이 종들을 다스릴 때면 얼굴빛을 늘 딱딱하게 하고, 말을 늘 성낸 듯하는데 오래하고 오래도록 하여 습관이 되면 그런 말 기운이 공경하는 바의 사람에게 미칠 수 있으니 이런 것을 통렬히 살펴야 할 것이다. 비록 날마다 성현의 경전 속의 온갖 말씀을 읽을지라도 그 자신의 심신에 무슨 유익함이 있겠느냐. 이렇게 되면 나의 평생을 그르치게 함이니 장래에 올 사람들을 위해서도 너희들이 삼가 힘써야 할 것들이다.[26]

다른 이에게 필요한 사람이 되라

1652년 여름, 현일은 형 휘일과 함께 석계초당에서 학업을 닦는 데 열중했다. 두 사람은 형제라기보다 스승과 제자 사이처럼 보였다. 휘일의 학문과 나이도 스승될 만했지만 형을 신뢰하고 존경하는 현일의 모습 또한 간곡하지 않은 데가 없었다. 두 형제는 나머지 형제들에게 훌륭한 교사였다.

상일이 없는 가운데 여섯 형제들이 여러 날째 석계초당에서 학업을 닦는 모습이 보기 좋아 장계향은 토장 녹두나화를 만들어 초당으로 나왔다. 모두들 맛있게 먹었다. 휘일이 어머니에게 또 특강을 부탁했다. 이런 식의 특강은 자식들이 무척 좋아하는 방법이었고, 장계향은 그때마다 짧게 몇 마디만 했다. 하지만 그 짧은 몇 마디 속에 무르녹아 있는 철학은 자식들의 생애를 두고두고 지키며 가르치는 명언이 되었다.

옛날의 성인과 현인들의 말씀을 반드시 존중하여 본받아야만 될 것이다. 매양 글은 글대로 읽고, 사람은 사람대로 행동하는 폐단을 나는 걱정하고 있다. 성인이 되신 사람이 세상에 살아 있는 인간이 아니고 보통 사람보다 지나치고 보통 사람보다 아주 뛰어난 일을 한다면 진실로 따라갈 수가 없을 것이다. 하지만 성인의 생김새와 말씨가 처음부터 보통 사람과 다른 것이 아니며 성인의 행동 또한 인류으로서 모든 사람이 항상 하는 일과 같다면, 사람들이 성인을 배우지 않는 것을 근심할 일이 아니겠느냐. 진실로 성인을 배우려 든다면 얼마든지 성인이 될 수 있

석계고택 후원의 별채로 들어가는 문.
이시명 내외가 주로 거처했던 곳으로 짐작된다.

을 것이다.27

사람은 누구나 노력하고 바르게 공부하고 닦아가면 성인이 될 수 있다는 평등철학이다. 장계향은 데리고 있는 노비들에게 글을 가르쳤다. 음식을 맛있게 만들고 옷을 잘 짓는 일도 중요하지만 사람이 할 수 있는 일 중에서 모두에게 유익한 일은 뭐든지 배워야 한다고 가르쳤다. 생활이 어려운 석보촌의 장계향을 노비들이 한사코 따르는 것도 이 때문이었다.

그리고 자식들에게는 성인成人이 되라고 가르쳤다. 다른 사람에게 필요한 사람이 되는 것이 좋은 것이지, 다른 사람을 맘대로 명령하고 지배하는 것이 좋은 것이 아니라고 했다. 그러기 위해서 성인, 즉 '사람이 되라'는 것이었다. 사람이 된다 함은 만물의 관계를 알고 그 관계를 흠집내거나 끊어버리는 짓을 감히 하지 않는 것인데, 관계의 틀 안에서 생활하는 동안 끊임없이 이어지는 행동과 생각들은 잘못도 끊임없이 저지르게 되며, 이 잘못에 대하여 참죄하고 반복되는 어리석음을 끊는 것이라 했다. 부끄러움을 알고, 이를 줄여나가기 위하여 반드시 필요한 것이 '예'라고 가르쳤다.

즉 '예란 너무 길면 자르고, 너무 짧으면 잇고, 남으면 덜어내고, 모자라면 채우며, 사랑과 존경의 형식을 확대하고, 올바른 행동의 아름다움을 한 단계씩 완성시켜 가는 것이다'라는 순자의 '예론'을 자주 말해주었다.28·29 그리하여 세상이 '극락'천국이 되기를 갈망하라고 했다. 세상이 지금 당장 끝난다 하더라도 이 믿음과 실천을 그치지 말라고 가르쳤다.

제 9 장

선구자의 기쁨과 슬픔을 넘어서

또 하나의 세상을 만들다

석보촌에서 보낸 12년은 장계향 부부가 기꺼이 선택한 가난과 수신의 시간이었다. 이제 새로운 난제가 생겼다. 자식들이 자라서 어른이 되고, 혼인을 하여 다시 그들도 자식을 낳아 기르게 되자 가난이란 단지 불편한 것에 지나지 않는다는 말을 하기 어렵게 되었다는 점이다. 거기에다 자연재앙은 땅 위에서 인간을 죄다 소멸시켜버리려는 듯 점점 더 혹독해졌다. 1652년 이후 거의 해마다 흉년과 질병이 석보촌을 휩쓸었다.

장계향은 『논어』, 「이인편」의 그 구절을 다시 음미해보았다. '가난과 천박함은 모든 사람이 싫어하는 것이지만 정당한 방법으로 그것에서 벗어날 수 없다면 군자는 그 가난을 버리지 않는다.' 가난에서 벗어나기 위하여 정당하지 않은 방법, 즉 남에게 구걸하거나 아첨하여 어려운 지경을 벗어나려 애쓴다거나, 갚을 능력 없이 무작정 돈이며 양식을 빌린 다음 돌려주지 않는다거나, 술을 팔거나 지나치게 이윤을 많이 남기는 장사를 하지도 않고 궁핍을 온몸으로 껴안고 지내왔다. 그러면서도 수신을 게을리하지 않았고 애민 또한 할 수 있는 한 다했다.

외롭고 배고프며 억울한 사람은 영해보다 석보촌이 많았고 그 정도는 심했다. 어려서 부모를 잃은 아이와 자녀가 없는 노인, 늙어서 아내가 없거나 늙어서 남편이 없는 사람, 늙어서 의지할 곳

없는 사람들만 따로 모아놓은 것 같은 데도 있었다. 영해에서처럼 살림이 넉넉하지도, 딸린 가족이 단출한 것도 아니었지만 장계향의 나누고 보살피는 마음은 조금도 식어지거나 줄어들지 않았다.

노복들은 심부름을 다녔다. 날이 밝은 뒤에 굴뚝에 연기가 오르지 않거나 해질녘 굴뚝에 연기가 나지 않는 집을 알아보라는 말을 들은 노복들은 동네를 뒤지고 다녔다. 아침 굴뚝에 연기가 피어오르지 않는 집은 식량이 떨어진 것이고, 해거름녘 굴뚝에 연기가 나지 않는 집은 주인이 병들어 누웠거나 땔감이 없는 것이었다. 밭이나 산, 들판에서 거두거나 채집한 것은 가공하지 않고 그대로 전해주기도 했고, 손수 음식을 만들어 바로 먹을 수 있도록 보내주기도 했다. 땔나무를 가져다주기도 하고 아궁이에 땔감을 넣고 방을 따뜻하게 데워주기도 했으며, 외로운 노인들일 경우에는 노비들이 그 곁에서 하룻밤 같이 지내주도록 할 때도 있었다. 노비들에게는 그런 심부름한 사실을 식구들한테도 말하지 말도록 입단속을 했다.[1] 그래서 식량이 더 필요했다. 나랏골 충효당에서 도움을 받았던 사람들 중에는 그 은혜를 잊지 못하여 충효당으로 갔다가 물어물어 석보촌까지 찾아오는 이들도 더러 있었다.

장계향은 그들을 마치 오래 기다리던 사람을 만난 듯이 반가워하였고, 식구들도 마찬가지였다. 이런 일들은 소문을 낳고 키웠다. 아무튼 그 12년은 궁핍했고 힘에 버거웠다. 새로운 방법이 필요해졌다. 가난을 극복할 수 있는 정당한 방법을 강구해야 했다. 이시명과 의논했다. 충효당의 조상 재산을 생각해서는 안 될 일이었다.

이시명과 둘이서 여행을 떠났다. 석보촌에서 북쪽으로 약 50리

석보촌에다 심어 가꾸었던 도토리나무.
충효당 시절에 배운 빈민구제의 수단이자 좋은
먹거리가 되는 도토리 죽과 묵을 만들기 위해서였다.

쯤 올라가면 수비首比라는 곳이 있었다. 사람이 살고는 있으나 깊은 산중이어서 고요하고 맑은 곳이었다. 물이 좋고 넉넉하여 농사짓기에는 불편하지 않을 것 같았다. 여기저기를 다녀보니 버려진 농토가 많았다. 개울을 낀 꽤 넓은 골짜기에 버려진 곳은 논으로 썼던 곳이었다. 임진왜란 이후 그렇게 버려진 채 황무지로 변한 토지가 경상도 곳곳에 널려 있었다. 어림짐작으로 보아도 백여 마지기는 넘을 듯싶었다. 그 황무지를 개간하여 논으로 만든다면 될 것 같았다. 땅임자도 찾을 수가 없었다. 다 버리고 고향을 떠났기 때문이다. 그렇게 몇 군데를 더 살펴본 뒤 두 사람은 그곳이 좋다는 데 합의했다. 그리하여 다시 이사를 하기로 한 것이다.

이런 이유 외에 또 한 가지 더 이사를 할 필요가 있었다. 석보촌에서의 생활이 비록 경敬-지경持敬의 생활화이긴 했으나 도덕적 엄숙주의로 떨어진 측면이 있었다. 시대와의 불화로 인한 이시명의 마음속에 쌓인 불만과 갈등을 해소할 수 있는 기회를 갖지 못하고 세상을 등지고 숨어 사는 쪽으로만 치우쳤다. 긴장의 나날이 계속되다보니 마음의 여유를 누리지 못하고, 감정표현의 조절이 어려웠다.

퇴계는 43세 때 주자의 편지를 추려 뽑아 『주자서절요』朱子書節要를 엮고 58세 때 그 서문을 썼다. 이중구李仲久가 『주자서절요』의 문제점을 지적한 데 대하여 퇴계는 이렇게 대답했다.

무릇 의리에는 진실로 정심처精深處가 있지만 오직 조천처粗淺處가 없겠습니까. 사위事爲에는 진실로 긴수작繁酬酢이 있으며 한수작酬酢이 없겠습니까. 이들 중에서 나의 몸과 나의 마음에 관계되는 것은 진실로 긴절한 것으로 우선에 두어야 되겠습니다만, 이를테면 남에게 관계되는 것, 사물에 관계되는 것들을 나의 몸과 마음에 긴절치 않다 하여 빠뜨려서야 되겠습니까?[2]

'긴수작'은 긴장하여 응대하는 심리상태를 일컫는데, 이는 일이나 상황을 점점 더 긴장상태로 몰아가는 '조임', 즉 나사를 조이는 것을 뜻한다. '한수작'은 편안하게 응대하는 심리상태를 일컫는다. 여유롭게 천천히 일이나 상황을 풀어가면서 평정에 도달하는 '풀림', 즉 나사를 조이는 것과 반대방향으로 돌려 푸는 것을 뜻한다.

퇴계는 『성학십도』에서 '독서하다 쉬는 사이에 마음껏 노닐며, 정신을 펴지게 하고 정성情性을 휴양한다'고 했다. 또한 '조임'과 '풀림'의 조화에 관하여 퇴계는 이평숙李平叔에게 주는 편지에서 구체적으로 말하고 있다.

이와 같이 고생만 할 것이 아니라 반드시 때로는 한가하게 쉬면서 성정을 기르는 방법도 있어, 이것이 앞에서 말한 괴로움을 견디는 쾌활하지 않은 공부와 서로 도움이 되는 것이므로 하나라도 빼놓을 수 없습니다. (…) 이런 말씀은 공부하는 사람을 게으르고 방종한 데로 흘러 들어가게 하려는 것이 아니고, 다만 마음을 비우고 그 뜻을 음미하여 성정을 즐겁게 하고, 우울한 기분을 풀 수 있고 기체를 조화롭게 할 수 있기 때문입니다. 무릇 한가로움 속에서 얻어지는 깊은 근원이나 즐거운 곳에서 생겨나는 신묘한 작용이 어찌 일찍이 괴로움을 쌓아올린 공부가 없이 하루아침에 그냥 얻어지고 그냥 생길 수 있겠습니까. 그 유래와 원인이 오래되고 두터웠기 때문에 얻어지는 것과 생겨나는 것이 심원하고 무궁할 수 있는 것입니다.[3]

장계향의 판단으로는 이시명의 내부에서 굳어지고 있는 감정의 응어리들을 깨끗이 풀어줄 계기가 필요했다. 이시명은 한사코 은둔자로 자처하려 하지만 그것은 그를 더욱 구속하는 것이라고 여겼다.
그에게는 즐겁게 할 수 있는 일과 기회가 필요했다. 그리하여 이시명의 닫혀 있는 마음을 열어 스스로 자유의 기쁨을 맛보게 함으로써 더 이상 시대와의 불화에 포로가 되지 않기를 원했다. 장계향의 이 같은 계획은 남편 이시명에 대한 사랑에서 우러나온 것이었다. 또 자신의 안에 침잠한채 갈망만 해오던 학문을 향한 열정을 밖으로 끌고 나오는 의식의 진행이기도 했다. 남편에게 말했다. 석보촌을 떠나기로 결정한 다음 식구들이 모인 자리였다.

당신께서는 세상을 피해 살면서 집에서만 생활하고 계십니다. 집에 계시되 『시경』과 『예기』를 아들과 손자들에게 가르치고 지도하시는 생활을 하셔야 합니다. 어찌 이런 세상만 탓하십니까. 이 세월에 맞추어 어른들과 아이들을 거느리고서 학문을 강론하셔서 이 세월이 많은 인재를 품어 안도록 하십시오. 또한 예절을 익히도록 하셔서 사람이 사람답게 살도록 하십시오. 당신은 그러셔야 하고, 그러실 수 있는 어른이십니다. 하여 지난 연대의 역사를 빛내고, 자라나는 세대로 하여금 지난 시대보다 진전된 역사를 일구도록 하는 사업을 어찌하여 펼치지 않으십니까. 당신은 이 사업의 적임자이십니다. 원컨대 부디 당신의 능력을 보여주십시오.[4]

이시명은 아내의 권유를 기쁘게 받아들였다. 성질이 불 같아서 성내는 일이 많았고, 화를 참지 못하여 과격한 행동을 보일 때도 있었다. 그때마다 아내는 항상 조용하게 남편의 불길을 다스렸다. 장계향만이 이시명을 부드럽게 할 수 있다는 것을 자식들도 알고 있었다. 이사를 하고 나서 휘일에게 보낸 편지에 이시명의 결심이 나타나 있다.

요사이 따뜻한 봄기운이 퍼지니 사람으로 하여금 '지난해를 버리고 새해를 맞는' 생각을 일게 하는구나. 너희들은 공부에 뜻을 붙여 어릴 때의 습관을 반복하지 않도록 하여라. 인생이란 세상에서 아주 갑작스런 존재일 뿐이다. 15세 이전은 어려 아는 것이 없고, 50세 이후는 몸이 쇠하고 게을러짐을 깨닫게 되니, 사람으로서 도리를 행할 날은 정작 얼마이겠느냐.

우연히 『소학』을 펼쳤다가 유중도가 초하루와 보름날 당 아래서 절을 마친 후, 돌아가신 아버지께서 훈계하신 것을 보았는데 황송하여 감동하게 하더구나.

나도 이제 매달 초하루가 되면 너희들을 불러 모아 옛사람들이 행실을 닦은 바대로 모범되는 교훈을 말해주고, 보름날에도 또한 이같이 하려고 한다. 이어 『소학』과 가례를 가르쳐 가문의 법도를 세우려 하니 부디 이 늙은 애비의 뜻을 도와 법으로 삼도록 하여라.[5]

이시명의 생활에 변화가 왔다. 초하루와 보름마다 『소학』과 경전 강의를 하고, 중간중간에 향사례鄕射禮를 통해 선비들이 서로 만나도록 했다. 그렇게 자라나는 아이들과 젊은이들에게 학문과 예절을 익히도록 권하고 이끌기 시작했다. 집안에서는 물론이고 마을을 두루 다니면서 가르쳤다.

황무지를 개간하다

수비로 옮겨갈 사람이 결정되었다. 숭일은 석보에 남아서 석계초당을 지키며 마을아이들을 가르치기로 했다. 현일이 자주 와서 강학을 돕기로 했다. 현일 내외와 그의 식구 넷, 정일·융일·운일이 동행했다. 장계향 내외를 합쳐 아홉 명인데, 끝까지 따라가겠다는 노비들이 20명이었다. 여전히 대식구였.

현일 내외는 따로 나가 살고, 나머지 자식들은 한집에서 지내는 생활이 시작되었다. 앞서 봐두었던 논이 내려다보이는 언덕 위에 집을 짓고 땅을 개간해나갔다. 어른 키 높이로 자라 있는 잡초덤불을 걷어내고 나자 농지가 황연하게 드러났다. 생각보다 일이 수월했다. 벼와 조를 심었는데 잘 자랐다. 집 주위는 조금만 손을 보면 농사가 가능한 땅이었고, 그다지 멀지 않은 거리에 산들이 병풍처럼 빙 둘러서 있었다.

동쪽의 무성한 솔숲은 별신산別新山, 남쪽은 검마산劍磨山 또는 일월산日月山이라고 불렸으며, 북쪽의 높은 산은 도천산到天山이라 했다. 그 산들과 집 사이는 완만한 비탈이거나 농사짓던 땅이 묵정밭으로 변해 있어서 부지런히 일만 하면 굶주릴 걱정은 하지 않아도 될 것 같았다. 이시명은 이곳에서 새로이 여는 삶이 펼쳐갈 조감도를 이렇게 그렸다. 「거처를 정하면서」卜居賦이다.

예로부터 진실로 세상을 피해 그 한몸 잘 닦은 사람이 있었음이여. 내 어찌 그런 사람에게 나를 비유할 수 있으리오마는, 나 역시 굶주려도 먹지 못하고 추위에도 옷을 입지 못한 채 적막한 물가에서 하늘의 이치를 구하였네.
옛날에 살던 바닷가 집을 떠난 후, 석계에 산 지 10년이 지났네.
내 오직 어떤 인간인가 스스로 살피건대 자주 재앙을 당해 마음은 어지러웠고, 마음이 문란하니 밖은 삐걱거리고 안은 무너져 내 몸 하나도 붙일 데가 없었네. 바탕은 천진하고 우직하나 운이 풀리지 아니했으니 무슨 덕이 있어 스스로를 새로이 할 수 있었으리오.
시대는 어둑어둑 바야흐로 쇠하려 하고, 밤은 길고 길어 새벽은 오질 않았네. 때는 계사년 1653년, 집을 옮길 때 좋은 날 좋은 때를 잡아 이사하였네. 꾸불꾸불 험한 길 지나느라 산 넘고 물 건너 수비를 향해 수레를 재촉했네.
낙토를 찾아 그곳에 머물러 살게 됨이여. 하지만 이곳은 도화원桃花園①하고는 다르네. 건조한 곳 습한 곳을 살펴 씨 뿌리고 심었건만 수해水害 한해旱害로 창고는 텅 비었네.

슬프다. 온 식구가 하늘의 도움을 입지 못하여 아우성쳤지만 누구를 의지할 수 있으랴. 도토리를 주워 곡식을 대신했고, 소나무 껍질을 벗겨 삶아 먹었네. 이러고도 죽지 않은 것을 만족해하며 애오라지 분수로 생각하며 가난을 즐겼네.

강태공 여상呂尙은 곤궁하게 살면서 낚시질로 세월을 낚았고 ② 지攀도 구석지고 누추한 곳에 살면서 신야莘野에서 밭을 갈았네.③ 뱃속을 갉아 먹는 고蠱에 지나지 않는 내가 어찌 그들처럼 고상함을 취할 수 있으며 노둔한 말馬이 어찌 임금의 신하가 될 수 있었겠는가.

산에서는 좋은 산나물 뜯고, 시냇가에서는 그물 던져 신선한 물고기를 얻었으며, 무성하고 맑은 땅기운 속에서 아주 귀한 지초와 버섯이 자랐네.

검마산을 향해 문을 내니 무성한 봉우리가 이웃이 되었고, 저 하늘에 잇닿은 일월산은 우뚝 솟아 깊숙한 뭇 산들과는 달랐네.

세 갈래 물줄기가 빙 둘러 흐르는 모양은 띠를 두른 듯하고, 문명文明을 만들어 음률을 길러 자아냈네.

뭇 사람들과 즐거움을 함께할 만한 곳임을 알았노니 하늘이 낸 백성 가운데서 먼저 깨달은 이 그 누구겠는가.④ 산등성이는 그 모습이 마치 호랑이가 달리듯 용이 노는 듯하고 머리 부분 꼬리 부분이 서리어 있는 굳센 모습은 그 견고하기가 한 언덕에 수레바퀴가 누워 있는 듯하네. 이 언덕은 태백산 갈래로 그 형세가 성하여 구름언덕을 이루었네. 아마도 조물주가 뜻을 두어 끝내 두메의 숲속에 버려둔 것이리라.

다행히 내가 여기에 몸을 맡겨 집을 지음에 하늘 아래 방위를 재고 조그만 집 몇 칸을 지으니 딸린 많은 사람들이 함께 살 수 있었네. 책상 하나 마련하여 책들을 쌓아두었는데 먼 곳, 가까운 곳의 젊은 사람들이 찾아오네. 이 도道가 어찌 "짝 지어 밭 가는 것"을 사모한 것이겠는가. 이러한 것이었다면 "나루터를 묻는 것"이 옳지 않을 것이네.⑤

맑은 샘을 손질하여 그 물에 손을 씻고 부들로 자리를 엮어 그 위에 앉았으며 성현을 맞이함을 스승으로 삼았으니 여러 아들들이 따르며 서로 친하였네.

하늘이 이 백성에게 참마음을 내렸으니⑥ 도는 인륜에서 벗어나지 아니할 것을 추구했고 양지良知에 도리 있음을 근본하여 효로는 부모보다 우선할 것이 없음을 가르쳤네. 행위의 근본인 효로써 천하에 나가 세상을 다스리라 했네.

요컨대 마음은 어느 곳에 두었는가. 오직 배움에 두었을 뿐이라네. 배움은 반드시 익숙해진 이후라야 빛나는 법이네. 오직 성인聖人의 가르침이 책에 드러나 있으니 근실하게 배우고 날마다 이 가르침 따라 공부하고 스승과 제자가 서로 묻고, 답하고, 토론하였네.

(…) 어찌 조그만 성취에 안주하랴 성덕盛德으로 하늘을 움직여야 하리라.

두려운 것은 끝을 못 내는 것이니 일을 함에 반드시 5일, 10일의 짧은 기간도 신중해야 하리라. 진실로 은미한 것을 찾고 괴이한 짓을 행하는 것은 ⑦ 군자가 싫어하는 바이니 선비는 뜻을 귀하게 여기고 입지를 확고히 하여 빠짐이 없어야 하리라.

슬프도다. 세상 사람들의 도를 행함이여. 애초부터 굽히기만 하고 펴기를 구함이 없음이여. 그 몸을 어떻게 보존하느냐고 묻는다면 위태한 것을 다투어 밟아 어지럽다 할 것이네. 내 능력으로 미치는 바 아니더라도 유학하기를 거듭해야 하리.

(…) 경敬에 전일하여 다른 길로 들지 말 것이며 진실로 예가 아니면 따르지 말 것이로다. (…) 이러한 삶의 담박함을 본다면 누군가는 내 사는 모습 궁핍하다며 비웃기도 하겠으나 나는 참으로 구하는 것이 밖外物에 있지 않고 안心에 있으니 돈 많은 것이 왜 부러우랴.

일찍이 증자의 말을 들었나니 "저들은 벼슬로써 하지만 나는 인으로써 한다"고 했다. ⑧ 때때로 한가함을 틈타 들판에 나가서 들판의 밭이랑을 바라보기도 하고 따뜻한 봄날 햇볕에 몸을 맡기니 생동하는 봄기운이 피어오르누나. 석봉石峰이 거울 같은 물에 솟아 있고 소나무 그림자는 물가에 거꾸로 잠겼네. 저녁 나절 푸르스름한 이내가 절벽에 이른거리고 물결이 산모롱이 감싸고 흐르는 맑고 맑은 기운이여. 숲속 새들의 아름다운 화음이 들려오고 두견이는 슬픈 소리로 노래하는 가운데 관자冠者와 동자童子를 데리고 바람 쐬며 목욕하고 ⑨ 더러는 시주詩酒 베풀어 즐기기도 하면서 우러러 산에 올라 노닐기도 하나니 이 누가 주인이고 누가 객인가.

아노니, 아노니, 이 즐거움, 남에게 말할 수 없는 것임을. 하여 돌에다 새겨두노니, '세속의 티끌 끼어듦이 없도다'無塵라고[6]

하늘이 낸 백성 가운데 먼저 깨달은 이 누구인가

이 글에는 이시명의 생애 후반부를 엿볼 수 있는 다양한 문헌과 정보들이 아주 선명하게 드러나 있다. 특히 그가 왜 나이 예순을 넘은 시기인데도 거칠고 험한 길을 선택하게 되었는지를 보여준다. 결코 세상과의 인연을 단절한다거나 도피한 것이 아니라 적극적이고 긍정적으로 세상과 소통하면서 본보기가 되는 삶을 개척했다는 사실은 장계향의 삶과 철학을 이해하는 데 중요한 증거가 되고 있다.

이시명의 글에 녹아 있는 역사와 의미들을 챙겨보도록 하자.

①'도화원'은 중국 진나라 시인 도연명의 「귀거래사」에 나오는 말이다. 도연명은 도화원을 유토피아로 설정했다. 무위자연의 소박한 생활 속에서 인위적인 정치의 구속이나 인간 역사의 피 묻은 아우성도 느끼지 못하는 꿈 같은 마을을 도화원이라고 이름 붙인 것이다.

이시명은 그의 글에서 도연명이 이상향으로 그리고 있는 도가적 의미의 무위자연과 세속의 잡다한 번거로움에서 도피하여 은거한다는 의미로 썼던 것과는 다른 뜻으로 말하고 있다. 이것은 지금껏 여러 문헌과 글들에서 이시명의 수비행을 도피 은거로 보고 있는 것들과 다른 해석을 가능하게 해준다. 이 '도화원'의 뜻을 정확하게 파악하는 것은 곧 장계향의 선구자적 삶을 바르게 이해하기 위해서도 매우 중요한 부분이다. 만약 이시명이 도피와 은거로 수비행을 했다면 자식들의 학문이 그토록 영남 성리학의 지평을 확대 심화시킬 수 없었을 것이며 장계향의 군자적인 삶이 『음식디미방』으로 대변되는 적극적이고 창조적인 것이 되기는 어려웠을 것이다.

②'강태공 여상은 곤궁하게 살면서 낚시질로 세월을 낚았고'에서 이시명은 자신의 늙음을 한탄하고 시대와의 불화를 불평하며 세상을 등지고 세월만 보내는 것이 아니라, 여상처럼 또 다른 한 시대를 예비하며 기다린다는 뜻으로 응용하고 있다. 주나라 문왕은 어진 사람을 찾아 나섰다가 낚시질로 세월을 보내는 여상을 만났다. 문왕은 자신이 찾고 있던 인물임을 알아보았다. 그의 조부가 여상을 기다렸다는 인사를 하고, 함께 수레를 타고 돌아와서 문왕의 스승이 되었다. 아들 무왕이 왕위를 이어 받고 난 뒤 그도 존경하여 따랐다. 무왕이 은나라를 무너뜨리고 새로운 천하를 열려고 하자 여상은 무왕을 도와서 목적을 이루도록 했으며, 주나라를 이상적인 국가로 만드는 데 여생을 바쳤다.

이렇듯 여상이 현실에서 한 발 뒤로 물러선 삶을 살다가 새로운 전기가 왔을 때 자신의 모든 것을 바쳐 무왕을 도왔듯이 이시명 자신도 변화를 거부하지 않고 받아들여서 자식들과 손자들 그리고 수비에 살고 있는 사람들을 가르치고 이끌어 더 나은 세상을 만드는 데 남은 생을 바치겠다는 선언이기도 했다. 어떻게 이같이 적극적이고 긍정적인 삶을 받아들였는지를 살펴보게 하는 대목이기도 하다. 변화를 불어넣은 것은 바로 장계향이었다는 것은 앞에서 살펴본 바 있었다.

③ '지도 구석지고 누추한 곳에 살면서 신야에서 밭을 갈았네'도 이시명의 긍정적 삶을 상징적으로 보여주는 대목이다. 지는 유신씨有莘氏 들판에서 농사를 지으면서 요·순의 도를 즐기며 살았다. 탕왕이 세 차례나 초빙하자 비로소 도왔다. 탕이 하나라를 정벌하여 상을 창건할 때 도움을 받았기 때문에 탕왕은 지를 재상으로 삼았다. 탕왕이 죽고 왕위에 오른 탕의 손자 태갑은 자신의 과오를 뉘우쳤다. 그러자 지가 태갑을 다시 왕위에 오르게 하였다. 지는 백세를 살다 죽었다. 태갑의 뒤를 이어 왕위에 오른 옥정沃丁은 지를 천하의 예로 장례를 치렀다.

자손들뿐만 아니라 후학을 이끌고 가르쳐 새로운 시대를 맞게 하겠다는 각오가 은유적으로 드러나고 있다. 이시명은 수비에 와서 처음으로 서당을 열어 가르쳤는데, 그것이 영산서당英山書堂이며 뒷날 영산서원英山書院의 토대가 되었다.[7]

④ '하늘이 낸 백성 가운데서 먼저 깨달은 이 그 누구겠는가'는 지가 한 말을 이시명이 응용하고 있다. 탕왕으로부터 세 차례 부

름을 받으면서 지가 한 말이다. "나는 하늘이 낸 백성 중에서 먼저 깨달은 자이다. 나는 이 도를 가지고 백성들을 일깨워주련다. 내가 하지 않으면 누가 하겠는가." 이에 대하여 맹자는 「만장상편」萬章上篇에서 다음과 같이 평하고 있다. '그는 천하의 백성들인 필부필부匹夫匹婦가 요와 순의 은택을 입지 못하는 것이 있다면 마치 자기가 그들을 도랑에 밀어넣는 것 같다고 하였다. 그가 천하의 중대한 사명을 자임하고 나선 것이 이러했다. 그래서 그는 탕에게 가서 하나라를 쳐서 백성들을 구해내도록 설득했던 것이다.'

이시명이 여기서 뜻하는 것은 오래도록 버려져 외롭게 살아온 수비의 사람들에게 영산서당을 지어 글을 가르치고, 초하루와 보름에는 어른들을 모아서 경전을 읽고 향사례를 하겠다는 것이다. 이 또한 아내와 약속한 일이었다.

⑤ '"나루터를 묻는 것"이 옳지 않을 것이네.' 이 구절의 의미는 특별하다. 즉 수비시대를 시작한 이시명과 장계향이 함께 가꾼 꿈을 표현하고 있다. 이 말은 공자의 『논어』, 「미자편」微子篇에 나온다. 공자는 난세를 떠나서 자연 속에 묻혀 사는 장저長沮와 걸익桀溺이 나란히 짝지어서 밭갈이하는 모습을 보았다. 그들 곁을 지나면서 자로子路에게 나루터가 어디쯤 되는지 물어보게 하였다. 그러면서 두 사람의 처세에 대하여 그들과 다른 의견을 말했다. "사람은 새와 짐승과 어울려 살지 못한다. 내가 천하의

사람들과 살지 않고 누구와 살겠는가. 또한 천하에 도가 있으면 내가 구태여 변혁시키고자 하겠는가."

공자는 악덕과 난세를 편들어 같이 악덕을 저지르면 안 된다고 했다. 또한 절망해서 은거하는 생활태도에도 찬성하지 않았다. 군주들이 어둡고 어리석어서 현실이나 정치참여는 못하더라도 끝까지 문화적으로 세상을 구하고 백성을 돕는 일에 진력해야 하고, 그것이 인仁의 실현이라고 믿었다. 이시명과 장계향도 그랬다.

⑥ '하늘이 이 백성에게 참마음을 내렸으니'는 『서경』書經, 「탕고편」湯誥篇에 나오는 말이다. '위대한 하늘이 낮은 백성들에게 올바름을 내리어 언제나 올바른 성품을 가진 사람을 따르도록 하였으니, 그 사람의 길을 따를 수 있다면 임금 노릇을 제대로 할 수 있을 것이다.' 여기서 '올바른 성품을 가진 사람'이란 성인 또는 군자이다.

장계향은 사람은 누구든지 성인을 닮으려고 노력하면 될 수 있다고 믿었다. 이시명의 신념도 그러했다. 이는 그만의 신념이 아니라 성리학에서 도학과 심학 중 도학을 더 중시하는 선비들은 대개 수행 목적을 임금 가르치는 일에 두었기 때문이다.

수비로 옮겨 살면서 이들 부부는 삶의 방향을 '올바른 성품을 가진 사람'이 되는 데 두고, 이 소망을 이루기 위해 살아가는 모습을 자식들과 이웃에 보고 느끼도록 했다. 자녀교육의 참모습이기도 했다.

⑦ '진실로 은미한 것을 찾고 괴이한 것을 행하는 것은' 『중용』에 나오는 공자의 말이다. "보통 사람은 잘 모르는 특이한 일, 은벽隱僻을 좋아하고 괴이한 짓을 하는 것을 훌륭하게 여기고 그것을 떠받드는 칭술稱述이 있기는 하지만, 나는 그런 짓을 하지 않겠다." 은벽을 좋아하고 괴이한 짓을 하는 것은 중용의 도에서 벗어난 것이다. 예를 들면 도둑질을 잘하는 것으로 유명했던 춘추시대의 도척盜跖 같은 자는 중용에서 벗어난다고 한 말이다. 이는 수기修己가 안 된 인간의 욕망인 욕欲을 그대로 따를 때 드러나는 것으로 욕을 따르면 만인의 만인을 위한 투쟁을 낳는다고 판단한 심학적 논리로 볼 때는 결코 받아들일 수 없는 것이다.

장계향은 자식들에게 '매양 글은 글대로 읽고, 사람은 사람대로 행동하는 폐단을 탄식'했다. 이현일은 어머니 장계향에 대해 이렇게 적고 있다.

반드시 부모를 잘 섬기고, 형에게 공손하여孝悌, 마음이 성실하고 거짓이 없으며忠信, 공경하면 질서가 서고, 태만하면 일이 실패하며敬怠, 의리를 따르면 입신立身하고, 욕심을 따르면 망신하는 방법으로써 곡진하게 타일러 말하고 되풀이하면서 상세하게 설명하였다. 그때 나는 아직 어렸기 때문에 비록 무슨 말씀인지를 알지 못하였지만, 오늘날에 이르러서도 한없이 자상하게 아직 나의 귀에 남아 있다. 내가 노둔하고 우매하여 볼모양이 없기 때문에 비록 능히 지극한 가르침을 따라 실행하지는 못하였으나 평소에 야비한 말과 버릇없이 구는 말을 입에 올리지 않고 함부로 하지 않은 것은 실로 부인께서 어릴 때부터 금지하고 경계해서 그렇게 된 것이다.[8]

장계향의 중용 철학은 그의 생애 전반을 통하여 실천되고 있는데 이는 남편에게도 좋은 인생 반려로서 말 없는 가운데 감화와 격려가 되었던 것 같고, 자식들에게는 평생 잊혀지지 않는 것이 되었다.

[8] '저들은 벼슬로써 하지만 나는 인으로써 한다고 했다'는 『맹자』, 「공손추하편」에 나오는 말이다. 맹자가 제나라 선왕을 문안하려고 하자, 왕이 사람을 보내 "과인이 마땅히 먼저 가서 뵈어야 할 것이나 감기가 들어서 바람을 쐴 수가 없습니다. 조정에 나오시면 만나뵈려고 합니다. 과인이 만나뵐 수 있게 해주실는지요"라고 했다. 맹자는 "불행하게도 병이 나서 조정에 나가지 못합니다"라고 대답하였다. 이것은 맹자가 제나라 선왕을 문안하려 했다가 왕으로부터 소명을 받자 찾아가지 않은 것을 뜻한다. 맹자는 제나라 선왕을 찾아가지 않은 타당함을 보이기 위해서 증자의 말을 인용하였다. "진나라와 초나라의 재부財富는 따라가지 못한다. 그들은 재부를 가지고 하지만 나는 인을 가지고 한다. 그들은 작위를 가지고 하지만 나는 의로움을 가지고 하는데, 내가 어찌 부족하겠는가."

이시명은 글에서 당시 사회상의 한 단면을 압축하고 있다. 또 17세기 중반 이후 조선사회가 급격한 변화의 소용돌이 속으로 휩쓸려드는 모습을 상징적으로 진술하고 있다. 즉 1500년 이후 기후변화에 따른 천변재이와 이로 인한 흉년과 극도의 굶주림이 백 년 넘게 이어졌다. 질병이 그치지 않고, 정치 또한 불안정한데다 중국과의 계속된 외교적 갈등과 전쟁으로 조선사회 모든 부분이 해체와 붕괴를 막지 못하고 혼돈에 빠져들었다. 그러자 그 어떤 도덕과 윤리의 가르침보다 돈과 재물의 위력이 사람들에게 호소력을 지니게 되었다.

이시명이 좌절한 이유 중에는 이 같은 시대상에 대한 안타까움도 들어 있었다. 이 같은 현상은 16세기 중반부터 생겨나 비정상적으로 확산, 심화되는 중이었는데 더욱 절망스런 것은 이를 막거나 해결할 수 있는 방법이 없다는 것이었다.

장계향은 재산상속의 문제를 제기했다. 많은 사람이 소유와 인간적 불평등으로 고통 받고 있는 현실을 보면서, 양반 사대부라는 명분 하나를 앞세워 많은 재산을 상속으로 소유하고 편안하게 사는 것이 얼마나 부끄러운지를 제기했던 것이다.

이시명은 아내의 제의 앞에서 고뇌했던 것으로 보인다. 그 흔적들이 그가 남긴 『석계집』 곳곳에서 보인다. 다만 아내의 이름이나 아내와 주고받은 대화와 상황을 드러내지 않고 자신의 이름을 기술하고 있다. 이것은 그 시대 남성들의 사고방식이자 생활습관과도 관계있을 것으로 여겨진다. 『맹자』, 「공손추하편」의 이 구절은 이시명의 수비 생활에서 마지막 자존심이자 긍지를 상징하는 것이었던 것 같다.

⑨ '관자와 동자를 데리고 바람 쐬며 목욕하고'는 『논어』, 「선진편」의 말이다. 공자가 자로·염유·공서화·증석과 마주 앉아서 저마다의 이상을 털어놓도록 했다. 모두 자기의 생각을 말했다. 증석의 차례가 되었다. "저는 늦은 봄날 봄옷을 갖춰 입고 갓을 쓴 벗 대여섯과 아이들 예닐곱을 데리고 기수沂水에서 목욕하고 무우舞雩에 올라가서 바람을 쐬고 노래나 부르다가 돌아오겠습니다." 공자가 찬탄하며, "나도 너와 같구나" 하였다는 구절이다. 맑으면서도 여유가 있는 군자의 마음가짐으로 본 것이다. 증석은 정치보다는 풍류를 즐긴 사람이었다. 욕망에 시달리며 괴로워하지 않았다. 무리가 없으면서 쇠약한 삶과 조촐한 풍류를 즐기겠다고 한 증석은 매우 자상한 성격이었다고 한다.

나는 세상의 부귀를 바라지 않네

이시명이 수비 생활에서 꿈꾸는 일이기도 했다. 그가 수비로 옮겨오기 전 석보촌에서의 생활이 너무나 힘겨웠던 탓이기도 했다. 그가 석보촌 시대를 진술한 글을 보자.

궁벽진 곳에 온갖 것이 무료한데
근심이 사라짐에 병이 또 괴롭히네.
농사는 지었으되 3년이나 굶주렸고
집은 지었으되 두 번이나 불이 났네.

남들은 나에게 이사 가기를 권하고
일찌감치 고향으로 돌아가라고 하건만
나는 부귀를 바라지 않았네.
(…)
성근 밥으로도 마음 흡족하고
거친 술로도 스스로 위로가 되네.
(…)
떠돌이 삶과 무엇이 다르랴만
새 삶을 만드니 해로울 게 없네.
몸은 홀로 외로이 서 있는 새 같고
마음은 지난해 쏜 화살같이 두근거리네.
내 편히 놀며 지내려 한 게 아니라
나름대로 큰일을 펴보고 싶었네.
(…)
흰 돌이 깔린 굽이굽이 산골 물과
청산 속 한 조그만 집을 벗 삼아
아내와 자식을 짝하여
솔숲 속 달빛으로 밥을 지어 먹으리.
(…)
하늘은 나를 귀머거리가 되게 하진 않으리라
증삼은 노둔함으로 심법을 전수받고
안회는 우둔함으로 성현의 공부를 터득하였나니
모름지기 이 일유학을 잊지 말아야

석계고택 앞 도토리숲 언덕바위에 이시명이 손수 새긴 '세심대'(洗心臺).
세상의 명예와 권세를 지향하고픈 마음을 씻어내기 위해
이 바위에 앉아서 냇물 소리를 듣곤 했다.

세심대보다 약간 아래쪽 바위 절벽에 새긴 '낙기대'(樂飢臺).
배고픔을 즐긴다는 뜻의 이 글씨에 담겨 있는 심오한 사상은
자식들에게도 전해졌다. 특히 셋째아들 갈암 이현일의
학문과 사상에 미친 영향은 컸다.

저 物物의 공격을 받지 않으리라.[9]

窮居百無賴　悄悄病仍惱

爲農餒三歲　作屋火再燒

人皆勸我遷　不如還歸早

我志不富貴

(…)

疏櫺隨意足　濁酒聊自勞

(…)

何異流離際　無妨草創中

身同介立鳥　心悸向年弓

不信居夷戱　空思闢廓功

(…)

白石千廻澗　青山一畝宮

妻兒爲友伴　松月作喰饗

(…)

天意不吾聾　參魯傳心法

回愚得聖工　莫須忘此事

免彼物來攻

　석보촌에 살면서 시련이 닥칠 때마다 이시명은 '하늘은 나를 귀머거리가 되게 하진 않으리라'고 믿었다. 이 같은 말은 공자도 했다. 맹자도 하늘의 인격성을 말했고, 퇴계와 학봉, 서애의 하늘에 대한 믿음은 경당에 와서는 인격화되었다. 그는 오직 공부가 깊어야만 '물의 공격', 즉 재물의 유혹에 휘말리지 않을 것임을 확신하였다. 그의 이 같은 확신은 아내 장계향의 자식교육 철학에서 더 큰 감동과 호소력으로 나타났다.

하늘의 일과 땅의 일

장계향의 가족들이 수비로 이사했던 1653년, 휘일은 나라에서 내린 벼슬과 함께 출사하라는 임금의 뜻을 전해 받았다. 경기전참봉慶基殿參奉이었다.

참판 최혜길이 영해부사로 부임하여 휘일의 깨끗하고 높은 학문과 고아한 인품을 알게 되어 조정에 알렸다. 지역에 숨어 있는 인물을 찾아내어 국정을 혁신하고자 했던 효종은 정중한 예를 갖추어 초빙하였으나 휘일은 사양하여 나아가지 않았다. 외조부 경당으로부터 퇴계 심학의 학통을 이어받아 오직 후학을 가르치는 일에 보람을 얻겠다고 마음을 정하고 있었기 때문이다. 그는 아우인 현일에게 자신의 학문과 경륜을 쏟아 부었다.[10]

그해 겨울 휘일과 현일 형제는 함께 경주지방을 여행하면서 『홍범연의』洪範衍義 편찬에 필요한 문헌을 구하는 방법과 저술의 구체적인 문제들을 의논했다. 두 사람은 석계초당 시절에 이 일을 의논하기 시작하여 상당한 진전을 보이고 있었다.

1654년 현일은 석계초당에 머물면서 숭일에게 사서四書를 가르치다가 동생 정일이 영양남씨와 혼인하여 잔치를 베푸는 자리에 참석하기 위하여 수비로 돌아왔다. 1655년 정월, 집 부근 검마산 도성암에서 현일의 형제들이 모였다. 휘일도 참석하였고 상일도

석천서당. 석계와 그의 자손들이 이룩한 학문을 숭모하기 위하여 석계초당을 허물고 그 자리에 이 건물을 지었다.

존재 이휘일이 살았던 저곡 집터에 뒷날 다시 세운 존재종택.
지금의 경북 영덕군 창수면 오촌리에 있다.

왔다. 현일의 『중용』 강론을 듣기 위해서였다. 그때 현일은 더 이상 과거시험은 보지 않겠다고 결심하고 학문에만 몰두하고 있을 때였다.

어머니 장계향이 혼자서 『중용』을 읽고 터득한 후 자식들과의 토론 때 조금씩 보여준 신선하고도 경이로운 지혜에 찬탄한 나머지 현일은 『중용』 공부를 시작하게 된 것이었다.

장계향은 자신이 터득한 경계를 좀처럼 자식들에게 드러내지 않았다. 뿐만 아니라 자신이 행한 선행도 남에게 알리는 것을 조심하였다. 그러는 과정에서 자식이나 노비들도 그렇게 하는 것이 옳은 일이라고 여기게 되었다.[11]

수비 생활은 순조롭게 시작되었다. 생활의 대부분을 가족들이 모여서 경전을 읽고, 문답하며, 때로는 토론을 했다. 공부하는 재미가 점점 커졌다.

경상도 여러 재력가 중에서 빈민구제에 열정을 바쳐온 가문은 적지 않다. 그러나 그 헌신을 자랑하지 않은 집안은 영해의 재령이씨 운악가뿐이다. 그래서 빈민구제의 숨은 보살인 운악의 셋째 며느리 장계향의 선행은 우리 시대에 와서야 뒤늦게 알려졌다.

장계향으로부터 도움을 받은 사람들이 그의 덕에 감격하여, 축수하고 복을 빌며 죽어서라도 보답하겠다는 사람은 많았다. 송덕비라도 세워주겠다고 한 사람도 있었으나 한사코 사양했다. 그때 그 사람들은 죽어서 잊혀지고, 장계향은 그런 사실을 기록으로 남기지 말도록 자식들을 단속했다.

용주龍州조경趙絅은 이시명과 그의 가족들을 정공향鄭公鄉과 고

양리高陽里에 비겨서 말했다.[12] 정공향은 후한의 학자 정현鄭玄이 살던 고을인데 뒷날 학행이 뛰어난 사람이 사는 고을을 가리키는 말로 쓰이게 되었다. 고양리는 후한 때 순숙荀淑과 여덟 아들이 살던 마을이다. 아버지와 아들이 뛰어난 학행이 있었으므로 '순씨팔룡'荀氏八龍이라 불렀는데, 후세에 남의 자제들이 훌륭함을 칭찬할 때에 흔히 이들에다 비기곤 했다.

아내에게 바치는 제문

1655년 4월에 큰 슬픔이 닥쳤다. 휘일의 아내 무안박씨가 죽은 것이다. 휘일보다 세 살이 아래였고 혼인한 지 18년 만이었으며, 동생 현일의 둘째 아들 의를 양자로 들여 키운 지 7년째 되는 해였다. 휘일은 아내의 상여가 나가기 하루 전에 「아내 유인 무안박씨에게 주는 제문」을 지었다.

아아, 슬프다! 백년을 함께하자 맹세했건만, 어찌하여 먼저 떠나버렸소. 부모님께서 아직 살아 계신데, 어찌 차마 그렇게 급히 떠났단 말이오. 마음이 미련스러워 슬픔을 돌아보지 못하고, 장차 당신을 볼 것처럼 멍하니 기다리오. 흡사 당신이 곁에 있는 듯하나 종내 볼 수 없고, 출입함에 두리번두리번, 편히 기댈 곳이 없소.

아아! 그대와 함께 거듭 맺은 인연, 한 마을에서 태어나 생년은 앞서거나 뒤서거나 두 집안은 모두 고문세족, 어려서부터 알던 얼굴, 머리 묶어 부부가 되었지.

정이 서로 지극하여 몸가짐을 지켰고, 가연을 맺은 지 3년, 부끄러운 얼굴을 펴지 못했지. 하늘로부터 받은 자질을 따르며 거짓이 없었소. 망령된 말은 입 밖에 내지 않고 마음대로 하는 일도 없었지. 얼굴 꾸미기를 좋아하지 않았고, 담박하고 욕심이 없어 순결하고 한결같았소. 내 진정 그 고요하고 진실됨을 사랑했지. 처음 사귐은 담박했고 갈수록 정이 깊었소.

불행히 자식이 없어 슬하에 아버지 어머니라 부르는 소리를 듣지 못했고, 나는 멀리 외지에 나가 거안제미의 기쁨이 적었소. 여름 낮 겨울 밤, 몸도 하나 그림자도 하나, 후 하는 한숨에 슬픔이 일면 당신은 내게 거듭 말했소.

"인생이 몇 해라고, 만남은 늘 적고 이별하는 날이 많아요. 당신이 가면 나도 따르고 싶지만, 잦은 이별로 슬퍼하지는 맙시다."

석보와 수비에서 삼 년을 함께하는 동안 푸성귀 채소나물도 마다 않고, 험한 고개 넘을 때도 괴로워하지 않았지. 일심으로 부모를 봉양하며 생업의 곤궁함도 잊고 곳간이 자주 비어 근심하다 치마를 전당잡혀 고기반찬을 장만했지.

마음에 성실함을 쌓아 괴로움이 없고, 낯빛은 늘 온화하고 목소리도 부드러웠소. 다행히 내 동생이 아들을 둘 낳아 부모님이 명하여 그 막내를 양자로 삼으니 보물을 얻은 듯 일찍이 잠시도 품에서 놓은 적 없었소. 출입함에 그 녀석 재롱에 서로 기뻐하며 웃었고, 떨어뜨리기라도 할까 돌아보고 또 돌아보았지.

지난 봄 익곡에서 심한 역병이 돌았을 때, 위험한 땅에서 요행을 바랄 수 없어 혹 구원을 바라는 마음으로 두메산골에 숨고 가산에 우거했지. 한 달이 채 되지 않아 부모님 곁으로 향할 제, 토령 삼은 구불구불한 길을 가마도 없이 짚신 신고 지팡이 짚고 서로를 끌어주며 올랐었지.

당신이 앞서고 내가 뒤섰는데, 당신이 돌아보고 환하게 웃으며 말했지.

"당신을 따르다보니 도성으로 통하는 큰 길도 보네요. 어찌 해마다 이처럼 산을 오르게 하지 않으시나요?"

긴 밤 내도록 승냥이들 오락가락, 큰 길로 나가려 한들 어디로 갈까. 어둠 속에서 새벽을 기다리며 날이 밝는가 엿보다 기색은 전혀 없고, 입을 열어 서로를 위로하며 한 번 마음을 비우니 편안해졌지.

골짜기에 봄이 다 가니 바위틈의 꽃은 떨어지고 풀만 무성한데 어머니를 모시고 나들이 갔다가 서글피 돌아왔을 때, 그 얼굴빛이 처량했지.

"내 인생이 무료하니 죽어서 모르는 것만 못해요."

난 속으로 그 말이 괴이하다 생각했소. 전혀 예측하지 못하였는데 황천길 임박하니 먼저 마음이 움직여 이별을 고한 것인 줄 누가 알았을까. 갑자기 병이 들었으나 많이 아프지는 않아 감기라 여겨 처음엔 신경도 안 썼는데 열흘이 안 되어 점점 위독하니 약도 아무런 효험이 없고 할 수 있는 일이 아무것도 없음을 알았지. 말을 하려 해도 목소리가 나오지 않더니 절명의 순간에 나를 부르나 마침내 또한 무슨 말을 할까.

내 차마 거절하지 못해 그대 떠나는 것을 지켜보았으나 무슨 마음에 이 몸을 두었는지 알 수 없소. 올려다봐도 내려다봐도 아득하기만 하고, 혼백도 사라진 듯 홀로 쓸쓸히 서서 외로운 그림자와 서로 슬퍼한다오.

당신의 맑고 인자함으로 마땅히 수를 누릴 터인데, 내 행실로 인하여 하늘이 나의 기쁨을 앗아갔구려. 당신의 몸을 어루만지며 내 자신을 탓하고 때때로 가슴을 두드려 아파 하오. 억지로 스스로를 억제하여 슬픔을 물리치고, 잊으려 애쓰며 어머니의 마음을 위로하려 해도 끊을 수 없음이 봄물이 흐르듯 가슴을 메워 점점 더하오.

이 몸이 있는 한 생각은 다하지 않을 터, 아아! 이 슬픔을 어찌 막을까.

여름 석 달간 역병을 피해 외로운 혼을 텅 빈 집에 버려두었다가, 집으로 돌아오니 적막하기만 하오.

그대를 불러봐도 대답이 없으니, 어디에 있단 말이오.

계절이 머무르지 않음이 슬프니 쏴 하는 가을바람이 처량하오. 맑은 이슬이 온갖 풀잎에 내려앉고, 긴 밤 내내 풀벌레 소리, 슬픔에 덕아德兒를 안고 잠들지 못하오.

외로운 베갯머리에서 전전반측, 일어나 서성이다 한숨 쉬며 근심하오. 이승과 저승의 막힘이 안타까운데, 꿈에서 대하는 옥 같은 당신 모습, 흡사 생전의 얼굴과 같았소. 슬퍼하지 않고 기뻐하는 것은 생사가 이미 정해짐을 알고 기쁜 모습을 보여 산 사람을 위로함이려니 급히 붙들어보려 하나 잡을 수 없는데 문득 놀라 깨어보니 눈물만 주르륵. 때로 슬픔을 누르고 스스로를 달

래며, 옛사람을 생각하여 치우치지 않음을 구한다오. 항아리를 두드리며 노래함은 비정이요, 옷을 늘어놓고 곡함은 지나치니, 오직 인정과 예의가 고루 갖추어져야 생사 간에 저버림이 없을 것이오.

아이를 잘 길러 독립하게 하고, 뒷일을 맡겨 고치지 말기를 바라오. 이것이 평일에 함께했던 약속이니, 내 차마 어찌 이를 배반하겠소. 계획이 중동에 어그러져서 나 홀로 세상에 남았으니, 이 마음이 어떠하겠소. 모든 일이 허물어져 의지할 데 없으니, 이제부터 슬픔과 기쁨을 누구와 함께할까.

당신이 묻힐 곳을 정했으니, 한밭 동쪽 집희集喜 서녘이오. 다행히 선영에서 가깝고, 그만하면 혼백이 의지할 만하오. 내일 신산으로 궤를 옮기려 하오. 상여가 나갈 때 상여꾼들이 소리를 하면, 당신이 거처하던 북당이 울고 할미새가 괴로이 울겠지. 돌아가는 영혼도 경경耿耿히 갈 곳을 몰라 하겠구려.

아아! 그 수토水土의 고개, 굽이굽이 끊어지는 창자, 내 어찌 차마 돌아올까. 말은 끝나도 뜻은 대함이 없소. 기가 먼저 막히니 글이 되지 않는구려.

한잔 술로 나의 정을 고하오. 혼이 응당 모르지 않으리니, 나의 정성을 비출 것이오.[13]

그렇게 떠날 사람은 떠나고, 10월엔 융일이 광주김씨와 혼인을 했다. 그해 겨울 이시명은 수비에 처음으로 서당을 세우고 영산서당이라 불렀다. 김시온金是榲, 1598~1669 · 홍우정洪宇定, 1595~1656 ·

이준李埈·정영방鄭榮邦·조정곤趙廷琨 등과 함께였다.14 이제 이시명은 시대와의 불화로 인한 은둔자가 아닌 새로운 세상을 준비하는 개척자였다. 이때 이시명이 세운 영산서당은 뒷날 영산서원의 토대가 되었는데, 이때의 일과 그 이후의 역사를 이현일은 이렇게 적고 있다.

    영양 일대는 선낙宣洛, 선宣은 예안의 옛 이름인 선성宣城이고 낙洛은 낙동강洛東江이다. 곧 퇴계 이황을 향사하는 도산서원이 있는 예안 일대를 가리키는 말과 아주 가까웠기에, 옛날에는 향사하여 존모尊慕하는 정성을 붙일 서원이 없었습니다. 그러나 사람의 떳떳한 본성은 다 같은 법으로 모두 제사 지내기를 원하였기에, 마침내 조두俎豆, 제기를 갖추어 향사를 지내게 되었으니 그때가 을미년 겨울이었습니다. 다만 너무 급하게 서둘다보니 지세를 자세히 가려 잡지 못하고, 옛날 학사學舍를 그대로 이용하여 묘우廟宇를 짓고 증수하였습니다. 하지만 그곳은 지대가 높고 추우며 옆쪽의 산이 높아 안개가 자주 끼는 관계로 30년도 채 지나기 전에 이미 어쩔 수 없을 정도로 퇴락하였습니다. 영령을 봉안하기에 적합하지 못한데다가 맡아서 관리하기에도 어려움이 있었으므로 모두가 상의하여 차라리 다른 곳으로 옮기기로 하였습니다. 이에 현의 동쪽에 나아가 공사한 지 몇 년 만에 이제 다행히 완성되니 그 자리가 그윽하면서도 널찍합니다.

    좋은 날을 가려 이안移安하매 묘우가 말쑥하고 고요하니, 이에 전고典故를 따라 전奠을 올려 경선히 고하나이다. 그리고 학봉 선

수비의 영산서당이 퇴락한 뒤 영산서원으로 승격시켜 옮겨 지었던 옛 터전. 비닐하우스 일대이다. 현재 경북 영양군 영양읍 현1동으로, 영산서원 복원계획이 진행되고 있다.

생 김공金公을 배향하오니 존령께서는 살펴 임하시어 영원토록 편안히 머무소서.

삼가 고하나이다.[15]

이현일이 지은 이 제문에는 중요한 몇 가지 역사가 나타나 있다. 영산서원 건물이 처음 지어진 것이 '을미년'이라 했다. 이현일이 살았던 시대와 관련 있는 '을미년'은 선조 28년1595, 효종 6년1655, 숙종 41년1715 세 차례 있었다. 1655년 을미년은 이시명이 동지들과 함께 수비 일대의 아이들과 어른들한테 글을 가르치고 예절을 강론하기 시작했던 사실과 일치하고 있다. 지은 지 '30년도 채 지나기 전에' 쇠락하였다는 말은 영산서원을 다시 짓게 된 때가 1685년 무렵이었음을 뜻하는데, 이 시기는 이시명이 죽은 지 10여 년 지난 뒤이고, 이현일의 학문이 조선 전역의 후학들로부터 존경받아 조선 유림의 지도자로 존숭되던 시기였다.

영산서당에서는 퇴계와 학봉 두 분을 모셨는데, 새로 지어 옮긴 영산서원에는 학봉 김성일의 신주를 모셨다는 말이 나온다. 이것은 이현일의 학통이 퇴계·학봉을 거쳐 경당으로 이어지고, 석계 이시명에서 다시 이휘일과 이현일로 이어지고 있음을 보여주고 있다.

「갈암기」를 짓다

1656년은 장계향이 59세가 되는 해였다. 그해 8월 장계향은 또 한 번 가슴이 무너져 내리는 시련을 겪었다. 친정의 큰 동생 장철견이 호서湖西 안흥도安興島로 유배를 가게 되었기 때문이다. 31살 된 장철견은 자식을 두지 못하고 있었는데 분명한 잘못도 없는데다 무슨 이유로 그토록 멀고 험한 섬으로 유배되는지도 알 수 없는 상태여서 더욱 안타까워했다. 다만 어떤 사건에 연좌되었다는 것만 알려졌는데, 그 주된 사건이 어떤 것이었는지는 밝혀지지 않았다.

장계향은 현일에게 당부했다. 외숙이 되는 철견을 유배지까지 데려다주고 숨겨진 내력이 무엇인지를 알아보라는 것이었다. 유배지까지 따라가면서 물었지만 철견도 무슨 까닭인지를 모르겠다고만 했다. 철견의 유배에 대한 얘기를 들으면서 장계향은 걱정만 할 뿐 결코 눈물을 보이지는 않았다.

1657년 9월, 현일은 셋째 아들 재栽, 밀암, 1657~1703를 낳았.

1658년, 현일은 자신이 살고 있는 집에다 갈암葛庵이란 현액을 내걸고, 「갈암기」를 지었다.

영해의 북쪽 땅은 관동과 경계가 잇닿아 있는데 그 속현인 영양英陽은 부府와의 거리가 서쪽으로 80리이다. 이 영양에서 동북쪽으로 40리 거리에 마을이 있으니 수비이다.

산봉우리들이 밖을 에워쌌으며, 지형은 평평하면서도 안쪽이 드넓어 사방으로부터 이 마을로 들어오자면 산을 넘어서 가파른 길을 수십 리 지나야 하지만, 이 마을에 막상 이르면 시야가 후련히 툭 트이고 드넓어서 사람으로 하여금 정신이 상쾌하도록 한다. 토질은 뽕과 삼, 오곡이 잘 자라며, 벼랑과 골짜기를 따라서 나무는 더욱 늙었고, 바위는 더욱 기이하며, 바위틈으로 흐르는 물이 맑고 얕아서 사랑스럽다. 그러나 지세가 높아서 매서운 바람과 나는 구름이 많은 탓에 구름과 서리가 비교적 일찍 내려 겨울이 오기도 전에 날씨가 추우니, 평소 산림에 은둔할 뜻이 있어 추위와 고생을 꺼리지 않는 사람이 아니면 오래 살아도 편안할 수 없다.

계사년, 내가 아버님을 따라 이곳에 와서 은거하면서 초당을 짓고 '갈암'이란 현판을 걸었다. 이에 객客이 혹 나에게 물었다. "그대가 사는 곳은 오른쪽은 산이요, 왼쪽은 물이라, 골짜기는 빼어나고 산은 빛나서 아침저녁으로 풍광이 다르게 바뀌며, 소용돌이 쳐서 고이고 휘돌아 물살이 일어서 물의 흐름과 울리는 소리가 공교한 운치가 있다. 나무로는 단풍·삼杉·가래·옻 등이 풍요로이 있고, 풀로는 지초芝草·복령·삼蔘·백출 등 기이한 것들이 있으며, 심지어 시렁과 벽에는 볼 만한 도서들로 가득하여 모두 빼어난 경치를 잘 표현하고 호號를 빛낼 수 있을 터이거늘, 그대가 이러한 것들을 모두 버리고 오직 '칡'葛을 취하였으니 칡의 의의는 어디 있는가?"

내가 응답하였다.

"이는 진실로 그만한 까닭이 있다. 나는 세상에서 자기가 사는 곳에 이름을 붙이는 이름을 문식文飾으로써 하고, 그 실상으로써 하지 않는 것을 병통으로 여겨왔다. 지금 나는 사실 자체를 놓고 그 실상대로 이름을 붙였다.

칡이란 물건을 보면 재질은 질기고 깨끗하며 마디는 길고 부드러워서 꼬아서 새끼를 만들 수도 있고, 짜서 베를 만들 수도 있으며, 두건을 만들기에도 좋고, 신발을 만들기에도 좋아 『시경』에서 읊었고 『예기』에 실렸으며, 기타 옛 전적들에서 곳곳마다 보이니 사람에게 쓰인 지가 오래이다.

이제 내가 칡으로 만든 갈건葛巾으로 술을 거르고, 칡으로 만든 신발을 신고 서리를 밟으며, 칡으로 만든 베를 몸에 걸침으로써 더위를 막고, 칡으로 만든 줄로 지붕을 얽어맴으로써 비바람에 대비한다. 그리고 짜고, 엮고, 동여매고, 묶어 매는 도구도 모두 이 칡으로 만들 수 있으니, 무릇 칡이 하는 일이 매우 많다 하겠다. 이에 나의 사용私用을 넉넉히 하고, 나의 분수에 맡겨둘 뿐 남에게 도움을 바라지 않으며, 순진하고 소박한 천성을 지니고서 그럭저럭 자족한 삶을 살 뿐이니, 이러한 상태를 극도로 미루어간다면 거의 갈천씨葛天氏의 무리일 것이다. 그래서 나의 집 이름으로 삼고 싶은 것으로는 그 의의가 칡보다 더 큰 것이 없다. 내가 이 때문에 다른 좋은 것들을 다 제쳐놓고 이 칡을 취한 것이다."

손님이 말하였다.

"그대는 의도가 있을 것이다. 옛날 주부자朱夫子께서 여산의 폭포 아래서 와룡당을 발견하고, 그 곁에 와룡이란 초가집을 짓고는 그 집 이름의 뜻으로 인하여 제갈무후諸葛武侯의 사당을 모셨으니, 이름에 따라 의의를 담는 것은 이미 옛날부터 있었던 터이다. 이에 집 이름을 '갈암'이라 했으니, 어찌 무후의 유상遺像을 구해서 벽에 그려둠으로써 그대의 아득한 고인에 대한 회포

장계향 가족이 이사하여 살았던 수비 집터 전경.
사진 아래쪽으로 개간한 땅이 펼쳐져 있다.
언덕 아래로는 일 년 내내 도랑물이 그치지 않고 맑게 흐른다.
멀리 보이는 산이 수비 동쪽의 별신산이다.
북쪽은 도천산, 남쪽은 일월산 또는 검마산이라 불렀다.

를 부쳐보지 않는가?"

나는 감사하며 말하였다.

"진실로 그렇게 하고 싶었지만, 그럴 만한 근거를 상고할 수 없었다. 이에 그대가 말해주니 나의 마음에 썩 부합된다. 삼가 받들어 실행해보리라."

객이 떠나고 나서 그와의 대화를 서술하여 기記로 삼노라.

무술년효종 9년, 1658 맹추孟秋에 안릉 이현일은 기를 쓰노라.[16]

어머니 장계향의 자식교육 철학이 깊이 스며 있음을 볼 수 있다. 우선 '칡'에 대한 이현일의 견해가 매우 구체적이며 실용적인 것임을 알 수 있다.

칡의 실용성을 체험한 것은 석보촌에서 살 때였다. 칡은 양식으로써의 기능, 의복과 신발로써의 기능, 약으로써의 기능, 생활필수품으로써의 기능을 지닌 유용한 식물이다. 그러나 양반 사대부 가문에서 성장한 양반 자제들이 칡의 유용성을 이처럼 소상하게 알기는 쉬운 일이 아니다.

이현일이 칡의 유용성을 온전하게 알게 된 것은 석보촌에서 궁핍한 생활을 할 때 어머니가 많은 식구들의 끼니와 입성을 챙기면서 보여준 지혜에서 감화를 받은 것이다. 배고픈 서민들이 늦가을 이후가 되면 산에서 칡뿌리를 캐어서 씹어 먹으며 허기를 달래는 모습에서 보고 체험한 것도 영향을 끼쳤다.

칡의 유용성이 『시경』과 『예기』에 적혀 있다는 것을 알게 된 데는 이현일의 방대한 독서량의 영향도 컸지만, 어머니 장계향의 이름인 계수나무 계桂와 약이름 향香 자가 『예기』의 「월령편」에 언급되어 있다는 것과 관련을 지었을 것으로 보인다. 어머니를 존경하는 마음의 한 편린으로 볼 수도 있을 듯하다.

그런 사실을 문장 속에 드러내지 않은 것은 평소 자랑거리가 되는 일을 남에게 알리지 못하게 가르쳤던 교훈의 그림자로 볼 수 있겠다.[17] 남이 나를 알아보지 못하는 것을 걱정하지 말고 다만 자신에게 부끄럽지 않도록 살도록 한 어머니의 가르침이 영향을 주었을 것이다.

또한 어머니의 이름을 지어준 외조부 경당이 딸에게 세상에서 꼭 필요한 사람으로 살되, 몸과 마음의 아픔을 치유해주는 약처럼 살기를 원했던 것같이 이현일 자신도 세상 사람들의 소박한 생활에서 꼭 필요한 그 무엇으로 살고자 하는 뜻을 '갈암'이란 호에다 담았던 것이다.

시에 수를 놓다

장계향은 하늘의 일과 땅의 일을 구분 짓는 경계이자 하늘의 일을 모르도록 하거나 외면하면서 살게 하는 원인이 욕欲이라 여겼다. 그 욕심을 다스려 바르게 사는 길은 자연 속에 있기 때문에 마음을 고요하게 가다듬고 바라보면 그 길이 보인다고 했다. 그런 마음이 잘 드러나 있는 것이 그가 열 살 전후에 쓴 「소소음」이다.

> 창밖엔 보슬보슬 비 내리고
> 보슬보슬 빗소리 절로절로

절로 나는 빗소리 듣고 있으면
내 마음 절로 보슬비 되네
蕭蕭吟　窓外雨蕭蕭
蕭蕭聲自然　我心亦自然

　맑고 아름다운 고요가 손에 잡힐 듯이 그려지고 있다. 소박한 심성에 비친 자연의 모습을 인위적 기교나 감정을 개입시키지 않고 있는 그대로 비춰낸 글이다. 여기서 눈여겨봐야 할 것은 자연을 바라보는 마음이 깨끗하고 맑기 때문에 비 내리는 소리가 보이듯이 들리는 것이다.

　'소소'蕭蕭는 '비가 보슬보슬 내리는 모양'이다. 보슬보슬 내리는 비를 바라보면 보슬비가 내리면서 풀잎이나 나뭇잎 또는 바위나 땅과 부딪치는 소리를 들을 수 있다. 보슬비 내리는 소리는 가만히 귀 기울여 듣지 않으면 잘 들리지 않는다. 마음이 뒤숭숭하여 흔들릴 때나 분노하여 심하게 요동칠 때는 잘 안 들릴 수 있는 소리이다. 또한 풀잎 위에 내리는 소리와 나뭇잎 위에 내리는 소리는 미묘한 차이가 있다. 딱딱한 바위에 내릴 때와 드넓은 맨땅 위에 내릴 때의 소리도 조금씩 차이가 있다. 이 시에서 중요한 것은 비 내리는 소리를 통하여 나와 자연이 하나가 되는 경계를 보여주고 있는 점을 느끼는 것이다. 자연과 한몸이 되는 방법은 눈으로 보는 것, 소리로 듣는 것, 냄새로 맡는 것, 맛으로 닿는 것, 몸으로 느끼는 것, 그리고 마음으로 깨닫는 것이 있다.

　이렇듯 자연과 한몸이 되는 그 길은 인간의 욕, 즉 인위적 욕망으로 되는 것이 아니다. 하늘이 마련해둔 길이며, 그 길을 가게 되는 방법은 '저절로' 되는 것이다. '저절로'는 다른 힘을 빌리지 않고 스스로, 인공을 더하지 아니하고 제물로, 절로 되는 것이다. 그래서 '저절로 = 제물로 = 절로' 되는 것이므로 맑고 깨끗하여 고요한 마음이 아니면 보슬비 내리는 소리가 지닌 여러 가지 아름다운 소리를 제대로 듣기 어렵다.

시어 가운데 '소소'는 같은 글자를 중복 사용함으로써 보슬비 내리는 소리를 글자의 발음으로 형상화하려고 하는 재능을 보인다. 이처럼 한 글자를 중복 사용하여 자연의 형상이나 소리·향기·맛 등을 표현하려는 기법은 중국의 세 경전의 하나인『시경』의 주周시대 민요에서 아주 흔하게 볼 수 있다. 암수의 새가 서로 응하여 우는 소리를 뜻하는 '관관'關關, 무성한 잎을 뜻하는 '처처', 여러 가지 소리가 합쳐서 멀리까지 들리는 '개개', 풀잎을 반복해서 뜯는 의미의 '채채'采采, 수도 없이 많다는 뜻의 '선선'詵詵, 많고 많다는 뜻의 '진진' 등 아주 많다.

민요들의 가사에서 주로 쓰였던 이 중복의 기법을 열 살 전후의 장계향이 쓴 시에서 볼 수 있다는 것은 장계향이 시에 대한 고전을 그만큼 많이 읽었음을 보여준다. 장계향은 퇴계의 시편들을 주로 읽었던 것으로 보이는데, 그것은 장계향의 시편들이 퇴계 시의 영향을 많이 받은 것으로 보이기 때문이다. 아무튼 중국 주나라 때 민요들에서 흔히 보이는 같은 글자의 중복 사용은 자연 상태를 강조하기 위한 것이 대부분이었고, 이런 기법은 인위적인 제도나 관행의 불편함이나 모순을 지적하고 극복하기 위한 민중정서의 한 상징으로도 보고 있다.

장계향의 시 「소소음」에서 사용한 '소소' 또한 『시경』의 의미들과 같은 것으로 볼 수 있을 것이다. 따라서 「소소음」은 '보슬보슬 비 내리는 소리'로 읽을 수 있을 것이다.

저절로自然 이뤄져 있는 자연이란 무엇인가. 필요하지 않는 것이 없는 세계이다. 남은 것이나 필요하지 않는 것이 있다는 것은 인간의 욕망세계이다. 장계향은 그런 욕을 다스리고 극복하는 삶을 사랑한 철학자인데, 그의 아들 이현일이 그 어머니의 사상을 이어받고 있는 모습이 『갈암기』라고 볼 수 있다. 하늘은 스스로 절로 됨이다. 남는 것, 버리는 것, 차별하는 것, 필요를 따지는 것은 절로 됨이 아니다. 그것은 욕망으로 지배하려는 땅 위의 인간이 만든 것이다.

「소소음」과 「성인음」 두 편의 시는 1659년 봄, 또 하나의 예술품으로 탄생하는 기회를 누렸다. 이 두 편의 시를 이시명이 비단 깁 위에다 붓글씨로 옮기고, 이휘일의 아내 무안박씨는 채색 실로써 수놓았다. 다시 깁 거죽의 여백에는 용 여덟 마리를 수놓아 글씨를 호위하도록 하였다. 여덟 마리의 용은 일찍이 조경이 이시명에게 보낸 편지에서 보인다. '순씨팔룡荀氏八龍이 이정鯉庭에서 시례詩禮를 강론하고 있다'며 이시명과 여러 아들이 함께 학문하는 모습을 감동적으로 적어 보낸 것이다. 이 아름다운 호칭을 한 시대에 전하기 위해 무안박씨가 형상화한 것이다.[18] 장계향의 시는 『시경』의 국풍國風과 대소아大小雅의 체재體裁를 갖추었고, 이시명의 붓글씨는 종유鍾繇와 위항衛恒의 서법이라고 평가되기도 했다.[19]

장계향은 시와 글씨에 천재적 재능을 지니고 있었으나 15살 이후

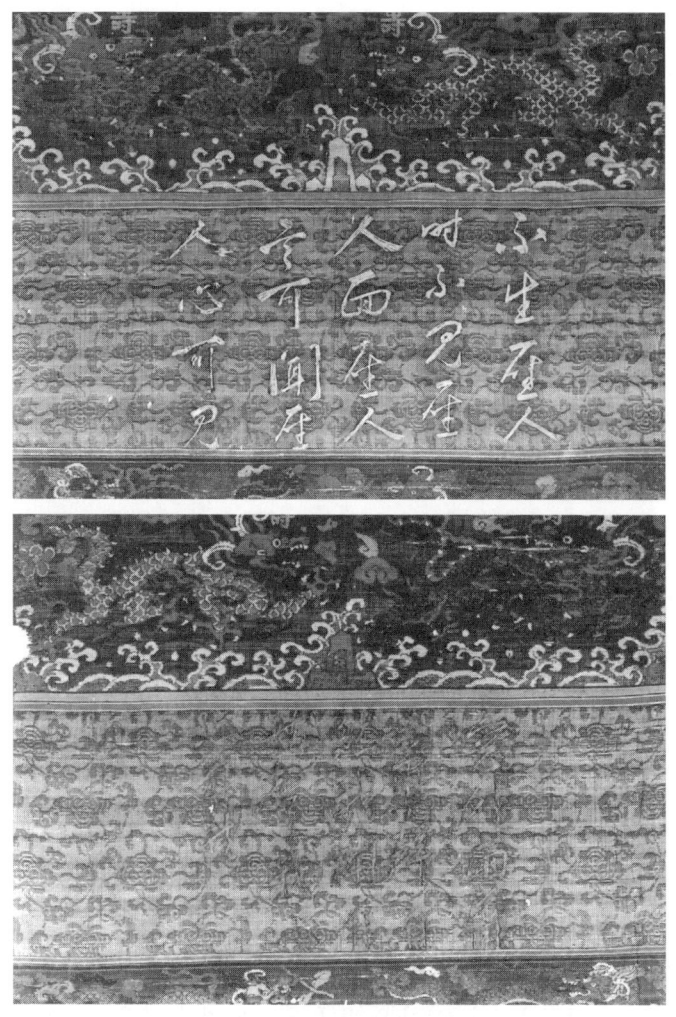

「전가보첩」. 장계향의 시를 이시명이 붓글씨로 적고, 이휘일의 아내 무안박씨가 채색실로 수놓았다.

부터 안으로 감춰버렸다. 『예기』, 「내칙편」을 읽고 난 뒤였다. 재능을 숨기고 감추는 덕과 정숙함으로 남편과 자식들의 재능을 돋보이게 해야 한다는 『예기』의 내용을 스스로 받아들인 것이다.

이시명과 혼인하여 남편의 아내가 되고 자식들의 어머니가 되어 그 도리를 다하는 것에 삶의 가치를 두었다. 문예의 재능은 까마득하게 잊어버린 듯이 살았다. 워낙 자기 점검과 단속이 철저하여 남편 이시명조차 아내가 놀라운 재능이 있다는 것을 알지 못했다. 경당의 만년에 외손자 휘일과 현일이 외가에 인사하러 왔을 때 장계향이 어릴 적에 쓴 「학발시」를 보여주었다.

"이 시는 너의 어머니가 어릴 때 장난으로 쓴 것인데, 혹 너희들이 받아서 소중하게 간직하지 않겠느냐."[20]

그제서야 장계향의 재능이 처음 가족들에게 알려졌다. 그리고 「소소음」과 「성인음」 두 편도 간신히 찾아낼 수 있었던 것이다. 장계향은 이에 대하여 한마디도 하지 않았다. 이시명과 자식들은 아내와 어머니의 감추는 덕과 정숙함에 놀라움과 존경심을 갖게 되었다.

다시 태어난 장계향의 시 수첩繡帖은 정신이 살아 움직이고 문채가 환하게 빛이 나서 시아버지와 시어머니의 아름다운 시장詩章, 정묘한 필적과 더불어 미덕을 본받아 더욱 아름다워서 세상 사람들은 이를 '이씨의 삼절三絶'이라고도 하고 '전가보첩'傳家寶帖이라고도 불렀다. '전가보첩'은 뒷날 정조 때 경연經筵에서도 보여졌다. 정조는 거듭 칭찬을 아끼지 않았다. 번암 채제공이 영남의 고적古蹟을 편찬하는 정책을 편 결과 '전가보첩'이 발견되었다. 채

제공은 「학발시」를 보고 놀라며 칭송했다. "『시경』 3백 편 중에서 부인이 지은 작품이 많지만 「학발시」와 같은 작품은 없었다."

채제공은 이를 칭찬하는 포장褒章으로서 마땅히 뒷세상에 보여 줄 증거물이 있어야 한다며 본래의 수첩을 고쳐 장식하도록 했다. 이때 위아래 두 칸을 비워두라고 했다. 그 자리에는 정조가 직접 장계향의 시에 대한 소감을 적어 후세에 물리려는 뜻이 있었다. 장계향의 겸손한 덕과 마음속에 품고 있으면서 남에게 자랑하지 않는 넉넉함을 조선 여성의 모범으로 칭송하려 한 것이다. 그러나 채제공과 정조가 같은 시기에 세상을 떠나 두 칸은 빈 채로 전승되고 있다.[21]

금일이 태평하기를 비나니

유배지의 장철견을 생각하면 장계향은 가슴이 저렸다. 무너져내리려는 친정을 가까스로 붙들어 아버지의 흔적을 이어가게 한 것은 남편 이시명의 보살핌을 입어서였다.

친정 일에 관한 한 남편은 늘 앞서서 짐작하고 보살펴주었다. 그런 남편의 마음을 헤아리는 장계향은 무엇으로든 고마움을 전해야 했다. 아내의 그런 마음을 남편은 또 헤아렸다. 그렇게 두 사람의 사랑은 은혜와 보은, 수기修己와 구인성성求仁成聖을 위한 도반으로 승화되고 깊어갔다.

1660년 봄 현일은 유배지의 외삼촌 장철견을 두 번째 찾아갔다. 언제 풀려날지 알 수 없는 절망 속에서 장철견은 슬피 울었다.

그해 4월에는 막내아들 운일이 안동권씨와 혼인하였다. 이제 아들 일곱, 딸 셋을 혼인시켰는데 딸 둘과 며느리 한 명이 장계향보다 먼저 죽어 떠났다.

겨울이 되자 현일은 형 휘일과 만나 『홍범연의』를 쓰는 일에 몰두했다. 『홍범연의』는 『서경』에 이름이 전해지는데, 천 년이 넘도록 전해져 오면서도 완성을 보지 못하고 있었다. 주周나라의 철학자들이 시작한 『홍범연의』는 인간이 꿈꾸는 '이상국가론'이라 할 수 있었다. 공자 때부터 완성시켜보려는 당대 지성들의 노력이 이어졌으나 미완성인 채 남아 있었다.

공자는 옛날의 법·문물·제도 등을 있는 그대로 이어받아 기록하기만 했지 스스로 새로운 것을 창작하지는 않았는데, 『논어』의 '술이부작'述而不作이 그것이다. 맹자에 이르러 겨우 '오륜'五倫이 보태졌고, 주자 또한 『소학』의 「내편」과 「외편」에서 옛사람들의 언행을 수집하여 실증했을 뿐, 여전히 완성은 뒷날로 미루어지고 있었다.

이제 이휘일·이현일 형제가 완성에 도전장을 낸 것이다. 이휘일은 연구에 목숨을 내놓듯 몰두했다. 어머니한테서 끊임없이 격려를 받고 때때로 보여주는 지혜 덩어리를 받아 안고는 자신의 모든 것을 바쳐 『홍범연의』를 완성시켜 어머니에게 선물로 드리고 싶었다.

이휘일이 이 같은 계획을 세운 것은 외조부한테서 「학발시」를 받고 난 뒤였다. 또한 외조부가 여러 날을 뒤져서 찾아낸 어머니가 쓴 두 편의 다른 시를 보는 순간, 한없이 부끄러웠다. 어머니는 중국 시의 모태인 『시경』의 정신을 꿰뚫고 있었으면서도 그 시대의 산물이자 요구였던 여필종부의 윤리를 따랐던 것이다. 옳고 그름을 몰라서가 아니라 시대의 도도한 흐름을 거역하는 것보다는 따르면서 나름대로 꿈을 키워갈 수 있다고 판단한 것이다.

『시경』은 중국 고대인, 특히 여인들이 현실적 좌절을 겪으면서 인간으로서 포기할 수 없는 꿈을 소박하면서도 절실한 언어로 노래한, 자유분방함의 성전聖典이라 할 수 있었다. 그런 이유로 역대 제왕들은 『시경』을 정치의 스승으로 삼았고, 학자들 또한 학문의 궁극 목적을 인간의 평안과 자연과의 하나됨에 두었던 것이다. 어머니는 그것을 알고 있었던 것이다.

어머니가 적극적으로 살아왔음을 알게 해준 것은 「소소음」이었다. 빗소리를 들으며 자연과 한몸이 되는 지혜를 터득한 어머니였다. 시련 많은 충효당의 며느리로 시집 오면서 도대체 무슨 생각을 했던지를 어렴풋이 이해할 수 있게 된 것도 어머니의 시를 통해서였다.

혼인을 하나의 자연현상, 즉 빗줄기와 같다고 본 것이다. 이슬비든, 가랑비든, 소낙비든 비는 비일 뿐, 그 속으로 들어가 한몸이 되면 그대로가 자연인 것이듯, 혼인이라는 현상 그 속으로 들어가 자신을 놓아버린 것이다.

안과 겉, 왼쪽과 오른쪽의 경계를 허물어버리고 그냥 하나가 되려고 했다. 그러면서도 자신의 내면세계를 일깨우고 빛과 양식을 주면서 끊임없는 성장을 하고 있었다. 이휘일은 자신을 더욱 다그쳐 학문에 몰두하면서 스스로 약속한 것이 『홍범연의』의 완성이었다. 그만한 일은 해낼 수 있어야 어머니 자식의 도리가 되리라 여긴 것이다.

현일은 나이가 어린데다 학문도 무르익지 않아서 형이 시키는 대로 따랐다. 동생의 학문적 성장이 놀랄 만큼 빠른 것이 큰 기쁨이었다. 과거시험을 거쳐 출사하려는 꿈을 아예 접어버린 채 학문에 몰두하는 것도 어머니가 타고난 천재성을 파묻어두고 가정의 완성이라는 현실에 몰두하고 있는 사실에서 얻은 지혜였다. 수신제가를 말없이 실천하는 학자로서의 덕망을 어머니는 여자라는 상식의 덮개로 덮어둔 채 살고 있음을 알았다.

1661년 이휘일은 나랏골 양부모와 함께 살던 집에서 저곡楮谷으로 이사를 나왔다. 학문에 전념하기 위해서였다. 그때 휘일은 소갈증을 앓고 있었다. 조부인 운악이 앓던 병이었고 증조부도 고생했던 병이었다.

양부모는 휘일의 신병을 치료하기 위해 덜 번잡한 곳으로 옮기는 것을 권하기도 했다. 휘일은 병 치료보다는 부모와 형제들이 사는 수비와 양부모가 계시는 중간쯤 되는 저곡을 택함으로써 부모공경을 더욱 절실히 하고 싶은 뜻을 보였다. 저곡의 집에다 '명서당'冥棲堂이란 당호를 걸었다. 명상하고 독서하는 집이었다.

1662년 4월, 막내아들 운일의 아들 수䆖가 태어났다. 8월에는 현일의 네 번째 아들인 심忱이 태어났다. 이시명은 73세, 장계향은 65세였다.

아버지와 아들, 시를 주고 받다

1663년 이시명의 생일인 동짓달 14일이었다. 나랏골에 사는 동생 시성이 여러 집의 아들과 여러 집의 조카 손자들을 데리고 수비로 왔다. 함박눈이 퍼붓는 속으로 스무 명 넘는 대식구들이 생일을 축하하기 위하여 모인 것이다. 이시명은 자식들과 손자들로부터 큰절을 받자 눈물을 보였다. 돌아가신 부모님 생각을 하지 않을 수가 없었다. 부모님은 집안에 자손이 번창하여 충효당 마당이 그득하기를 갈망했으나 끝내 뜻을 이루지 못하고 세상을 떠났다. 자식들과 동생이 술잔을 권했다. 거절할 수 없어 술잔을 받았다. 술잔을 비우면서 시 한 편을 짓고, 자식들에게 운율을 덧붙여 보라 했다.[22]

> 아침 일찍 일어나 단정하게 옷을 입고 앉았노라니
> 문득 마음이 고요해지는구나.
> 동지 지나니 양기陽氣는 은밀히 자라나고
> 눈 덮인 산도 북풍 불기 전에 완연하게 바뀌누나.
> 세상이 청나라에 굴복했다는 말 들으니 근심되고
> 사람들이 성현의 가르침을 소홀히 하니 걱정이구나.
> 아이에게 술 한잔 따르게 하고
> 시 읊어 금일이 태평하길 비누나.
> 晨興靚服坐茅椽　斗覺胸襟㝡靜專
> 陽氣潛生南至後　雪山宛轉朔吹前
> 愁聞天下容戒醜　悶見人心自聖賢
> 且喚家僮斟一盞　做成今日太平年

명서당. 지금의 경북 영덕군 창수면 오촌리에 있다.

맨 먼저 아버지의 시에 화답한 것은 큰아들 상일이었다.

  수비산 남쪽 서까래 서넛 걸친 띠집에
  부모님 형제들 모여 화락으로 오롯하네.
  별자리 점점 바뀌어 태양이 자라고
  달은 사그라들었다가 보름으로 자라나네.
  효와 공경으로 집 다스리니 멀리 퍼져나갈 것이며
  시서詩書로 학업을 닦아 어진 사람 되기를 바라누나.
  가문의 복 그지없으니
  집안에 훌륭한 자손 많기를 바라고
  내 집 또한 자손 번성하기를
  해마다 읊으리라.
  首比之陽屋數椽　春萱棠棣樂俱專
  星躔漸改陽生後　月魄將消莢望前
  孝弟成家而及遠　詩書居業是希賢
  吾家福慶知無極　麟趾螽斯賦每年

휘일이 상일의 뒤를 이어받았다.

  시를 짓는데 어찌해야 서까래 같은 글을 읊으랴.
  여러 해를 학업에 전념치 못하여 부끄럽구나.
  화기가 집에 가득하니 추위도 절로 멎는데
  아롱진 옷매 서로 맞잡고 앞다투듯 춤을 추네.

부모가 모두 살아 계시고 형제들 무고하며

천지를 향해 부끄럽지 않는 마음을 가져 참으로 기쁘나니

마음은 나날이 새롭고자 성현을 배우려 하네.

시 읊어 한 곡 화답하노니

아버님, 금년에 더욱 많은 복 받으시길.

題詩安得筆如椽　慚愧年來業不專

和氣滿堂寒自戢　斑衣聯袢舞爭前

天全二樂方欣慶　心做新工願學賢

爲賦短歌賡一闋　益膺多祚自今年

현일이 휘일의 뒤를 이었다.

　내 고요히 마음속에 바라는 건 거친 집에서나마 살기를 그리워할 뿐

기산箕山영수潁水를 꾀하지 않음이 분명하도다.

마음은 속세에 남고 싶지만

병자호란이 내 사는 이 시대에 있었으니 슬프구나.

아침마다 햇빛은 숲속 꽃에 빛나고

일마다 이鯉의 뜰엔 현인을 배우려 하네.

조용하고 맑은 집에 밤 깊어 시끄러움 멎을 제

시 읊어 모두들 아버님께 만수를 비네.

寂寞心期慕采椽　不圖箕潁意還專

靈臺肯許雷塵滓　世變堪傷不後前

장계향 내외와 자식들이 함께 살았던
수비 집터에 서 있는 4백 년 넘는 수령의 느티나무.

荊樹朝朝交暎萼　鯉庭事事要希賢
虛堂夜久喧囂息　歌曲渾祈壽萬年

다음은 숭일의 시이다.

　한漢의 율령을 제정한 소상蕭相은 일찍이 패읍沛邑의 서까래였는데
　큰 재주에 당당한 그가 작은 벼슬을 맡았네.
　당년엔 그 명망이 보통 사람에도 못 미쳤으나
　뒷날엔 그 공로가 뭇사람을 앞섰다오.
　그 시대의 마음을 잘 알았으되
　그 스스로 준걸에 못 미쳤음을 부끄러워했고,
　세상을 바로 잡았으되 길이 영현英賢에 부족했음을 한스러워했네.
　어머니 거처하는 북당北堂 어둔 밤 풍설 부는데
　다시 아버님께 남은 술 권하며 만수를 빈다네.
蕭相曾爲沛邑椽　宏才不鄙小官專
當年名在常人後　異日功居汗馬前
識務自慚非俊傑　匡時長恨乏英賢
北堂風雪黃昏後　叕酌餘樽祝萬年

다시 정일이 이어받았다.

오늘 술동이를 열고 작은 서까래들이 모두 모였으니
세상의 세 가지 즐거움을 온 식구가 함께했네.
옛 도를 배운 것이 언행에 어긋날까 심히 부끄럽고
마음 잡은 것 앞뒤로 어긋날까 두렵네.
무릎 포개고 앉아 민생에 병폐 끼칠까 걱정하고
책 덮고 가만히 나라에 현인 없음을 탄식했네.
아노니, 천도天道란 닫히면 마땅히 열린다는 것을
어느 때 다시 보랴, 예모禮貌가 회복될 날을.

此日開樽共小椽　世間三樂一家專
深慚學古言違行　且畏操心後戾前
抱膝謾愁民有疾　廢書潛歎國無賢
從知天道閟當闢　復覩衣冠在幾年

여섯째 융일이 이어받았다.

휘날리는 눈발 어지러이 띠집을 치는데
이 밤 술동이 여니 흥이 돋워지네.
즐거움은 다른 사람들 뒤에 하고
깊은 근심은 누구보다 앞서 하리로다.
시를 논하건댄 평생토록 뒤져서 부끄럽고
세상살이 말하건댄 하루 어진 것만 가려 뽐내었다오.
갑 속에 든 옛 칼끝은 차갑도록 날카로운데
길이 비추리라, 이 칼날 오랑캐 잡는 날까지.

紛紛飛雪打茅椽　當夜開樽興已專
爲樂吾思居衆後　深憂誰復在人前
論詩自愧平生拙　談世差誇一日賢
匣裏錕寒有古釰　此心長照擒胡年

막내 운일이 시를 낭송했다.

이 띠집에서 장수를 축하하는 잔치를 자주 여니
세상의 지극한 즐거움 한 집에 가득했네.
인을 행함에 누구에게도 양보하지 않으리라 생각하고
이利를 당해서는 말을 앞세우지 말라고 누가 말했던가.
누항에 고요히 파묻혔으니 안회顔回의 낙이로다.
수산首山을 우러러니 백이의 어짊이로세.
빠른 세월 흘러가면 다시 오지 않으리니
모름지기 공부에 뜻 붙여 장년에 이르리라.

壽席頻開此茆椽　人間至樂一堂專
當仁自擬師無讓　臨利誰稱馬不前
陋巷沈潛顔氏樂　首山景仰伯夷賢
流光荏苒知難再　須着工夫及壯年

안회의 사람됨에 대하여 공자가 말했다.

회는 참으로 어질도다. 한 그릇 밥과 한 쪽박 물을 먹으며 누추한 거리에서 살다보면, 남들은 그 괴로움을 참지 못하거늘, 회는 그의 즐거움을 변치 않으니 참으로 어질도다, 회여.

네가 맛을 아느냐

1668년 장계향 71세 때였다. 저곡에서 『홍범연의』를 쓰고 있던 휘일의 지병이 심해졌다는 소식을 융일에게 듣고 편지를 써 보냈다.

> 여섯째 아이한테서 네가 물을 많이 마시면서 형체가 매우 야위어졌다는 말을 들으니 그 근심을 어찌 다 말할 수가 있겠느냐. 너는 부모가 너를 생각하는 마음으로써 너의 마음으로 삼고, 마음과 정신을 편안하게 가지고서 병을 조섭해야만 한다. 부모가 마음으로 기뻐하게 되면 네가 효자가 되는 것이다. 학문에 힘써서 천하의 큰 재간才幹을 이루어야 한다.
> 무신년1668 2월 2일.
> 언문 편지는 세상에서 신용하지 않기 때문에 이 한문 편지를 써서 보낸다.[23]

휘일은 짤막한 답신을 올렸다.

> 삼가 어머니께서 손수 쓰신 편지를 받들어 읽다보니, 편지에서 저에게 부모가 자식을 생각하는 마음을 본받아서 천하의 큰 재간을 이루도록 기대하셨으니 감히 두 번 절하고 가르침을 받

『음식디미방』. 장계향이 어두운 눈으로 써내려간 음식조리서.
음식과 술에 관한 146가지 조리법이 한글로 쓰여 있다.
73세인 1670년에 완성하였다.

아서 부모에게 욕되는 일이 없기를 어찌 기약하지 않을 수가 있겠습니까.

존재가 화답하여 올린 편지.24

그해 여름 휘일은 양어머니 창원황씨의 상을 당하였다. 양부모는 처음 충효당에서 분가하여 저곡으로 이사했다가 운악이 죽고 나서 다시 나랏골로 옮겨왔다. 충효당으로 들어가지 않고 같은 마을에다 따로 집을 마련하였다. 휘일의 양부모는 상당한 재산을 상속받았으나, 휘일은 자신을 낳아 길러준 부모의 뜻을 존경하여 양부모로부터 조금만 토지를 얻어 청빈하게 살았다. 1669년 봄 휘일이 거상居喪 중 지병이 더 심해져서 걷지도 못하자 다시 저곡으로 돌아왔다는 소식이 전해졌다. 현일이 제 형을 걱정하여 저곡으로 달려갔다.

장계향은 이제 72세였다. 그동안 마음속으로 별러오던 일을 시작할 때가 되었다고 여겼다. 더 나이 들기 전에 마무리를 지어야 할 시간이 왔다고 본 것이다.

휘일과 현일이 벌써 십 년 가까이 매달려 있는 『홍범연의』를 포기하지 말고 꼭 완성시키라는 격려의 뜻과 함께 그 핵심 철학으로 조화와 응용의 묘미를 참고해보라고 말하고 싶은 뜻이 들어 있는 한 권의 책을 집필하는 계획이었다.

장계향은 여러 해를 두고 생각을 다지면서 읽고 있는 책이 있었다. 『중용』, 제3장과 제4장이었다.

공자가 말씀하셨다. 중용은 참으로 지극한 것이다. 백성들 가운데서 능히 오래 지키는 사람이 적구나.

중용의 덕은 쉬운 것이 아니다. 조금이라도 지나치면 안 되고, 약간이라도 모자라면 '중'中에 도달할 수 없다. 중용의 덕은 '지극한 것', '궁극적인 것'이라고 불렀다. 하지만 인간은 누구나 하늘로부터 본래 받은 것으로서, 그것에 도달하고 그것을 유지한다는 것이 불가능한 것은 아니다. 다만 학문이 쇠퇴하고 백성이 도덕적으로 타락해서 중용의 능력을 상실한 채 오랜 세월이 지났기 때문에 백성을 올바로 가르쳐서 중용의 길로 이끌도록 해야 한다고 한 것이다.

장계향은 인간의 생활에서 중용이라는 그 소중하고 고귀한 덕이 가장 잘 드러나 있는 것이 무엇일까를 생각해왔다. 그냥 말이나 글로써의 '중용'은 지나치게 관념적인 측면도 있어서 이해는 하되 더 구체적으로 습득하고 설명하는 데는 어려움이 많았다. 말로 설명하자면 자칫 장광설이 되어 설명하는 말이 중용을 잃기 쉬웠다. 간단하고 구체적이며 일상생활에서 늘 보고 듣고 만지고 먹고 부딪치는 데서 중용의 덕을 배우고 깨달을 수 있는 방법을 찾았다.

어느 날 『관자』管子, 「주합편」宙合篇의 '맛이 서로 달라야 조화를 이룬다'는 글귀를 보자 큰 기쁨이 생겼다. 이것은 '부동'不同, 즉 똑같지 않음을 조화의 조건으로 본 것이다.

'화'和는 차이를 전제로 한다. 한 가지 재료로는 맛을 낼 수 없고, 한 가지 색깔만으로는 무늬를 만들 수 없으며, 똑같은 소리로는 화음을 이룰 수 없음이다. 서로 다른 것들을 섞어서 다양한 차이가 어우러지면서 통일성을 이룬 것이 맛味을 만든다는 것이다. 이는 곧 차이와 대립을 전제로 한 다양성의 통일이다.

『관자』의 「주합편」과 같은 내용을 더 상세하게 설명한 것이 『춘추좌전』春秋左傳, 소공昭公 20년조기원전 522년이다.

화和와 동同은 어떻게 다른가. 관자가 대답했다. 같지 않습니다. '화'는 마치 국을 끓이는 것과 같습니다. 예를 들면 물과 불·식초·절인 고기·소금·매실·생선을 넣고 끓이는 것입니다. 불을 때서 끓이다가 요리사는 그것을 잘 섞어서 맛을 내고, 모자라는 듯하면 양념을 더하고 지나치면 덜어냅니다. 이에 윗사람이 그 국을 먹으면 마음이 평온해집니다. 군주와 신하의 관계도 그러한 이치입니다. 군주가 옳다고 하더라도 그 중에 불가한 것이 있을 때에는 신하가 그것을 지적하여 더욱 완전하게 만드는 것입니다. 또한 군주가 불가하다 할지라도 그중 가한 것이 있을 때에는 신하가 이를 지적하여 불가한 것을 제거하도록 하는 것입니다. 이런 다음에야 정치가 균형을 갖게 되어 백성은 다툴 마음이 없어지는 것입니다.[25]

군주가 옳다고 하면 신하 또한 옳습니다 하고, 군주가 틀렸다고 하면 신하 또한 틀렸습니다라고 합니다. 만일 맹물을 이용해 맹물의 간을 맞추려 하면 누가 이를 마실 수 있겠습니까. 또한 금슬琴瑟로 어느 한 가지 소리만 탄주하게 되면 누가 이를

들을 수 있겠습니까. 동이 도리에 맞지 않는 것은 바로 이와 같습니다.[26]

조화야말로 사물을 낳은 근거이며, 완전한 동일에서는 아무것도 생산되지 않는다. 조화란 나의 판단, 견해와는 무관하게 무조건 상대방에게 동조하는 동과 구별되어야 하는 것이다. 인간관계나 정치에서 대립하는 입장임에도 상대방이 옳다고 하면 그대로 따르는 것은 동이지 화가 아닌 것이다. 그래서 조화란 군주가 달다고 해도 신하는 시다라 하며, 군주가 싱겁다고 하면 신하는 짜다고 하는 것이며, 군주가 달다고 하면 신하 또한 달다고 하는 것은 동이지 어찌 화라고 하겠느냐는 관자의 말을 장계향은 오래 생각해왔다.

『중용』 제4장의 '사람이 마시고 먹지 않는 이 없으나, 맛을 아는 이는 드물구나'人莫不欲飮食也鮮能知味也라는 글귀를 음미했다. '맛'은 음식의 참다운 맛이다. 무릇 사람은 먹고 마셔야만 살아갈 수 있다. 그러나 그 먹고 마시는 음식의 참맛을 아는 자는 드물다는 뜻이다. 마찬가지로 사람인 이상 날마다의 생활에서 걸어가지 않으면 안 될 중용의 도를 제대로 깨달아서 가는 사람은 많지 않다는 말이기도 하다. '맛'을 명확히 알지 못하고 파악하지 못하기 때문에 도가 행해지지 않음을 말한다. 결국 그 '맛'을 알지 못하므로 도를 자각하지 못하며, 자신의 안에 내재된 성性을 모르고 살기 때문에 무조건 좋은 것이 좋다는 것, 자신에게 이익이 되고 편리한 쪽으로만 관심을 두고 살아가려는 것이 보통 사람이라는 것이다.

장계향은 『중용』 제4장의 '인막불욕음식야 선능지미야'人莫不欲飲食也鮮能知味也의 핵심철학을 담고 있는 '음식'과 맛을 안다는 '지미'知味를 하나의 독립된 문장으로 조립했다. '음식지미'飲食知味라는 새로운 말을 만든 것이다. '지미'는 '예민한 미각으로 맛을 잘 아는 것'이다. 그리하여 궁중에서 임금이 먹을 음식을 미리 맛을 보는 일을 '지미하다'라고 말한다.27

'맛'은 서로 다른 재료를 섞어서 나타나는 조화의 형상인 것이다. 『홍범연의』의 궁극인 이상국가의 목적 또한 서로 다른 생각을 가진 인간들의 의견을 조화시켜 '맛'이라는 통일성을 획득하여 만족과 편안함에 도달하는 것이라 여겼다.

서로 다른 특징을 가진 개개의 재료를 어떻게 조화시킬 것인지가 '음식'의 기본이며 정치의 바탕이다. 재료의 뒤섞임이 '중정'中正을 이루면 최상의 맛을 만들고, 인간들의 서로 다른 주장과 생각을 조절·조화시켜내면 최상의 법과 제도가 되는 것이다. 장계향은 자신이 가장 잘할 수 있는 음식 만드는 방법을 자세하게 정리한 책을 쓰고자 했다. 『홍범연의』 같은 이상국가론은 아니지만, 소박하고 진솔한 행복을 만드는 음식의 세계를 정리하고자 한 것이다. 책의 제목은 '음식지미'에다 약이나 음식을 만드는 방법을 뜻하는 '방문'方文을 줄여서 『음식지미방』飲食知味方으로 정했다.

그 다음은 재료의 이름과 조화시키는 방법 및 음식 만드는 데 쓰일 도구와 완성된 음식의 이름을 한문으로 쓸 것인가 언문한글으로 할 것인가를 결정해야 했다. 이 문제를 결정하는 데 중요한 원인으로 작용한 것 중의 하나가 몇 년 전 휘일에게 보낸 편지 말미에 나

장계향은 느티나무 옆 초가집에서 일흔이 넘은 나이로
『음식디미방』을 저술했다.

타나 있는 글이다. "언문 편지는 세상에서 신봉하지 않으므로 한문 편지를 써서 보낸다"는 것이었다.

『음식디미방』을 저술하다

1670년 나이 73세 여름에 완성된 『음식디미방』에서 장계향은 맨 먼저 자신이 책으로 써서 남기려는 음식들의 모든 재료가 조선 땅에서 나는 것들임을 생각했다. 풀잎·뿌리·줄기·잎·꽃과 열매는 조선의 흙속에 뿌리를 내리고 살면서 햇볕과 비·바람·이슬·눈·서리·달빛을 받고 자란다. 계곡 물소리, 산짐승 울음소리, 풀벌레 울음소리를 듣고 자란다. 이웃한 모든 것들이 조선의 밤낮과 사계절의 아름다움을 먹고 자란다. 따라서 그 이름은 언문으로 부르고, 적는 것이 마땅하다고 결론지었다. 것모밀겉모밀·녹도녹두·개아미개미·고두밥·중발·토장토장국·녹도다화녹두수제비·상화밀가루로 만든 만두·석이편석이버섯떡·수교애물만두 등 17세기 조선의 중세언어는 물론 한문으로 표기되어온 고유명사들까지 한글로 표기하기로 했다. 언문에 깃든 절제된 아름다움과 도덕적 용기가 내포된 조선문화의 정체성이 음식으로 만들어져, 정치의 이상세계와 음식이 지닌 인류학적 의미가 절묘하게 조화될 수 있었다.

한글 편지언문·언서를 신용하지 않는 것은 양반 사대부 남자들이었다. 일찍이 세종이 한글을 창제하여 반포할 때부터 한문을 지식인의 유일한 표현수단으로 삼았던 나머지, 한글에 대한 탄압과 능멸은 단호하고도 집요했다. 한글을 쓰면 당장 조선이 멸망하리라도 할 것처럼 극렬했다.

훈민정음은 서민을 위하여 만들어진 글이었던 만큼 배우기도 어렵지 않았다. 자신의 마음을 표현할 수 있는 글자가 없었던 서민과 여성들이 주인이 되어 전승되었다. 한문을 모르는 계층이라는 점에서 양반 신분 여성들도 서민과 같은 입장이었다. 연산군 때인 1504년의 투서사건으로 한때 언문탄압정책을 폈던 적도 있었다.

한글은 당초의 정음시대, 1504년 연산군의 금란禁亂 이후 개화기까지 약 4백 년을 언문시대로 구분했을 만큼 조선의 지배문화에서 소외되었다. 17세기는 전쟁과 자연재해가 잇달아 새로운 시대가 전개되었다. 공식적인 언어문자의 교육이 없었던 시대상황으로 인하여 아녀자와 서민층이 주로 익힌 언문의 철자법은 개개인에 의하여 임의로 씌어지며 수세기가 흘렀다.[28]

조선시대 사상사의 기본적 특징은 도학-주자학성리학이 정통이념으로 확고하게 정립되어 불교나 노장사상이 엄격하게 배척되고, 주자학에 어긋난 양명학도 정통에서 벗어난 이학異學으로 단호하게 거부되었다는 점이다. 이런 가운데 정통의 도학은 체제교학으로 권위를 누리면서 이론적 분석을 심화시켜 나갔다. 하지만 다른 한편으로 관념적 형식에 빠져 현실의 변화에 효율적으로 적응하지 못한다는 반성도 일었다. 유교지식인 사이에 도학-성리학을 넘어서 새로운 학문에 대한 관심은 가장 먼저 심학-양명학에 대한 관심으로 촉발되었다. 양명학에 대한 관심은 성리학에 대한 열정이 활발하게 일어나던 16세기 중엽부터 싹트기 시작하여 미약하나마 지속적으로 이어져 나갔다. 양명학이 조선시대에 전개되는

과정은 크게 2단계로 구분할 수 있다.[29]

첫 번째는 초기 수입단계이다. 16세기 전반 왕양명의 저술이 수입되기 시작한 이후 극소수 학자들 사이에서 양명학에 대한 지적 호기심과 긍정적 태도가 나타났다. 16세기 후반 퇴계는 「전습록변론」을 저술하여 양명학 비판의 이론적 틀을 제시하면서 도학의 정통론적 입장을 확립하였다. 그런데도 양명학에 대한 관심과 이해는 확산되어갔다.

두 번째는 인식의 심화와 논변단계이다. 성리학과 양명학 사이의 이론적 논변이 새로운 차원으로 깊이 있게 전개되기 시작한 것이다. 적지 않은 학자들이 양명학의 입장을 표방하지는 않지만 도학에서 벗어난 독자적 이론을 형성해가는 과정에서 양명학의 이해를 하나의 디딤돌로 활용한 경우가 그것이다.[30] 아무튼 배타적 폐쇄성에 빠져 진실성을 상실하고 허위의식에 젖어 있던 도학의 학풍에 대해 회의적인 생각을 하는 지식인들이 많아졌던 17세기였다. 이 같은 도학의 모순 때문에 사람들은 겉으로는 도학을 반대하지 못하지만 그렇다고 복종한 것도 아니었다. '주자를 끼고 사람들의 입을 틀어막는다'는 말보다 더 정확한 표현은 없을 것이다.[31]

언문을 멸시하는 태도의 근원에는 '폐쇄성에 빠져 허위의식에 젖어 있는 도학의 학풍'이 두껍게 깔려 있었다. 장계향이 둘째 아들 휘일에게 보낸 짧은 편지 말미에 굳이 '언서불견신서'라고 적은 이유가 무엇인지 궁금해지지 않을 수 없다. 장계향의 생애 전반에 걸쳐 선명하게 나타나 있는 실천행동과의 관련성 때문이다.

1. 「학발시」의 사회의식: 양반 사대부와 관료체제의 모순에 대한 비판의식.
2. 적극적인 빈민구제 활동: 식량이 동이 나면 도토리로 대체하는 적극성.
3. 상속재산에 대한 생각: 가진 자로 산다는 데 대한 시대적 부끄러움.
4. 가난 극복을 위한 적극적 행동: 양반 신분이면서 노동을 선택하여 식량을 스스로 해결하려는 평등의식.
5. 천민이나 억압받는 계층에 대한 행동: 인간평등론에 대한 열린 사고와 실천.
6. 가정교육의 철학: 자식들을 통한 바른 정치의 실현을 위해 스스로에게 부끄럽지 않은 지성인이 되어야 한다고 가르친 점.

이와 같은 생각이 중첩적으로 작용하여 나타난 비판의식과 주체성의 발현으로 한글을 선택한 것이다. 이시명은 「거처를 정하면서」에서 '도는 인륜에서 벗어나지 아니할 것을 추구했고, 양지良知에 도리가 있음을 근본하여'라는 구절을 썼다. 여기서 그가 말하는 '양지'는 곧 '만물일체론', '사민평등론'으로 대변되는 양명학의 핵심철학이다.32

장계향의 생애를 대표하는 가장 특징적인 철학을 굳이 말한다면 성리학을 거부하는 몸짓을 하지 않으며 양명학을 부정하지도 않았다는 점일 것이다. 그가 한글로 『음식디미방』을 썼다는 것만큼 그가 속해 있었던 17세기 조선사회의 주류 철학인 도학의 허구성을 질타하기도 쉽지 않을 것이다.

『음식디미방』을 언문으로 적어야 하는 이유는 더 있었다. 음식의 재료 모두가 조선의 산과 들, 물에서 나는 것들이며 토지·종자·거름, 농사짓는 사람 모두가 조선의 것이므로 당연히 언문이어야 하는 것이다. 또한 이 책을 읽는 사람도 조선 사람이며 조선의 여성이고, 음식을 만들고 밥상을 차려 조선 사람을 먹여 살리는 여성·아내·딸·며느리·어머니도 모두 조선 사람이라는 것이다. 음식 만드는 방법도 옛적부터 조선 어머니들 마음에서 우러나 손끝으로 다듬고 만들어져 정성과 예의로 차려져 먹고 살아온 것들이다. 조선의 마음이며, 조선의 정신이고, 조선의 혼이 담긴 것이 조선의 음식이므로 언문 외의 그 어떤 문자로도 씌어질 수 없다고 판단한 것이다. 음식 담는 그릇도 조선 사기장이 빚었고 그릇 만드는 데 드는 흙과 물, 장작도 조선 땅이 품어 키우고 낸 것이므로 당연히 언문이어야 옳은 것이다.

음식마다 맛이 다르다. 그 다른 맛이야말로 조선의 정신이 지닌 넓이요 깊이이며, 크기이고 향기이다. 이렇듯 저마다 다른 것들이 모여서 화和가 되며, 화가 맛을 만들고, 그 맛이 곧 조선의 정체성이기 때문에 다른 민족의 외래문자로는 그 맛을 제대로 담아낼 수 없다.

『음식디미방』은 음식과 정신의 관계를 담고 있다. 음식의 정신성은 인류학이나 문명사의 주요 과제이지만 역사학과 사회학의 관련문제이기도 하다. 이 말은 『음식디미방』을 음식을 만들어 파는 음식점이나 상업적 목적으로 접근하는 방식이 지닌 위험성을 지적하고자 하는 것이다.

몽테스키외는 벼를 재배하는 나라에 대해서 견해를 피력한 적이 있다. "다른 곳에서는 동물을 먹이는 데 쓰이는 땅이 여기에서는 직접 사람을 먹이는 데 쓰인다" "당신이 먹는 것을 나에게 이야기해보라. 그러면 당신이 어떠한 사람인지를 말해주리라"거나 "사람은 그 사람이 먹는 것 그 자체이다"라는 말도 있다.33

『음식디미방』에서 보여주는 재료들은 여러 지방의 생산물로 이루어져 있는데, 예를 들면 석이편의 주재료인 석이버섯은 깊은 산중에서 구할 수 있는 것이고, 마른 해삼이나 대합, 모시조개 같은 것은 바닷가를 낀 지역의 산물이다. 참게는 맑고 차가운 개울물이 흐르는 산중에 사는 것이며, 해삼·전복·대구껍질은 해안지방에서 구할 수 있는 재료이다. 비시나물이나 산갓은 깊은 산중에서나 구할 수 있는 것들이고, 곰발바닥 같은 귀한 재료는 민간이 아닌 궁중요리에 속한 것이다. 이렇게 보면 시댁인 영해 바닷가에서 주로 나는 재료들을 이용한 음식과 영양의 석보나 수비 같은 산중의 특산물을 이용한 음식들이 있는가 하면, 장계향의 외가로 알려진 봉화 맛질의 맛질방문 음식들도 여럿 소개되고 있다.

결국 음식의 정신성과 음식의 사회문화적 성격을 살펴볼 수 있는 특징도 있다. 상류문화로서의 양반음식문화의 바른 이해가 필요한 이유는 곧 음식인류학의 정립을 촉구하는 부분이기도 하다.

음식재료의 중요성은 영양·비용·청정성과 자연환경 외에도 민족문화로서의 가치도 함께 고려해야 한다. 만드는 법은 종자의 보존과 식물학적 연구, 기르기, 채취의 방법, 거두기의 자연성까지 고려하는 인류문화의 핵심적 산업으로 거론되고 있다.

음식을 담는 그릇은 음식문명의 척도가 된다. 상차림의 예술성, 식사분위기와 주택구조, 식사예절과 전통문화, 민족음식으로서의 세계성 등이 분야별로 연구될 필요도 있다. 이때『음식디미방』은 복합적인 학문연구의 대상으로서 손색없는 자료가 될 수 있을 것이다.

무엇보다 중요한 것은『음식디미방』이 지닌 미학적 특성일 것이다. 맛의 본질에 대한『춘추좌전』, 소공 20년조의 절묘한 비유와 상징들은 곧 정치사회학적인 요소들과 함께 장계향이 이 책을 저술하게 된 의도를 읽어내는 데 좋은 길잡이가 될 것이다.

그해 겨울 장계향 내외는 저곡에서 투병 중인 휘일의 병문안을 갔다. 휘일은 너무나 기뻐서 아침저녁으로 부모님을 봉양하여 좌우에서 뜻을 어김이 없었고, 옛날과 당시의 이야기를 하여 부모를 기쁘게 하려는 정성이 지극했다.[34]

나눔의 기적

1671년은 현종 12년이고 조선의 역사에서 굶어 죽은 사람이 가장 많았던 해였다.『현종수정실록』에서는 '극심한 기근과 염병으로 사망자가 100만을 넘었다'[35]고 기록되어 있다.

큰 흉년이 들어서 굶어 죽은 시체가 길에 가득하자 이휘일은 애통해하고 서글퍼하며 집안에 있는 곡식을 내놓아 곤궁한 사람들을 구제하고자 하였으며, 큰 기근 뒤에는 반드시 변란이 일어날 것

을 염려하였다.36

같은 해 2월 25일 서울훈련원 설죽소設粥所에서 각처에서 몰려든 기민들이 서로 먼저 들어가려고 밀고 당기다가 팔순 노파가 넘어져 밟혀 죽은 사고가 일어났다.37 이런 일은 전국의 진휼장에서 언제든지 일어날 수 있었다. 우리 속담에 '둘이 먹다 하나 죽어도 모른다'는 이야기가 진제장賑濟場에서 나왔고, 엉망진창이라는 단어도 진제장에서 나온 것이라고 추측된다. 팔순 노파가 깔려 죽을 정도로 굶주린 사람들이 떼로 몰려들며 아귀다툼을 벌이는 '엉망진창'의 소란은 바로 '억만 명이 몰려든 진제장'億萬賑場의 아수라장이었다는 것이다.38

이때 장계향은 74세였다. 이번 흉년은 지난해 여름 기온이 몹시 한랭하고 가뭄을 겪은 나머지 가을에 흉년으로 기울었다. 겨울부터 굶주림이 시작되더니 해가 바뀌어도 비 한 방울 안 내린 채 모진 흉년의 악령이 덮쳤다.

기근飢饉이라는 말의 기飢는 곡물이 익지 않은 것, 근饉은 채소가 익지 않은 것을 뜻한다. 먹을 양식이 없어 굶주리는 것이라 할 수 있는데 기아를 식량이 불충분한 상태라 한다면 기근은 광범위한 사망을 야기하는 기아의 치명적인 징후라고 풀이하기도 한다.39

인류역사상 수재 · 한재 · 풍재 · 화재 등 자연재해는 끊임없었다. 재해로 기근이 심해지면 농촌에서는 아사자가 속출하였고, 먹을 것을 찾아 농촌을 떠나는 걸인이 증가되었다. 그 결과 농촌 인구의 감소, 조세수취 대상자의 감소, 조세수입 감소, 국가의 재정부족으로 이어져 사회불안의 원인이 되었다.

민심이 동요하고 군주의 통치력에 대한 하늘의 심판으로 인식되어 정치적 위기로 돌변했다. 기근에 빠진 백성을 구제하는 가장 확실한 방법은 먹는 것을 확보하는 것인데, 거듭되는 흉년으로 먹을 것이 없기 때문에 기근의 문제가 중요해진 것이다.

이번 흉년은 장계향이 겪어본 그 어떤 흉년보다 무서웠다. 겨울인데다 죽음이 눈앞에 닥친 마당이라 농사에 쓸 종자까지 다 먹어치웠다. 허기진 배를 채울 수 있는 것이라면 초근목피는 물론 흙을 먹기도 했다.

수비 검마산 도성암으로 굶주린 사람들이 몰려들었다. 도성암의 나이 든 스님이 흉년이 들 때마다 도성암 뒤 언덕의 붉은 황토를 물에 타고, 그 위에다 솔잎가루와 쌀가루를 조금 섞어서 굶주린 사람에게 먹여 살려낸 경험을 믿는 사람들이었다. 사람들은 그 흙을 지장토, 즉 지장보살의 가피력이 스민 흙이라고 불렀고, 또 어떤 사람들은 관음토, 즉 관세음보살의 영험이 서린 흙이라고도 했다.

초봄이 되자 수비 띠풀집으로 불리는 장계향의 집까지 걸인들이 나타나기 시작했다. 처음에는 한 식구로 보이는 다섯 명이 왔고, 두 번째는 일곱 명이 왔다. 장계향은 당황하지 않고 대처했다. 해마다 도토리를 주워 모아 쌓아두고 곡식도 따로 예비해두고 있었기 때문이다. 항상 수십 명의 굶주린 이들이 2~3일 정도는 먹을 수 있을 정도의 곡식을 준비해두는 것이 장계향의 살림살이 솜씨였다. 보통 2~3년마다 크고 작은 흉년이 반드시 생기기도 했고, 충효당 시절 몸에 익힌 빈민구제 철학은 석보촌에서도 효험이 입증되었다.

나라가 구하지 못하는 가난을 개인이 구제할 수는 없었다. 그렇다고 살려달라고 찾아오는 사람들을 박대할 수도 없었다. 할 수 있는 데까지는 해야 하는 '차마 못하는 마음'을 외면하는 것은 자기 자신에게 부끄러운 짓이라 여겼기 때문이다.

두 번째 온 사람들은 장계향을 보자마자 울음을 터뜨렸다. 석보촌에서 두 번이나 찾아왔던 사람들이었다.

흉년이 들면 먼저 정부가 지방 관아를 통하여 긴급구제 대책을 폈다. 관아에서는 창고에 보관 중인 정부의 곡식으로 구제를 하고 나서 모자라는 부분은 지방의 부호들과 민간의 협조를 얻기도 했다. 그러나 1671년 그해의 경우에는 민간에서 협조를 얻기가 사실상 불가능했기 때문에 정부가 보관 중인 양식만으로 구제를 할 수밖에 없었다. 문제는 지방 관아의 창고에 곡식이 거의 바닥을 보이고 있다는 점이었다.

관아의 긴급구제는 일단 무상이었다. 쌀 등의 양식을 나누어주는 '백급진제'와 죽을 끓여주는 '설죽'設粥 두 방법이 있었다. 1661년의 흉년 때는 죽 끓이는 번거로움을 피해 마른 곡식, 즉 '건량'乾糧을 나누어주다가 폐단이 많아 다시 '설죽'으로 바뀌었다.

설죽 구제는 기민의 구제책으로 효과가 있었으나 문제점이 뒤따랐다. 설죽 때 담당관리들이 중간에서 곡식을 횡령하고 물을 많이 타서 죽을 늘리다보니 실효성이 떨어지는 것이었다. 그리하여 생긴 말이 '구제하는 죽 먹고 살아난 사람 없다'는 것이고, 기민들이 설죽소 나가는 것을 달갑잖게 여기기도 했다.[40] 관문 근처에 설치된 설죽소는 기민들이 접근하기에 너무 멀고, 관아라는 사실이

기민들에게 공포의 대상이기도 했기 때문이다. 그리하여 큰 고을에서는 외곽에 설죽소를 추가로 설치하기도 했다. 설죽 구제기간 동안 노숙하거나 집단거주했던 탓으로 전염병이 생기기도 했다. 큰 흉년 이후 전염병이 공식처럼 뒤따른 것은 설죽소 설치와 관계가 있다며 구제사업이 죽음을 몰아오는 또 다른 요인으로 지목되기도 했다.

흉년에 사람들이 기댈 수 있는 마지막 구호처는 그래도 관아였다. 조선정부는 기민들에게 죽을 끓여 먹였다. 곡물이 넉넉지 않으면 물을 타거나 다른 재료를 추가하면 얼마든지 양을 늘릴 수 있었기 때문에, 설죽은 적은 곡물로도 많은 기민을 구제할 수 있는 응급구제책으로 오랫동안 실시되었던 것이다.[41] 진휼을 실시하는 고을 수령은 죽을 쑤는 데 드는 쌀·간장·미역 등을 기민의 수효를 헤아려 미리 준비하도록 했다. 죽을 쑬 쌀은 질이 조잡하고 겨가 섞여 있어서 창고에서 꺼내 키질을 하고 방아를 찧어 품질을 살펴본 후 죽을 쑤도록 했다.

죽쌀의 양은 장정 남녀에게는 매 끼니마다 쌀 두 홉, 노약 남녀는 1홉 5작으로 정해져 있었다. 하지만 큰 흉년에는 쌀이 귀했기 때문에 나물죽·두부죽·미역죽을 끓여 나눠주었다.[42]

이번 대기근에는 지금까지의 방법이 무력했다. 새로운 방법이 필요했다. 정부에서는 민간에서 활용할 수 있는 구황법을 마련하여 전국에다 널리 알렸다. 조선 후기 대표적인 진휼전문가로 알려진 이단하李端夏, 1625~89의 제안에 따른 '솔잎죽'이었다. 솔잎은 전염병에도 효과가 높다고 알려졌던 만큼, 오곡 외에 가장 좋은 구황식품인 솔잎을 쓰도록 했다.

솔잎가루와 쌀가루를 섞어 죽을 끓여 먹이면 적은 양식으로 많은 기민을 구제할 수 있다. 실제로 선조 26년에는 솔잎가루 10분에 쌀가루 1분을 넣은 솔잎죽으로 기민을 구제한 사실도 있었다. 이 단하는 죽 끓이는 데에는 기민 한 사람당 쌀 2홉을 쓰는데 이것을 가루로 만들면 5홉이 되고, 쌀가루 5홉은 기민 5명을 먹일 수 있는 분량이니 결국 한 사람이 먹을 것으로 5명을 먹일 수 있는 방법이라고 설명했다.[43]

도토리를 활용하다

장계향은 항상 서두르지 않았다. 손수 도토리를 찧고 갈아서 죽을 끓여 나눠주었다. 도토리에다 기장이나 조를 넣기도 하고, 어수리나물 말린 것을 넣거나 무시래기를 넣어서 끓인 죽을 배불리 먹게 해주었다.

흉년이 들어 쌀독엔 쌀 한 톨 없고 풀도 나무도 다 타버리고, 바다에 조개도 없는 상황이 닥치면 굶어 죽는 수밖에 없었다. 비쩍 말라 입김을 불면 날아갈 듯, 잡으면 으스러질 듯 뼈만 앙상했다.[44] 노인을 부축하고 어린아이를 질질 끌고 가다 추위에 얼어 죽고, 굶어 죽은 어미에게 기어가 젖을 빨던 아이가 젖이 나오지 않자 울어대 옆에 있던 사람들의 목을 메이게 하는 것은 기근이 들면 언제나 반복되는 조선의 풍경이었다.

기근에 시달리던 부모가 자식을 버려두고 가는 일은 흔했다. 어미가 서너 살 먹은 아이를 포대기에 싸서 데리고 왔다가 내버리고 가기도 했다.[45] 굶주림에 시달린 부모가 한사코 떨어지지 않으려는 어린아이를 나무에 묶어놓고 가기도 했다.[46]

죽 한 그릇 때문에 방화를 하는 일도 일어났다. 조금 넉넉하게 살던 축에 속하던 사람도 곤란을 겪었다. 이들은 굶주림의 위기까지 닥치면 먹을 것을 얻으러 오는 이웃이나 친척들로 인해 형편이 더 나빠지기도 했다. 간혹 박정하게 굴거나 먹을 것을 나눠주지 않아서 낭패를 보기도 하는데, 심할 경우 원한을 산 이들이 불을 지르기도 했다.[47]

기근에 시달리다 못해 자살하는 경우도 많았다. 굶주림을 참지 못해 아내와 자식들을 두고 얼음을 깨뜨려 물에 빠져 자살하기도 했다. 주린 배를 움켜쥐고 떠돌아다니던 일가족의 가장이 살아갈 길이 없어 자녀의 목을 맨 다음 아내의 목을 매놓고 마지막으로 자신의 목을 맨 참혹한 일도 일어났다.

사람을 먹는 일도 일어났다. 사람이 먹을 것도 없는 판에 먹일 여력도 없는 가축을 잡아먹는 일은 당연하고, 병들어 죽어 묻은 소를 밤중에 몰래 파먹고 죽기도 했다. 심할 경우엔 사람고기까지 먹었다. 연산의 사노비 순례가 깊은 산골짜기에 살면서 다섯 살 딸과 세 살짜리 아들을 잡아먹었다. 동네 사람들이 그 소식을 듣고 가서 사실 여부를 물었다. 아이들이 병이 나서 죽었는데 굶주림에 고통받다가 결국 삶아 먹은 것이지 잡아 죽여서 먹은 것은 아니라고 대답했다.[48] 굶주린 기민들과 떠돌이 거지 6명이 굶어 죽은 사람과 갓 장사지낸 시체 5구를 파내어 먹은 사건도 있었다.[49]

장계향은 그들의 이야기를 들으면서 세상의 무서움을 또 한 번 느꼈다. 언제나 굶어 죽는 사람이 생기지 않는 세상이 올는지 암울했다. 휘일과 현일이 저토록 『홍범연의』 완성에 매달리는 것도 이 세상을 고쳐 잡을 수 있으리라는 소망 때문이었다. 부디 두 아들이 그 일을 해낼 수 있기를 기원했다.

봄이 다 갈 때까지 수백 명의 기민들이 찾아왔고, 나눠줄 만한 것은 소진되었다. 그러자 식구들이 원망 아닌 원망의 목소리로 장계향의 빈민구제를 처음으로 입에 올렸다. 식구들도 살아야 하지 않느냐는 것이었다. 장계향은 낮은 목소리로 대답했다.

"알고 있다. 하지만 저토록 난감한 처지에 몰려 있는 저들을 어찌 외면하고 우리 식구 살자고 문 닫고 돌아앉아서 목구멍에 죽물 넘길 수 있겠느냐. 저들이 살아남지 못하면 이 세상인들 어찌 무사하겠느냐. 종내는 나라도 망하게 될 것이고 그리되면 우린들 어찌 살아남겠느냐. 설령 살아남는다 하더라도 그것이 어찌 사람 사는 도리이겠느냐.

모든 것은 모든 것과 관계가 있고, 그 관계는 차등이 없는 것이다. 그리고 저들이 저렇게 고통 받으면서도 서로 작당하여 패거리를 지어서 가진 자의 집을 공격하고 불을 지르거나 더 큰 덩어리로 작당하여 죽창이며 농사짓는 연장을 들고 반역을 시도하지 않고 저렇게 견디는 것은 저들 안에 들어 있는 '인'仁을 믿고서 참기 때문이 아니겠느냐. 저들도 차마 거기까지는 하지 못하는 마음이 '인'이 아니고 무엇이겠느냐. 그렇다면 우리의 '인'은 어떤 것이냐. 나 살자고 저들을 외면하는 것이 '인'이냐. 아니다. 그것은 '인'이 아니다. 사악한 욕欲일 뿐이다. 저들을 가련하게 여기지는 못하더라도 미워하지는 말아라. 다 하늘이 내신 목숨이고, 저들 안에는 우리와 똑같은 천리天理가 들어 있느니라. 다만 가련케 여겨 나누고 또 나누고, 또 나누어야 한다. 그것이 '인'이니라."

장계향 가족들이 다투는 모습을 본 기민들은 울었다. 그러다가 한 사내가 말했다. 자신들을 노비로 받아달라고 했다. 어차피 굶어 죽게 될 형편이니 살고 싶다고 했다. 노비로라도 받아주면 살려준 은혜에 보답하는 길이 아니겠냐고 했다. 그러자 오랜 세월 장계향 곁에서 살아온 노비들이 나섰다. 자신들은 비록 노비신분이지만 장계향의 가르침과 보살핌으로 이제껏 사람대접받고 살아왔다, 이제 자기들이 집을 떠나는 대신 저들을 노비로 받아들여달라고 애원하는 일이 벌어졌다. 장계향은 그들의 이야기를 묵묵히 듣고 있다가 말했다.

"우리가 살고 있는 이곳을 '수비'首比라 부른다. 수首는 원元이니 만물의 시초가 되는 것이요, 성인聖人이란 천하만세天下萬世의 머리가 되는 사람이라 했다. 보통 사람의 머리는 성인의 머리와 다르다고 하는데 이는 몸뚱아리는 가졌으되 머리의 뛰어난 바가 성인에 비교될 수 없다는 뜻이다. 그러나 사람은 누구나 보고 배워, 되려고만 하면 성인이 될 수 있다고 했다. 그래서 사람은 각각의 형편이 조금 다르기는 하지만 근본은 똑같은 것이다. '비'比라는 것은 성인과 더불어 세상에 널리 퍼져 있는 만물의 형상이 같다는 뜻이다. 어느 한쪽으로 치우침이 없다는 뜻이기도 한 것이다.

결국 무슨 말이겠느냐. 여기 '수비'에 오면 누구나 성인이 될 지혜를 얻을 수 있다는 말이다. 그냥 수비 땅에 오기만 하면 된다는 것이 아니라, 성인을 닮으려는 생각을 하고 행동하면 반드시 그리 된다는 말이다. 그러니 우리 이러지 말고, 다시 생각해보도록 하자. 마음만 먹으면 안 될 일이 어디 있겠느냐."

장계향은 그렇게 믿고 살았다. 누구든 성인이 될 수 있다고 믿고 살았다. 믿음을 굳건하게 세우면 하늘의 일이 땅에서 그대로 이루어진다고 믿었다. 하늘의 일이 땅에서 그대로 이루어진 것이 '홍범'洪範이기 때문이다.

노비들을 놓아주다

그해의 대흉년은 꼬박 1년 동안 조선 전역에서 맹위를 떨친 뒤 겨우 그쳤다. 더 무서운 것은 언제 또 흉년이 들 것인지였다.

현일은 형 휘일의 병간호를 하느라 저곡에 머무르다 겨울 들고서야 돌아왔다. 휘일이 한사코 동생을 놓아주질 않았기 때문이었다.

1672년 정월이었다. 장계향은 75세, 이시명은 83세였다. 세배를 드리기 위해서 자식들이 모였다. 상일·휘일·현일·숭일·정일·융일·운일까지 일곱 아들이 부모에게 세배를 올렸다. 차례로 술을 올렸다.[50]

이시명이 먼저 얘기를 시작했다.

"세상이 노린내 나고 더러운 병자호란의 수모를 당하매 갓과 신이 거꾸로 되었고, 그런 세상에서 나는 너희들이 과거공부를 하지 않기를 바랐다. 천지가 닫히고 현인이 숨어버렸으며 이런 때에는 오직 산 속에 들어감이 옳지 않을까 여겼지만, 두려운 마음도 없지 않았다. 하여 너희들에게 글을 짓고 시를 외우는 것으로 명성과 이익을 구해서 먹고 사는 것을 권하고 싶지 않았다. 오직 도와 진리가 바르고 옳다는 것을 깊이 믿고 배우기를 좋아하여 기쁨으로 삼는 것이 자신의 행동과 꿈을 더럽히지 않는 길이고, 그것이 옳다고 믿었다. 하여 내 일찍이 산림 속에 자취를 감추고자 했다.

그때 너희 어머니는 단지 그런 이유와 목적만으로 산림에 드는 것은 옳지 않다고 했다. 산림이 지닌 자연의 천리를 깨달아 언젠가 시간이 오면 그때 쓰일 수 있는 것을 준비해야 옳다고 했다. 산이 그냥 산이 아니고, 물 또한 그냥 물이 아니라 했다. 네 어머니 생각이 옳았다. 그래서 나는 그 뜻을 거절하지 않았다.

이제 늙은 이 몸이 마침내 죽을 때가 가까워졌으니, 여러 아들과 손자들이 훗날에 새와 짐승들과 무리지어 살아서 인륜을 어지럽힐까 염려하게 되었다. 내가 지금 병이 없고 깨끗할 때 조속히 저 높은 나무 위로 날아 앉을 생각을 하고 있다. 곧 결행할 것이다. 하여 내 자손들로 하여금 성현의 가르침에 젖게 하는 것이 또한 좋은 일이라 생각한다. 그러니 이날 이후로 너희들은 성현의 가르침을 따라서 세상과 함께 살 수 있는 인간의 땅으로 자유롭게 돌아가려무나. 가서, 성현이 되거라. 성현이 되어 새로운 세상을 열거라."

이시명은 미리 준비했던 것 같았다. 모두 깜짝 놀랐다. 그러고는 묵묵히 앉아서 차례차례 번갈아 둘러보며 술잔을 기울였다.

상일이 장계향에게도 하고 싶은 이야기를 하도록 권했다. 장계향은 한참 망설였다.

"우리가 참 잘 살아왔다고 생각되는 날이구나. 작년의 그 흉년을 넘기면서 나는 많은 것을 생각했다. 그래서 오늘은 그때 생각한 몇 가지를 너희들에게 이야기하려 한다. 나는 일찍이 세상 사람들이 사물 때문에 의리를 해치는 것을 큰 병통으로 여겨왔다. 너희들도 잘 알고 있는 일이다. 의리는 중요하고 사물은 덜 중요한 것인데, 어찌 세상 사람들은 중요한 것을 버리고 덜 중요한 것을 취하는지 참 마음이 아프다. 물物이 비록 눈에 보이고 손에 잡히며, 당장 먹고 입고 사는 데는 눈에 보이지 않고 손에 잡히지도 않는 의義보다 크고 유익하게 쓰이지만, 그 물질일수록 의리가 주인이 되지 않는다면 세상은 거꾸로 뒤집힐 것이다. 이것은 비단 우리가 살아 있는 지금의 일로만 그치지 않을 것이니 부디 명심하여라."

물질로 대변되는 재산과 권력의 남용이 초래하는 심각한 폐해를 지적한 말이었다. 정신이 물질에 종속됨으로써 나타나는 가치관의 전도를 정확하게 인식한 지적이었다. 그날 자식들은 하루 종일 토론으로 시간을 보냈다.

현일이 형제들에게 말했다.

"옛 사람이 벗을 취한 것은 선善을 권하고 인仁을 돕기 위해서였는데, 지금 우리들은 마침 집안에만 들어 앉아 있어 절차탁마하는 유익함이 없다. 형제란 곧 하나의 붕우로서 즐겁게 지내는 한편으로 서로 권면하여야 할 것이니라. 만일 마땅히 말해야 할 것이 있다면 곧바로 숨김없이 말해주고, 형제라는 것 때문에 주저해서는 안 될 것이니라."

휘일이 낯빛을 고치고 칭찬했다.

"우리 아우의 청명하고 탁이한 자질로 또 다른 사람의 충고를 구하기를 이와 같이 하니 어찌 우리가 미칠 수 있는 바이겠는가."[51]

이휘일은 1월 28일 갑자기 병으로 죽었다.

이휘일은 '마음을 보존하지 않으면 본성을 기르고 이치를 궁구하는 근본으로 삼을 수 없다'는 깨달음을 터득하여 자신이 거처하는 집을 '존재'存齋라 이름하고 스스로 살펴 뜻을 생각하는 곳으로 삼았다. 또한 외조부 경당으로부터 심학의 학통을 이어받아 동생 이현일에게 전하는 삶을 살았다.

그해 4월, 이시명은 현종이 가뭄에 대한 대책을 구하고 있어서 현일에게 소를 지어 올리도록 했다. 7월에는 막내아들 운일이 29세의 나이로 요절했다. 일곱 형제 가운데서 가장 천재라는 말을 들었던 그의 죽음 앞에서 장계향은 침묵할 뿐이었다. 둘째 아들 휘일은 장계향에게는 큰아들인데다 행실이 어질어서 어머니가 특히 사랑하였고, 딸 둘과 막내 운일도 모두 평생 염려하였는데 어머니보다 먼저 죽었다.

식구들은 장계향이 큰 슬픔으로 몸을 해칠 것이라 걱정했다. 그러나 장계향은 감정을 단속하고 슬픔을 억제하여 지나치게 몸을 상하는 데까지는 이르지 않았다.

"나는 애통하고 절박하다 하여 부모님이 남겨주신 몸을 해치지 않는다"고 말했다. 아무리 급작스런 상황에서도 말을 빨리 하거나 안색이 변하지 않았고, 기쁘거나 노여운 일이 있다고 해서 마음이 흔들리지도 않았다.

집안에 빠른 움직임이 느껴졌다. 11월 하순 이시명은 안동 도솔원으로 옮겨가겠다는 발표를 했다. 가족 누구하고도 의논하지 않았던 일이었다. 그래도 장계향은 묵묵히 남편의 일을 거들었다.

이시명이 살았던 수비 집터에다 후학들이 세운 유허비 비각.
경북 영양군 수비면 신월동에 있다.

대명동 유허비 비각. 경북 안동시 풍산면 수곡동에 있다.

이때 영해 벽수촌에 살고 있던 큰아들 상일이 양자 은(檃)을 데리고 이시명을 모시고 이사했다. 난생 처음으로 장자로서 부모를 모시게 된 것이다. 현일도 부모를 따라가고 싶었지만 아내 무안박씨가 앓고 있어서 뒷날로 미루었다.

장계향은 수비에서 함께 살았던 노비들을 모두 보내주었다. 그런데도 끝까지 따라가겠다는 세 명만 데리고 떠났다. 20년 동안 살았던 수비는 장계향의 삶에서 황금기였다. 많은 것을 얻고 그만큼 잃은 무상無常의 땅이었다. 이사간 곳은 지붕조차 제대로 없는 집에서 끼니를 때우기조차 어려운 살림살이였다. 집이 아니라 굴이라는 표현이 더 적합할 만큼 험했다. 장계향과 이시명은 누구를 원망하거나 후회하는 빛 없이 행복한 모습이었다.

장계향이 안동으로 떠난 얼마 후인 12월 5일, 현일의 아내 무안박씨가 죽었다.

길고 긴 삶을 정리하다

이시명이 이사왔다는 소문이 나자 안동의 선비들이 자주 찾아왔다. 그때마다 장계향은 소박하지만 품격을 잃지 않은 술상으로 친정 안동선비들을 대접함으로써 이시명의 권위를 지켜주었다. 이시명은 다시 대명동大明洞으로 이사했다.

대명동에서 아직 병이 들지 않았을 때 상일에게 말했다. 자신이 죽거든 장사는 대명동을 벗어나지 말라 했다. 한편 현일은 아내를 장사지낸 뒤 석보촌으로 나왔다. 숭일은 석보에서 부모가 살던 터에 집을 지었고, 정일은 석보 가구에, 융일은 석보 주남에 터를 잡았다.

비각 안에 세워진 대명동 유허비.

현일은 남악실에다 작은 집을 짓고 1674년 2월에 이사하였다.

1674년 8월 20일 이시명이 숨을 거두었다. 향년 85세였다. 암행어사가 영남에 파견되어 두루 살피고 돌아가서 학행과 유일遺逸로 이시명을 조정에 추천하여 종사랑從士郞 영릉참봉寧陵參奉에 재수되었다.

현일을 비롯한 자식들은 아버지가 이사하여 살았던 두실원에서 여묘살이를 시작했다. 상일은 두실원에 머물고, 이시명 내외만 다시 대명동으로 갔다가 그곳에서 죽은 것이다. 자식들은 밤에도 옷을 벗지 않고 예를 다했다. 여묘에 머무는 동안에도 형제들은 책을 읽었고, 특히 현일은 아우들에게 『논어』를 강의하여 옛글의 깊은 의미를 깨닫게 했다. 두실원에서 2리 떨어진 수동에 장사지냈다.

1676년 10월에 3년상을 마쳤다. 현일과 형제들은 석보촌으로 돌아갔다. 그해 11월, 상일은 어머니 장계향을 모시고 영해 벽수촌으로 다시 돌아왔다.

숙종 3년1677 4월, 이현일은 선무랑宣務郞 장악원주부掌樂院主簿에 임명되어 대궐에 나아가 사은하였고, 곧 공조좌랑에 재수되었다.[52]

6월에 장계향의 병이 위중하다는 기별을 받고 현일은 부임한 지 한 달여 만에 사직하고 고향으로 돌아왔다. 상일이 사는 영해 벽수촌으로 가서 어머니를 문안하고 형편을 살펴보았다. 상일도 병이 들어 있었다. 현일은 상일에게 어머니를 자신이 모시고 싶다고 했다. 상일은 고마워했다. 어머니를 모시고 남악실로 왔다.

현일이 어머니로부터 배우고 깨달은 것들 중에서 우리의 정

옛 남악실 전경. 경북 영양군 석보면 주남리이다.

이상일이 장계향을 모시고 돌아온 영해 벽수촌 전경.

신을 일깨워주는 대표적인 사례는 실학정신이다. 유형원柳馨遠, 1622~73이 쓴 『반계수록』磻溪隨錄에 서문으로 쓴 이현일의 글이 그 것이다.

『반계수록』은 현실 법제의 모순을 근본적으로 개혁하여 백성들의 안정된 생활을 보장하고, 지역적 불균등과 신분적 특권을 해소시켜 모든 사람이 자기 몫을 누릴 수 있는 사회를 실현하는 데 목표를 둔 대안이었다. 무엇보다 그 개혁의 주체를 왕의 결단에 둠으로써 당시의 권력 구조상으로는 실현 불가능한 것이었고, 왕조가 새로이 개창되어야만 실현될 수 있는 이상안理想案이었다.

『반계수록』에 담긴 놀라운 지혜는, 현실문제를 해결하기 위해서는 학자가 일생을 바쳐 연구해야 한다는 것이었는데, 이것은 실학 학풍을 일으키는 데 결정적인 계기가 되었다. 그리하여 이익李瀷·안정복安鼎福·정약용丁若鏞 등의 조선 후기 실학자들에게 지대한 영향을 미쳤던 것이다.

『반계수록』의 탁월한 역사성과 이상적 대안임을 가장 정확하게 간파한 사람이 이현일이었는데, 여러 차례에 걸친 부탁을 사양하던 끝에 마음을 정하여 쓴 「둔암 유공 수록의 서」遯庵柳公隨錄序에 실학적 사고의 흔적을 발견할 수 있다.

> 치도治道가 고대 선왕의 법을 회복하지 못한 지가 오래이다 (…) 이후로 시대가 더욱 아래로 내려와서는 사대부들이 경세의 유용한 학문이 있는 줄 알지 못하여 학교에서 공부하는 이들은 한갓 언어를 주워 엮고 경문을 통독하여 과거에 급제할 요량만

하고, 조정에 벼슬한 이들은 해묵은 법을 그대로 답습, 현실에 안주하여 그럭저럭 지내면서 목전의 이익만 도모하고 있으니, (…) 그 책을 읽고 그 사람을 상상해보면 하늘이 이 사람을 낸 것이 실로 우연이 아니거늘, 애석하게도 세상에서 알아주는 이 없어 마침내 탁월한 경술을 품고도 빈한한 처지에 침체하여 재주는 세상에 쓰이지 못하고 도는 당대에 펼쳐지지 못하고 말았다. (…) 세상에 다시 이런 사람이 있겠는가. 이 사람은 없으나 이 책은 있으니 그래도 혹 그 뜻한 바를 조금이나마 볼 수 있구나.53

장계향은 타고난 자품資稟이 후덕한데다 쉬지 않고 평생토록 학문을 하여 어질고 지성스러웠다. 또 선을 즐거워하고, 의를 좋아함이 어려서부터 늙을 때까지 한결같았다. 만년에 몸이 노쇠하여 다른 데에는 생각이 미치지 않았지만 오직 사람에게 선을 행하도록 인도하려는 뜻만은 조금도 줄어들지 않았다.

8월에 이상일이 죽었다. 향년 68세였다. 11월에 현일은 사헌부 지평에 임명되었으나 도중에 사직하고 나아가지 않았다. 1678년 1월에 다시 숙종이 불러 나아가지 않을 수 없었다. 그리하여 어머니를 넷째 아들 숭일의 집으로 모셔다놓고 서울로 갔다.

5월에 현일이 시종侍從의 직함을 받아 잔치를 베풀고 추은할 때 장계향에게도 곡식과 옷감과 음식이 내려졌다. 장계향은 "나는 너의 선친께서 살아계실 때 이런 일이 있지 못한 것을 슬퍼한다"며 더욱 행실을 닦고 선을 행하라고 당부했다.

1680년 7월, 장계향은 숭일의 집에서 세상을 떠났다. 향년 83세

이현일이 어머니를 모시고 돌아와 잠시 함께 살았던
집터에다 후학들이 다시 지은 남악정.
경북 영양군 석보면 주남리 146번지에 있다.

였다. 9월에 이시명의 묘와 같은 산줄기에서 봉분만 달리하여 장사지냈다.[54]

태정부인 장계향

유교역사에서 훌륭한 어머니의 모범으로 칭송받아온 세 여성이 있다. 주실삼모周室三母, 즉 주 왕실의 세 어머니로, 주 왕실의 기틀을 세우는 데 적극적으로 참여한 세 여성을 일컫는다. 태강太姜·태임太妊·태사太姒이다.

그들에 대한 고사는 여러 문헌에 나오는데, 이러한 정보들에 기초하여 서한西漢의 유향은 『열녀전』에서 그들을 '어머니의 모범'으로 정식화하였다. 유향은 여성의 한 유형으로 어머니를 제시하였고, 「모의」母儀장을 만들어 이 세 여성을 으뜸자리에 올려놓았다. 즉 태강·태임·태사는 '어머니의 모범'이 된 역사상의 많은 여성 중에서 가장 중요한 인물이 된 것이다.[55]

태강은 주周왕조의 기틀을 마련한 태왕의 아내이자 주를 개창한 무왕의 증조모가 된다. 손자인 문왕은 무왕의 아버지이다. 따라서 태강은 주나라를 창설한 남자들의 계보를 만든 중요한 인물이었다.『시경』,「대아·대명편」

태임은 태강의 며느리이자 문왕의 어머니이다. 태임은 문왕을 잉태했을 때 태교를 잘하여 지덕이 빼어난 아들 문왕을 얻을 수 있었다. 특히 시어머니 태강을 잘 섬겼으며, 며느리인 태사를 잘 이끌고 지도했다는 칭송을 들었다.『시경』,「대아·사재편」

태사는 문왕의 아내이자 무왕의 어머니이다. 태사는 문왕과 혼

장계향의 묘소. 1959년 가을.
이시명의 13대 종손 이돈(왼쪽)과 『음식디미방』을 연구해
현대화한 황혜성 교수. 경상북도 안동시 풍산면 수곡리에 있다.

인하여 10명의 아들을 낳았다. 또한 남편 문왕이 더 많은 아들을 얻을 수 있도록 첩을 허락한 인물이다. 태사는 곧 남편의 여자들에 대해 질투하지 않은 전형처럼 된 여성이다.『시경』,「대아·대명편」

이 세 여성의 이름 앞에는 태 자가 붙는데 이는 '크다'는 의미의 존칭이라 한다. 여기서 우리나라의 과거 역사에서 여성들이 아들을 낳기 위해 혼신을 기울였던 일들과 태 자가 붙은 중국 고대사 속의 세 여성들과는 부정하기 어려운 관계가 있을 것으로 보인다. 특히 태교로 유명한 태임은 유교문화권 여성상을 만드는 데 적극 활용되었다.

조선 16세기를 대표하는 사상가 율곡의 어머니 '사임당'師任堂이라는 호는 '태임'을 스승으로 삼는다'는 뜻이 들어 있다. 이렇듯 조선시대까지 중국 고대사 속의 전설적 세 여성에 대한 숭배는 신앙에 가까웠다.

그런데 정작 이 같은 역사는 여성의 판단으로 구성된 것이 아니라 역사 속에서의 여성이 근원적으로 지니고 있는 힘을 이용할 목적으로 남성의 시각에 맞춰 만들어낸 것이다. 그러다보니 역사 속의 어머니는 자연질서에 순응하여 생겨난 어머니가 아니라 남성 지배를 체계화한 제도적·인위적 어머니라는 해석을 낳았다. 장계향의 경우도 이같이 도도하고 강철같이 단단한 남성의 시각으로 구성해온 역사의식이 고스란히 미쳤다.

장계향의 아들 이현일이 유학자로서 덕행이 높은 선비로 칭송받아오다가 유현儒賢의 자격으로 선발되어 벼슬이 이조판서에 이르게 된 까닭으로, 부모에게 관작을 추증하게 되었다. 장계향은 어머니로서 태정부인太貞夫人으로 헌증되었다.

　　선생의 선비先妣 태정부인 장씨는 장경당 선생의 따님이시다. 경당은 도산 심학의 전통을 학봉 김문충공에게서 받았다. 태정부인은 단아하고 엄하면서도 학식이 있었으므로 세상에서 '여중학자'女中學者라고 칭하였다.56

　『시경』,「대아편」의「첨앙」瞻卬은 범백凡伯의 시이다. 유왕幽王이 나라를 망치게 한 사실을 비방한 노래라고 전해온다. 여성의 정치 참여가 나라를 망하게 한 원인이었다 하여 유명해진 것이다.

　　어진 이는 나라를 일으키건만
　　똑똑한 여인은 나라를 기울게 하네
　　똑똑하고 똑똑한 저 여인은
　　목소리도 미워라 올빼미같이
　　여인의 혀가 길어 말이 많으며
　　참으로 화의 근원이 되나니
　　난리는 하늘에서 내리지 않고
　　부인에 의하여 생겨나니라
　　아무리 가르쳐도 소용없는 것
　　그것은 부인네와 내시니라
　　괴롭히고, 해치며, 변덕부리다가
　　속인 끝에 마침내 배반하나니

부인이 정치에는 관계없을 터
누에치기를 쉬어서는 안 되는 것이라네
哲夫成城　哲夫傾城
懿厥哲婦　爲梟爲
婦有長舌　維之階
亂匪降自天　生自婦人
匪敎匪誨　時維婦寺
鞠人　始竟背
婦無公事　休其蠶織

  이 시는 서주 말엽 유왕이 씨족과 제후들을 통제할 정치토대를 상실하게 된 원인을 그의 아내 포사褒姒의 재지와 변설의 탓으로 돌리고 있다.

  주周나라는 그 이전 국가인 하夏, 상商의 왕들이 부인을 정치적 동반자로 삼는 등 신분과 재산이 형제로 계승되고 어머니 쪽의 권한을 반영해온 데 반하여, 철저하게 부권제夫權制의 부자夫子 상속으로 전환하였다. 유학자들이 주공周公을 칭송하는 큰 이유는 그가 부자계승원칙을 스스로 실천한 인물이라는 점과 주나라 때부터 남존여비사상이 확립될 수 있었기 때문이다.

  그런데 서주 후반에 와서 포사라는 여인이 등장하여 남자를 능가하는 정치수완을 갖추고 그동안 정착되어온 적장자 계승을 거역하게 되었다. '종법제'宗法制라는 기존의 틀을 무시하면서 적자를 폐하고 서자를 세우는 이른바 '폐적입서'廢嫡立庶를 실행한 것이다. 남성들이 일제히 들고일어나 포사를 끌어내리기 위해 모든 방법을 끌어왔다. 남성들이 포사를 짓밟기 위해 만들어낸 조작극이 유향의 『열녀전』, 「얼폐」孽嬖, '주유포사'周幽褒姒에 이렇게 나와 있다.

포나라 신神의 침이 어린 궁녀의 몸속으로 들어가자 포사가 잉태되었다. 포사가 자라서 유왕의 비가 되면서 왕후와 태자는 퇴출당했다. 웃지 않는 포사를 위해 유왕은 거짓 봉화를 올리곤 했는데, 신나라 제후의 공격을 받아 주왕조는 마침내 문을 닫았다.

즉 포사는 사람의 자식이 아니라 용이 흘린 침이 어린 동녀의 몸속으로 흘러 들어가서 태어난 요괴라는 말이다. 그러면서도 포사를 '철부'哲婦라고 묘사했는데, 이는 아무래도 수적인 우세를 차지하고 있는 남성들을 정치적 술수로 제압하면서 자신의 뜻을 관철시켜나간 탁월한 능력자임을 고백하고 있는 것이다. 포사의 예에서 보듯 유교의 역사에는 여성의 정치적 참여를 여성 망국론으로까지 극도로 경계하고, 여성을 불길하고 위험한 존재로 단정한 문헌들이 많았다.

이런 역사는 조선시대에도 그대로 답습되었다. 그런 가운데 흔치 않은 존칭인 군자로 장계향을 표한 것은 이현일이라는 훌륭한 아들의 어머니였기 때문이다. 17세기 조선 역사에서 장계향이란 이름을 남길 수 있었던 것은 아들 이현일로 인하여 장계향의 존재가 증명된 것이다. 군자라는 존칭은 유교역사 안에서 남성 중심의 관념적 칭송으로는 어울린다고도 볼 수 있을 것이다.

그러나 '정부인 안동장씨'를 '장계향'으로 부르면서 그의 삶을 말하려 하는 것은, 생물학적 존재로서의 인간과 주체를 확인함과 동시에, 양성 평등과 여성 역할의 시대적 중요성이 절실하게 요구되고 있는 현대사회의 필요성에 따른 사회적 소명이기도 하다. 또한 유교역사와 재령이씨 가문에 속해 있던 여성 정부인 안동장씨를 여성사를 넘어 한국인의 정신적 자양이자 새로운 한 지향점으로 확인해야 할 시간이 왔기 때문일 것이다.

그것이 지금 우리가 장계향을 말하려는 이유이다.

주註

제1장 요동치는 16세기 조선

1 이태진, 「소빙기(1500~1750) 천변재이 연구와 조선왕조실록」, 『역사학보』, 제149호, 1996.
2 위의 논문.
3 한영우 외, 『국사』, 한국방송통신대출판부, 1982, 233쪽.
4 송복, 『조선조 리더십 연구』, 지식마당, 2007, 39쪽.
5 위의 책, 51쪽.
6 『이항복 수기』, 「연보」, 선조 25년 5월 경신조.
7 『선조수정실록』, 권26, 25년 5월 삭조.
8 위의 책, 같은 조.
9 송복, 앞의 책, 46쪽.
10 『선조수정실록』, 권26, 25년 5월 삭조.
11 위의 책, 같은 조.
12 송복, 앞의 책, 68쪽.
13 『이항복 수기』.
14 『이충무공전서』, 권10, 임진년 9월 초1일조.
15 위의 책, 같은 곳.
16 유성룡, 「진사록」, 1593년 정월 계사조.
17 위의 글, 1598년 정월 무술조.

18 유성룡,「진시무차」, 1594년 4월 갑오조.
19 위의 글, 1513년 12월 계사조.
20 『선조수정실록』, 권26, 25년 9월 정사조; 이긍익, 『연려실기술』, 권16.
21 『명(明)신종실록』, 권261, 만력 21년(1593) 6월 갑신조; 송복, 앞의 책, 272쪽.
22 최소자,「명말 중국적 세계질서의 변화: 임진 정유 왜화를 중심으로」, 『명말·청초사회의 조명』, 한울아카데미, 1990.
23 유성룡, 이재호 옮김, 『징비록』,「기계사동사천사사」, 역사의 아침, 2007.
24 『연려실기술』, 권17,「사헌 선칙」. 이긍익의 『연려실기술』에서는 유성룡의 『서애집』과 『서애행장』을 그대로 옮겨 적었다.
25 유성룡, 『징비록』,「기계사동사천사사」.
26 위의 책, 같은 곳.
27 『선조실록』, 권27, 25년 6월 갑진조.
28 위의 책, 권84, 30년 1월 갑인조.
29 유성룡, 『징비록』,「녹후잡기」.
30 『선조실록』, 권26, 26년 3월 신유조.
31 『연려실기술』, 권17,「선조고사본말」.
32 『이순신 연보』, 1598년 10월 갑술조.
33 송복, 앞의 책, 440쪽.
34 위의 책, 같은 곳.
35 유성룡, 『징비록』, 권1, 2장.
36 위의 책, 권1, 6장.
37 위의 책, 권2, 12장. 고니시 유키나가의 간첩 가나메 도키쓰라(要時羅)가 경상우병사 김응서 진영에 드나들면서 꾸민 일본군 최대의 첩보전 승리였다.
38 위의 책, 권2, 12장.
39 위의 책, 같은 곳.
40 위의 책, 권2, 16장.

제2장 성인(聖人)을 기다리다

1 이덕일, 『유성룡: 설득과 통합의 리더』, 역사의아침, 2007, 341쪽.
2 장흥효, 김태안 옮김, 『국역 경당 선생 문집(하)』, 「경당 선생 연보」, 경당선생기념사업회, 2006, 235~239쪽.
3 위의 책, 「경당 선생 세계도」, 207쪽.
4 전택원, 「그 예의범절이 잘 이어져 온 고장」, 『한국의 발견 경상북도』, 뿌리깊은나무, 1992, 13~134쪽.
5 위의 책, 같은 곳.
6 김두하, 「이황」, 『한국민족문화대백과사전』, 18, 한국정신문화연구원, 1991, 379쪽.
7 이태진, 「사림파」, 위의 책, 10, 1991, 805쪽.
8 강희복, 「퇴계 심학에서의 경(敬)과 즐거움(樂)」, 『한국철학논집』, 제21집, 2007.
9 이상익, 「이기일원론과 이기이원론의 철학적 특성」, 『퇴계학보』, 제91집, 1996, 99쪽.
10 류승국, 『동양철학연구』, 근역서재, 1983, 126쪽.
11 『이자수어』(李子粹語), 권1, 「김부윤록」(金富倫錄).
12 최중석, 「이황 성리학의 근본정신과 학문 방법」, 한국철학사연구회 편, 『한국철학사상사』, 심산, 2005, 188~201쪽.
13 『퇴계집』, 권28, 17쪽.
14 『자성록』, 권1, 48쪽.
15 『퇴계선생언행통록』, 권1, 16쪽.
16 『안동권씨 대동보』, 권1, 안동장씨 대동보.
17 이완재, 「김성일」, 『한국민족문화대백과사전』, 4, 1991, 727~728쪽.
18 이우성, 「해제」, 『국역한강집』, 1.
19 『국역 한강집』, 1, 「장행원 흥효에게 답함」.
20 위의 책, 1, 「장행원 흥효와의 문답」.
21 『국역 경당 선생 문집(하)』, 「연보」.

22 위의 책, 같은 곳.
23 『안동권씨 복사공파 세보』, 권9, 「동정공파시계(時系)」.
24 이휘일, 성백효 옮김, 『국역 존재 선생 문집』, 6, 「경당 선생 행장」, 한국학진흥원, 2009, 241~242쪽.
25 『국역 경당 선생 문집(하)』, 「잡저」(雜著), 59~60쪽.
26 위의 책, 같은 글, 61쪽.
27 위의 책, 「녹」(錄), 93~94쪽.
28 위의 책, 「연보」.
29 위의 책, 같은 곳.

제3장 계향의 영혼에 새긴 세상 풍경

1 송복, 『조선조 리더십 연구』, 지식마당, 2007, 452쪽.
2 이긍익, 『연려신기술』, 「선조조고사본말」.
3 『유성룡연보』, 1599년 6월 28일; 『연려실기술』, 권17.
4 『연려실기술』, 권17.
5 이덕일, 『유성룡: 설득과 통합의 리더』, 역사의아침, 2007, 7쪽.
6 『퇴계선생언행통록』, 권1, 「김성일기록」, 14쪽.
7 위의 책, 권2, 「우성전기록」, 75쪽.
8 위의 책, 권1, 「김성일기록」, 37쪽.
9 안영석, 「퇴계의 성리설과 수양공부론의 심학적 특성」, 『동양철학』, 제32집, 2009.
10 『퇴계선생언행통록』, 권1, 「우성전기록」, 33쪽.
11 『순자』(荀子), 「불순」(不筍). 君子養心, 莫善於誠.…唯義之爲行.
12 김형효, 『물학·심학·실학』, 청계, 2003, 351쪽.
13 유성룡, 『잡저』, 「두문불출」.
14 김형효, 앞의 책, 398쪽.
15 유성룡, 이재호 옮김, 『징비록』, 권1, 5장. … 此實天也非人力之所及也, 역사의아침, 2007.

16 위의 책, 같은 곳, …其得有今日天也.
17 위의 책, 같은 곳, …此實天也.
18 위의 책, 같은 곳, …是天贊中興之運.
19 위의 책, 같은 곳, …嗚乎豈非天哉.
20 위의 책, 같은 곳, …莫非天也.
21 위의 책, 같은 곳, …蓋莫非天也.
22 기세춘·신영복 공편역, 『중국역대시가선집 4』, 돌베개, 1994, 170쪽.
23 염정삼, 「소동파」, 『브리태니커백과사전』, 12, 한국정신문화연구원, 1991.
24 이휘일, 성백효 옮김, 『국역 존재 선생 문집』, 6, 「경당 선생 행장」, 248쪽.
25 이현일, 민족문화추진회 옮김, 『국역 갈암집』, 4, 「선비 증정부인 장씨 행실기」, 291쪽.
26 이상옥 역주, 『예기』(禮記), 「본명해」(本命解), 명문당, 1985; 이숙인, 「여성 윤리관 형성의 연원에 관한 연구」, 『유교사상연구』, 제6집, 1993, 38쪽.
27 성백효 편저, 『소학집주』, 전통문화연구회, 2010.
28 최재목, 「퇴계의 경(敬)의 심학과 양명의 양지(良知) 심학」, 『퇴계학과 한국문화』, 41호, 2007.
29 유성룡, 「진사록」.
30 『선조실록』, 27년 5월 8일조.
31 위의 책, 27년 3월 29일조.
32 유성룡, 「근폭집」.
33 같은 곳.
34 『선조실록』, 26년 6월 14일조.
35 위의 책, 26년 6월 14일조.
36 위의 책, 27년 2월 12일조.
37 위의 책, 27년 2월 27일조.
38 유성룡, 「근폭집」.

39 이덕일, 앞의 책, 274쪽.
40 최재목, 앞의 논문, 52쪽.
41 『선조실록』, 6년 3월 17일조.
42 유성룡, 「근폭집」.
43 같은 곳.
44 『선조실록』, 27년 1월 17일조.
45 유성룡, 『잡저』, 중강개시(中江開市).
46 『선조실록』, 29년 6월 18일조.
47 위의 책, 같은 곳.

제4장 어떻게 행할 수 있는가

1 이황, 『성학십도』(聖學十圖), 「숙흥야매잠도」 중에 있는 퇴계의 설명문.
2 이상옥 편저, 『예기(상)』, 명문당, 2003, 451쪽.
3 장계향·이현일 외, 이재호 옮김, 『국역 정부인 안동장씨 실기』, 실기간행소, 1999, 16쪽.
4 이상섭, 『문학비평용어사전』, 민음사, 1981, 230~231쪽.
5 김승혜, 『논어의 그리스도교적 이해』, 영성생활, 2002, 27쪽.
6 김경한, 「도산 12곡에 대한 연구」, 『도남 조윤제 박사 회갑 기념 논문집』, 신아사, 1964, 103~123쪽.
7 위의 논문.
8 최재목, 「퇴계의 경(敬)의 심학과 양명의 양지(良知) 심학」, 『퇴계학과 한국문화』, 제41호, 2007, 75쪽.
9 위의 논문.
10 임마누엘 칸트, 백종현 옮김, 『판단력비판』, 아카넷, 2009, 338~340쪽.
11 윤효석, 「서예의 미적 성향에 따른 초서의 형태적 연구」, 경상대 석사학위 논문, 2010.
12 마이클 설리번, 김경자 옮김, 『중국미술사』, 지식산업사, 1978, 183쪽.
13 위의 책, 같은 곳.

14 위의 책, 같은 곳.
15 위의 책, 182쪽.
16 장흥효, 김태안 옮김, 『국역 경당 선생 문집(상)』, 「서애 유 선생의 죽음을 애도함」, 경당선생기념사업회, 2006, 85쪽.
17 『안동권씨 복사공파 세보』, 권9, 「동정공파 시계(時系)」, 631쪽.
18 장계향 · 이현일 외, 앞의 책, 15~16쪽.
19 위의 책, 44쪽.
20 기세춘 · 신영복 공편역, 『중국역대시가선집 3』, 돌베개, 1994.
21 『녹색평론』, 제115호(2010.11/12), 111쪽. 가라타니 고진의 '세계의 구조'에 대한 대담내용을 수록한 『세계』(2010.10)를 번역한 글이다.
22 기세춘 · 신영복 공편역, 앞의 책.

제5장 천지와 만물이 나와 한몸이니

1 이이, 『국역 율곡 전서 II』, 「진시폐소」, 한국정신문화연구원, 1984.
2 위의 책, 「만언봉사」.
3 위의 책, 같은 곳.
4 장흥효, 김태안 옮김, 『국역 경당 선생 문집(하)』, 「연보」, 경당선생기념사업회, 2006, 240~241쪽.
5 이상옥 편저, 『예기(중)』, 명문당, 2003, 743쪽.
6 쉬바르츠 외, 엄명숙 외 옮김, 『사적 유물론과 여성해방』, 중원문화사, 1990, 38쪽.
7 이숙인, 「여성 윤리관 형성의 연원에 관한 연구: 『예기』를 중심으로」, 『유교사상연구』, 제6집, 1993, 290쪽.
8 이상옥 편저, 앞의 책, 「악기」, 965쪽.
9 이숙인, 앞의 논문, 295쪽.
10 이상옥 편저, 『예기(상)』, 「곡례」, 38쪽.
11 위의 책, 40쪽.
12 위의 책, 같은 곳.

13 위의 책, 같은 곳.

14 위의 책, 같은 곳.

15 이휘일, 『국역 존재 선생 문집』, 「경당 선생 행장」, 한국국학진흥원, 2009, 246쪽.

16 『송사』(宋史), 권434, 「채원정전」(蔡元定傳).

17 장윤수, 「경당 장흥효 선생과 17세기 경북 북부지역 성리학에 관한 연구」, 『철학연구』, 제99집, 2006.

18 이함, 이정섭·이장우 옮김, 『국역 운악 선생 문집』, 「행장」, 운악선생문집간행소, 1992, 177~183쪽.

19 김석희, 「김해」(金垓), 『한국민족문화대백과사전』, 5, 1991, 49쪽.

20 장윤수, 앞의 논문.

21 장흥효, 김태안 옮김, 『국역 경당 선생 문집(상)』, 「인조대왕에게 올리려고 한 소(疏)」, 51쪽.

22 김경미 외 역주, 『17세기 여성생활사 자료집 4』, 보고사, 2006, 123쪽.

23 페르낭 브로델, 주경철 옮김, 『물질문명과 자본주의』, 까치, 1997, 135쪽.

24 이함, 이정섭·이장우 옮김, 앞의 책, 「연보」, 242쪽.

25 장윤수, 앞의 논문.

26 위의 논문.

27 이현일, 민족문화추진회 엮음, 『국역 갈암집』, 권4, 「근시재 김 선생 묘지명」, 민족문화추진회, 2001, 170쪽.

28 이시명, 김태안 옮김, 『국역 석계집』, 「행장」, 석계선생문집간행위원회, 2002, 248쪽.

29 위의 책, 「백씨의 죽음을 애도함」, 181~82쪽.

제6장 나랏골의 꿈

1 조원래, 「박홍장」, 『한국민족문화대백과사전』, 9, 1991, 119쪽.

2 이재범, 「박의장」, 위의 책, 57쪽.

3 이현순, 「우리 재령이씨 영해 정착 내력과 발전에 대한 관견」, 『사암회

보』, 제2호, 1982.
4 한글학회 편, 『한국지명총감』, 경북대출판부, 1979, 88쪽.
5 이용태, 『충효당사』, 충효당, 1997, 17~27쪽.
6 이재, 「충효당기(記)」.
7 이용태, 앞의 책.
8 이함, 이정섭·이장우 옮김, 『국역 운악 선생 문집』, 「연보」 중 제월대에서 행한 경전 강의.
9 위의 책, 같은 곳.
10 도암, 「혼례」, 『국역사례편람』, 우봉이씨대종회, 1992, 39~65쪽.
11 장병인, 『조선전기 혼인제와 성차별』, 일지사, 1997, 136쪽.
12 장병인, 「조선중기 혼인제의 실상: 반친영의 실체와 그 수용 여부를 중심으로」, 『역사와 현실』, 제58집, 2005, 26쪽.
13 장병인, 앞의 책, 141~42쪽.
14 장병인, 앞의 논문.
15 장계향, 백두현·한복려 해제, 『음식디미방』, 경북대출판부, 2003, 1670, 앞표지 안쪽 면 오른쪽(사진 참조).
16 기세춘·신영복 공편역, 『중국역대시가선집 3』, 돌베개, 1994, 160~173쪽.
17 페르낭 브로델, 주경철 옮김, 『물질문명과 자본주의 I-1』, 까치, 1997, 140~242쪽.
18 『재령이씨 영해파보』, 권1, 6쪽.
19 이시명, 김태안 편저, 『국역 석계집』, 석계선생문집간행위원회, 2002, 251쪽.
20 위의 책, 252쪽.
21 김형효, 『물학·심학·실학』, 청계, 2003, 399쪽.
22 이원호, 「동몽훈도」, 『한국민족문화대백과사전』, 7, 1991, 230쪽.
23 『도덕경』, 제8장.
24 위의 책, 제9장.
25 이태진, 「소빙기(1500~1750) 천변재이 연구와 조선왕조실록」, 『역사

학보』, 제149호, 1996.
26 한우근, 『한국통사』, 을유문화사, 1970, 283쪽.
27 위의 책, 299쪽.
28 위의 책, 300쪽.

제7장 베를 짜 가난을 구제하다

1 이시명, 김태안 옮김, 『국역 석계집』, 「행장」, 석계선생문집간행위원회, 2002, 260쪽.
2 김석진, 『대산주역강의(상)』, 한길사, 1999, 41쪽.
3 이시명, 김태안 옮김, 앞의 책, 같은 곳.
4 앞의 책, 같은 곳.
5 앞의 책, 같은 곳.
6 이은상, 「학봉 선생의 학문 사상의 경향」, 『국역 학봉집』, 1976.
7 유성룡, 이재호 옮김, 『징비록』, 「연보」, 역사의아침, 2007.
8 이현순, 「우리 재령이씨 영해 정착 내력과 발전에 대한 관견」, 『사암회보』, 제2호, 1982.
9 송복, 『조선조 리더십 연구』, 지식마당, 2007, 229쪽.
10 한우근, 『한국통사』, 을유문화사, 1970, 283쪽.
11 서영숙, 「길쌈」, 『한국민족문화대백과사전』, 4, 1991, 561~566쪽.
12 유명종, 『성리학과 양명학』, 연세대출판부, 1994, 200쪽.
13 이기백, 『한국사신론』, 일조각, 1976, 256쪽.
14 이현일, 민족문화추진회 옮김, 『국역 갈암집』, 권4, 민족문화추진회, 2001, 293쪽.
15 이원효, 『태교: 태중 모육의 이해』, 박영사, 1997.
16 손인주, 「태교」, 『한국민족문화대백과사전』, 23, 1991, 12~13쪽.
17 『논어』, 「태백편」; 「양화편」.
18 신정근, 「고대 중국의 사람(人)에서 인(仁)의 발견」, 『철학』, 제53집, 1997.

19 장흥효, 김태안 옮김, 『국역 경당 선생 문집(하)』, 「연보」, 경당선생기념사업회, 2006, 259쪽.

20 위의 책, 「연보」, 260쪽.

21 이현일, 「김씨에게 시집 간 누이에게 주는 제문」, 김경미 외 역주, 『17세기 여성생활사 자료집 4』, 보고사, 2006, 47쪽.

22 한우근, 앞의 책, 302쪽.

23 문숙자, 「재령이씨 영해파 가문의 분재기 분석」, 한국학대학원 석사학위 논문, 1992, 60쪽.

24 송복, 앞의 책, 68쪽.

25 장윤수, 「경당 장흥효 선생과 17세기 경북 북부지역 성리학에 관한 연구」, 『철학연구』, 제99집, 2006 ; 『국역경당선생문집(하)』, 「부록」, 354~405쪽.

26 이홍식 편, 『새국어사전』, 대영문화사, 1978, 1226쪽.

27 『국역 석계집』, 「행장」, 252~53쪽.

28 이함, 이정섭·이장우 옮김, 『국역 운악 선생 문집』, 「서」, 운악선생문집간행소, 1992, 128쪽.

29 위의 책, 같은 곳.

30 『국역 경당 선생 문집(하)』, 「연보」, 266~77쪽.

31 위의 책, 「연보」, 205쪽.

32 『국역 운악 선생 문집(상)』, 「시」, 92쪽.

33 위의 책, 「시」, 93쪽.

34 위의 책, 「시」, 204쪽.

35 위의 책, 「연보」, 280쪽.

36 위의 책, 「연보」, 282쪽.

제8장 재물이 고르지 못함을 부끄러워하라

1 주희, 임민혁 옮김, 『주자가례』, 예문서원, 1999, 220쪽.

2 하현강, 「정몽주」, 『한국의 인간상』, 신구문화사, 1965, 176쪽.

3 필립 짐바르도, 박권생 외 옮김, 『심리학과 삶』, 시그마프레스, 2009, 575쪽.
4 위의 책, 576쪽.
5 위의 책, 577쪽.
6 이시명, 김태안 옮김, 『국역 석계집』, 「행장」, 석계선생문집간행위원회, 2002, 258쪽.
7 최재목, 『퇴계 심학과 왕양명』, 새문사, 2009, 52~53쪽.
8 위의 책, 61쪽.
9 이현일, 민족문화추진회 옮김, 『국역 갈암집』, 권6, 「연보」, 민족문화추진회, 2001, 4쪽.
10 위의 책, 권4, 「묘지명」, 217쪽.
11 『국역 석계집』, 「행장」, 255쪽.
12 위의 책, 같은 곳.
13 이휘일, 성백효 옮김, 『국역 존재 선생 문집』, 「행장」, 한국국학진흥원, 2009, 297쪽.
14 이태진, 「소빙기(1500-1750) 천변재이 연구와 조선왕조실록」, 『역사학보』, 제149호, 1996, 204쪽.
15 『국역 존재 선생 문집』, 「행장」, 296쪽.
16 『국역 갈암집』, 권6, 「연보」, 5쪽.
17 위의 책, 권4, 「행장」, 291쪽.
18 위의 책, 「연보」, 294쪽.
19 위의 책, 「연보」, 293쪽.
20 김형효, 『물학·심학·실학』, 청계, 2003, 65쪽.
21 위의 책, 215~216쪽.
22 이휘일, 「김씨에게 시집간 누이에게 주는 제문」, 『17세기 여성 생활사 자료집 4』, 보고사, 2006, 49쪽.
23 권오호, 「유직」, 『한국민족문화대백과사전』, 17, 1991, 123쪽.
24 최진옥, 「신석형」, 『한국민족문화대백과사전』, 13, 1991, 836쪽.

25 『국역 갈암집』, 권4, 「선형능서랑광지」, 215~18쪽.
26 『국역 석계집』, 「서」, 131쪽.
27 『국역 갈암집』, 권4, 「행장」, 291쪽.
28 순자, 이운구 옮김, 『순자 2』, 한길사, 2006, 132쪽.
29 카렌 암스트롱, 정영목 옮김, 『축의 시대』, 교양인, 2010, 576쪽.

제9장 선구자의 기쁨과 슬픔을 넘어서

1 이현일, 민족문화추진회 옮김, 『국역 갈암집』, 권4, 「선비 증정부인 장씨 행실기」, 민주문화추진회, 2001, 293쪽.
2 강희복, 「퇴계 심학에서의 경(敬)과 즐거움(樂)」, 『한국철학논집』, 제21집, 2007, 56쪽.
3 위의 논문, 58쪽.
4 『국역 갈암집』, 권4, 「행장」, 294쪽.
5 이시명, 김태안 옮김, 『국역 석계집』, 「서」, 석계선생문집간행위원회, 2002, 132쪽.
6 위의 책, 「부」, 5~9쪽.
7 『국역 갈암집』, 권5, 「영산서원을 옮기며 건립한 상량문」, 160쪽 ; 『국역 갈암집』, 권3, 「영양 영산서원 이안제문」, 347쪽.
8 위의 책, 권4, 「선비 증정부인 장씨 행실기」, 293쪽.
9 『국역 석계집』, 「시」, 102~106쪽.
10 이휘일, 성백효 옮김, 『국역 존재 선생 문집』, 「행장」, 한국국학진흥원, 2009, 297쪽.
11 『국역 갈암집』, 권4, 「행장」, 293쪽.
12 위의 책, 권6, 「연보」, 8쪽.
13 이휘일, 「아내 유인 무안박씨에게 주는 제문」, 『17세기 여성 생활사 자료집4』, 보고사, 2006, 51~55쪽.
14 『국역 석계집』, 「시」, 71쪽.
15 『국역 갈암집』, 권3, 「축문」, 347쪽.

16 위의 책, 권3, 「기」, 301~303쪽.
17 위의 책, 권4, 「행장」, 293쪽.
18 장계향·이현일 외, 이재호 옮김, 『국역 정부인 안동장씨 실기』, 실기간행소, 1999, 42, 45, 55쪽.
19 위의 책, 40쪽.
20 위의 책, 같은 곳.
21 위의 책, 44쪽.
22 『국역 석계집』, 「시」, 75쪽.
23 장계향·이현일 외, 이재호 옮김, 앞의 책, 19쪽.
24 위의 책, 같은 곳.
25 좌구명, 신동준 옮김, 『춘추좌전 3』, 한길사, 2006, 241쪽.
26 위의 책, 같은 곳.
27 이희승 편저, 『국어대사전』, 민중서림, 1982, 3461쪽.
28 안명희, 「중세어의 한글 자료에 관한 종합적 연구」, 『규장각』, 3, 1979.
29 금장태, 『한국 양명학의 쟁점』, 서울대출판부, 2008, 14쪽.
30 위의 책, 15쪽.
31 위의 책, 17쪽.
32 최재목, 「퇴계의 경(敬)의 심학과 양명의 양지(良知) 심학」, 『퇴계학과 한국 문화』, 제41호, 2007, 36쪽.
33 페르낭 브로델, 주경철 옮김, 『물질문명과 자본주의 I-1』, 까치, 1995, 135쪽.
34 『국역 존재 선생 문집』, 「행장」, 298쪽.
35 『현종수정실록』, 12년 12월 임오조.
36 『국역 존재 선생 문집』, 「행장」, 299쪽.
37 『비변사등록』, 현종 12년 3월 5일조.
38 이은순, 「조선후기 구황설죽고」, 『이기백 선생 고희기념 한국사 논총』, 1994.
39 김재호, 「한국 전통사회의 기근과 그 대응」, 『경제사학』, 제30권, 2001.

40 『비변사등록』, 현종 3년 1월 10일조.
41 정형지, 「조선시대 기근과 정부의 대책」, 『이화사학연구』, 제30집, 2002.
42 『조선민정 자료총서』, 여강출판사, 1987, 37쪽.
43 『외재집』(畏齋集), 권3, 322~323쪽.
44 정약용, 다산연구회 역주, 『역주 목민심서』, 창작과비평사, 1985.
45 『현종개수실록』, 12년 4월 병술조.
46 위의 책, 12년 4월 갑신조.
47 정형지, 앞의 논문.
48 『현종개수실록』, 12년 3월 신미조.
49 『승정원일기』, 숙종 23년 윤3월 27일조.
50 『국역 갈암집』, 권6, 「연보」, 14쪽.
51 위의 책, 권4, 「선비 증정부인 장씨 행실기」, 293쪽.
52 위의 책, 권6, 「연보」, 14쪽.
53 위의 책, 권3, 「기」, 284~285쪽.
54 위의 책, 권6, 「연보」, 21쪽.
55 이숙인, 『동아시아 고대의 여성사상』, 여이연, 2006, 88쪽.
56 『국역 갈암집』, 권6, 「유사」, 175쪽.

참고문헌

1. 원전류

김성일, 민족문화추진회 옮김, 『국역 학봉전집』, 민족문화추진회, 1998.
김학주 편역, 『시경』, 명문당, 1988.
유성룡, 민족문화추진회 옮김, 『서애집』, 솔, 1997.
유성룡, 이재호 옮김, 『징비록』, 역사의아침, 2007.
이상옥 편저, 『예기』, 명문당, 2003.
이숙인 역주, 『여사서』, 여이연, 2003.
이시명, 김태안 옮김, 『국역 석계집』, 석계선생문집간행위원회, 2002.
이재, 교문회 옮김, 『17세기 한 영남 도학자의 생애』, 교문회, 2001.
이함, 이정섭·이장우 옮김, 『국역 운악 선생 문집』, 운악선생문집간행소, 1992.
이현일, 민족문화추진회 옮김, 『국역 갈암집』, 민족문화추진회, 2001.
이휘일, 성백효 옮김, 『국역 존재 선생 문집』, 한국국학진흥원, 2009.
이황, 성균관대 대동문화연구원 편집부, 『퇴계전서』, 성균관대 대동문화연구원, 1992.
장계향·이현일 외, 이재호 옮김, 『국역 정부인 안동장씨 실기』, 실기간행소, 1999.
장계향, 백두현·한복려 해제, 『음식디미방』, 경북대출판부, 2003.
장계향, 황혜성 해설, 『규곤시의방: 음식디미방』, 정부인안동장씨기념사업회, 2007.

장흥효, 김태안 옮김,『국역 경당 선생 문집』, 경당선생기념사업회, 2006.

정제두, 민족문화추진회 옮김,『국역 하곡집』, 민족문화추진회, 1972.

주희, 임민혁 옮김,『주자가례』, 예문서원, 1999.

좌구명, 신동준 옮김,『춘추좌전』, 한길사, 2006.

채심, 성백효 옮김,『서경집전』, 전통문화연구회, 2001.

한비자, 이운구 옮김,『한비자』, 한길사, 2002.

한국학데이터베이스연구소,『국역 조선왕조실록』, 서울시스템, 1995.

2. 단행본

금장태,『한국 양명학의 쟁점』, 서울대출판부, 2008.

금장태,『한국 유학의 심설』, 서울대출판부, 2002.

김승혜,『논어의 그리스도교적 이해』, 영성생활, 2002.

김승혜,『유교의 뿌리를 찾아서』, 지식의풍경, 2001.

김필동,『차별과 연대 – 조선사회의 신분과 조직』, 문학과지성사, 1999.

김현영,『조선시대의 양반과 향촌사회』, 집문당, 1997.

마르티나 도이힐러, 이훈상 옮김,『한국 사회의 유교적 변환』, 아카넷, 2003.

로즈마리 통, 이소영 옮김,『페미니즘 사상』, 한신문화사, 1994.

류승국,『동양철학연구』, 근역서재, 1983.

마이클 설리번, 김경자 옮김,『중국미술사』, 지식산업사, 1978.

마리안네 잠머, 나혜심 옮김,『마더 데레사 평전』, 자유로운상상, 2009.

마크 존슨, 노양진 옮김,『마음속의 몸』, 철학과현실사, 2000.

마크 피터슨, 김혜정 옮김,『유교사회의 창출』, 일조각, 2000.

무라이 쇼스케, 이영 옮김,『중세 왜인의 세계』, 소화, 2003.

문숙자,『조선시대 재산상속과 가족』, 경인문화사, 2004.

미셸 푸코, 이규현 옮김,『성의 역사』, 나남, 1990.

빅터 데이비스 핸슨 외, 이종인 옮김,『만약에 1, 2』, 세종연구원, 2003.

백두현,『음식디미방 주해』, 글누림, 2006.

송복,『위대한 만남 서애 유성룡』, 미래인력연구원, 2007.
쉬바르츠 외, 엄명숙 외 옮김,『사적 유물론과 여성해방』, 중원문화, 1990.
시마다 겐지, 김석근 · 이근우 옮김,『주자학과 양명학』, 까치, 1986.
시어도어 드 배리, 한평수 옮김,『다섯 단계의 대화로 본 동아시아 문명』, 실천문학사, 2001.
아미노 요시히코, 이근우 옮김,『일본사회의 역사』, 소화, 1999.
엘리자베스 크롤, 김미경 · 이연주 옮김,『중국 여성해방 운동사』, 사계절, 1985.
아사오 나오히로 외, 이계황 외 옮김,『새로 쓴 일본사』, 창비, 2003.
에두아르트 푹스, 이기웅 · 박종만 옮김,『풍속의 역사』, 까치, 2001.
유권종,『예학과 심학』, 한국학술정보, 2009.
유명종,『성리학과 양명학』, 연세대출판부, 1994.
윤남한,『조선시대의 양명학 연구』, 집문당, 1982.
이능화, 김상억 옮김,『조선여속고』, 동문선, 1990.
이덕일,『유성룡: 설득과 통합의 리더』, 역사의아침, 2007.
이병휴,『조선전기 사림파의 현실인식과 대응』, 일조각, 1999.
이수건,『영남사림파의 형성』, 영남대출판부, 1984.
이숙인,『동아시아 고대의 여성사상』, 여이연, 2005.
이우성 외,『한국의 역사 인식』, 창작과비평사, 1979.
이우재,『우재의 논어 읽기』, 세계인, 2000.
이운구,『동아시아 비판 사상의 뿌리』, 길, 2004.
이장지, 조명준 옮김,『인간 공자』, 한겨레, 1985.
이혜순,『조선조 후기 여성 지성사』, 이화여대출판부, 2007.
이혜순 · 김경미 엮음,『한국의 열녀전』, 월인, 2002.
이혜순 외,『조선 중기 예학 사상과 일상 문화』, 이화여대출판부, 2008.
장기균 · 오이, 송하경 옮김,『중국철학사』, 일지사, 1989.
장병인,『조선전기 혼인제와 성차별』, 일지사, 1997.
전여강, 이재정 옮김,『공자의 이름으로 죽은 여인들』, 예문서원, 1999.

정진영, 『조선시대 향촌 사회사』, 한길사, 1998.
정형지 · 김경미 엮음, 『17세기 여성생활사 자료집』, 보고사, 2006.
조은 외, 『가족과 성의 사회학』, 나남, 1995.
존 홀, 박영재 옮김, 『일본사』, 역민사, 1986.
진고응, 최진석 옮김, 『노장신론』, 소나무, 1999.
차문섭, 『조선시대 군제연구』, 단국대출판부, 1973.
최관, 『일본과 임진왜란』, 고려대출판부, 2004.
카모디, 강돈구 옮김, 『여성과 종교』, 서광사, 1992.
풍우란, 박성규 옮김, 『중국철학사』, 까치, 1999.
페르낭 브로델, 주경철 옮김, 『물질문명과 자본주의』, 까치, 1997.
페어뱅크 외, 김한규 외 옮김, 『동양문화사』, 을유문화사, 1991.
한국고전여성문학회 엮음, 『조선시대 열녀담론』, 월인, 2002.
한국철학사연구회, 『한국철학사상사』, 심산, 2003.
한명기, 『임진왜란과 한중관계』, 역사비평, 1999.
한우근, 『한국통사』, 을유문화사, 1996.
현상윤, 『조선유학사』, 솔, 2001.
허라금, 『원칙의 윤리에서 여성주의 원리로』, 철학과현실사, 2004.
허버트 핑가레트, 송영배 옮김, 『공자의 철학』, 서광사, 1993.
호세 루이스 곤잘레스 발라도, 송병선 옮김, 『마더 데레사 자서전』, 황금가지, 2005.

3. 논문

강희복, 「퇴계 심학에서의 경(敬)과 즐거움(樂)」, 『한국철학논집』, 제21집, 2007.
강희복, 「자성록을 통해본 퇴계의 심학」, 『동양철학』, 제15권, 2001.
금장태, 「퇴계의 수양록과 심학도의 해석」, 『퇴계학보』, 제96집, 1997.
김기주, 「심학, 퇴계 심학 그리고 심경부주」, 『동양철학연구』, 제41집, 2005.
김기주, 「주자학의 심학화 과정과 다산 실학」, 『범학철학』, 제40집, 2006.

김동노, 「유교의 예와 미시적 권력 관계」, 『유교의 현대적 해석과 미래적 전망』, 청계, 2004.

김세정, 「양명 심학과 퇴계 심학의 비교연구」, 『동서철학연구』, 제43호, 2007.

김연옥, 「한국 소빙기 기후: 역사기후학적 접근」, 『지리교육논집』, 제14권, 1984.

김재호, 「한국 전통사회의 기근과 그 대응: 1392~1910」, 『경제사학』, 제30권, 2001.

김태안, 「석계 이시명의 사상과 문학」, 『퇴계학』, 제9집, 1997.

김형수, 「석계 부인 안동장씨에 대하여」, 『여성문제연구』, 제2집, 1972.

나종일, 「17세기 위기론과 한국사」, 『역사학보』, 제94/95합집, 1982.

문숙자, 「재령이씨 영해파 가문의 분재기 분석」, 한국학대학원 석사학위 논문, 1992.

박광용, 「정부인 장씨의 생애」, 『정부인 안동장씨의 삶과 학예』, 정부인안동장씨기념사업회/퇴계학연구원, 1999.

백두현, 「음식디미방의 내용과 구성에 관한 연구」, 『영남학』, 제1호, 2001.

신정근, 「고대 중국의 '인' 사상의 형성과 발전에 관한 연구」, 서울대 박사학위 논문, 1999.

안영석, 「퇴계의 성리설과 수양공부론의 심학적 특성」, 『동양철학』, 제32집, 2009.

유권종, 「유교의 종교적 역할」, 『철학탐구』, 제12집, 2000.

유권종·최양진, 「한국의 내면에 형상화된 '마음'」, 『동양철학연구』, 제34집, 2003.

안병주, 「퇴계학맥의 한 흐름」, 『정부인 안동장씨의 삶과 학예』, 정부인안동장씨기념사업회/퇴계학연구원, 1999.

이광도, 「日明講和破裂之顚末」, 『大陸雜誌』, 제35권, 5기, 1967.

이동환, 「정부인 장씨의 시문」, 『정부인 안동장씨의 삶과 학예』, 정부인안동장씨기념사업회/퇴계학연구원, 1999.

이상익,「왕양명 심학의 이중성과 퇴계 심학」,『퇴계학보』, 제120집, 2006.
이숙인,「여성 윤리관 형성의 연원에 관한 연구」,『유학사상연구』, 제6집, 1993.
이완재,「퇴계학맥과 정부인 장씨」,『정부인 안동장씨의 삶과 학예』, 정부인 안동장씨기념사업회/퇴계학연구원, 1999.
이욱,「제사의 종교적 의미에 대한 고찰」,『유교사상연구』, 제16집, 2002.
이은영,「한문 산문에 투영된 어머니」,『한국고전여성문학연구』, 제14권, 2007.
이태진,「소빙기(1500~1750) 천변재이 연구와 조선왕조실록」,『역사학보』, 제149호, 1996.
이효지,「규곤요람의 조리학적 고찰」,『한국생활과학연구』, 제1집, 1983.
장병인,「조선 중기 혼인제의 실상」,『역사와현실』, 제58집, 2005.
정긍식,「16세기 재산 상속과 제사 계승의 실태」,『고문서연구』, 제24집, 2004.
정옥자,「17세기 사상계의 재편과 예론」,『한국문화』, 제10집, 1989.
정형지,「조선시대 기근과 정부의 대책」,『이화사학연구』, 제30집, 2003.
주광호,「양명학과의 비교에서 본 퇴계 심학 논의」,『동양철학』, 제30집, 2008.
최소자,「명말 중국적 세계질서의 변화: 임진·정유 왜화를 중심으로」,『명말청초(明末淸初) 사회의 조명』, 한울아카데미, 1990.
최재목,「퇴계의 경(敬)의 심학과 양명의 양지(良知) 심학」,『퇴계학과 한국문화』, 제41호, 2007.
최재목,「퇴계의 양명학관에 대하여」,『퇴계학보』, 제113권, 2003.
한복진,「음식디미방에 나오는 조선시대중기 음식법의 조리학적 고찰」,『정부인 안동장씨의 삶과 학예』, 정부인안동장씨기념사업회/퇴계학연구원, 1999.

장계향 연보

1598년(1세) 11월 24일, 안동 금계에서 안동장씨 26세 장흥효와 안동권씨 26세 권사온의 막내딸인 권씨 사이에서 무남독녀로 태어나다.

장흥효의 호는 경당(敬堂)이며 퇴계 이황의 심학(心學) 학통을 스승인 학봉 김성일로부터 내려 받아 평생토록 심학연구와 강론에만 전념한 정통 성리학자였다. 그는 또한 『주역』을 깊이 연구하여 '일원소장도'라는 경당 특유의 『주역』 체계를 확립하여 외손자인 이휘일과 이현일에게 내려주었다.

그의 아내 안동권씨는 명호 맛질, 지금의 봉화군 법전면 어지리의 안동권씨 시계(時系)의 5회(回)이자 안동권씨 26세인 사온과 옥천전씨 3남 4녀 중 막내딸이다. 사온의 조부 안성(安成)이 종부시(宗簿寺) 주부(主簿)로 있었던 관계로 왕실과 깊은 연관을 갖게 되어, 왕실 음식문화의 부분적 영향을 명호 맛질 권씨 문중에 전하게 되었다. 이로써 봉화 맛질 방문이라는 독특한 음식문화가 생겼다.

예천 맛질방문과 더불어 안동권씨 문중에 조선왕실 음식문화가 전해 내려오면서 나름대로 독특하고 유서 깊은 음식문화로 발전했다.

1599년(2세) 4월, 아버지가 천등산 복림에 있는 조부모 묘소에 성묘하러 가면서 딸을 안고 가서 조상에게 인사를 시켰다. 오래도록 자식을 낳지 못하다가 귀하게 얻었기 때문이다. 이때 장흥효는 잣나무를 부여잡고 배회하며 삼가 두려워하는 마음을 견디지 못했는데, 불효를 두려워한다는 뜻이었다.

1600년(3세) 3월, 아버지는 하회마을 옥연정사로 서애 유성룡을 찾아갔다. 옥연정사에서 『대학』·『태극도설』을 읽고 서애와 문답하면서 본격적인 스승과 제자 관계가 맺어졌다.

1601년(4세) 아버지는 『주자대전』(朱子大全)을 완독하여 성리학자로서의 면모를 보였다.

1602년(5세) 아버지 글 읽는 소리를 듣고 그대로 외워서 흉내를 내기 시작하였다. 제법 긴 문장도 정확하게 외웠다. 이때부터 아버지는 주의 깊게 살피게 되었다.

1603년(6세) 10월, 아버지는 서애로부터 『심경』(心經)을 배웠다. 여섯 살 때부터 아버지가 들려주는 서애의 삶에 관한 얘기를 듣기 시작했다. 유달리 질문이 많아 아버지는 늘 계향이 어린아이라는 사실을 유념하면서 자상한 얘기를 해주게 되었다.

아버지와의 격의 없는 문답이 계향을 학구적인 관심으로 이끌어갔다. 이 무렵부터 유성룡의 애민정신이 장계향의 생애에 깃들었다. 장계향에게 서애의 영향이 유달리 컸던 것은, 장계향이 태어나기 전에 아버지의 스승이었던 학봉이 이미 타계하였기 때문이다.

1604년(7세) 혼자서 『천자문』을 깨치고 나더니 책을 읽기 시작했다. 아버지 서재에 있는 책 중에서 스스로 펼쳐보고 읽을 수 있는 것들부터 시작했는데, 몇 달 안 지나 속도가 점점 빨라졌다.

10월, 아버지를 따라서 선조 묘소에 가을 시제를 구경하였다.

1605년(8세) 아버지의 명성이 점점 드러나 경광서당(鏡光書堂)으로 모여드는 사람이 많아졌다. 서당 학동들에게 '원회운세'(元會運世)를 설명해준 뒤 다시 질문하고 대답하는 소리를 서당 문

밖에서 엿들은 장계향이 자신도 대답할 수 있다고 했다. 대답은 정확하고 명료했다. 아버지의 놀라움이 컸다. 장흥효는 글로 쓴 '태극도설'을 벽에 걸어두고 아침저녁으로 연구했는데 장계향이 읽고 외웠다.

1606년(9세) 시「성인음」(聖人吟)을 지었다. 이 시는 퇴계의 「도산십이곡」의 '후6곡' 중 세 번째 노래를 읽고 나름대로 생각한 바를 시로 쓴 것이다.

이미 이 무렵 장계향은 퇴계가 쓴 시편들을 많이 외워서 알고 있었고, 특히 『시경』(詩經)의 시들을 좋아하며 혼자서 암송하고 붓으로 써보는 일이 잦았다. 아버지 서재에서 붓글씨를 배웠는데, 경당의 초서(草書)를 흉내낸 것은 경당도 감탄할 만큼 빼어난 재주를 보였다.

그때까지만 해도 경당은 딸의 재주를 걱정하지 않고 기특하게 여겼다.

1607년(10세) 5월, 서애 유성룡이 타계하였다. 9월에는 이웃 마을에 사는 할머니를 방문했는데, 외동아들을 국경수비대로 보내놓고 아들이 보고 싶고 걱정되어 울고 있다는 소문을 듣고서였다. 할머니의 슬프고 원망하는 모습을 보고 돌아와서 시를 지었다. 이 시를 다시 붓글씨로 썼다. 제목이 「학발시」였는데, 초서체로 쓴 이 시를 경당이 보고 몹시 놀랐다.

10월, 청풍자 정윤목이 경광서당에 놀러왔다가 이 시를 보고 감탄하였다. 청풍자는 당대 초서체의 대가로 알려진 은둔 선비였다.

1608년(11세) 시「경신음」·「소소음」을 지었다. 「소소음」은 장계향이 읽고 외운 『시경』, 「대아편」의 영향을 받은 것이다. 특히 주나라 때 중국 민간에서 크게 유행했던 민요가 지닌 시대풍자성과 자연에의 귀의, 정치 지도자에 대한 은유적 풍자에 내포된 원망과 저항의식들을 담은 민요에서 장계향이 배우고 깨달은 것이 많았다.

이때부터 경당이 장계향의 탁월한 천재성을 걱정하기 시작했다. 여성의 재능을 오히려 허물로 삼는 시대풍조 때문이었다. 되도록 남에게 그 재능이 알려지지 않도록 하면서 그 대신 본격적인 유학공부의 기초를 다져주기로 했다.

『소학』과 『십구사략』을 가르치기 시작했는데 금방 외워버렸다. 그때부터 혼자서 익히는 공부를 했다. 『예기』(禮記)를 많이 읽도록 권했다.

봄, 이시명(李時明)이 경광서당으로 장흥효를 방문했다.

이시명은 그때 처가가 있는 예안(禮安)에 머물고 있었는데, 처가 쪽 사람들한테서 장흥효의 명성을 듣고 인사를 하러 왔다. 이시명은 임진왜란 때 의병장으로 유명했던 근시재 김해(金垓)의 딸에게 장가를 들어서 처가에 와 있던 중이었다. 이시명은 경당한테 인사를 한 뒤 자신의 고향이 영해이며, 아버지가 운악 이함이라고 말해 경당은 깜짝 놀랐다. 운악은 임진왜란 때 돌아가신 스승 학봉 김성일이 살아 있었을 때 학봉의 사랑에서 여러 번 만나 인사를 나눈 사이였기 때문이다. 이시명은 그 뒤로도 자주 경광서당에 와서 경당한테 묻고 배웠다.

1609년(12세) 『소학』을 모두 외워버렸다. 한 구절씩 떼어 외우면서 현실생활과의 관계를 비교하고 검증하는 방법으로 철저하게 읽었다. 그러다가 의심나는 부분을 경당에게 물었다.

『예기』를 읽기 시작하면서 아버지가 『예기』 읽기를 권하는 이유를 알았다. 여자는 재능 가진 것이 허물이 된다는 구절을 읽고 난 뒤부터였다. 그 허물은 나아가 길러주신 부모에게도 허물이 되고, 혼인한 뒤에는 시부모와 남편에게도 허물이 된다는 구절이었다.

『예기』에는 또 다른 것이 들어 있다는 것을 알았다. 계절에 맞는 음식을 만드는 방법이었다. 그 음식들을 만들어 어른을 공경하는 데 쓴다는 것을 알았고, 음식 만드는 법, 보관하는 법도 배웠다.

어머니 권씨의 음식솜씨는 널리 소문날 만큼 훌륭했으므로 어머니로부터 배운 것도 많았지만, 『예기』에서 배운 것도 적지 않았다.

1610년(13세) 『예기』와 『논어』를 혼자서 읽었다. 어머니 일을 도우면서 아버지의 사랑채로 놀러온 손님을 접대하는 음식을 나르기도 했다. 처음으로 이시명을 보았다.

1611년(14세) 어머니 안동권씨가 장티푸스에 걸려 두 달 동안을 앓아누웠다.

이때부터 어머니를 대신하여 음식을 만들고, 아버지 사랑방 손님을 대접하는 일을 맡았다. 어머니 병이 완쾌되었으나 기운을 못 차리고 힘들어 했다.

1612년(15세) 어머니가 결국 중병에 걸려 3년 동안 앓았다. 장계향이 살림을 도맡았다. 어머니를 간병하면서 간단한 단방약 처방을 배웠다.

이시명은 처음으로 향시에 합격하여 생원진사가 됨으로써 성균관에 유학을 떠나게 되어 경광서당에는 오지 않았다.

1613년(16세) 경당은 스승 학봉의 문집편찬 작업을 시작하였고, 장계향은 어머니 병환을 치유시키기 위해 온갖 약방문을 구하고, 음식을 만들었다.

살림살이의 지혜를 터득해갔다.

1614년(17세) 2년 만에 이시명이 경광서당으로 경당을 다시 찾아와 인사했다.

그의 아내 광산김씨가 죽어 장사를 치른 뒤 처가에 다니러 왔다가 경당에게 인사차 들른 것이다. 그날부터 이시명은 경광서당에서 공부하게 되었다.

1615년(18세) 어머니 안동권씨의 병이 다 나았다.

장계향은 『예기』를 고쳐 읽었다. 배운 바가 많았다. 『예기』, 「내칙편」을 여자를 구속하기 위한 것이라거나, 제한하고 금기하는 것들이라고만 여기지 않고, 그 안에서 새로운 삶을 발견할 수도 있을 것 같다는 깨달음을 얻었다. 그로 인하여 장계향의 생애에서 그를 훌륭한 여성이 되도록 한 책 가운데 『예기』를 꼽아야 할 만큼 지대한 영향을 끼쳤다.

이시명은 경광서당에서도 널리 알려진 수제자였다.

1616년(19세) 7월, 이시명은 맏형인 이시청과 서울에서 실시하는 과거시험 알성시를 보기 위하여 떠났다. 두 사람 모두 낙방했다. 이시청이 병이 나서 고생하다가 안동 부근에서 8월에 죽었다.

10월, 이시청을 장사지낸 뒤, 그 아내는 남편의 3년상이 끝나면 죽기로 작정하고 단식에 들어갔다.

11월 25일 경당이 이시명을 사위로 삼고 싶어하여 장계향과 혼인했다. 이때 혼인예법은 그 당시 한창 논란이 되고 있던 '서류부가제'와 '친영례'와 '반친영' 중 '서류부가제'를 따랐다. 이것은 퇴계 가문의 혼례법이었기 때문이다. 그러나 이시명의 첫 혼인 때는 '친영례'를 따랐다. 근시재 가문의 전통이었기 때문이다.

12월, 광산김씨가 낳은 아들 상일을 마을 훈장에게 데려가 공부를 시키면서 추운 겨울이라 업고 다녔다.

12월, 이시명으로부터 1614년 성균관 유학시절에 겪었던 이명준과의 일화를 듣다. 이시명은 과거시험이 지니고 있는 정치적 모순과 타락상을 알게 되어 과거시험을 포기하고, 산림처사로 살고 싶다는 고백을 하였다. 그러나 노부모가 원해서 포기할 수 없었다.

1617년(20세) 이시명은 만권당에서 독서를 시작했다.

1618년(21세) 1월, 운악의 큰아들 시청의 장자 신일 아내 한양조씨가 임신하였다.

3월, 시청의 3년상을 마치다. 이틀 뒤 무안박씨 순절하다. 시청의 빈소를 불태운 그 자리에다 무안박씨의 빈소를 다시 짓다.

4월, 이시명의 동생 시성이 영해 저곡으로 분가하다.

10월, 신일 아내 한양조씨가 아들을 출산하다. 이름은 해(楷)이다.

운악은 연이어 두 아들을 잃고 운악의 2남인 시형은 20대에 요절했으므로 슬퍼하다가 증손자를 보자 기뻐하였다.

장계향은 시아버지 운악과의 사이에 대화를 시도하며 큰 기쁨을 얻었다. 운악은 며느리의 권유와 계획을 듣고 기뻐했다. 대화의 핵심은 일 년 내내 그치지 않는 걸인들과 배고픈 사람들의 방문에 효과적으로 대응하기 위한 것이었다.

그 계획으로 노비들을 데리고 길쌈을 크게 벌여서 옷감을 생산하기 시작했다. 빈민들의 고통 중에서 가장 무서운 것은 겨울 추위에 얼어 죽지 않을 수 있는 따뜻한 옷이 없다는 것이다. 이를 장계향이 알고서 운악에게 건의했던 것이다.

1619년(22세) 정월, 첫 임신을 해 태교를 시작하다.

10월 21일, 안동 금계리 친정에서 첫 아들을 낳다. 이름은 휘일(徽逸).

1620년(23세) 3월, 무안박씨 3년상 탈상하다.

혼자 사는 노인들을 돕기 위한 방법을 강구하다.

노복이 베틀에 불을 내다.

9월, 둘째 동서 무안박씨가 자식도 없이 병으로 죽다. 시청의 둘째 아들 부일이 양자가 되어 상주가 되고 3년상 복을 입다. 남 몰래 의약을 공부하다. 간단한 처방을 배워 응용하다. 주로 가족 단위로 오는 걸인들을 돕는 데 쓰다.

1621년(24세) 초겨울, 늙은 노비가 병을 앓다. 손수 치료해주고, 장계향이

	그들의 삶을 적극적으로 살피지 못했다며 사과를 하다.
1622년(25세)	4월, 두 번째 아이를 임신하다.

7월 25일, 친정 어머니 안동권씨 타계하다.

10월 24일, 만 3개월 만에 장사 지내다. 그때부터 3년간 친정에 머물다.

12월 24일, 장흥효가 두 번째 부인 안동권씨와 혼인하다. 이 혼인은 장계향이 직접 나서 성사시킨 것이다.

12월 그믐, 경당이 운악에게 안부 편지를 보내다. 며느리가 시댁을 떠나 친정에서 여러 달째 머물고 있는 것에 대한 인사였다. 운악은 걱정하지 말라는 답신을 보냈다.

장계향은 계모에게 집안 살림을 가르치고 도왔다.

1623년(26세) 1월 13일, 첫딸 명여(明如, 1623~47) 출생하다.

3월, 인조반정 일어나다. 이원익의 남인이 집권하게 되어 이시명은 다시 과거시험을 보기로 결심하다.

5월, 상일이 아팠다. 맛있는 음식이 생길 때마다 "남겨두었다가 형님께 드리자"며 휘일은 유달리 상일을 따랐다.

1624년(27세) 이시명이 향시 별과에서 일등하다. 운악이 기뻐서 상을 내렸다. 영해와 영양 경계에 있는 상답 여섯 마지기를 아들에게 주었다.

남인들이 부활하고, 장계향은 햇수로 3년 만에 시댁으로 돌아왔다.

1625년(28세) 둘째 딸 명이(明伊, 1625~48) 출생하다.

1626년(29세) 봄, 계향은 다시 임신하였다. 태몽이 특별하였다.

온 집안 가득히 오색 상서로운 기운이 서리면서 한 대인이 문 앞에 이르렀다. 어떤 이는 소강절(邵康節)이라 하고, 어떤 이는 사마온공(司馬溫公)이라 하였다. 또 어떤 사람은 안고 있던 토끼를 건네주면서 "하늘에 사는 것"이라 하였다.

여름, 친정에서 반가운 소식이 왔다. 경당이 아들을 보았다고 했다. 이름은 철견(鐵堅)이다.

1627년(30세) 1월 11일, 인량리 집에서 둘째 아들 현일(玄逸)을 낳다.
1월 14일, 정묘호란 일어나다.
봄, 피난민과 걸인들을 봄부터 여름까지 돕다.
여름, 아홉 살 난 휘일이 '묘호설'(猫虎説)을 짓다.
11월, 큰아들(광산김씨 소생) 상일을 장가들이다. 상일의 아내는 유성룡의 아들 유진(柳袗)의 딸인데, 상일보다 한 살 위이다. 유진은 경당의 제자였다.

1628년(31세) 현일(2세)이 아직 말을 못했다. 어느 날 부엌에서 일하는 노비가 이시명의 숟가락을 잃어버리고 찾아다녔다. 현일이 소 여물을 장만하는 여물 쪽으로 걸어가더니 찾아주었다. 사람들이 기이하게 여겼다.

1629년(32세) 3월 15일, 친정의 둘째 동생 석견(石堅)이 태어나다.
이시명이 또 향시에 합격하다. 운악이 상으로 영양에다 논을 사주다. 뒷날 두 번에 걸쳐 아버지로부터 선물 받은 이 토지가 이시명의 전 재산이 되다.
우복 정경세(鄭經世)가 벼슬길에 나아갈 수 있는 편법을 제시하였으나, 이시명이 단호하게 거절하다. 이때의 소문이 널리 퍼져서 이시명에 대한 세간의 평가가 둘로 나뉘었다. 너무 고집을 부린다는 측과 과연 이시명이라는 칭찬이었다.

1630년(33세) 광산김씨가 낳은 딸 순오를 여국헌(余國獻)에게 시집보내다. 이때 신부가 시집가면서 준비해간 혼수가 법도에 맞고 넉넉하여 칭송받았다.
휘일·현일이 외가에서 외조부 경당이 보여준 「학발시」를 보고 감동하다. 그때부터 어머니를 존경하는 마음이 더욱 컸다.

1631년(34세) 1월, 셋째 아들 숭일(嵩逸) 태어나다.
장계향은 숭일을 낳은 뒤 몸조리를 제대로 못해 하혈을 하고 매우 심하게 앓아서 위급한 지경까지 갔으나 소생하였다.

	시아버지 운악이, 딸을 걱정하는 경당의 편지를 받고 안심시키는 답신을 보내다

시아버지 운악이, 딸을 걱정하는 경당의 편지를 받고 안심시키는 답신을 보내다
휘일이 천연두를 앓다.
가을에 영양 석보에다 작은 집을 짓고 분가를 했으나, 시아버지 운악이 위독하여 다시 충효당으로 돌아왔다.

1632년(35세) 6월 15일, 시아버지 운악이 타계하다.
8월, 영해 북쪽 한밭골에 장사지내다.
친정의 셋째 동생 도견(道堅)이 출생하다.
8월 이후, 3년 동안 이시명이 3년 상복을 입고 시묘살이를 하는 동안 장계향이 혼자서 충효당 살림을 도맡았다. 1만 석지기의 큰 재산과 3백여 명의 일손이 따르는 큰 살림이었다.
9월, 저곡으로 나가 살던 시성이 다시 나랏골로 돌아오다.

1633년(36세) 1월, 휘일이 외조부 경당에게 심학에 대해 질문하는 편지를 내자 경당이 외손자에게 대답을 적어 보내다. 휘일은 여섯 살 때부터 외가에서 지내며 경당한테서 많이 배웠다. 경당의 학문을 계승하는 계기가 되었다.
2월, 친정아버지 경당이 타계하다.
4월 9일, 상중이던 이시명이 경당의 장례를 살피다. 휘일·명여가 외조부 상에 따라가다. 천등산 조화골에 장사지내다. 이때 경당 아들 철견은 8세였다.
5월, 상일이 향시에서 장원을 하고, 성시(省試)에서 2등을 하여 명성을 얻다.

1634년(37세) 6월, 운악의 3년상 복을 벗다.
7월, 진성이씨 주관으로 자식들에게 재산을 나눠주는 「분재기」(分財記)를 작성하다.

1635년(38세) 넷째 아들 정일(靖逸) 태어나다.
친정 큰 동생 철견을 영해로 데려와 가르치다.
이시명은 서울에서 과거시험을 준비하다가 어머니 병환으

	로 돌아오다.
1636년(39세)	다섯째 아들 융일(隆逸) 태어나다.
	병자호란 일어나다. 이시명은 좌절하여 현실에서 도피할 생각을 하다가 어머니가 연로하여 걱정하실 것을 염려하여 망설이다.
1637년(40세)	이시명 내외는 어머니를 모시고 운악의 묘소가 있는 한밭골 계곡으로 이사하다.
	이 해에 재신(宰臣)의 천거로 능서랑에 제수되었으나 이시명은 나아가지 않고 어머니 모시는 데만 전념하다.
	상일·휘일도 함께 갔다.
1638년(41세)	휘일이 관례하고 무안박씨 늑의 딸과 혼인하다.
	휘일은 계부(季父) 이시성의 후사가 되어 양부 집으로 들어가다.
	봄에 이시명은 경상도 관찰사의 모함으로 체포되어 서울로 압송, 재판을 받다. 이시명을 시기하는 자들이 공모한 사실임이 밝혀져 무죄선고를 받았으나, 이시명의 좌절감이 컸다.
1639년(42세)	가을에 큰딸 명여를 안동 예안 광산김씨 문중의 김영(金礡)에게 시집보내다.
	친정 식구들을 모두 데려와 돌봐주다.
1640년(43세)	이시명과 함께 영양 석보촌으로 다시 이사하다.
	상일은 아내와 함께 영해 벽수촌으로 이사했다. 그곳에는 광산김씨 산소가 있다.
	휘일은 양부와 살기 때문에 헤어졌다. 거처하는 집에 망운당(望雲堂)이란 현판을 걸고 부모와의 이별을 아파했다.
	현일·숭일·정일·융일과 시어머니 진성이씨 외에 노비들을 포함 20여 명의 대식구였다.
	이시명이 운악한테서 상으로 받은 토지 약간 외 일체 재산상속을 받지 않기로 결심하고 분가했기 때문에 매우 가난한 생

활이 시작되었다. 상속 받는 것이 부끄러운 일이라 판단했기 때문이다.

현일이 석보마을 서낭당의 당산나무를 도끼로 찍어 불태우다. 사람이 나무를 두려워하고 의지하는 것은 어리석은 짓이라고 꾸짖는 바람에 마을사람들이 놀라다.

1641년(44세) 흉년이 들어 모두 굶주리며 고통을 받았다.

둘째 딸 명이를 안동 예안 광산김씨 문중의 김이(金怡)에게 시집보내다.

휘일이 산 물고기를 잡아 석보 부모님께 올리고 싶어서 물가에 나가 고기를 잡으려 했으나 물이 불어나는 바람에 실패하고 빈손이 되었다.

실망해 있을 때 가마우지가 한 자쯤 되는 잉어를 물어다 길 위에 두고 갔다. 휘일 내외가 들고서 석보까지 왔다.

현일이 병자호란 영향을 받아 아이들과 군대놀이를 하다.

자연재앙이 겹쳐서 흉년이 계속되다.

흉년 속에서도 걸인들과 굶주리는 이웃들에게 끊임없이 베풀다.

1642년(45세) 화재로 전 재산을 불태우다.

궁핍과 불운 속에서도 여유를 잃지 않고, 자식들과 함께 책을 읽고 토론을 즐기다.

자식들이 어머니의 그런 여유와 용기를 배우다.

1643년(46세) 여섯째 아들 운일(雲逸) 태어나다.

7월, 역질이 창궐하여 온 집안에 확산되다. 자식들을 먼 데로 피신시켰다. 집에는 시어머니와 장계향 내외, 그리고 친정에 온 큰딸 명이가 남았다. 명이는 남편 김영이 외직에 임명되어 멀리 떠나게 되자 잠시 친정에 다니러 왔다가 역질에 걸렸다.

명이는 역질에 걸렸지만 나이가 젊은 탓에 견디면서 다행히

	모두 살아날 수 있었다.
1644년(47세)	3월, 둘째 현일이 무안박씨 늑의 딸에게 장가들다. 휘일의 아내와 형제간이다.
	7월, 다시 역질이 발생하여 시어머니와 그들 내외도 역질에 걸렸다. 그들 내외는 나았지만 시어머니 진성이씨는 끝내 타계하였다.
1645년(48세)	시어머니의 3년상을 입다.
1646년(49세)	상일도 가난하게 살면서 현일의 과거 합격에 자극받아 도전했으나 번번이 전시(殿試)에 낙방하였다.
	현일 아들 연(挻)이 태어나다.
	9월, 현일이 서울에 가서 과거에 응시하여 진사에 합격하다.
	10월, 숭일이 한양조씨와 혼인하다.
1647년(50세)	4월 21일, 김영의 아내가 된 명여가 임신하여 친정으로 해산하러 왔다가 출산 도중 죽었다. 시신을 예안 시댁의 선영으로 보내지 않고 석보 뒷산에 묻었다. 큰오빠 휘일이 제문을 짓다.
1648년(51세)	여름, 둘째 딸 명이가 친정에 근친 왔다가 죽었다.
	9월, 현일의 둘째 아들 의(檥)가 태어나다. 뒷날 휘일의 양자가 되었다.
	가을, 현일이 향시에 합격하다.
	겨울, 이시명이 현일을 데리고 안동 금계 경당 추모행사에 참가하다.
1649년(52세)	휘일과 현일이 산방(山房)에서 『서경』의 '기삼백도수'(朞三百度數)를 연구하여 '혼천의제도'를 만들었다.
1650년(53세)	병자호란으로 청나라에서 8년간 볼모생활을 한 봉림대군이 효종으로 즉위하여 1649년 원년을 맞다.
1651년(54세)	상일이 영남 유생을 대표하여 「우율척향소」(牛栗斥享疏)의 대표가 되어 상소문을 쓰다. 유직과 신석형의 논쟁에서 상일

	이 유직을 변호하는 내용이었다. 그 결과 상일은 유적에서 삭제당하는 사건이 있었다.
1652년(55세)	여름, 휘일·현일이 석계초당에서 『홍범연의』 집필계획을 세우다.
1653년(56세)	봄, 다시 영양 수비로 이사하다.
	숭일은 석보에 남아 석계초당을 지키다.
	참판 최혜길이 영해부사로 부임하여 휘일의 행실을 조정에 알렸다. 효종이 예로 초빙하여 벼슬을 내리고자 하였으나 반대하는 세력이 있어 무산되고, 경기전참봉(慶基殿參奉)에 제수되었으나 사양했다.
	11월, 휘일·현일이 내연산과 경주 옥산서원을 방문하다.
1654년(57세)	여름, 현일이 석계초당에서 숭일에게 사서(四書)를 가르치다.
	겨울, 정일이 영양남씨와 혼인하다.
1655년(58세)	1월, 휘일·현일이 검마산 도성암에서 형제들에게 『중용』을 강론하다.
	온 가족이 은둔하여 함께 학문하는 모습에 사람들이 칭송하는 바가 많았다.
	4월, 휘일의 아내 무안박씨(1621~55) 죽다.
	10월, 융일이 광주김씨와 혼인하다.
	겨울, 이시명이 수비에서 처음으로 영산서당을 세우다.
1656년(59세)	8월, 친정 큰 동생 장철견이 호서 안흥도로 유배가다. 현일이 외숙부를 유배지까지 따라가다.
1657년(60세)	휘일이 외조부 경당의 행장을 짓다.
	9월, 현일의 셋째 아들 재(栽) 출생하다.
1658년(61세)	현일이 「갈암기」(葛庵記)를 짓다.
	12월, 휘일·현일·숭일이 도산서원을 방문하다.
1659년(62세)	봄, 장계향이 어릴 적에 쓴 시 「성인음」과 「소소음」을 이시명이 붓글씨로 적고, 휘일의 아내 무안박씨가 수를 놓은 「전가

	보첩」을 만들다.
1660년(63세)	봄, 현일이 유배지의 장철견을 다시 찾아가다.
	4월, 막내 운일이 안동권씨와 혼인하다.
	겨울, 현일이 휘일과 『맹자』를 읽다.
1661년(64세)	겨울에 휘일이 나랏골에 살다가 저곡으로 이사하다. '명서당'(冥棲堂)이라는 당호를 걸다.
1662년(65세)	4월, 운일의 첫 아들 수 태어나다.
	8월, 현일의 아들 심 출생하다.
1663년(66세)	11월 14일, 이시명 74세 생일. 동생 시성이 여러 집 아들, 조카들을 데리고 눈이 쏟아지는 것을 무릅쓰고 수비로 와서 축하잔치를 열어주다. 일곱 아들들이 각각 축시를 낭독하다.
	겨울, 현일이 다시 유배지의 외숙부 장철견을 찾아가다. 어머니의 간곡한 부탁이 있었다.
1664년(67세)	현일이 보림(甫林)별장에 있으면서 저곡에 있는 휘일과 왕래하며 『주자대전』과 『주자절요』를 부단히 강론하다.
1665년(68세)	현일이 수비로 돌아오다.
1666년(69세)	현일이 사림을 대표하여 대왕대비가 선왕을 위하여 입어야 할 복제를 변론한 소를 짓다. 예의 본뜻을 추원하여 송시열의 헌의가 잘못되었음을 두루 들어 조목마다 지적하였다. 현일의 이 상소는 현일이 조선 유림사회에서 우뚝한 선비임을 알게 해준 계기가 되었다.
1667년(70세)	현일이 경광서당에서 목재(木齋)·금옹(錦翁)과 회동하여 서로의 의(義)를 나누다.
1668년(71세)	휘일의 양모 창원황씨가 별세하다.
	휘일은 3년상을 입는 중 병이 재발하다.
	9월, 현일이 어버이를 기쁘게 해드리기 위해 서울로 가서 과거시험을 보다.
1669년(72세)	봄, 휘일의 병이 심하여 저곡으로 돌아오다.

	현일이 저곡으로 가서 휘일을 간호하다.
1670년(73세)	여름, 『음식디미방』 저술을 마치다.
	겨울, 휘일이 양모 3년상을 마치다.
	장계향 내외가 저곡의 휘일 병문안을 하다. 이때 휘일은 양부모가 넉넉하게 받은 상속재산을 두고, 생부모의 청빈함을 본받아 소박하게 살았다.
1671년(74세)	조선역사에서 가장 처절한 대흉년으로 100만 명이 굶어 죽는 대참사가 벌어졌다. 장계향은 자신이 할 수 있는 모든 것을 다하여 빈민을 구제했다.
1672년(75세)	1월, 정월에 자식 형제들이 모두 모여 어버이에게 차례로 술을 올렸다.
	이 자리에서 이시명이 자식들에게 모두 자신이 살고 싶은 곳으로 가서 살아도 좋다는 발표를 하면서, 자신도 더 늙기 전에 죽음을 준비해야겠다는 뜻을 내비쳤다.
	1월 28일, 휘일이 죽다.
	3월, 현일이 휘일의 행장을 짓다.
	7월, 막내아들 운일이 죽다.
	12월 1일, 다시 안동 도솔원으로 이사하다. 영해 벽수촌에 살던 큰아들 상일이 양자 은을 데리고 부모를 모셨다.
	12월 5일, 현일의 아내 무안박씨 죽다.
	아들들이 모두 석보로 옮겨가다.
1673년(76세)	2월, 현일이 아내를 장사지내고 석보 가구(佳丘)로 이사하다.
	겨울, 현일이 남악실에 작은 집을 짓기 시작하다.
	이시명은 안동 도솔원(두실원)에서 다시 대명동으로 옮겨갔다. 이때 상일은 도솔원에 그대로 머물렀다.
1674년(77세)	2월, 현일이 남악실로 이사하다. 숭일은 석보 주남, 정일은 석보 가구, 융일은 석보 주남에 각각 집을 짓고 살기 시작했다.
	8월 20일, 이시명이 대명동에서 타계하니, 향년 85세였다.

	현일 형제들이 모두 두실원에 모여서 여묘살이를 시작하다. 10월, 안동 수동에 이시명을 장사지냈는데, 두실원에서 약 2리 거리이다.
1675년(78세)	자식들은 여묘살이하는 중에도 책을 읽었다. 현일이 『논어』를 강론하면서 어머니의 『논어』에 대한 생활중심의 실천적 이해와 복습의 중요성을 주로 말했다.
1676년(79세)	10월, 3년상 복을 벗다. 현일 등 자식들 각자 집으로 돌아가다. 11월, 상일은 어머니를 모시고 다시 영해 벽수촌으로 이사하다.
1677년(80세)	현일이 선무랑 장악원주부에 제수되어 처음으로 출사하다. 6월, 장계향이 상일의 집에서 병이 나다. 현일은 어머니 병환 때문에 사직하고 돌아오다. 상일의 건강도 안 좋아서 현일이 어머니를 모시고 석보 남악실로 돌아오다.
1678년(81세)	1월, 현일이 다시 소명을 받고 서울로 가게 되어, 어머니를 숭일이 모시게 하다.
	3월, 현일이 사헌부 지평에 제수되다.
	5월, 진연(進宴)으로 장계향에게 나라에서 옷과 음식이 하사되다.
	8월 28일, 상일이 죽다. 향년 68세.
1679년(82세)	현일이 소 「어제주수도설발휘」를 숙종에게 바치다.
1680년(83세)	7월 7일 영양 석보 숭일의 집에서 별세하다. 향년 83세. 숭일을 낳은 뒤 산후 조리를 잘못하여 위독한 지경까지 갔던 어머니가 그 아들의 집에서 타계하였다.
	이시명의 묘소가 있는 같은 산 같은 자락에 묻히다.
1689년	이현일의 현귀로 정부인(貞夫人)에 추증되다.
1980년	황혜성 교수가 『음식디미방』의 국역판 해설서를 간행하다.
1998년	문화관광부가 제정하는 '1999년 11월 문화인물'로 선정되다.
2011년	사단법인 '여중군자 장계향 선양회'를 만들어 선양사업을 시작하다.

2013년 3월	문화부 영정심의위원회에서 국가표준영정 제91호로 지정하다.
2014년 10월	표준영정을 모시는 '존안각'을 짓고 영정봉안식을 올리다.
2019년 5월	(사) '여중군자 장계향 선양회'에서 해마다 봄, 가을로 '존안각'에 차를 올리기로 하고, 2019년 봄 헌다의례를 하다.

지은이 정동주鄭棟柱

시인, 소설가, 동다헌시자東茶軒侍者.
서사시 『논개』, 대하소설 『백정』, 장편소설 『쾌이강의 다리』 등
40여 권의 시집과 소설을 펴냈다. 마당극 『진양살풀이』와
오페라 『조선의 사랑 논개』를 쓰기도 했다.
민족 정체성을 다룬 『소나무』 『느티나무가 있는 풍경』
『어머니의 전설』 『부처 통곡하다』 등이 있다.
오랜 차와 도자기 문화를 비평적으로 탐구하며
'한국의 차 문화'라는 새로운 인문학 분야를 개척했다.
한길사와 한길아트에서 펴낸 『조선 막사발과 이도다완』
『차와 차살림』 『다관에 담긴 한·중·일의 차 문화사』를
비롯해 여러 차 관련 저서를 펴냈다.
현재 한국 차 문화학 연구에 매진하며
저술과 강의 활동에 전념하고 있다.